Sarah Dangendorf
Kleine Mädchen und High Heels

Gender Studies

Sarah Dangendorf (Dr. phil.) hat Kultur-, Musik- und Kunstwissenschaft studiert. Sie arbeitet an der Hochschule Hannover.

Sarah Dangendorf
Kleine Mädchen und High Heels
Über die visuelle Sexualisierung frühadoleszenter Mädchen

[transcript]

Diese Veröffentlichung lag dem Promotionsausschuss Dr. phil. der Universität Bremen als Dissertation vor.
1. Gutachterin: Prof. Dr. Dorle Dracklé
2. Gutachterin: Dr. Cora Bender
Das Kolloquium fand am 05.10.2011 statt.

Dieses ist die formal überarbeitete und um ein Fünftel gekürzte Fassung der Dissertation. Kürzungen wurden v.a. am ersten, dritten und vierten Kapitel vorgenommen.

Mit Nennung der männlichen Funktionsbezeichnung ist in diesem Buch, sofern nicht anders gekennzeichnet, immer auch die weibliche Form mitgemeint.

Bibliografische Information der Deutschen Nationalbibliothek
Die Deutsche Nationalbibliothek verzeichnet diese Publikation in der Deutschen Nationalbibliografie; detaillierte bibliografische Daten sind im Internet über http://dnb.d-nb.de abrufbar.

© 2012 transcript Verlag, Bielefeld

Die Verwertung der Texte und Bilder ist ohne Zustimmung des Verlages urheberrechtswidrig und strafbar. Das gilt auch für Vervielfältigungen, Übersetzungen, Mikroverfilmungen und für die Verarbeitung mit elektronischen Systemen.

Umschlagkonzept: Kordula Röckenhaus, Bielefeld
Lektorat & Satz: Sarah Dangendorf
Druck: Majuskel Medienproduktion GmbH, Wetzlar
ISBN 978-3-8376-2169-3

Gedruckt auf alterungsbeständigem Papier mit chlorfrei gebleichtem Zellstoff.
Besuchen Sie uns im Internet: *http://www.transcript-verlag.de*
Bitte fordern Sie unser Gesamtverzeichnis und andere Broschüren an unter: *info@transcript-verlag.de*

Inhalt

Danksagungen | 7

1. Elfjährige in High Heels: Untersuchung eines kulturellen Phänomens | 9
1.1 Warum sehen die Mädchen so aus?
 Forschungsinteresse und Forschungsfrage | 11
1.2 Problemstellungen des Forschungsgegenstandes | 14
1.3 Mädchen als Bedeutungs-Produzentinnen: Das Forschungsziel | 25
1.4 Forschungsfeld Mädchen-Schönheit-Kultur:
 Disziplinäre Einordnungen | 27
1.5 Sinnträger Diskurs: Theoretische und methodische Einordnung | 33

2. Körperschönheit als beschriebenes Feld: Grundlagen des Diskurses | 39
2.1 Notwendiges Interesse am Äußeren: Dispositiv der Sexualität | 39
2.2 Zwang zum eindeutigen Erkennen: Ordnungskategorie Geschlecht | 45
2.3 Verschaffen von Vorteilen: Soziale Macht der Schönheit | 49

3. Die Mädchen müssen Kinder bleiben: Die Aussagen der Diskursebenen | 57
3.1 Kinder sollen Kinder sein: Diskurse in der Erziehung | 64
3.2 Vorrangig Sorge um die Mädchen: Diskurse der Wissenschaften | 74
3.3 Mädchen sind nicht nur Kinder: Diskurse aus
 Medien und Ökonomie | 88
3.4 Fazit: Kind sein, gleichzeitig schön sein –
 Widersprüchliche Erwartungen | 107

4. Konflikte und Ermächtigungen: Lebenswelten der Frühadoleszenz | 113
4.1 Theorien zur Adoleszenz | 114
4.2 Schwierigkeiten des Gesellschaft-Werdens und Gegenstrategien | 120
4.3 Aktuelles Erleben von Adoleszenz | 130
4.4 Fazit: Weibliche Adoleszenz heute | 141

5. Methode | 145
5.1 Herausforderungen | 145

5.2 Datenerhebung | 155
5.3 Auswertung | 161
5.4 Relevanz der Erhebungsvariablen: Erste Ergebnisse | 169

6. Gut aussehen, alles richtig machen: Die Sinngebungen der Mädchen | 173
6.1 Schönheitspraktiken im Zeichen von Normalisierung | 175
6.2 Wie sie aussehen möchten: Das Äußere als Ausdruck einheitlicher Identitäten | 196
6.3 Warum sie gut aussehen wollen: Erfolg als Motiv ihrer Schönheitspraktiken | 228
6.4 Was ihnen Probleme bereitet: Konflikte mit dem Schönheitsdiskurs | 261
6.5 Kein Zeichen von Devianz: Diskursive Umdeutungen statt Sexualisierung | 282
6.6 Fazit: Sexualisierte Schönheitspraktiken als Integration von Anforderungen | 303

7. Zusammenführung und Einordnung | 307
7.1 Andere Wirklichkeiten: Brüchigkeit der dominanten Diskurse | 307
7.2 Bewertung der gegenwärtigen Repräsentation des Mädchen-Seins | 312

Literatur | 319

Danksagungen

Dankeschön an all die Mädchen, mit denen ich Interviews gemacht habe, an die vielen, die mir bei ihrer Vermittlung geholfen haben, an das Graduiertenkolleg „Dekonstruktion und Gestaltung: Gender" der Hamburger Hochschulen, besonders an meine Mitstipendiatinnen, an das Department for Gender and Cultural Studies an der University of Sydney/Prof. Dr. Catherine Driscoll, an das Institut für Ethnologie und Kulturwissenschaft der Universität Bremen, an Dr. Cora Bender und besonders an Prof. Dr. Dorle Dracklé, an Sonja, Nikki, Carsten, Ulrike, Jan, an Mama, und an all die anderen, die mir mit Rat und Tat zur Seite gestanden haben.

Für Dennis, Henri & Rebecca.

1. Elfjährige in High Heels: Untersuchung eines kulturellen Phänomens

Es ist ohne Frage ein exotisches Beispiel. Denn ein Mädchen im Vorschulalter, das High Heels, Leggings und Trenchcoat trägt, repräsentiert etwas bisher noch ‚Unmögliches'. Das Foto (Abbildung 1) zeigt die dreijährige Suri Cruise, Toch-

Abbildung 1: Paparazzo-Foto von Suri Cruise mit ihrer Mutter

Quelle: Splash

ter zweier berühmter Schauspieler, neben ihrer Mutter. Die Kindlichkeit des Mädchens, auch repräsentiert durch ihr Kuscheltier, und ihre gleichzeitig erwachsene Inszenierung verwirren den Betrachter. Ähnliche ‚Schnappschüsse' existieren zuhauf. Oft in High Heels und anderen, weiblichen Kleidungsstücken zu sehen, ist Suri Cruise zu einem beliebten Thema in den Medien geworden. Das ist bemerkenswert. Eine solche, im allgemeinen Verständnis unerlaubte Aufmachung eines jungen Kindes ist schließlich selbst für den Boulevard-Journalismus ungewohnt. Mit der Benennung des eigentlich Skandalösen wird sich jedoch schwer getan, nämlich der Sichtbarkeit sexueller Zeichen an einer Dreijährigen.

Das Foto von Suri Cruise hat eine in den Forschungsgegenstand einleitende Funktion[1]: Als Extrem soll es einen Kontrast bilden zum ‚normalen' Schönheitshandeln älterer Mädchen. Dieses wird gleichwohl meist ebenso kritisch beäugt. Damit beziehe ich mich auf Zehn- bis Dreizehnjährige, die sich mit hohen Absätzen, enger Kleidung oder Make-up ebenfalls erwachsener Stilmittel bedienen. Zwar kann man diesen Inszenierungen inzwischen durchaus Alltäglichkeit attestieren. Darüber hinaus sind sie auch weit weniger irritierend als bei einer Dreijährigen. Der Effekt auf den Betrachter, und das ist entscheidend, ist dennoch ähnlich. So sind weiblich-idealisierte Stilisierungen von Mädchen vor dem Jugendalter noch weit davon entfernt, in der dominanten Meinung als akzeptabel bezeichnet zu werden.

Das Schönheitshandeln frühadoleszenter Mädchen löst also Unbehagen aus. Diese Tatsache verweist bereits auf den Charakter eines kulturellen Phänomens. Weil oder obwohl das vermeintlich sexualisierte Äußere als unangemessen gilt, wird selten hinterfragt, warum junge Mädchen sich derart gestalten. So ist sich mit dieser Entwicklung bisher weder im Alltag noch in den Wissenschaften ausführlich beschäftigt worden. Nicht nur die Annahmen über Mädchen und Schönheit und die Hintergründe dieser Bedeutungen wurden kaum reflektiert. Auch über die Sinngebungen der Akteurinnen besteht Unwissen. Welche Botschaft aber hat das veränderte Aussehen, und was bezwecken die Mädchen damit? Was steckt hinter dem Erscheinen der weiblichen Kind-Mädchen? Diese Forschungslücke möchte ich mit meiner Untersuchung schließen.

---

1   Dafür sind Bilder insbesondere bei einer diskursanalytischen Untersuchung geeignet, die auch in diesem Buch verfolgt wird. Meier argumentiert: „Wird [...] ein zum Diskursthema passendes Bild präsentiert, so verarbeiten wir dieses mit einer höheren Emotionalität, ja wir werden erst durch das Bild auf den Diskurs aufmerksam." (Meier 2008: 270)

1.1 WARUM SEHEN DIE MÄDCHEN SO AUS? FORSCHUNGSINTERESSE UND FORSCHUNGSFRAGE

High Heels, Schminke, modische Kleidung und ein gekonntes, glamouröses Styling – waren derartige, die Weiblichkeit idealisierende[2] Inszenierungen bisher erst in der Jugend die Regel, werden sie heute bereits von immer mehr Mädchen im Kindesalter praktiziert. Seit einigen Jahren beobachte ich, dass sich der Umgang mit dem Äußeren im Vergleich zu den ‚normal kindlichen' Mädchen früherer Tage verändert hat. Diese Wahrnehmungen und Überlegungen schließlich führten bei mir zu dem Wunsch, mich mit dem neuartigen Schönheitshandeln Frühadoleszenter auseinanderzusetzen.

Mein generelles Interesse an solchen ‚Mädchen-Dingen' reicht jedoch bereits in meine eigene Kindheit und Jugend zurück. Dass ich einen persönlichen Zugang habe, hat die Untersuchung von Anfang an geprägt. Was diese Voreingenommenheit für die Forschung bedeutet, muss natürlich hinterfragt werden. So kann der Behauptung, dass sich eine ‚Nähe' zum Sujet oft positiv auf Untersuchungen auswirkt, ebenso entgegnet werden, dass sie vielmehr den ‚forschenden' Blick trübt. Dennoch bin ich der Überzeugung, dass sowohl die Fähigkeit zum Nachempfinden als auch zur Begeisterung hilfreich sind. Sowohl erfreuliche wie auch einige schwierige Aspekte des Themas Schönheit für junge Mädchen kenne ich schließlich aus eigenem Erleben.

Es ist jedoch wichtig zu betonen, dass der Forschungsgegenstand für mich dennoch ein neues Terrain ist. Mir und meinen Freundinnen hat man den Stellenwert, den das Äußere für uns weit vor der Jugend schon hatte, damals sicherlich noch weniger angesehen. Wir wirkten in jeder Hinsicht kindlicher und haben uns kaum erwachsener Stilmittel bedient, so sehr wir diese auch bei anderen bewundert haben. Hier hat sich in meiner Vermutung daher eine signifikante

---

2 Unter „idealisierter Weiblichkeit" verstehe ich all diejenigen Zeichen, die in unserem heteronormativen System der traditionellen Vorstellung des Weiblichen im Gegensatz zum Männlichen entsprechen. Nach de Beauvoir (2006) ist das Ideal der Weiblichkeit im dominierenden männlichen Besitzdenken ihre rein faktische Erkennbarkeit. Der weibliche Körper müsse demnach nur sich selbst versprechen, um für Männer von Interesse zu sein. Optische Inszenierungen betreffend, umfasst die idealisierte Weiblichkeit bspw. die Betonung des am Busen und an den Hüften gerundeten Körpers, lange Haare, Make-up und High Heels: entsprechend alles, was üblicherweise als weiblichschön und genuin nicht-männlich gilt. In Anbetracht dessen ist m.E. unstrittig, dass idealisierte Weiblichkeit hergestellt werden muss. Insofern kann auch im Fall der Inszenierungen der Kind-Mädchen von absichtsvollem Handeln gesprochen werden.

Veränderung ereignet. So inszenieren sich Mädchen heute bereits auffällig und gekonnt in einem Alter, in dem Attraktivität[3] bisher eine geringere Rolle gespielt oder der Wunsch danach meist in eher kindlichen Aufmachungen resultiert hat. Das neuartige Aussehen scheint vielmehr sogar deshalb relevant, weil es nicht zu dem passt, was über Frühadoleszente angenommen wird. Wenn sich Mädchen im Alter zwischen Kindheit und Jugend weiblich-idealisiert stilisieren, wird das also gerade deshalb wahrgenommen, weil es sich nicht mit dem üblichen Bild verträgt. Das möchte ich im Folgenden anhand eines Vergleichs einer Sechzehnjährigen mit einem elfjährigen Mädchen erläutern.

Zweifelsohne wird eine Sechzehnjährige, die sich schminkt, High Heels trägt oder andere, optische Codes idealisierter Weiblichkeit zeigt, kaum als auffallend wahrgenommen. ‚Gut' auszusehen, ist in der gängigen Annahme schließlich vielen Mädchen dieses Alters wichtig. In der populären Meinung erhöht sich gerade in der Jugend meist der Wert der Schönheit, weil die Sozialwelt abseits der Familie immer mehr zum Bezugspunkt wird. Die Botschaft, kein Kind mehr zu sein und ‚mitmachen' zu wollen, wird Mädchen mit zunehmendem Alter auch immer öfter zugestanden. In unserer Kultur[4] herrscht weitestgehend Einigkeit darüber, dass zu den zentralen Entwicklungsaufgaben des Jugendalters auch die Auseinandersetzung mit dem Geschlecht und der Sexualität gehören. Dass das v.a. bei Mädchen auch eine deutliche visuelle Komponente haben kann, ist dabei Konsens. Ebenso wird in der Regel akzeptiert, dass Sechzehnjährige schon sexu-

---

3   In dieser Arbeit benutze ich häufig die Begriffe „Schönheit" und „Attraktivität" und deren Adjektive. Beide bezeichnen hier lediglich das in der üblichen Auffassung ästhetisch hochbewertete Äußere. Dieses umfasst nicht etwa „Darstellungskompetenz", die Koppetsch (2000) als Bestandteil von Attraktivität versteht. Ein schönes oder attraktives Mädchen ist demnach in der Mehrheit schlank, hat einen weiblichen und vglw. zierlichen Körperbau, ein ebenmäßiges Gesicht mit femininen Merkmalen, reine Haut, in der Regel längere Haare und ist weiblich gekleidet. Diese Charakteristika sind natürlich kulturell verschieden und wandelbar. Sie sind außerdem vom individuellen Kontext und von der Perspektive derjenigen Person, die das Aussehen bewertet, abhängig. So nehmen wir Schönheit bspw. auf Bildern ganz anders wahr als bei einer Person, die man sehen, riechen und hören kann. Entsprechend ist der Begriff kaum definierbar, weshalb er in den Wissenschaften auch nicht oder nur unter zahlreichen Einschränkungen benutzt wird. Den Forschungsgegenstand betreffend, ist die Auslotung dieser Problematik m.E. jedoch nicht vonnöten, da es dabei nur um die Repräsentation *bestimmter* äußerer Zeichen geht.

4   Wenn nicht anders angegeben, beziehe ich mich in der gesamten Untersuchung auf westliche und weiße Kulturen christlicher und bürgerlicher Prägung.

elle Erfahrungen machen können. Schön sein zu wollen, ist bei Mädchen dieses Alters entsprechend erlaubt. Kritischer beäugt werden dagegen vermutlich diejenigen jugendlichen Mädchen, die in der gängigen Meinung als wenig attraktiv gelten, weil sie eben nicht die üblichen Merkmale von Weiblichkeit zur Schau stellen. Im Jugendalter wird das Streben nach weiblicher Schönheit also insgesamt eher unterstützt als verurteilt.

Gleichermaßen ist es eine Tatsache, dass die Schönheitspraktiken und Stilmittel der typischen Sechzehnjährigen bei einer Elfjährigen gänzlich anders bewertet werden. Bei Mädchen dieses Alters wird zunächst nicht davon ausgegangen, dass es ihnen wichtig sein könnte, für andere schön zu sein. Selbst wenn nicht der ,worst case' des frühreifen Kindes gegeben ist, sorgt eine sorgsam gestylte Elfjährige für Verunsicherung. Ein Mädchen, das aufgrund seines Alters noch nicht als Jugendliche gilt und bereits Codes erwachsener Weiblichkeit zeigt, handelt im allgemeinen Verständnis unerlaubt. M.E. spielt bei diesem Urteil die Angst vor dem Verlust der Kindheit eine große Rolle. So darf eine Elfjährige noch nicht den Schönheitsstandards entsprechen, weil sie das unschuldige, unbeschwerte, von Verantwortung und Gefahren freie Kindsein ausleben soll. Während also die Stilisierungen jugendlicher Mädchen akzeptiert und daher auch kaum hinterfragt werden, ist die Haltung Kindern und Frühadoleszenten gegenüber kritisch.

Entsprechend sind sowohl mein Forschungsinteresse als auch meine Forschungsfrage nicht von der Bedeutung des Alters der Mädchen zu trennen. Zwar ist das Bild der Kindfrau nicht neu, sondern ein altbekanntes Reizthema. Allerdings galt es bisher meist als Minderheiten-Phänomen, von dem besonders sozial schwache Schichten betroffen sind (vgl. Walkerdine 1997). In Hinblick auf die visuelle Wahrnehmung von Mädchen ist hier jedoch eine Änderung eingetreten. So sind weiblich-idealisierte Inszenierungen im Kindesalter heute ein ,Problem' der breiten Masse. Darüber hinaus ist diese Entwicklung nach meinen Beobachtungen keineswegs nur auf Großstädte, ein bestimmtes Milieu oder einen Kulturkreis beschränkt. Vielmehr zeigt sich der Trend der vermeintlich frühreifen Mädchen in der gesamten westlichen Welt, und nicht nur dort. Dennoch rufen diese Äußerlichkeiten nach wie vor kritische Reaktionen hervor. Daran ändert auch das Faktum nichts, dass der gleiche Umgang mit dem Aussehen bei wenig älteren Mädchen anerkannt ist.

Mit diesem Phänomen werde ich mich in diesem Buch auseinander setzen. Dabei möchte ich jedoch nicht suggerieren, dass alle Frühadoleszenten sich derartig inszenieren oder das in Zukunft tun werden. Der Zweck dieser Untersuchung ist stattdessen die Beantwortung der Frage, was das veränderte Schönheitshandeln vieler junger Mädchen hervorgebracht hat. Hier gehe ich nicht davon aus, dass die Erklärung in dem simplen Umstand liegt, dass die Heranwachsenden zur Steigerung ihrer sexuellen Anziehungskraft möglichst attraktiv sein wollen. Diese Begründung erscheint mir eindimensional und nicht ausreichend. Im gleichen Maß bin ich auch nicht der Ansicht, dass die Inszenierungen der jungen Mädchen ‚einfach nur' auf Trends basieren. Was, wann und von wem getragen wird, folgt m.E. komplexeren Regeln. Mit dem Beharren auf standardisierten, vermeintlich rationalen Erklärungen bleiben meiner Ansicht nach die Hintergründe der Handlungen der Mädchen verborgen. Ähnlich argumentiert McRobbie, wenn sie angesichts der wachsenden Präsenz von Sexualität in Frauenzeitschriften schreibt, dass man diesen Umstand nicht nur auf die Aufmerksamkeitswirkung von Sex schieben dürfe: „[...] the fact that sex sells tells us nothing about the new or emergent social relations of sexuality which underpin this field of representation." (McRobbie 1999: 55) So bin ich der Überzeugung, dass gerade Mädchen über den Umgang mit ihrem Äußeren ihre Identitäten, Wünsche und Konflikte darstellen. An ihrem Aussehen im Speziellen und ihrem Körper im Allgemeinen sind viele der kulturellen Bedeutungen von Weiblichkeit wahrnehmbar. Die Beweggründe frühadoleszenter Mädchen, sich massenhaft Codes idealisierter Weiblichkeit bedienen, sind bisher noch offen. Das möchte ich mit dieser Untersuchung ändern.

1.2 Problemstellungen des Forschungsgegenstandes

1.2.1 Ein bestimmter Blick auf die Mädchen: Diskurs der visuellen Sexualisierung

Das neuartige Schönheitshandeln der Mädchen lässt sich nicht über die These erforschen, *dass* Attraktivität eine Rolle spielt oder über die Frage, in welchem Umfang sie das tut. Wie ich dargestellt habe, will ich stattdessen wissen, was die Veränderung im Aussehen frühadoleszenter Mädchen bewirkt hat. Zwar ist das Phänomen, dass eine beträchtliche Anzahl junger Mädchen schon vor dem Jugendalter großen Wert auf ihre weibliche Attraktivität legt, noch wenig untersucht worden. Das bedeutet allerdings nicht, dass ihre Praktiken nicht bereits auf eine spezifische Weise bewertet werden. So habe ich schon angedeutet, dass die Tendenz besteht, das neue Schönheitshandeln Heranwachsender kritisch zu betrachten. Tatsächlich wird das veränderte Aussehen junger Mädchen öffentlich immer stärker diskutiert. Offensichtlich ist hier eine Sensibilisierung vorhanden, die bestimmte Vorbehalte ebenso impliziert wie den Wunsch, die Frühadoleszenten zu schützen.

Dass und wie dieses Thema diskutiert wird, kann m.E. daher unter einem spezifischen Diskurs subsumiert werden. Auf die Existenz dessen deuten nicht nur die Reaktionen in Medien und Alltag hin. Parallel zur immer größeren Sichtbarkeit des Phänomens haben in den letzten Jahren auch die Wissenschaften das Thema verstärkt für sich entdeckt. Dabei taucht immer häufiger ein spezieller Ausdruck auf, nämlich der der so genannten ‚Sexualisierung' von Mädchen. Sexualisierungen entsprechen nicht dem Konsens einer einheitlichen, harmonischen Kultur. Aus diesem Grund verordnen sich auch diejenigen, die Sexualisierungen erkennen, einen bestimmten Blick. Mit dem gleichen Begriff sehe ich deshalb den dominanten Diskurs über die neuartigen Inszenierungen junger Mädchen beschrieben. Im „Report on the sexualization of girls" definiert die American Psychological Association (APA), Sexualisierung folgendermaßen:

„[...] sexualization occurs when [1] a person's value comes only from his or her sexual appeal or behavior, to the exclusion of other characteristics; [2] a person is held to a standard that equates physical attractiveness (narrowly defined) with being sexy; [3] a person is sexually objectified, that is, made into a thing for others' sexual use, rather than seen as a person with the capacity for independent action and decision making; and/or [4] sexuality is inappropriately imposed upon a person. All for conditions need not be present; any one is an indication of sexualization." (Zurbriggen et al. 2007: 2)

Das hier dargelegte Verständnis des Begriffs ermöglicht meiner Ansicht nach eine Annäherung an die üblichen Reaktionen auf das neue Aussehen junger Mädchen[5]. Sexualisierung ist also dann gegeben, wenn eine Person entweder ungewollt, unangebracht oder im zu hohen Maße mit Sexualität in Verbindung gebracht wird. Jemanden oder etwas sexualisiert zu nennen, ist demnach meist eine normative Bewertung. Erst wenn der Kontext und ein bestimmter Blick sie auf diese Weise bedeutend werden lassen, sind die Mädchen sexualisiert. Die Sexualisierung benötigt entsprechend ein Außen, um als solche erkannt zu werden. Zugleich fungiert dieses auch als die Instanz, die über die Abweichung von ‚gesunder' Sexualität entscheidet. Folgerichtig müssen von der Einschränkung

---

5   In anderen Schichten und Kulturen ist oder war das, was hier als Sexualisierung beschrieben wird, jedoch nicht ungewöhnlich. Heutzutage gilt die Sexualisierung von Mädchen in denjenigen Ländern als alltäglich, in denen Kinderarbeit, Kinderprostitution oder auch Kinderehen häufig vorkommen. In der westlichen Welt waren früher oft Mädchen aus der Arbeiterklasse betroffen. Dass jetzt auch privilegiertere Mädchen als sexualisiert wahrgenommen werden, ist, wie ich denke, einer der Gründe, warum das veränderte Schönheitshandeln irritiert.

auch diejenigen betroffen sein, die im gesellschaftlichen Diskurs noch nicht sexuell aktiv sein dürfen. Demnach könnte im Fall einer geschminkten Elfjährigen auch schnell von Sexualisierung gesprochen werden, während eine solche Bezeichnung bei einer Sechzehnjährigen weniger realistisch ist.

Entsprechend ist der Ausdruck Sexualisierung nützlich, um den Umgang der Öffentlichkeit mit den weiblich-idealisierten Stilisierungen junger Mädchen zu verstehen. Allerdings ist der Begriff m.E. allein zu unspezifisch, um das Denken und Reden über das veränderte Aussehen Frühadoleszenter zu erfassen. Schließlich geht es in alltäglichen Diskussionen und in diesem Buch in erster Linie um einen einzelnen Bereich der Sexualisierung, nämlich das Äußere. Deshalb wird in dieser Untersuchung stattdessen von der *visuellen Sexualisierung* die Rede sein. Hierbei handelt es sich um eine Bezeichnung, die nach meiner Auffassung eindeutig auf einen Diskurs über das Aussehen von Personen verweist.

Diese Differenzierung halte ich aus folgenden Gründen für notwendig. So können zwar unterschiedliche Äußerungen oder Handlungen als sexualisiert bezeichnet werden[6]. Kaum etwas erregt jedoch eine derart große Aufmerksamkeit oder wird so kritisch bewertet wie die Sexualisierung, die sich am Optischen festmacht[7]. Diese Tatsache ist meiner Meinung nach auf die unmittelbare Wirkung des Visuellen zurückzuführen. Zum einen ist es grundsätzlich schwierig, sich dem Sichtbaren zu entziehen. Zum anderen besteht die Angewohnheit anzunehmen, dass das, was gesehen wird, die Wirklichkeit ist. Außerdem wird in der Regel davon ausgegangen, dass das Erkennbare nur eine Bedeutung haben kann. Die Botschaft, die der Empfänger wahrnimmt, wird meist mit der Intention des

---

6 Der Habitus einer Person, ihr Gang, ihre Mimik und Gestik, ihre Stimme oder Redeinhalte können den Eindruck von Sexualisierung erwecken. Als sexualisiert werden auch Produkte und Medien bezeichnet, die auf übertriebene oder unpassende Art sexuelle Inhalte transportieren.

7 Ein prägnantes und geläufiges Exempel für Sexualisierung bei Kindern und Jugendlichen ist eine bestimmte Wortwahl. V.a. in Jugendsprachen finden sich üblicherweise viele sexuelle Anspielungen, wie bspw. das adjektivisch verwendete „porno" für etwas positiv Besetztes. Schon seit Langem besteht hier die Tendenz, Bezeichnungen für Hochbewertetes dem Bereich des Sexuellen zu entnehmen. Gerade die darin enthaltene Provokation für Erwachsene ermöglicht schließlich Abgrenzung und Eigenständigkeit. Dennoch würde heute wohl kaum jemand auf die Idee kommen, Jugendliche deshalb als sexualisiert zu bezeichnen. Außerdem handelt es sich ‚nur' um Worte, die nicht dauerhaft präsent sind. Das muss jedoch nicht für jede Art verbaler Kommunikation gelten: Angesichts eines Mädchens im Grundschulalter, das ein T-Shirt mit dem Aufdruck „Kleines Luder" trägt, wäre die Reaktion vermutlich kritischer.

Senders gleichgesetzt. Entsprechend kann auch schnell die Schlussfolgerung gezogen werden, junge Mädchen seien sexualisiert. So wird im Fall einer elfjährigen in hohen Schuhen u.a. deshalb von einer sexuellen Botschaft ausgegangen, weil High Heels im allgemeinen Verständnis eine sexuelle Konnotierung besitzen. In der Befürchtung, dass alle dasselbe wahrnehmen, wäre das Mädchen im Sexualisierungsdiskurs der Gefahr ausgesetzt, von anderen als sexuelles Objekt betrachtet zu werden.

Analog zum Verständnis von Sexualisierung kann sich also auch die visuelle Sexualisierung immer dann ereignen, wenn von den ungeschriebenen Regeln für den erlaubten, sexuellen Ausdruck des Äußeren abgewichen wird. Im heteronormativen Geschlechtersystem ist das gerade für Mädchen eine besondere Herausforderung. Sie sollen zwar innerhalb traditioneller Vorstellungen geschlechtlich eindeutig sein. Gleichzeitig muss jedoch alles, was aktive Sexualität assoziieren könnte, vermieden werden. Folgerichtig sind auch die Grenzen zwischen dem sozial erwünschten Äußeren (mädchenhaft) und einem, das für Verunsicherung sorgt (weiblich-sexy), nicht immer leicht erkennbar. So entsteht das Paradoxon, dass junge Mädchen ihr Geschlecht repräsentieren, aber noch nicht ‚sein' sollen. Dieser Konflikt ist jedoch nicht nur auf das in unserer Kultur schwierige Verhältnis zur Sexualität, sondern auch auf die Brisanz des weiblichen Geschlechts zurückzuführen[8].

Auf diesem Widerspruch zwischen gewolltem und ungehörigem Aussehen der Mädchen gründet auch der Diskurs der visuellen Sexualisierung: Schließlich wird er gerade dadurch hervorgebracht, dass die weiblich-idealisierten Inszenierungen noch nicht erlaubt sind. Das Äußere der Kindfrauen wird als unerträglich wahrgenommen und provoziert so den Wunsch, auf den Verstoß aufmerksam zu machen. Erst die Rede über die Sexualisierung verleiht dem Thema damit Bedeutung. Daher basiert der Diskurs nicht nur auf dem Dargestellten, sondern ebenso auf dem Subjekt der Blicke. Weil er m.E. in der alltäglichen Bewertung der Mädchen dominant ist, argumentiere ich in diesem Buch vor dem Hintergrund der visuellen Sexualisierung.

---

8 Die vermeintlich sexuellen Aufmachungen von Frauen haben schon immer für Aufregung gesorgt. So werden Frauen-Körper meist sexuell interpretiert, weil hier eine Art Zwang zur Vereindeutigung ihres Geschlechts besteht. Um diesen Sachverhalt haben sich in den letzten Jahrzehnten viele Debatten gedreht. In den 1960ern ist über die Sexualität von Frauen bspw. in Anbetracht der Minirock-Mode öffentlich gestritten worden. Obwohl das Thema seitdem deutlich ‚entschärft' ist, ist der weibliche Körper auch heute noch weitaus häufiger Gegenstand von Konflikten als der männliche.

1.2.2 Auswahl der Untersuchungsgruppe: Weibliche Frühadoleszenz

Der Diskurs der visuellen Sexualisierung bezieht sich nach meiner Auffassung im Speziellen auf frühadoleszente Mädchen. Ein grundlegender Bestandteil des Problems ist also das Alter der Handelnden. Es ist daher notwendig, sich mit einigen Aspekten der Frühadoleszenz zu beschäftigen. So habe ich mich aus bestimmten Gründen für die Erforschung dieser relativ kurzen Lebensphase zwischen ca. zehn und 13 Jahren entschieden, die ich hier kurz erläutern möchte.

Bei Jugendlichen wäre, wie dargestellt, bereits die Selbstproduktion über das Äußere und v.a. eine sexuelle Symbolik im stärkeren Maß erlaubt. Frühadoleszente gelten indes noch als zu jung, um schon sexuell aktiv zu sein. Im Vergleich zu Kindern im frühen Grundschulalter sind sie aber meist schon selbstbestimmte Konsumentinnen und Rezipientinnen. Mädchen in der Frühadoleszenz setzen sich nicht nur intensiv mit medialen Inhalten auseinander und werden so häufiger mit der geschlechtlichen Schönheitsnorm konfrontiert. Sie bemühen sich auch zunehmend um die Gestaltung ihres Äußeren. Außerdem können sie sich im Gegensatz zu jüngeren Kindern besser artikulieren und die Gründe ihres Handelns plausibel darlegen, was in einer empirischen Arbeit von Bedeutung ist. Darüber hinaus ist auch der Begriff der Adoleszenz relevant. So beschreibt die fast synonym gebrauchte Bezeichnung Pubertät primär eine körperliche, biologische Entwicklung, um die es hier trotz der Betonung sexueller Zeichen nicht gehen soll: In dieser Untersuchung spielt die emotional-identitäre Entwicklung eine größere Rolle. Diesen Prozess sehe ich besonders durch die Frühadoleszenz abgebildet, da diese Phase den Abschnitt zwischen dem Erwachsenwerden (Adoleszenz) und der gerade erfolgten Abnabelung von der Kindheit verdeutlicht. Dabei sind neben der körperlichen Erfahrung eben auch die Normen von Belang, unter denen der eigene und andere Körper wahrgenommen werden.

In Anbetracht des Forschungsgegenstands sprechen für die Beschäftigung mit diesem spezifischen Altersabschnitt also mehrere Argumente. Mit der Tatsache, dass es sich bei der Untersuchungsgruppe um *weibliche* Frühadoleszente handelt, muss sich jedoch ebenfalls auseinandergesetzt werden. Dafür möchte ich mich im Folgenden zwei Themen widmen, die mit dem Fokus auf Mädchen verbunden sind.

Das betrifft erstens das Unbehagen, dass das Zusammendenken von Mädchen und Fragen des Äußeren auslöst. Was das Thema Schönheit angeht, so gilt dieses in wissenschaftlichen Kontexten ohnehin als problematisch. Neben ihrem Mangel an Objektivität und Allgemeingültigkeit sowie ihrer großen Kontextabhängigkeit wird der Schönheit auch Banalität nachgesagt. So macht Etcoff (1999: 4) darauf aufmerksam, dass ihre Erforschung negativ behaftet, weil

„inconsequential" sei – sie erkläre nichts, löse nichts und lehre nichts. Diese Einschätzung wird nach meiner Erfahrung von vielen Feministinnen geteilt, die der ständigen Diskussion der Bedeutung weiblicher Attraktivität zulasten anderer Fragen des Frauseins überdrüssig sind. Weiblichkeit, so die Kritik, werde hier in einem einschränkenden, entmächtigenden Blickwinkel betrachtet. Gerade Heranwachsende sollten nicht unnötig mit der Debatte um Schönheit konfrontiert werden, die sie zu einem späteren Zeitpunkt ohnehin stark beschäftigen würde. Stattdessen sei die Konzentration auf Themen angebracht, die die Macht von Mädchen ausweite, statt begrenze. Aus feministischer Sicht muss es deshalb zumindest als bedenklich gelten, sich mit dem neuartigen Schönheitshandeln Frühadoleszenter auseinander zu setzen.

Dennoch ist die Erforschung des veränderten Umgangs junger Mädchen mit ihrem Aussehen m.E. wichtig und nützlich. So bin ich der Ansicht, dass es problematisch ist, Mädchen in Bezug auf den Stellenwert des Äußeren generell als ‚Leidtragende' zu präsentieren. Im Zusammenhang mit solchen, vermeintlichen Gewissheiten ist außerdem kritikwürdig, dass die Analysekategorie Mädchen vorausgesetzt wird. Mir erscheint es dagegen wichtig, den Frühadoleszenten nicht einen bestimmten Gender-Entwurf zu unterstellen. Nicht zuletzt spielt das Aussehen im positiven wie negativen Sinn schließlich eine entscheidende Rolle. So bemerkt Driscoll in ihrer Kulturgeschichte über Mädchen: „Girlhood is represented across various forms of girl culture as a process of containment. The most significant of these appears to be her containment in relation to her own body." (Driscoll 2002: 257)

Als zweites geht es um die Tatsache, dass Jungen von dieser Untersuchung ausgenommen sind. Auch wenn bislang als sicher gilt, dass das Äußere für Mädchen wichtiger ist als für Jungen (vgl. Gilbert 1998: 96), muss natürlich hinterfragt werden, ob der Stellenwert der Attraktivität bei letzteren nicht ebenso zugenommen hat. In der Tat haben Jungen im Grundschulalter nach meiner Beobachtung z.B. deutlich häufiger als noch vor zehn Jahren aufwendige Frisuren und gefärbte Haare. Selbst das Tragen von Schmuck und sehr sorgfältig erstellte Outfits stellen bei Jungen vor dem Jugendalter keine Seltenheit mehr dar. Sicherlich existieren also einige Parallelen zum veränderten Schönheitshandeln junger Mädchen. Eine Relativierung der Bedeutung gerade der weiblichen Frühadoleszenz für den Forschungsgegenstand wäre, wie ich denke, dennoch ein Fehler. So ist die Wahrnehmung, dass auch Jungen sich mehr um ihr Aussehen bemühen, schwerlich mit der des Schönheitshandelns junger Mädchen zu vergleichen. ‚Gestylte' Jungen fallen zum einen nicht im selben Maß auf. Zum anderen, und das ist besonders wichtig, sind die Reaktionen auf sie deutlich weniger kritisch. In Schönheits- und Körperfragen provozieren die Handlungen von Jungen viel seltener Ängste. Meiner Ansicht nach besteht eher die Wahrscheinlichkeit, dass sie als lächerlich oder aber als rührend empfunden werden. Die bekannte Aussage, dass Männer ein Geschlecht haben, während Frauen eines sind, scheint im Zusammenhang mit dem Äußeren zutreffend. Entsprechend wird das Thema Sexualität bei der Aufmachung von Frauen und Mädchen in der Regel mitgedacht, bei Männern und Jungen öfter zugunsten anderer Merkmale ignoriert. Die visuelle Sexualisierung von Mädchen in der Frühadoleszenz hat damit m.E. kein Pendant in der gleichen Altersgruppe der Jungen.

1.2.3 Stand der Forschung

Dass das attraktive Äußere sozial wichtig ist, und auch frühadoleszente Mädchen schon Wert darauf legen, ist bekannt (vgl. Tiggemann/Clark 2007). Die Verinnerlichung der Schönheitsnorm in dieser Altersgruppe ist also nicht neu, auch früher wollten Mädchen bereits vor dem Jugendalter gut aussehen. Dennoch muss, wie bereits argumentiert, von der aktuellen Situation unterschieden werden: Schließlich hat sich die Bedeutung der Attraktivität bislang nicht derart auffällig am Äußeren jüngerer Mädchen manifestiert. Zu dieser Veränderung ist bisher jedoch wenig publiziert worden. Angesichts der Präsenz vermeintlich visuell sexualisierter Mädchen im Alltag und der Sorge um sie überrascht dieses geringe Interesse. Abseits dessen existieren indes bereits einige grundlegende Erkenntnisse für meine Untersuchung, was ich im Folgenden anhand einer fragmentarischen Übersicht über den Wissensstand nachzeichnen möchte. Die relevanten Veröffentlichungen lassen sich dabei im Wesentlichen in zwei verschiedenen Ansätzen zusammenfassen.

Das ist erstens der mit dem Diskurs der Sexualisierung einhergehende, problematisierende Blick auf das Aussehen Heranwachsender. Seit Erstarken der öffentlichen Kritik an vermeintlich frühreifen Mädchen nimmt auch die Anzahl der wissenschaftlichen Veröffentlichungen zu. Dabei stammt der größte Teil der Untersuchungen aus den USA, wo auch die öffentliche Diskussion des Themas ausgeprägt ist[9]. So hat die American Psychological Association (APA) (Zurbriggen et al. 2007) eine umfassende und medial stark rezipierte Übersicht über die Forschung zur Sexualisierung von Mädchen vorgelegt. Sie geht dabei davon aus, dass im Besonderen junge Mädchen in Gefahr sind, sexualisiert zu werden. Bei ihnen wird die mit dem auffälligen Äußeren verbundene Konfrontation mit Se-

---

9 M.E. kann also von einem Zusammenhang zwischen wissenschaftlichen und öffentlichen Diskurs ausgegangen werden. Zum wiederholten Mal wird damit deutlich, dass Sexualisierung als Forschungsgegenstand eng mit Alltags-Geschehnissen verbunden ist.

xualität als besonders problematisch eingeschätzt. Da sich die Heranwachsenden noch in der Entwicklung befinden würden, verfügten sie noch nicht über eine ausreichende, mentale Stabilität für freie Entscheidungen bezüglich ihrer Sexualität. Es sei daher möglich, dass sie Opfer von Sexualisierung würden. Darauf aufmerksam zu machen, sollte aus Sicht der APA ein öffentlicher Auftrag sein. Ziel des Berichts ist es jedoch nicht nur, Beweise („evidence") für die weitreichende Sexualisierung zu liefern. Zur Vorbeugung soll auch über die zahlreichen, negativen Folgen für Mädchen im Kindes- und Jugendalter informiert werden. Auch Gegenmaßnahmen, u.a. Medien-Trainings mit Heranwachsenden, werden genannt. Was die Beweise für Sexualisierung betrifft, unterscheidet die APA zwischen drei verschiedenen Sphären. So könne sich Sexualisierung innerhalb der Gesellschaft (z.B. durch die Medien), im sozialen Umfeld (v.a. durch die Eltern und den Freundeskreis) und auf der persönlichen Ebene (durch Selbst-Objektivierung) ereignen. Sozialisierungs-Theorien folgend, geht die APA von schwerwiegenden Konsequenzen der Sexualisierung für die physische wie psychische Gesundheit aus. Das weibliche Schönheitsideal trägt laut der APA damit im hohen Maß zur Unterdrückung von Mädchen bei.

Diese Einschätzung teilen auch andere Publikationen, bei denen jedoch ein bestimmter Aspekt der Sexualisierung im Vordergrund steht, meist der Einfluss der Medien. Oppliger (2008) hat sich mit neuen Tendenzen in der medialen Darstellung von Mädchen beschäftigt. Im Besonderen im Fernsehen erkennt die Forscherin einen Trend zur optischen Präsentation von Mädchen als „Schlampen" („skanks"), was allerdings seitens der Konsumentinnen weithin akzeptiert werden würde. Angesichts der feministischen Ideale der 1970er, so Oppligers Kritik, habe sich daher ein Backlash ereignet. Immer jüngeren Mädchen würde stattdessen vermittelt, dass Sexyness und die damit zusammenhängende Sorge um das Äußere die wichtigsten Faktoren einer erfolgreichen, weiblichen Existenz seien. Oppliger räumt allerdings ein, dass neben den Medien und der Ökonomie auch die Erziehung zu dieser Veränderung von Werten und Moral beigetragen hat. Das sei umso beklagenswerter, weil Mädchen so eine weitere Möglichkeit genommen werde, ihrer zunehmenden Sexualisierung zu entkommen.

Levin/Kilbourne (2008) und Durham (2008) sehen dagegen die Medien und den Konsumgütermarkt in der Verantwortung für die neuartigen Repräsentationen von Kindern und Jugendlichen. In „So sexy, so soon" kritisieren Levin/Kilbourne (2008) die Sexualisierung durch Medien und Marketing entsprechend vehement. Bereits im Vorschulalter würden Kinder zielgerichtet über sexy Images angesprochen. Erziehende ständen deshalb vor der immer größeren Herausforderung, Heranwachsenden eine zufriedene und gesunde Kindheit und Jugend zu ermöglichen. Mit zahlreichen Vorschlägen zur Prävention vor Sexualisierung wenden sich die Autorinnen daher an Eltern und Pädagogen. Durham (2008) beschränkt ihre Ausführungen allein auf junge Mädchen. Als Ausgangspunkt nimmt sie das ihres Erachtens populäre Missverständnis von Nabokovs Literaturklassiker *Lolita*. Die zwölfjährige Lolita spielt in der Deutung Durhams lediglich mit ihrer Sexualität und trägt daher keine Schuld an dem, was andere in ihr erkennen würden. Analog dazu argumentiert die Forscherin, dass sich Mädchen heutzutage angesichts ihrer fortschreitenden Sexualisierung ebenfalls in einer Opferrolle befinden. Es müsse deshalb auch immer wieder betont werden, dass sie selbst nicht aktiv an ihren Repräsentationen beteiligt seien. Durham verfolgt die Auffassung, dass die Medien die gesunde sexuelle Entwicklung von Kindern behindern würden. Als Gegenmaßnahme tritt sie für eine Dekonstruktion der populären Mythen über weibliche Sexualität ein. Junge Mädchen müssen über Mittel und Wege ihrer Unterdrückung informiert werden, so Durham. Auf diese Weise seien ihre Chancen besser, der unheilvollen Wirkung gegenwärtiger Darstellungen von Weiblichkeit zu entgehen.

Soweit einige Veröffentlichungen zur Sexualisierung junger Mädchen. Die Arbeiten liefern m.E. wichtige Einblicke in den Forschungsgegenstand. Sie illustrieren in zahlreichen Beispielen das veränderte Bild von jungen Mädchen in öffentlichen Repräsentationen. Besonders die denkwürdige Rolle der Medien und der Konsumgüterindustrie wird ausführlich behandelt. Da Intervention hier ein erklärtes Ziel ist, wird in jeder der Publikationen auf mögliche Alternativen hingewiesen.

Insgesamt tragen die Untersuchungen aus meiner Perspektive jedoch nur bedingt zum Verständnis des neuartigen Schönheitshandelns bei. Erstens werden die Hintergründe der Sexualisierung nur im geringen Umfang thematisiert. Zumeist werden nur Medien und Markt als Auslöser genannt und weder der Einfluss der Gesellschaft noch die Beteiligung der Mädchen selbst näher hinterfragt. Verkürzt dargestellt, liefern die vorgestellten Untersuchungen zwar viele Belege für die Sexualisierung, aber nur wenig Theorie. Zweitens, und darauf macht bspw. die APA auch selbst aufmerksam, fehlt es an ausreichendem Datenbestand. So basieren die Abhandlungen nur selten auf empirischem Material. Darüber hinaus beziehen sich fast alle Daten auf Mädchen im Jugendalter oder älter. Frühadoleszente als diejenigen, die vermutlich am Stärksten von Sexualisierung betroffen sein müssten, treten dagegen nur sehr selten in Erscheinung. Drittens geben die Publikationen keinen Einblick in den aktiven Umgang der Mädchen mit Sexualisierung. Das ist meiner Ansicht gerade dann ein Problem, wenn wie in diesem Buch davon ausgegangen wird, dass die Mädchen ihre Lebenswelt mitgestalten und nicht ausschließlich naiv auf Botschaften aus Medien und Konsumgüterindustrie reagieren. Viertens und als letztes bleibt festzuhalten, dass die Debatte in den genannten Veröffentlichungen von der Sorge um die Heranwachsenden dominiert ist. So werden durch die von Beginn an negative Beurteilung der Situation der Mädchen andere Erkenntnisse größtenteils ausgeschlossen. Abschließend lässt sich daher sagen, dass die vorgestellten Abhandlungen zwar besonders in Hinblick auf ihre Vorreiter-Rolle in der Untersuchung veränderter Bilder von Mädchen von Belang sind. Was meine Forschungsfrage betrifft, wird allerdings den Diskursen hinter der Sexualisierung nicht genug Raum gegeben. Speziell das Fehlen von empirischem Material über die Sichtweise der Mädchen selbst ist m.E. als Defizit zu betrachten.

Diese Kritikpunkte treffen auf die zweite Richtung innerhalb der Forschung nicht zu. Größtenteils den Kulturwissenschaften entstammend, wird sich hier zwar häufig mit der Lebenswelt von Mädchen auseinandergesetzt. Allerdings ist das unter Umständen auffällige Aussehen der Mädchen meist ein Teilaspekt innerhalb eines breiteren Fokus. Alle Veröffentlichungen betonen die Sichtweise der Forschungssubjekte und reflektieren die gesellschaftlichen Umstände des Mädchen-Seins. Der Sexualisierungsdiskurs findet sich hier dagegen kaum.

In „Daddy's girl. Young girls and popular culture" befasst sich Walkerdine (1997) mit der Subjektivität von Mädchen vor dem Jugendalter, die durch ihr Aussehen begehrenden Blicken ausgesetzt sind. Im Zentrum ihres Interesses stehen die sozialen Hintergründe der erotisierenden Lesart. Denn Erotik, so die Forscherin, sei in der dominanten Sicht nur bei jungen Mädchen aus der „working class" erlaubt. Nach Walkerdine ist es egal, ob die Aufmachung der Heranwachsenden als Form der Unterdrückung diagnostiziert, oder, wie in den linken Cultural Studies, als Form des Widerstands begrüßt wird. Das Selbstbild der Akteurinnen werde in beiden Fällen nicht erfasst. In der Auffassung Walkerdines drücken Mädchen aus sozial schwachen Schichten mit der Gestaltung ihres Äußeren ihre Identitäts-Fantasien aus. Dabei sei die Affinität zur Popkultur hier als Quelle der Hoffnung auf Verbesserung der eigenen Lebenssituation zu verstehen. In der Außenwahrnehmung stehen die jungen Mädchen dagegen für eine vermädlichte Erotik, so Walkerdine. Diese provoziere zum einen den Drang, die Heranwachsenden zu kontrollieren und zu zivilisieren, besonders wenn sie den ‚unteren' Schichten entstammten. Zum anderen werde hier auch der Reiz des Verbotenen sichtbar, der sexuellen Beziehung zwischen Erwachsenen und Kindern.

Mitchell/Reid-Walsh (2005) setzen sich mit der neuen Lebenswelt junger Mädchen auseinander. Das Leitthema ihrer Publikation sind die „Tweens" als diejenige Altersgruppe zwischen acht und zwölf Jahren, die bisher in der Forschung vernachlässigt wurde. Tatsächlich aber würden die Tweens in der Öffentlichkeit v.a. aufgrund der für sie maßgeschneiderten Produkte eine immer größere Rolle spielen. Nach Ansicht von Mitchell/Reid-Walsh sind die Tweens symptomatisch für den heutigen Zustand der „Girlhood", besonders hinsichtlich ihrer starken Fokussierung auf Konsum und ihrer Abkehr vom Ideal der unschuldigen Kindheit. Eine zunehmende Beschäftigung mit dieser Gruppe sei aber auch deshalb notwendig, weil junge Mädchen in ihrer Sexualität immer mehr wie Erwachsene behandelt werden würden. Harris (2005) beschreibt die Tweens als durch Kindlichkeit, Weiblichkeit, Konsum und die Schlagwörter „sweet" und „cute" definiert. Sie vertritt die Meinung, dass diese Gruppe sowohl als Gegenstand von Identifikation wie von Kritik betrachtet werden muss. Zwar würde die Konstruktion „Tween" jungen Mädchen einerseits Zugehörigkeit und Sicherheit ermöglichen. Ihre Interessen würden hier schließlich anerkannt und so das Gefühl entstehen, ernst genommen werden. Andererseits, entgegnet Harris, basiert die globalisierte Tween-Kultur eben nicht allein auf den Kategorien Geschlecht und Alter und sei daher untauglich als Freiheitsversprechen für alle Mädchen. Auch Ethnie, Milieu, und Sexualität würden heute als Ein- bzw. Ausschluss-Kriterien fungieren. Problematisiert werden muss laut Harris ebenfalls, dass heute die richtigen Kauf-Entscheidungen als grundlegend zum Aufbau einer erfolgreichen, weiblichen Identität gelten.

Mit der Konstruktion des Mädchen- und Frau-Seins beschäftigt sich Harris (2004) auch an anderer Stelle. Sie argumentiert dabei, dass die von hoher Attraktivität gekennzeichneten Körperrepräsentationen Heranwachsender im Kontext gesellschaftlicher Veränderungen betrachtet werden müssen. So würden junge Frauen heute als neue Avantgarde verkauft, weil sie scheinbar am besten mit den kulturellen, ökonomischen und sozialen Entwicklungen des Spätkapitalismus umgehen könnten. Gerade der Feminismus habe sich dabei um die Konstruktion von Frauen als flexibel und karrierebewusst bemüht. Neben diesen Eigenschaften, schreibt Harris, sollen Mädchen heute überdies Jugend, Selbstbestimmung und Sex repräsentieren. Das Ideal des „can-do-girls" verstehe die Notwendigkeit zu gutem Aussehen und Sexyness daher als Ausdruck seines Status.

Auch McRobbie (2004) erkennt Mädchen und junge Frauen durch den heutigen „Postfeminismus" vereinnahmt. Dass sie tatsächlich aber immer noch manipuliert werden, verdeutlichen für McRobbie die Heldinnen in der aktuellen Popkultur. Diese seien erwerbstätig, ökonomisch unabhängig und vollwertige Konsumentinnen, gleichzeitig aber stark auf Schönheit und traditionelle Werte konzentriert. So hätten junge Frauen heute einerseits feministische Forderungen umgesetzt, dienten aber gleichzeitig dem Patriarchat und dem Kommerz. Baumgardner/Richards (2004) vertreten eine gegensätzliche Meinung. Sie begreifen die umfangreichen, auffälligen Schönheitspraktiken junger Mädchen und Frauen als Zeichen des Empowerments und als Loslösung von den Fesseln des „alten"

Feminismus. Strings, High Heels und andere Insignien ehemals unterdrückter Weiblichkeit müssten demnach positiv umgedeutet werden.

Die kulturwissenschaftlich orientierten Untersuchungen zusammenfassend, lässt sich als Fazit festhalten, dass die Problematik der attraktiven Kindfrauen viel weniger umfassend als bei den Sexualisierungs-Forschungen diskutiert wird. Dafür ist herauszuheben, dass die Fragestellungen in einigen Punkten mit meinem Forschungsinteresse kompatibel sind. So wird sich hier häufig mit Mädchen im Alter zwischen Kindheit und Jugend beschäftigt. Auch die möglichen Parallelen zwischen visuellen Repräsentationen und gesellschaftlichen Bedingungen finden Beachtung. Medien und Erziehung können deshalb als Effekte bestimmter Entwicklungen verstanden werden, und nicht allein als ursächlich. Die aktive Beteiligung der Mädchen wird dabei ebenso thematisiert. Zu kritisieren ist allerdings auch bei den vorgestellten Texten, dass sie nicht auf eigens erhobenen Daten beruhen. Entsprechend kann auch hier nur gemutmaßt werden, welche Sinngebungen junge Mädchen mit ihren neuartigen Inszenierungen verbinden. Diese Lücke soll das Buch schließen.

1.3 MÄDCHEN ALS BEDEUTUNGS-PRODUZENTINNEN: DAS FORSCHUNGSZIEL

Das übergeordnete Forschungsziel ist schnell umrissen: Ich untersuche die Hintergründe des veränderten Schönheitshandelns frühadoleszenter Mädchen. Im vorangegangenen Abschnitt habe ich bereits dargelegt, dass der bisherige Wissensstand dafür nicht ausreichend ist. Zunächst wird das Thema meist nicht in seiner Komplexität erfasst. Viel häufiger wird der Umgang der Mädchen mit ihrem Aussehen lediglich als Ausdruck ihrer Gefährdung oder Ermächtigung bewertet. Noch entscheidender als die mangelnde, inhaltliche Breite ist das Daten-Defizit. Damit beziehe ich mich auf den Umstand, dass die bisher geleistete Forschung in der Regel nicht auf empirischem Material basiert. Wird der Datenbestand außerdem auf die Altersgruppe Frühadoleszenz eingegrenzt, existieren praktisch noch keine Einsichten zum neuartigen Schönheitshandeln junger Mädchen[10]. Deswegen bin ich der Ansicht, dass diese Arbeit abseits der Beantwortung der Forschungsfrage noch ein weiteres Ziel verfolgen muss. So halte ich es

---

10 Dass sich die bisherige Mädchenforschung v.a. auf die Altersgruppe sechzehn bis achtzehn erstreckt, wird auch von Mitchell/Reid-Walsh (2005) als Defizit bewertet: Die Wissenschaften ignorierten jüngere Altersgruppen, obwohl weil immer mehr Medien und Produkte sich auf Mädchen vor dem Teen-Alter beziehen würden.

für erforderlich, dass die Erkenntnisse aus dem Forschungsfeld stammen und auf den Äußerungen der Mädchen selbst beruhen. Schließlich ist deren Blickwinkel bislang meist zugunsten anderer Wissensquellen, wie bspw. Medieninhalten, ignoriert worden. Dass die ‚Betroffenen' noch nicht gefragt worden sind, ist indes nicht nur aufgrund des Fehlens von Daten ein Versäumnis. Auch ihre aktive Beteiligung wurde damit vernachlässigt. Denn es ist m.E. nicht davon auszugehen, dass allein die Medien und der Konsumgütermarkt die neuartigen Inszenierungen herbeigeführt haben. Wenn von ihrer Sexualisierung die Rede ist, muss das überdies keineswegs dem Bild entsprechen, das die Mädchen von sich selbst haben.

Der Grund für dieses Versäumnis ist vermutlich die Vorstellung von Kindern und Jugendlichen als ‚Andere' in Relation zu Erwachsenen. Dracklé (1996a: 16f.) weist darauf hin, dass Aussagen wie ‚Kinder sind bloß Kinder' Heranwachsenden oft die Verantwortung für ihr Handeln nimmt. Auch ich bin der Überzeugung, dass die Unterscheidung zwischen Kindern, Jugendlichen und Erwachsenen in bestimmten Zusammenhängen überdacht werden muss. Ihr Schönheitshandeln betreffend, werden junge Mädchen m.E. fälschlicherweise nur selten als Menschen mit eigenen Interessen verstanden. Ich vertrete dagegen die These, dass bereits Frühadoleszente mit ihrem Aussehen Absichten verfolgen und auch selbst in die Diskursproduktion eingebunden sind.

Zwar darf nicht geschlussfolgert werden, dass die weiblich-idealisierten Inszenierungen nicht auch Ausdruck von Problemen sein oder negative Folgen nach sich ziehen können. Solche Annahmen sollten allerdings ebenso wenig zum Ausgangspunkt gemacht werden, wie die Vermutung einer grundsätzlichen Opferrolle junger Mädchen. Derartige Festlegungen sind jedoch häufig in der Haltung gegenüber Kindern und Jugendlichen. So kritisiert McRobbie, dass bei der Untersuchung von Mädchen-Kulturen oft von vornherein der feministische Diskurs auf die Akteurinnen projiziert werde. Sie schreibt:

„It is one thing to do ‚women's magazines' at university [...]: it is quite different to be thirteen and have your culture ridiculed for not being serious enough, or for not covering the right kind of feminist issues." (McRobbie 1999: 127)

Es kann davon ausgegangen werden, dass ein Effekt dieser Haltung sich ständig wiederholende Erkenntnisse sind, werden auf diese Weise doch abweichende Selbstdarstellungen unmöglich gemacht[11]. In Forschungen sollte daher vermie-

---

11 Tolman (1991) macht auf dieses Dilemma am Beispiel Mädchen und Sexualität aufmerksam. So hätten Mädchen zwar einerseits ein sexuelles Begehren. Andererseits

den werden, auf den Untersuchungsgegenstand zu ‚starren'[12]. Erklärungsbedürftig ist stattdessen, was das veränderte Schönheitshandeln für Frühadoleszente so attraktiv macht. Dabei schließe ich mich einiger theoretischer Grundsätze der Cultural Studies an (vgl. 1.4.3). Bspw. werden nach dem dortigen Modell des „circuit of culture" Bedeutungen je nach Verortung der Rezipierenden auf unterschiedliche Weise interpretiert. Sie müssen entsprechend Relevanz für die Beteiligten haben und mit ihrer Lebenswelt im Einklang stehen. Eine hohe Sensibilität den Sinngebungen der Mädchen gegenüber ist aber auch deshalb wichtig, weil es noch keinen anerkannten Diskurs für ihre Schönheitspraktiken gibt.

Um gute Forschung zu leisten, reicht es jedoch nicht aus, die Frühadoleszenten selbst zu Wort kommen zu lassen. Die Hintergründe ihres Handelns können nur dann nachvollzogen werden, wenn auch gesamtgesellschaftliche Themen mit einbezogen werden und der Fokus nicht nur auf Jugendkulturen liegt (vgl. Draclé 1996a: 38). U.a. sollten ökonomische Strukturen und soziale Hierarchien berücksichtigt werden. Wyn (2005a) betont, dass die Erfahrungen heutiger Heranwachsender nicht mehr mit denen vorheriger Generationen zu vergleichen sind. Eine Forschung, die den Kontext des Aufwachsens vernachlässigt, könne daher nicht gewinnbringend sein. In dieser Untersuchung wird zusätzlich zu ihren Äußerungen entsprechend auch die aktuelle Lebenssituation junger Mädchen erfasst (vgl. 4.2). Erkenntnisleitend soll indes weiter das sein, was in der bisherigen Forschung fehlt: Die Sinngebungen der Mädchen, ihren eigenen Äußerungen entnommen.

1.4 FORSCHUNGSFELD MÄDCHEN-SCHÖNHEIT-KULTUR: DISZIPLINÄRE EINORDNUNGEN

1.4.1 Kulturbegriff

Für die Erarbeitung eines kulturwissenschaftlichen Themas ist die Darlegung der eigenen Auffassung von Kultur notwendig. Auf diese Weise wird gezeigt, inner-

---

würde die Rede darüber in der Gesellschaft aber überhört oder unhörbar gemacht, da sie nicht Teil des anerkannten Diskurses sei. Aus diesem Grund würden auch die Mädchen selbst meist mit der Stimme der dominanten Kultur sprechen.

12 So sind Mädchenforschungen häufig von einem Mangel an Offenheit gegenüber der Lebenswelt der Akteurinnen gekennzeichnet. Bettis/Adams (2005: 2f.) kritisieren deshalb die Themenwahl weiter Teile der Forschung, die die wirklichen, alltäglichen Probleme und Interessen von Mädchen vernachlässigt.

halb welches Verständnisrahmens sich Forschende bewegen. Das ist umso wichtiger, da die Bedeutungsvielfalt des Begriffs Kultur in den Wissenschaften inzwischen immens ist. So kann mit zunehmender Popularität der Kulturforschung seit dem so genannten „Cultural Turn" in den 1980er Jahren auch eine verstärkte Nutzung des Kulturbegriffs verzeichnet werden. Wie Benthien/Velten (2005: 346) bemerken, kommt Kultur heute einem „Leitbegriff wissenschaftlicher Reflexion und Theoriebildung" gleich. Die Definition des Schlagwortes werde dadurch jedoch eher behindert als erleichtert. Riegler zeigt, dass im Alltagsgebrauch der Begriff eine zunehmende Rolle spielt, besonders in der Politik. Beispiele seien die Rede von „kulturellen Differenzen", „Multikulti" und „Leitkultur" (Riegler 2003: 3). Dabei werde entweder das Individuelle und Differente an Kultur ausdrücklich gelobt oder negativ hervorgehoben. Wenn das Wort benutzt wird, können also vielfältige und oft gegensätzliche Ziele verfolgt werden.

Zum Kulturbegriff lässt sich jedoch auch Grundlegendes feststellen. Zunächst einmal ist Kultur generell das, was vom Menschen hervorgebracht und also von der Natur als ‚ursprünglichem' Zustand abgegrenzt wird. Damit kann Materielles, wie bspw. Gebäude oder Kunstwerke, gemeint sein. Kultur bezieht sich aber ebenso auf Immaterielles im Sinn geistiger Leistungen. Dabei wird davon ausgegangen, dass Kulturen je nach Epoche, Ort und Kontext unterschiedlich sind. Das Beispiel Aussehen betreffend, wird das Kulturelle daher auf vielerlei Weise sichtbar. Neben Dingen, wie z.B. Kleidung, können auch Schönheitspraktiken oder ihnen zugrundeliegende Wertesysteme kulturell sein. Jeder Ausdruck wäre wiederum von bestimmten Entwicklungen beeinflusst. Die jeweilige „Kultur" herauszuarbeiten, ist deshalb eine wichtige Aufgabe der Forschung[13]. Welcher Schwerpunkt dabei gesetzt wird, ist allerdings vom Kulturverständnis abhängig. Um zu erläutern, welche Annahme für dieses Thema lohnend ist, orientiere ich mich folgend an den vier von Reckwitz (2004: 3ff.) herausgearbeiteten Kulturbegriffen.

Beginnen möchte ich mit dem normativen Kulturbegriff. Im Alltag, in konservativen Politiken und in den Medien populär, wird Kultur hier als erstrebenswert in Abgrenzung zum Nicht-Kulturellen verstanden. Dieser Perspektive sind eine Wertung und der Anspruch auf Allgemeingültigkeit immanent. Rekurrierend auf die Überzeugung, dass Kultur Pflege und Leistungen bedarf, wird im

---

13 Der Versuch einer präzisen Auseinandersetzung wird indes zu selten unternommen, wie Miller kritisiert. Dieser Mangel sei auf das fehlerhafte Verständnis von Kultur als diffusem Konglomerat zurückzuführen. Er schreibt: „[...] culture appears as [...] a field that lacks all clarity and reason since culture is inherently messy and irreducible to any clear set of elements or attributes that comprise it." (Miller 2000: 78f.)

normativen Verständnis oftmals der ‚Verfall' von Kultur beklagt. So werden mit den Themen Tradition, Identität oder Verwurzelung häufig politische Forderungen formuliert, die auf eine Unterscheidung zwischen der richtigen und der falschen Kultur abzielen. Auf den Forschungsgegenstand bezogen, ist eine normativ geprägte Sicht auf Kultur dann gegeben, wenn das veränderte Aussehen junger Mädchen von vornherein negativ beurteilt wird. Das ist im Rahmen des Sexualisierungsdiskurses oft der Fall. Nicht zuletzt angesichts der leitenden Frage dieser Arbeit, dem Hintergrund der weiblich-idealisierten Inszenierungen, ist die Distanzierung von diesem Kulturverständnis selbstverständlich.

Ebenfalls v.a. im Alltag präsent, aber für die Erforschung des Schönheitshandelns von Mädchen gleichermaßen ungeeignet, ist die differenztheoretische Auffassung von Kultur. Ihr Gegenstand ist auf Kunst, Wissenschaften und Bildung begrenzt. Sie findet sich bspw. in der aus wissenschaftlicher Sicht größtenteils überwundenen Unterteilung in Hoch- und Populärkultur[14]. Eine solche Sichtweise basiert allein auf den künstlerischen und intellektuellen Aktivitäten einer Minderheit und schließt die gesellschaftliche Mehrheit aus. Die differenztheoretische Auffassung von Kultur produziert damit Ausschlüsse. So wird hier u.a. suggeriert, dass eine Kultur dann reich ist, wenn sie nach westlichen Maßstäben als zivilisiert gilt. Insgesamt weist dieses Verständnis keinerlei Schnittmengen mit dem Forschungsthema auf, erkennt sie Alltagspraktiken wie Schönheitshandeln doch erst gar nicht als kulturellen Ausdruck an[15]. Wäre das der Fall, würde daraus überdies die Bewertung des Phänomens als ‚besonderen' kulturellen Ausdruck folgern. Dann würde jedoch wiederum die gesamtgesellschaftliche Signifikanz des Phänomens geschmälert.

Dementgegen bemühen sich die eher wissenschaftlichen Auffassungen um Anerkennung der Verschiedenartigkeit von Kulturen und kulturellen Ausdrucksformen, wobei sich hier zunehmend von der begrifflichen Einordnung von Kultur distanziert wird[16]. Sie verfolgen das übergeordnete Ziel, zu einer Perspektive

---

14 Die Aufhebung dieser Unterscheidung galt auch als eine der wesentlichen Zielsetzungen der sich ab den 1950ern entwickelnden Cultural Studies (vgl. 1.4.3).

15 Allerdings sollte nicht unerwähnt bleiben, dass Alltagspraktiken inzwischen auch in das Blickfeld kultureller Eliten geraten sind: z.B. sind Popkulturen seit einigen Jahren ein beliebtes Ausstellungsthema.

16 So gelten die Erfahrungen von Individuen nicht nur aufgrund unterschiedlicher Milieus, Ethnizitäten, Geschlechter, Lebensalter und religiöser Zugehörigkeiten als verschieden. Kulturen wird inzwischen auch insgesamt Homogenität abgesprochen und stattdessen ihr hybrider Charakter betont (vgl. Bronfen et al. 1997). Entsprechend kam

der Ganzheitlichkeit von Kultur und der Gleichwertigkeit unterschiedlicher Kulturen beizutragen. Der totalitätsorientierte Kulturbegriff geht von Kultur als einer gemeinsamen Lebensweise und ganzer Lebensform einer Gesellschaft aus. Deshalb konzentriert sich dieser Ansatz v.a. auf diejenigen Denkmuster und Praktiken, wie bspw. Rituale, durch die sich eine Gemeinschaft von anderen unterscheidet. Beim bedeutungs- und wissensorientierten Kulturbegriff wird auf den Einfluss sozialer Bedingungen Wert gelegt. Im Zentrum steht die strukturelle Auffassung von Kultur als System miteinander verbundener Zeichen. Kultur zeigt sich auch hier im Wissen, Denken und Handeln, allerdings unter Berücksichtigung kontextueller Unterschiede. Daher sind auch nicht allein die Merkmale einzelner Kulturen von Interesse, sondern v.a. ihre Bedeutung für die Beteiligten. Vorausgesetzt wird dabei außerdem die These des beständigen Wandels von Gesellschaften. Diesen Kulturbegriff haben sich auch die Cultural Studies zu Eigen gemacht. So sei die Art und Weise, wie Individuen ihre Lebenswelt sehen, nicht statisch, die Basis bleibe jedoch immer die sie umgebende Kultur. Willis argumentiert in diesem Sinn, dass

„die kulturellen Formen das Material für die – und den unmittelbaren Kontext der – Konstruktion der Subjektivitäten und die Bestätigung von Identität liefern. Sie liefern sozusagen die glaubwürdigsten und lohnendsten Erklärungen für das Individuum." (Willis 1979: 251)

Folgerichtig kann Schönheitshandeln in diesem Kulturverständnis unter der Voraussetzung untersucht werden, dass es sich dabei um eine Reaktion auf kulturelle Entwicklungen handelt. Den Praktiken der Mädchen wird damit allgemeine gesellschaftliche Aussagekraft zugesprochen. Es ist also naheliegend, sich in ihrer Erforschung auf die ideologischen Dimensionen in der Kultur und die das Phänomen leitenden Diskurse zu konzentrieren.

1.4.2 Forschungsperspektive Cultural Studies

Hier möchte ich mich nun näher der spezifischen Forschungsperspektive[17] widmen, an die dieses Buch in grundlegenden Aspekten angelehnt ist. Zwar sind die Cultural Studies tatsächlich mehr als Stil oder Perspektive denn als Disziplin zu

---

es in den letzten Jahren zu Weiterentwicklungen des Kulturverständnisses, u.a. durch den Transkulturalitäts-Ansatz (vgl. Welsch 1999).
17 Nach Bührmann/Schneider (2008: 15) beschreibt der Begriff der Forschungsperspektive einen Denkstil und umfasst damit sowohl erkenntnistheoretische Grundlagen wie theoretische Bestandteile.

verstehen. Es kann also nicht behauptet werden, dass bei ihnen ein bestimmtes Instrumentarium vorgegeben ist. Dennoch sind für die Cultural Studies bestimmte thematische Zugänge und ein kulturkritisches Denken kennzeichnend, die mir für das Forschungsthema sinnvoll erscheinen. Zur Verdeutlichung dieser Annahme möchte ich im Folgenden ihre wesentlichen Eigenschaften darstellen.

Was die Cultural Studies sind, ist schwierig zu definieren, da sie im deutschen Sprachraum oft als synonym mit den Kulturwissenschaften gelten. Letztere fungieren jedoch meist als Sammelbegriff für unterschiedliche, geisteswissenschaftliche Disziplinen. Überdies haben sie eine vglw. geringe soziale und politische Dimension. Dementgegen steht der Anspruch der Cultural Studies auf „Agency"[18] (Benthien/Velten 2005: 346). So stehen Untersuchungen über das Verhältnis von Kultur und Macht im Vordergrund, als sich das Center for Contemporary Cultural Studies in den 1960er Jahren in Birmingham formiert.

Die damals entwickelten Ansätze sind immer noch maßgeblich für die heute institutionalisierten Cultural Studies. Kultur wird hier grundsätzlich im gesamtgesellschaftlichen Kontext interpretiert. Entsprechend sind auch Fragen nach herrschenden Ideologien und der sozialen Situation der Erforschten den Cultural Studies integral. Von der Idee von Kultur als gesellschaftlichem Teilprojekt wird sich dagegen mit Nachdruck distanziert. Eine solche würde schließlich nicht nur einen elitären Blick, sondern auch die Unterscheidung zwischen guter und schlechter Kultur implizieren. Stattdessen werden im Sinn der Cultural Studies-„Gründer" Hoggart, Williams und Thompson die *gelebten* Alltagskulturen, besonders die der marginalisierten Gruppen, ernst genommen. Während in den Anfangsjahren aber noch die Geschlechterblindheit der Cultural Studies zugunsten der Kategorie „Klasse" kritisiert worden ist (vgl. McRobbie/Garber 2004), sind Mädchen und Frauen als Untersuchungsgruppen inzwischen stark präsent[19].

Zwar besteht in den Cultural Studies aufgrund der unterschiedlichen theoretischen Verortungen, zeitlichen und regionalen Entwicklungen kein einheitlicher

---

18 Diese hat in den Cultural Studies m.E. heute aber keinen so großen Stellenwert mehr wie noch in den 1970er und 80er Jahren. Erstens gehört die Verantwortung für die Forschungssubjekte inzwischen generell zum guten Ton. Zweitens haben sich mit dem Wachstum der Cultural Studies auch die (politischen) Ansprüche diversifiziert.

19 Wie Benthien/Velten (2005: 356ff.) betonen, weisen die Gender Studies und die Cultural Studies tatsächlich viele Gemeinsamkeiten auf: Beide haben eine politische Orientierung, verfügen über keine stringente Definition und methodische Basis, sind interdisziplinär ausgerichtet und differenztheoretisch fundiert.

Ansatz[20]. Ein Charakteristikum ist aber die Kontextualität der Forschung, die eng mit dem Verzicht auf ein fixes, theoretisches Repertoire verknüpft ist. So sollen Theorien und Methoden dem Gegenstand angepasst werden, und nicht umgekehrt. Weiterhin werden kulturelle Inhalte und Sinngebungen in den Cultural Studies potentiell als mehrdeutig verstanden. Von Vorteil ist dabei, dass wissenschaftliche Pauschallösungen durch den Fokus auf die jeweiligen Bedeutungen für das Subjekt erschwert werden. Den Beforschten wird überdies eine aktive Rolle zugestanden. Ihre individuellen Sinngebungen gelten nicht als folgenlos, sondern werden auch hinsichtlich kultureller Hegemonien hinterfragt. Auf Ebene des Individuellen, so die Vorstellung der Cultural Studies, sind die Effekte von Ungleichheiten am Deutlichsten sichtbar. Im engen Zusammenhang steht das Augenmerk der Cultural Studies auf Populärkulturen, die hier durch einen breiten Kulturbegriff aufgewertet werden. Dabei werden im Speziellen die Massenmedien als Ort der Auseinandersetzung um symbolische Ordnungen aufgefasst.

Bei einer Beschreibung des Selbstverständnisses der Cultural Studies muss jedoch auch auf kritische Aspekte der Forschungsperspektive hingewiesen werden. So hat inzwischen eine Distanzierung von einem großen Teil der Grundlagen-Arbeit zu Subkulturen stattgefunden (vgl. Muggleton 2006: 4). Zurückzuführen ist das auf den Vorwurf der unzulänglichen Interpretation individueller Bedeutungen. In dieser Weise äußert sich Bloustien (2003: 17f.), wenn sie den Cultural Studies vorwirft, Jugendkulturen als Orte der Subversion festzulegen. Das vermeintlich widerständige Konsumieren würde tatsächlich zu selten empirisch belegt. Analog dazu argumentiert Grossberg (1996: 88), dass die Cultural Studies zu stark um den Themenkomplex Unterdrückung und Widerstand zentriert seien. Oftmals entstünde so der Eindruck, die Subjekte selbst würden über keinerlei Macht verfügen. Als weiterer Kritikpunkt wird der Forschungsperspektive die intensive Beschäftigung mit Metatheorien als Qualitätsmangel vorgehalten (vgl. During 2007: 17). In der Konsequenz würden die Lebenswelten der Beforschten zu häufig den Theorien angepasst. Muggleton (2006: 3) führt diese Praxis auf zwei Aspekte zurück. Zum einen seien ethnographische Methoden

---

20 Primär in den 1970ern existierten mit dem britischen Kulturalismus und dem französisch geprägten Strukturalismus zwei große theoretische Richtungen in den Cultural Studies. Beide standen allerdings nur partiell in Opposition zueinander (vgl. During 2007: 5). Weitere wichtige Beiträge für die Cultural Studies lieferten die Diskurstheorie Foucaults, die Kultursoziologie Bourdieus und de Certeaus, die Ethnographie nach Lévi-Strauss und die Semiotik von Barthes (vgl. Benthien/Velten 2005: 353, During 2007: 9). In den letzten beiden Jahrzehnten haben sich die Cultural Studies vermehrt dem Arbeitsfeld Postkolonialismus und einer Kritik der Globalisierung zugewandt.

teuer, zum anderen werde der Einfachheit halber oder aufgrund wissenschaftlicher Trends oft ungeprüft an Theorien festgehalten.

Diese Einwände dürfen in einer an den Cultural Studies angelehnten Untersuchung selbstverständlich nicht außer Acht gelassen werden. In meiner Auffassung ist die Forschungsperspektive für die Analyse der neuartigen Schönheitspraktiken Frühadoleszenter insgesamt jedoch passend und nützlich. Ihre Tendenz, wenn nötig in die Breite zu gehen, halte ich hier für praktikabel. Mit den Cultural Studies ist es auch vereinbar, dass es sich beim Aussehen sowohl um ein ‚banales' wie komplexes Untersuchungsfeld handelt. Nicht zuletzt ermöglicht und erfordert die Forschungsperspektive durch ihr weit gefasstes Kulturverständnis einen Zugang zum Gegenstand über enge Disziplingrenzen hinaus. Überdies befassen sich die Cultural Studies in erster Linie mit Alltagskulturen der Gegenwart. Sie sind der Überzeugung, dass gerade auf Ebene der individuellen Lebenswelten der Einfluss soziokultureller Kategorien zutage tritt – eine These, die ich in Bezug auf die Relevanz des Untersuchungsgegenstands teile. Vor allem aber erheben die Cultural Studies den Anspruch, unterschiedliche Positionen sowie verschiedene Arten der Bedeutungskonstruktion zu berücksichtigen. Die eingehende Auseinandersetzung mit den Praktiken und Sinngebungen der Mädchen wird auch in dieser Arbeit im Vordergrund stehen.

1.5 Sinnträger Diskurs: Theoretische und methodische Einordnung

Als eine Grundvoraussetzung wissenschaftlicher Untersuchungen gilt der sinnhafte Bezug von Gegenstand, Theorie und Methode. Das vorliegende Buch ist an der Diskurstheorie orientiert und wird methodisch durch die Diskursanalyse geleitet. Entsprechend gehe ich von einer diskursiven Schaffung von Wirklichkeiten aus. Dem zugrunde liegt die Annahme, dass Diskurse Träger von Macht und regulierende Elemente innerhalb einer Gesellschaft sind. Folgerichtig werden auch die Lebenswelten von Mädchen als nicht nur von materiellen, sondern ebenso von diskursiven Umständen abhängig verstanden. Das betrifft dann auch das so häufig kritisierte Äußere der Frühadoleszenten: denn gerade das ‚gute' oder ‚schlechte', ‚richtige' oder ‚falsche' Aussehen ist ein Resultat gesellschaftlicher Diskurse. Diese Arbeit erforscht, wodurch die weiblich-idealisierten Inszenierungen als nicht-diskursive Praxis hervorgebracht werden. Dafür sind die ggf. neuartigen Sinngebungen beim Umgang mit Schönheit relevant. Bezugnehmend auf die Diskurstheorie vertrete ich hier die These, dass die Mädchen durch den Gebrauch visueller Codes idealisierter Weiblichkeit eine bestimmte

Ordnung zeigen und herstellen. Im Verständnis der Diskurstheorie müssen die Akteurinnen schließlich nicht nur selbst in die Diskursproduktion eingebunden sein – unstrittig ist auch, dass sie mit ihrem Aussehen Interessen verfolgen.

1.5.1 Diskurstheorie nach Foucault

Durch das Bekenntnis zur Diskurstheorie wird zunächst einmal nichts Genaueres über die eigene Perspektive ausgesagt (vgl. Keller 2005: 97ff.). So ist der Begriff nicht etwa paradigmatisch, sondern steht für eine Vielzahl von Ansätzen. Den verschiedenen Diskurstheorien wiederum ist lediglich gemein, dass sie die Bedeutungen hinter sprachlichen Äußerungen untersuchen. Ich beziehe mich hier auf die Diskurstheorie in der Prägung Foucaults (vgl. 2.1), die sich mit Macht- und Subjekteinflüssen in Aussagen befasst. Diese Form ist nicht zuletzt deshalb für das Forschungsthema gewinnbringend, weil sie in vielen Punkten mit den Cultural Studies kompatibel ist (vgl. Keller 2004: 34f.).

Zuvorderst ist die Definition des Begriffs Diskurs ausschlaggebend. Ein Diskurs wird hier als „institutionell verfestigte Redeweise" verstanden (Jäger 2001: 82). Leitend bei Foucault ist die These, dass in jeder sprachlichen Äußerung Ideologien explizit gemacht werden. Ein Diskurs wird in seiner Theorie jedoch erst zu einem solchen, wenn er Handeln bestimmt und damit Macht besitzt. Andernfalls wäre das Geäußerte nur Sprache und im weitesten Sinn absichtslos. Jäger betont daher, „[...] dass Diskurse nicht als Ausdruck gesellschaftlicher Praxis von Interesse sind, sondern weil sie bestimmten Zwecken dienen: Machtwirkungen auszuüben." (Ebenda) Dabei verfolgen Diskurse bei Foucault nicht nur das Ziel, spezielles Wissen zu etablieren. Anderes Wissen wird genauso eingeschränkt, weshalb eine wesentliche Funktion von Diskursen auch ‚Grenzziehungen' sind. In der Theorie Foucaults existieren außerhalb von Diskursen nur wenig wirkungsmächtige Bedeutungen. Die in einer Gesellschaft zirkulierenden Wahrheiten werden also primär durch Diskurse gelenkt. Je mehr davon existieren, desto komplexer und zugleich machtvoller ist auch ihre Wirkung. So gelten bei Foucault alle Diskurse grundsätzlich als intertextuell und stehen im Dialog miteinander.

Als nächstes geht Foucault von einer bestimmten Formation von Diskursen aus, den Dispositiven. Dabei benutzt er den Dispositivbegriff, um „entstehende, nicht intendierte, aber gleichwohl ‚strategische' Antworten" in „einer Art Gesamtgefüge der Hervorbringung" (Keller 2007) zu beschreiben. Innerhalb spezialisierter Wissensgebiete, die Ordnung herstellen wollen, bilden sich Dispositive. Dafür gruppieren sich Ansammlungen von Wissen aus verschiedenen Spezialdiskursen um ein Thema, bspw. Sexualität. Weil Dispositive als Reaktion auf gesellschaftliche Problemstellungen entstehen, formieren sie sich beständig neu.

Ihre Identifizierung wird zusätzlich durch den Umstand erschwert, dass sie aus Diskursen, nicht-diskursiven Handlungen und Sichtbarkeiten bestehen. So kann ein Dispositiv bei Foucault u.a. Gesetze, Praktiken, Institutionen und Materialitäten umfassen. Alle gemeinsam sind in der Lage, zu bestimmten Diskursen zu animieren und diese gleichzeitig zu kontrollieren. Das Ziel der Dispositive ist damit letztendlich, eine Struktur des in einer Gesellschaft Denk- und Sagbaren zu schaffen. Ein Dispositiv wirkt nach Foucault jedoch weniger durch festgelegte Regeln. Die Manipulation geschieht vielmehr unbewusst durch das Schaffen von Bedingungen, die zur Übernahme eines speziellen Wissens verleiten. Der oder die Einzelne tritt in Folge in ein bestimmtes Wissensverhältnis zu sich selbst und seiner Umgebung und unterstützt damit die Weitergabe des Dispositivs.

Die Untrennbarkeit von Macht, Wahrheit und Wissen ist zentral für die Diskurstheorie Foucaults. So werden Diskurse erst durch den Einfluss von Macht produziert. Diese wiederum schafft ‚Wahrheiten' und außerdem das Wissen, dass für die Identifikation des Individuums mit den Diskursen vonnöten ist. Dabei bezeichnet Wissen bei Foucault „alle Arten von Bewusstseinsinhalten bzw. von Bedeutungen, mit denen jeweils historische Menschen die sie umgebende Wirklichkeit deuten und gestalten." (Jäger 2001: 81) Zugleich ist Wissen in der foucaultschen Diskurstheorie keinesfalls ‚allgemein', gilt es doch zum einen als ungleich verteilt, zum anderen als von den Interessen einer jeweiligen Gruppe gesteuert. Überdies ist nicht nur der Inhalt des Wissens entscheidend, sondern auch die Art, wie es in den unterschiedlichen diskursiven Zusammenhängen verbreitet wird.

Ein weiterer wichtiger Aspekt bei Foucault ist die enge Verknüpfung von Individuum und Gesellschaft und die Frage nach dem Einfluss beider. Seine Diskurstheorie bildet aus diesem Grund auch eine Gegenposition zum Individualismus. So sind Diskurse bei Foucault durch kollektives Wissen formal und inhaltlich reguliert und gelten daher als überindividuell (ebenda: 87). Natürlich werden die Diskurse immer noch vom Individuum, ob bewusst oder unbewusst, hervorgebracht. Ihr schlussendlicher Inhalt und ihre Gestalt sind jedoch nur begrenzt durch Einzelne steuerbar. Trotzdem ist das Individuum in Foucaults Diskurstheorie weder unbedeutend, noch verfügen Individuum und Gesellschaft über einen geringen Einfluss. Gerade weil Macht in Äußerungen und Tätigkeiten vorhanden ist, bietet das Erkennen oder der veränderte Gebrauch von Diskursen Handlungsfähigkeit. Schließlich ist das Individuum eben nicht nur in Diskurse eingebunden, sondern auch sein Mit-Produzent. Das Subjekt kann entsprechend auch an gesellschaftlichen Prozessen partizipieren, in dem es mit ‚seinen' Diskursen Wahrnehmung erreicht und damit zu Veränderungen beiträgt. Zwar verliert das

Individuum bei Foucault insofern an Gewicht, als das es ohne die Gesellschaft keine Effekte erzielen kann. Seine Subjekt-Position bleibt indes erhalten. Das ist auch deshalb der Fall, weil Diskurse in dynamischen Gesellschaften durch neues Wissen und Machtverschiebungen im ständigen Wandel begriffen sind. Ihnen dennoch auf die Spur zu kommen, ist die Aufgabe der Diskursanalyse.

1.5.2 Diskursanalyse

In der Forschung wird das Wirklichkeitsverständnis durch die Anwendung der Diskursanalyse maßgeblich reflektiert und geprägt. Durch ihre Offenheit ermöglicht die Methode nach Dracklé (1996b: 24ff.) neue Einsichten für die Theoriebildung. Demnach helfe die Diskursanalyse besonders bei der Untersuchung der Beziehung zwischen Individuum und Gesellschaft. Darüber hinaus erleichtert sie die Abkehr von Simplifizierungen und unterstützt stattdessen die Erforschung der Komplexität und Dynamik von Kulturen, so Dracklé.

Generell hat die Methode die Erkundung von Wissen zum Ziel, wobei im Mittelpunkt die Frage nach der Funktion von Diskursen steht. Da es sich bei Diskursen um ‚Glaubenssätze' zum Zweck einer bestimmten Wahrheitsproduktion handelt, müssen in der Diskursanalyse die zugrunde liegenden Regeln sowohl inhaltlicher wie formaler Natur untersucht werden. Ein klassisches Arbeitsfeld sind hier geschriebene Texte, bspw. Zeitungsartikel oder Gesprächsprotokolle. Wenn die Methode an Foucault angelehnt ist, ist ihr Gegenstand jedoch nicht ausschließlich die Sprache. Diskurse sind dann auch für Handlungen, die so genannten nicht-diskursiven Praktiken, sinngebend[21].

Wird die Diskursforschung zusätzlich noch auf Sichtbarkeiten und soziale Akteure im Diskursfeld ausgeweitet, spricht man von einer Dispositivanalyse. Zwar muss dieser Analyseweg eher als Ergänzung verstanden werden. Keller (2007) ist allerdings der Ansicht, dass die Diskursanalyse Grenzen hat, die in bestimmten Fällen in Richtung Dispositivanalyse überwunden werden sollten. So haben Dispositive den Diskursen auch etwas voraus, weil sie als die „Infrastruktur der Produktion eines Diskurses und der Umsetzung seiner angebotenen Problemlösung" (ebenda) gelten. Innerhalb der Diskursforschung dient die Untersuchung von Dispositiven der Erkenntnis, wie aus Diskursen durch den Übergang in soziale, kulturelle und ökonomische Gegebenheiten konkrete Effekte entstehen.

---

21 Jedoch ist die durch Foucault geprägte Diskurstheorie gerade aufgrund der Tatsache, dass sie nur ungenau zwischen diskursiv und nicht-diskursiv unterscheidet, häufig Gegenstand von Kritik (vgl. Jäger 2001: 94ff.).

Ebenso, wie es unterschiedliche Diskurstheorien gibt, existieren auch mehrere Zugänge zur Diskursanalyse. Die von mir praktizierte Methode ist zum einen an die kritische Diskursanalyse Jägers (1999), zum anderen an die wissenssoziologische Diskursanalyse Kellers (2004, 2005) angelehnt. Für die Untersuchung des veränderten Schönheitshandelns sind beide Ansätze vorteilhaft. So widmet sich die linguistisch geprägte Methodik der kritischen Diskursanalyse nicht allein der Herausarbeitung von Diskursen. Von Bedeutung ist hier gleichermaßen die Kritik am Wahrheitsanspruch bestimmter Ideologien und den Mitteln ihrer Einflussnahme. Die Methode zielt deshalb auch nicht darauf ab, eine (ohnehin wenig realistische) vollständige Diskursanalyse zu einem Gegenstand zu liefern. Fokussiert auf ein bestimmtes Problem, eignet sie sich m.E. daher besonders für die Erforschung eines aktuellen und kontrovers diskutierten Themas aus dem Alltag, wie es hier der Fall ist. Indes werden in dieser Arbeit auch Abstriche bezüglich der kritischen Diskursanalyse gemacht. Bspw. verzichte ich auf die übliche linguistische Analyse, weil sie in Anbetracht von Forschungsgegenstand und -design nicht notwendig erscheint. In Orientierung an Foucault sind hier die ‚Pfade' des Wissens über Schönheit ausschlaggebend, nicht die verwendete Sprache.

Der Schwerpunkt der wissenssoziologischen Diskursanalyse liegt neben dem Entdecken von Diskursen auf ihrer Deutung. Diese Zielsetzung ist meiner Ansicht nach nützlich, um die möglicherweise komplexen Hintergründe der Praktiken der Mädchen zu erfassen. Bei der wissenssoziologischen Diskursanalyse werden sozialwissenschaftlich-interpretative Ansätze in die Methode integriert. Dadurch distanziert sich das Verfahren auch von dem in der Diskursforschung gängigen Anspruch auf Standardisiertheit der Erkenntnisgenerierung. Dem Umstand Folge leistend, dass es sich bei Diskursen nach Foucault um Gesetzmäßigkeiten handelt, wird allerdings auch bei dieser Methode die Regelmäßigkeit und Dauerhaftigkeit von Aussagen berücksichtigt.

Soweit die Besonderheiten der in dieser Arbeit praktizierten, diskursanalytischen Methodik. An dieser Stelle soll noch in Kürze auf einige Annahmen und Begriffe hingewiesen werden, die wichtig für das Nachvollziehen des Analyseprozesses sind. So werden einzelne Themen und Texte zunächst als Diskursfragmente bezeichnet, an denen erste Analyseschritte ansetzen. Die nächstgrößere Einheit ist der Diskursstrang, der sich aus der Menge aller Diskurse zu einem bestimmten Thema zusammensetzt und daher auch die Forschungsfragen abbildet. Der Gesamtdiskurs schließlich wird durch alle Diskursfragmente und Diskursstränge beschrieben und fungiert als eine Art Grundgerüst, in dem Erkenntnisse eingeordnet werden. Weiterhin wird in der Diskursanalyse zwischen verschiedenen, grundlegenden Diskursarten unterschieden, den Spezialdiskursen

(Expertenwissen, d.h. Diskurse zu spezialisierten Wissensgebieten), Interdiskursen (öffentliche, nicht-spezialisierte Diskurse) und Gegendiskursen (Abweichungen vom hegemonialen Diskurs). Besonders innerhalb dieser Untersuchung ist relevant, dass sich alle Diskursarten gegenseitig beeinflussen.

Als letzter Punkt differenziert die Diskursanalyse zwischen unterschiedlichen, diskursiven Ebenen, bspw. Wissenschaften, Politik, Medien oder Alltag. Ebenso wie die Diskurse werden auch die Diskursebenen als soziale Phänomene und nicht als objektive Wissensproduzenten betrachtet. In dieser Arbeit werde ich mich neben den Äußerungen der Mädchen auch mit den sprachlichen oder visuellen Repräsentationen des Themas auf den Ebenen Erziehung, Wissenschaften und Medien/Ökonomie[22] befassen. Die Berücksichtigung aller drei Ebenen ist m.E. erforderlich, um die die Frühadoleszenten beeinflussenden, gesamtgesellschaftlichen Diskurse erfassen zu können. Schließlich ist der Gebrauch visueller Codes idealisierter Weiblichkeit durch die Mädchen nur dann erklärbar, wenn ihr Verhältnis zu den hegemonialen Diskursen analysiert wird.

---

22 Zwar gilt die Ökonomie als Bereich außerhalb der Diskursproduktion, weil sie v.a. der Logik der Gewinnmaximierung unterliegt. Ich gehe jedoch davon aus, dass sich auch dort Spuren von Diskursen zeigen. So weist Ullrich (2008: 13f.) darauf hin, dass Menschen zum Konsumieren angelernt werden, wobei sich Kaufabsichten durch symbolische Aufladung entwickeln. Hier kommt m.E. die Gesellschaft ins Spiel, die über Diskurse erst das Entstehen bestimmter Wünsche ermöglicht oder zulässt.

2. Körperschönheit als beschriebenes Feld: Grundlagen des Diskurses

Dieses Buch will herausfinden, was das veränderte Schönheitshandeln frühadoleszenter Mädchen bedeutet. Wie ich im vorigen Kapitel argumentiert habe, sind dafür die Positionen der Akteurinnen entscheidend. Ihre Sinngebungen sind jedoch nicht voraussetzungslos, sondern basieren vielmehr auf bestimmten Diskursen. Davon ausgehend, dass auch die Alltagskultur Machtformationen beinhaltet, müssen also die ‚Wahrheiten' *über* das Aussehen von Mädchen thematisiert werden. Das folgende Kapitel markiert den Beginn dieses Vorhabens. Später beschäftige ich mich mit den unterschiedlichen Diskursebenen und ihren Aussagen über die optischen Inszenierungen Frühadoleszenter. Nun werde ich anhand der Felder Sexualität, Geschlecht und Schönheit zeigen, wie das Denken über den Gegenstand gestaltet ist.

2.1 NOTWENDIGES INTERESSE AM ÄUSSEREN: DISPOSITIV DER SEXUALITÄT

Zwischen Sexualität und Aussehen besteht zunächst keine offenkundige Verbindung. So ist das eine als scheinbar universelle, die menschliche Existenz sichernde Gegebenheit und biologisches Faktum bedeutsam. Das andere beschreibt dagegen lediglich eine wandelbare, zum Teil frei gestaltbare Oberfläche vermeintlich ohne tieferen Sinn. Dass Ästhetik und Natur nicht ohne Weiteres zueinander in Bezug gesetzt werden können, ist ein altbekanntes Problem. Allerdings soll es hier nicht um ‚natürliche' Vorgänge gehen, schließlich steht nicht etwa die körperliche Entwicklung von Mädchen im Vordergrund. Wäre das der Fall, könnte bspw. angesichts zunehmenden sexuellen Interesses auf einen gestiegenen Stellenwert des attraktiven Äußeren geschlossen werden.

Dagegen befasse ich mich mit den in Kultur und Lebenswelt verorteten Gründen für das veränderte Aussehen junger Mädchen. Ob sich die Frühadoleszenten in Hinblick auf ihre Chancen bei der Partnerwahl um ihr Äußeres bemühen, ist also erst einmal nicht von Interesse. Vielmehr möchte ich zeigen, dass die Bedeutung, die ihre neuartigen Inszenierungen haben, generell nicht von unseren Vorstellungen über Sexualität zu trennen ist. So ist die Tatsache, dass den vermeintlich banalen Schönheitspraktiken von Mädchen eine derartige Aufmerksamkeit entgegengebracht wird, in der modernen Diskursivierung der Sexualität begründet. Auch dass der veränderte Umgang Frühadoleszenter mit ihrem Äußeren als sexualisiert beschrieben wird, hat Aussagekraft. Der Begriff Sexualisierung macht dabei zum einen deutlich, dass zwischen bestimmten optischen Signalen und Sexualität eine Verbindung erkannt wird. Seine Verwendung verweist zum anderen auch auf die Befürchtung, weibliche Inszenierungen könnten im Zusammenhang mit sexueller Frühreife stehen. Mit diesen Verknüpfungen werde ich mich hier auseinandersetzen. Dabei liefert Foucault nicht nur für das hohe Interesse an Sexualität und damit am Aussehen als Teil dieser den theoretischen Hintergrund. Auch die kritische Beurteilung des Äußeren im Speziellen junger Mädchen kann mit ihm erklärt werden. Zur Einleitung möchte ich mich mit dem Verständnis von Sexualität beschäftigen.

Der Begriff der Sexualität ist erst vor rund 200 Jahren gemeinsam mit der Neubestimmung der Geschlechterkategorien entstanden. Parallel zu dieser Entwicklung hat sich auch die Wissenschaft von der Sexualität formiert (vgl. Sigusch 2008). Die heute dominante Vorstellung von menschlicher Sexualität basiert auf der Trennung von Sexualität und Fortpflanzung. Entsprechend kann sie als Gesamtheit derjenigen Gefühle, Bedürfnisse und Verhaltensformen beschrieben werden, die auf einen Lustgewinn abzielen (vgl. Jensen 2005: 100f.). Sexualität ist jedoch nicht nur biologisch geprägt, sondern unterliegt vielfältigen gesellschaftlichen Faktoren. So existieren in allen Gesellschaften Normen, wie Sexualität vollzogen werden darf. Auf der individuellen Ebene ist Sexualität überdies im hohen Maß vom Lebensstil abhängig (vgl. Giddens 1993: 24f.). Sie besitzt entsprechend kaum „überhistorische oder kuluruniversale Wesensheiten" und entfaltet sich stattdessen erst innerhalb eines kulturspezifischen Rahmens (Lautmann 2002: 20). „Zur Wirklichkeit der Sexualität" verbinden sich „in jeder Kultur" erst „Körperbilder, Moral und somatische Tatsachen" (ebenda: 27).

Auch aus diesem Grund wird die Definition von Sexualität als wissenschaftliche Herausforderung verstanden. Seitens der Soziologie halten sowohl Giddens als auch Luhmann eine Eingrenzung für schwerlich möglich, besonders vor dem Hintergrund, dass mit dem Begriff in unterschiedlichen Diskursen je anderes gemeint sei (vgl. ebenda: 21). Dagegen hält Lautmann (ebenda: 22) eine Unterscheidung in das Sexuelle und in die Sexualität für praktikabel. Dabei wird ersteres als triebhaft verstanden, das zweite als organisiert und durch gesellschaftliche Vorgaben gesteuert. Eine ähnliche Beschreibung der Sexualität findet sich bei Schmidt (ebenda). Hier ist sie durch zwei Bestandteile gekennzeichnet, die „Erregung", die auf den Trieb verweist, und die „Erregbarkeit", die neben den funktionierenden Organismus auch durch kulturelles Wissen begründet ist. Einigkeit besteht darüber, dass Sexualität nicht allein auf die Geschlechtsteile oder sexuelle Aktivitäten reduziert werden darf. Sie findet auch abseits dessen statt, bspw. im Interesse an einer anderen Person oder in der Annäherung mittels Blickkontakt. Sexualität ist zwar weder auf emotionaler noch kognitiver Ebene von biologischen Aspekten zu trennen. Gleichzeitig kann sie jedoch nicht unabhängig von sozialen und historischen Rahmenbedingungen analysiert werden.

Für dieses Verständnis ist auch Foucault (1986) eingetreten. Befasst mit den Momenten der Veränderung von Wissen, Denken und Handeln in der von ihm so genannten „Disziplinargesellschaft", legt er Wert darauf, sich von den dominierenden Lehren der Wissenschaften abzusetzen. So widerspricht Foucault Kontinuitäten in den Geschichtsschreibungen und verfolgt stattdessen das Ziel, Brüche in den vermeintlich ewigen Wahrheiten deutlich zu machen. Seinen Quellen nähert sich der dem Poststrukturalismus nahe stehende Historiker dabei weniger mit einem Fokus auf Fakten, sondern auf Mythen und Erzählungen. Entsprechend sind in seinem mehrbändigen Werk „Sexualität und Wahrheit" auch weniger die Sexualwissenschaft und ihre Themen von Belang. Vielmehr beschäftigen Foucault die machtlogischen Hintergründe des Umgangs mit Sexualität, indem er die Frage stellt, welche Wahrheit über sie erzwungen werden soll.

In „Der Wille zum Wissen", dem ersten der drei erschienenen Bände, vertritt Foucault eine provokante These: Ihre moderne Diskursivierung würde die Fehlerhaftigkeit der hegemonialen Annahme belegen, die Sexualität werde unterdrückt. Foucault argumentiert, dass Sexualität niemals ‚frei' und spontan ist. Das sei nicht zuletzt deshalb der Fall, weil dieser Vorstellung ein hierarchisches Modell der Herrschenden und Beherrschten zugrunde liege. Dagegen ist Foucault der Ansicht, dass Macht in der ganzen Gesellschaft verteilt ist. Entsprechend sei die Gesellschaft, wenn auch im Inneren nicht gleichberechtigt, in ihrer Gesamtheit an der Produktion von Diskursen beteiligt. Über seine Auffassung dieser Einflussnahme schreibt er:

„Die Macht ist nicht etwas, was man erwirbt, wegnimmt, teilt, was man bewahrt oder verliert; die Macht ist etwas, was sich von unzähligen Punkten aus und im Spiel ungleicher und beweglicher Beziehungen vollzieht." (Foucault 1986: 115)

Foucault unterscheidet in seiner Definition von Sexualität, die bei ihm nur „Sex" heißt, zwischen zwei Dimensionen. Auf der einen Seite steht der Sex, mit dem er sich auf die durch Sexualdispositive entstandenen Alltagsbedeutungen bezieht[1]. Die Sexualität auf der anderen Seite ist bei Foucault durch (Spezial)Diskurse beschrieben und dient der Ausübung gesellschaftlicher Macht.

Wenn nun das Aussehen erforscht wird, so kann dieses m.E. zu den Sinngebungen auf Ebene des Alltags gezählt werden. Dabei steht das Äußere insofern im engen Zusammenhang mit Sexualität, als es häufig sexuelle Assoziationen weckt. Das gilt nicht nur für den Körper, also bspw. die Figur, das Gesicht oder die Haare. Auch Kleidung und andere Formen der ‚schönen' Aufmachung sind eingeschlossen. Dass Schönheit sexuell interpretiert wird, liegt zum Teil in der Verbindung von Körper, Geschlecht und sexueller Attraktion begründet (vgl. 2.2). Jedoch trägt auch die von Foucault beobachtete Tatsache dazu bei, dass im Alltag möglichst viel in einem sexuellen Kontext gedeutet werden muss, um den Sex immer wieder hervorzuholen. Foucault weist außerdem darauf hin, dass davon im Speziellen Frauen und Kinder betroffen sind. So wird deren Sexualität seit dem 18. Jahrhundert durch die damals entstehenden Dispositive zunehmend pathologisiert. Die Wahrnehmung und Thematisierung des veränderten, weiblich-idealisierten Aussehens junger Mädchen steht daher in enger Relation zur Rede über Sexualität. Es kann sogar behauptet werden, dass das eine in der Regel ein Hinweis auf das andere ist. Ich möchte nun zeigen, wie Foucault den Zwang zur Beschäftigung mit dem Sex und damit auch dem Äußeren beschreibt.

Den in den letzen 200 Jahren erstarkten Anreiz, die Sexualität zum Thema zu machen, erklärt Foucault mit ihrer „diskursiven Explosion". Damit bezieht er sich auf die rapide Zunahme der Diskurse über den Sex in allen Bereichen der „Macht" (ebenda: 27f). Nach Ansicht Foucaults ist diese Entwicklung zurückzuführen auf „[...] die breite Streuung von Apparaten, die erfunden wurden, um von Sex zu sprechen oder sprechen zu lassen". Diese hätten den Zweck, „daß er von sich selber spricht [...] um alles anzuhören, aufzuzeichnen [...] was er von

---

1   Sexualitätsdispositive sorgen dafür, dass Individuen eine bestimmte (normierte) Auffassung von Sexualität entwickeln, sich dadurch definieren und spezielle Verhaltensweisen problematisieren. Foucault unterscheidet vier Sexualdispositive: Hysterie der Frau, Masturbation des Kindes, Homosexualität und Perversion. Folgerichtig sind junge Mädchen grundsätzlich von den ersten beiden betroffen. Was Frauen betrifft, so stellt Foucault fest, dass diese als gänzlich von Sexualität durchdrungen wahrgenommen werden. Als „Gesellschaftskörper" wie als Körper der Familie und der Kinder wird bei Frauen jede Abweichung von der Norm besonders schwer geahndet (vgl. Foucault 1986: 126f.).

sich sagt" (ebenda: 48). Zwar weist Foucault darauf hin, dass die Diskursivierung der Sexualität schon früher begonnen habe. Seit dem 17. Jahrhundert sei sie jedoch nicht nur in bestimmten Kontexten zu finden, sondern ein „Imperativ" für die gesamte Gesellschaft (ebenda: 31). Auf dem Feld der Sexualität würden seitdem die vielfältigsten Kämpfe über die richtige Lebensweise ausgetragen (vgl. ebenda: 125). Entsprechend argumentiert Foucault, dass bei der Sexualität nicht per se von Unterdrückung, Tabuisierung und Randständigkeit ausgegangen werden könne. Vielmehr sei eine immer höhere Bewertung des Sexuellen auffällig. So würden technische, politische und ökonomische Themen rund um den Sex geschaffen, bspw. die Geschlechtsreife oder die Häufigkeit der Geschlechtsbeziehungen betreffend, mit Hilfe derer sich die Sexualität analysieren und klassifizieren lasse (vgl. ebenda: 34f.).

Allerdings, so Foucault, könne aus dieser Entwicklung auch nicht geschlussfolgert werden, dass frei mit dem Thema Sex umgegangen werde und jedwedes Sprechen darüber erlaubt sei. Eher zeige sich, dass durch die Kontrollversuche der Macht ein Analyse- und Geständnis-Zwang vorherrsche. Die daraus resultierenden Anforderungen seien widersprüchlich, würde doch das Sprechen über Sex auf diese Weise nicht nur schwierig, sondern auch notwendig gemacht:

„Der Sex [...] [darf] nur noch vorsichtig beim Namen genannt werden, wogegen seine einzelnen Aspekte [...] bis in ihre feinsten Verzweigungen verfolgt werden müssen [...]. Eine Doppelentwicklung zielt darauf, das Fleisch zur Wurzel aller Sünden zu machen und gleichzeitig [...] auf jene so schwer wahrnehmbare und formulierbare Wirrnis des Begehrens zu verschieben." (Ebenda: 30)

Der Einzelne werde dabei beständig aufgefordert, „die Gedanken, die Worte und die Werke [zu erforschen]" (ebenda). Dieser Wille zum Wissen über Sex bestimme schließlich das gesamte Verhältnis der westlichen Welt zur Sexualität[2].

Davon sind auch Kinder betroffen. Foucault argumentiert, dass sie seit dem 18. Jahrhundert zunehmend der Kontrolle und Überwachung ausgesetzt sind, wofür u.a. die Gestaltung von Klassenräumen ein Hinweis ist (vgl. ebenda: 39ff.). Jegliche Äußerung von Kindern werde seitdem in Hinblick auf die erwünschte Unschuld der Lebensphase Kindheit analysiert. Über die Sexualität von Kindern werde aus diesem Grund zwar kaum offen gesprochen. Ihre Thema-

---

2 Gekennzeichnet von dem Ziel der Normierung und Normalisierung, gilt die Sexualität heute als einer der schwierigsten Bereiche der persönlichen Entwicklung. In Anlehnung an Foucault hat die Sexualität für Jensen (2005: 104) „eine der fundamentalsten Machtwirkungen inne: die Subjektbildung".

tisierung sei deshalb, so Foucault, jedoch keineswegs zurückgegangen, es werde lediglich anders darüber gesprochen. Sei die Rede über den kindlichen Sex früher in erster Linie den Kindern selbst oder ihren Eltern vorbehalten gewesen, wären heute Erzieher, Ärzte und Beamte die Wortführer. In diesem „hundertjährigen Feldzug, der die Welt der Erwachsenen gegen den Sex der Kinder auf die Beine brachte" erkennt Foucault den Versuch, jegliche Geheimnisse von Kindern durch „endlose Durchdringungslinien" aufzudecken (ebenda: 57). So würde seitens der Erwachsenen davon ausgegangen, dass alle Kinder sexuell interessiert oder sogar aktiv seien. Aufgrund des vermeintlich vorsexuellen Wesens von Kindern werde dieser Umstand jedoch als unnatürlich bewertet. Von Foucault als „Pädagogisierung des kindlichen Sex" bezeichnet, zielt dieses Sexualitätsdispositiv entsprechend auf den Schutz der Kinder mit Hilfe unterschiedlicher, pädagogischer Instanzen ab (ebenda: 126). Die Verantwortung zu kontrollieren, ob die kindliche Sexualität normal oder anormal verläuft, obliegt dabei in erster Linie der Familie. So bezeichnet Foucault die im 18. Jahrhundert aufgewertete „Familienzelle" als zentral für die Herausbildung der modernen Sexualdispositive (ebenda: 130). Die Überwachung der kindlichen Sexualität bewertet er überdies abermals als Beweis, dass das erstarkte Bürgertum nicht die Verdrängung der Sexualität forciert habe, sondern vielmehr ihre verstärkte Wahrnehmung (ebenda: 151).

Ich möchte nun die in diesem Abschnitt gelieferten Einsichten für den Forschungsgegenstand Schönheit reflektieren. Es lässt sich festhalten, dass der Umgang mit Sexualität kulturell geprägt ist und auf Interessen der Gesellschaft basiert. Seitens des Individuums stehen dabei das Denken und Wissen über Sexualität und sexuelle Handlungen in engem Bezug zueinander. Sexualität schreibt sich in den Körper ein. Wie ich gezeigt habe, vertritt Foucault die These von der Sexualität als Scharnier zwischen Körper und Gesellschaft. Mit dem Sexuellen muss sich dabei zwanghaft auseinandergesetzt werden. So darf m.E. auch behauptet werden, dass der Grund für das hohe Interesse an Körperschönheit ihr Verweis auf Sexualität ist. Die Tatsache, dass das Aussehen frühadoleszenter Mädchen als Thema wahrgenommen und hervorgebracht wird, kann damit auf den Willen zum Wissen über das Sexuelle zurückgeführt werden. Das ist umso wahrscheinlicher, weil das Alter der Mädchen als Verstärker der Aufmerksamkeit gewertet werden kann. Mit Foucault lässt sich argumentieren, dass die Sexualität von Kindern im Geltungsbereich unserer Kultur nicht anerkannt wird und gerade deshalb als Problem gilt. Ohne Frage üben die weiblich-idealisierten Inszenierungen junger Mädchen einen besonderen Reiz aus weil, gleichsam in pornographischer Manier, unerlaubte Positionen gezeigt werden.

Die Angst vor der kindlichen Sexualität lässt sich meiner Ansicht nach auch heute noch an unterschiedlichen Stellen nachweisen. So zeigt sich einerseits eine größere Offenheit gegenüber dem, was in verschiedenen Lebensphasen erlaubt ist, bspw. Sexualität im Alter betreffend. Andererseits ist die Vorgabe des unschuldigen Heranwachsens von Kindern und Frühadoleszenten von dieser Entwicklung nicht betroffen. Zwar gilt die Jugend als wichtigste Phase sexueller Aktivität (vgl. Lautmann 2002: 89). In dem der Jugend unmittelbar vorangehenden Altersabschnitt, der Kindheit, wird Sexualität jedoch als nicht-existent behandelt. So rückt m.E. an die Stelle der Dramatisierung der Sexualität des Jugendalters die Sorge um die Sexualität der Kinder. Der Anlass und die Begründung für die elterliche Einmischung liegt nach Bauman (1998: 31f.) in der Angst vor Erwachsenen, die Kinder begehren könnten[3]. Wie sich gezeigt hat, spiegeln sich diese Bedenken auch im Diskurs der visuellen Sexualisierung wider, und nicht nur das: sie haben zu seinem Entstehen beigetragen.

2.2 ZWANG ZUM EINDEUTIGEN ERKENNEN: ORDNUNGSKATEGORIE GESCHLECHT

Die Beziehung zwischen Sexualität und Geschlecht ist eng. So wird aus den kulturellen Vorgaben zur Sexualität nicht nur die sexuelle Orientierung abgeleitet, sondern auch das Geschlecht (vgl. Jensen 2005: 107). Geschlechterzugehörigkeiten haben in unserer Gesellschaft eine hohe, v.a. symbolische Relevanz, gehören sie doch im dominanten System der Zweigeschlechtlichkeit zu den zentralen Ordnungskriterien. Wie im Fall der Sexualität ist allerdings auch die Bedeutung des Geschlechts nicht festgeschrieben. Vielmehr wird es in Praktiken und Diskursen erst konstruiert, wobei der Ausgangspunkt jeweils die Annahme einer ‚natürlichen' und essentiellen Identität ist. Die hier stattfindende, vermeintlich einfache Klassifikation in weiblich oder männlich hat jedoch weitreichende Folgen, da mit ihr bestimmte Zuschreibungen und Hierarchien verbunden sind. Zwar sind die sich daraus ergebenen Ungleichheiten seit einigen Jahrzenten Gegenstand von Kritik. Sowohl in den Wissenschaften als auch im Alltag existieren Ansätze zur theoretischen Dekonstruktion des Geschlechts. Die Macht der Kategorie wird dadurch allerdings nur wenig geschwächt. So sorgen Personen, die sich nicht einem Geschlecht zuordnen lassen oder die aus der Geschlechts-

---

3 Dazu haben m.E. diskursive Ereignisse wie der Missbrauchsskandal in Kirchen, Kinderheimen und Internaten und die politische Diskussion um die Eindämmung von Kinderpornos beigetragen.

identität resultierenden Erwartungen nicht erfüllen, weiterhin meist für Irritation. Dem Prinzip der Geschlechtertrennung folgend, ist der Zwang zur eindeutigen Darstellung des und nur eines Geschlechts übermächtig.

Dass diese Praxis auch visuelle Codes beinhaltet, liegt nahe. Die geschlechtergerechte Gestaltung des Aussehens kann damit als kulturell notwendig verstanden werden. Davon ist auch das Äußere frühadoleszenter Mädchen betroffen, dürfte doch auch ihre optische Aufmachung immer im Kontext ihres Geschlechts gesehen werden. Das bedeutet zum einen, dass bestimmte Inszenierungen erwünscht sind und andere Sanktionen nach sich ziehen. Zum anderen werden aus der sichtbaren Präsentation des Geschlechts auch bestimmte Annahmen über die Mädchen getroffen. Das Geschlecht ‚ordnet' also auch den Umgang mit dem Aussehen. Im Folgenden möchte ich die Grundlagen dieser scheinbar nicht hinterfragbaren Tatsache genauer erläutern.

Wenn das Geschlecht wie erwähnt eine Konstruktion und kulturell wandelbar ist, muss sein Status eine Geschichte aufweisen. Zwar lässt sich hier kein konkreter Zeitpunkt benennen. Es kann jedoch zumindest behauptet werden, dass das heutige Verständnis von Geschlecht sich maßgeblich in der Aufklärung entwickelt hat (vgl. Budde 2003: 12). In dieser Phase mit dem Leitmotiv der Vernunft sind die unterschiedlichsten Gegebenheiten Gegenstand wissenschaftlicher Untersuchungen. Der Glaube an bestimmte Dinge wird dabei zunehmend durch intellektuelle Auseinandersetzung mit vermeintlich essentiellen Wahrheiten ersetzt. Die Kategorie Geschlecht betreffend, ist die end- und allgemeingültige Einteilung in zwei biologische Geschlechter die Folge. Warum genau diese Festlegung vorgenommen wurde, lässt sich vglw. einfach mit dem Verständnis zweier sozialer Geschlechter mit jeweils unterschiedlichen, sozialen Lebensmodellen erklären. Entscheidender an dieser Historie ist jedoch, dass die Geschlechterbilder damit nicht nur als Ursache, sondern mindestens ebenso als Effekt hegemonialer Bedeutungen begriffen werden müssen. Durch diesen Umstand wiederum wird die Absolutheit zweier Geschlechter angreifbar, weshalb beide sich immerzu den Anschein des Vorgängigen und Absichtslosen geben müssen. Auf diese Weise lässt sich nachvollziehen, warum sich die Geschlechterordnung bis heute durch scheinbar naturgegebene Merkmale auszeichnet.

Das vermutlich auffälligste Charakteristikum ist dabei die Annahme der grundsätzlichen Dichotomie. So müssen Praktiken und Gegenstände immer auf den Unterschied männlich und weiblich zurückgeführt werden. Ein weiteres Merkmal wird durch den Begriff der Heteronormalität beschrieben. Beide Geschlechter werden demnach nur durch Ergänzung des anderen vollständig, was das Ideal der heterosexuellen Orientierung nach sich zieht. Die Überzeugung, dass die zwei Geschlechter füreinander geschaffen und daher aufeinander bezogen sind, kann ebenfalls mit vermeintlicher Natürlichkeit begründet werden. Am häufigsten wird an der Geschlechterordnung die ihr zugrunde liegende Hierarchisierung kritisiert. Männer und Frauen gelten schließlich nicht nur physisch und psychisch als verschieden. Ihnen werden darüber hinaus auch unterschiedliche Machtpositionen in der Gesellschaft zugewiesen. Innerhalb dieser zweigeschlechtlichen Ordnung existieren zwar Binnendifferenzierungen, auch die Geschlechtertrennung als dynamisches Konstrukt ist ja nicht festgeschrieben. Dennoch besitzt dieses System in seinen Grundsätzen eine hohe Wirkungsmächtigkeit in unserer Kultur.

In Anbetracht der Tragweite dieser Merkmale für das alltägliche Leben stellt sich die Frage, wie diese Geschlechterordnung ‚gemacht' wird. Der Argumentation Foucaults folgend, dürften dabei nicht nur äußere Einwirkungen eine Rolle spielen. Eher ist davon auszugehen, dass gesellschaftliche Diskurse und Eigenleistungen ineinander greifen. Wie das Geschlecht in der Praxis konstruiert wird, ist entsprechend ein wichtiges Thema der Forschung. Hiermit befassen sich v.a. zwei Theorielinien, wobei die ethnomethodologische Linie das Geschlecht in alltäglichen Interaktionen untersucht. Auf Garfinkel (1967), Goffman (1994), und West/Zimmermann (1987) zurückgehend, beschäftigt sie sich in erster Linie mit der Herstellung der sozialen Wirksamkeit des Geschlechts. Symptomatisch für diesen Ansatz ist das Konzept des „doing gender". Dabei eignen sich die Individuen die auf den Geschlechterrollen basierenden Regeln und Strukturen an und reproduzieren diese bewusst und unbewusst in jeglichen Interaktionen miteinander. Dem entgegen orientiert sich die poststrukturalistische Linie, dessen prominenteste Vertreterin Butler (1993, 1995) ist, vornehmlich an der Makroebene. Bei diesem Ansatz stehen Diskurse über das Geschlecht im Vordergrund, was ich kurz erläutern möchte.

Weil beide als kulturelle Konstrukte aufgefasst werden, wird in der Theorie Butlers (1993) nicht zwischen dem biologischen („Sex") und dem sozialen Geschlecht („Gender") unterschieden[4]. Auch die Wahrnehmung des Körpers und seiner geschlechtlichen Körperteile gilt hier als Effekt von Diskursen. Entsprechend weicht die poststrukturalistische Perspektive signifikant von der alltags-

---

4   Vermieden werden soll auch die Rekonstruktion der Geschlechterdichotomie. Dieser Vorwurf wird seit einigen Jahren v.a. Geschlechter-Theorien aus den 1970er und 80er Jahren gemacht. So ist Hark (2001: 353) der Ansicht, dass in der Geschlechterforschung eine reflexive Haltung dem Feminismus gegenüber notwendig sei. Hierbei fordert sie im Besonderen eine sorgfältige Auswahl der Untersuchungsmethode. Die Konzentration auf Diskurse ist nach Hark eine Möglichkeit, die ungewollte Herstellung des Geschlechter-Dualismus zu umgehen.

praktischen Sicht auf das Geschlecht ab. Nach Butler markiert die Sprache den Ausgangspunkt für jegliche Geschlechtskonstruktionen. Außerhalb dieser sei auch das Geschlecht nicht-existent, denn erst durch die sprachliche Vermittlung vollziehe sich eine Handlung. Basierend auf der Überzeugung, dass die Geschlechterdifferenz als reine Konstruktion aufgefasst werden muss, stellt Butler die Frage, wie der Fortbestand der vermeintlichen Naturgegebenheit der zwei Geschlechter garantiert werden kann. Damit verfolgt Butler das Ziel, die Gestaltung der Kategorie erkennbar zu machen und sie dadurch zu verändern[5].

Das zentrale Arbeitsfeld ist in diesem Zusammenhang die Geschlechtsidentität. Butler kommt dabei zu dem Ergebnis, dass diese nur dann stimmig und erkennbar durch andere ist, wenn eine Verbindung und Permanenz zwischen dem biologischen Geschlecht, dem sozialen Geschlecht und der sexuellen Praxis und Orientierung „vorgeführt" werden kann (vgl. ebenda: 206ff.). In der Konsequenz werde dann schließlich nur ein einziges Geschlecht wahrgenommen:

„Das eine zu sein, bedeutet immer, das andere nicht zu sein, genau darauf kommt es an [...]. Die Instituierung einer naturalisierten Zwangsheterosexualität erfordert und reguliert die Geschlechtsidentität als binäre Beziehung, in der sich der männliche Term vom weiblichen unterscheidet." (Ebenda: 45f.)

Wie Butler mit diesem Konzept der so genannten „Performativität" darlegt, wird also durch beständiges Darstellen eine Wahrheit geschaffen und der Anschein von Natürlichkeit erweckt. Gerade das Wiederholen der geschlechtsbezogenen Aktionen institutionalisiert, festigt und naturalisiert das Geschlecht. Der weibliche oder männliche Körper fungiert nach Butler dabei zum einen als „Bühne", ist aber zum anderen aber auch die „Aufführung" selbst.

Zusammenfassend ist also davon auszugehen, dass in der Geschlechterordnung auch von frühadoleszenten Mädchen bereits die Repräsentation ihres vermeintlich natürlichen Geschlechts verlangt wird. Demnach müssen sie sich grundlegend vom anderen Geschlecht unterscheiden, was nicht ohne Folgen auf ihre optische Aufmachung bleibt. Während die sexualitätsbasierte, soziale Differenzierung nicht direkt zu erkennen ist, beruht die geschlechterbasierte schließlich auf vermeintlich sichtbaren Faktoren. Allerdings weist das weibliche oder männliche Aussehen nicht von Natur aus die gewünschte Eindeutigkeit auf. So

---

5 Nach Ansicht von Butler ist die Geschlechterordnung brüchig, weil die sozialen Vorstellungen vom Geschlecht und ihrem biologischen Gegenstück nicht miteinander verbunden sind. Weder bei der Sexualität noch beim Geschlecht handelt es sich nach Butler um Essentialismen, was das hegemoniale System potentiell gefährdet.

haben Mädchen bspw. nicht notwendig lange Haare, sind immer kleiner als Jungen oder ‚rundlicher' als diese gebaut. Deshalb muss die Geschlechteridentität durch die Frühadoleszenten bereits durch optische Zeichen performativ her-, dargestellt und beständig wiederholt werden. Der hegemonialen Geschlechternorm Folge leistend, wird so ihre Verschiedenheit von Jungen und ihre Weiblichkeit repräsentiert.

Diesem Zwang kann natürlich entgegen getreten werden. Dafür spricht der Konstruktionscharakter von Körper und Geschlecht und die Tatsache, dass beide erst innerhalb bestimmter diskursiver Kontexte ihre Bedeutungen entfalten. Sie sind somit auch potentiell subversiv, sozial und kulturell wandelbar. Dennoch kann meiner Ansicht nach im Grundsatz festgestellt werden, dass der Umgang der Mädchen mit ihrem Aussehen in vielerlei Hinsicht bereits vorgegeben ist. So strukturiert in der Geschlechtertrennung das Körperwissen der Mädchen auch ihre Körpererfahrung: „Nur wer den richtigen Körper hat, ist eine richtige Frau" (Villa 2008: 264). Das Äußere ist also von Anfang geschlechtlich konnotiert, was sich auf seine Beurteilung in der Fremd- wie Selbstwahrnehmung auswirkt.

2.3 VERSCHAFFEN VON VORTEILEN: SOZIALE MACHT DER SCHÖNHEIT

Im Folgenden möchte ich zeigen, dass das Wissen um die Schönheit als bedeutsames Strukturprinzip auch unsere Sicht auf die visuellen Inszenierungen junger Mädchen beeinflusst. Einleitend soll es nun zunächst um den Zusammenhang zwischen Gesellschaft und dem jeweiligen Schönheitsverständnis gehen.

Inwieweit der Stellenwert des Aussehens an soziokulturelle Bedingungen gekoppelt ist, vermittelt ein Blick auf die wissenschaftliche Beschäftigung mit Körperschönheit. Während der Entwicklung der Soziologie als Disziplin im 19. Jahrhundert spielt der Körper in den Wissenschaften generell eine marginale Rolle (vgl. Gugutzer 2004). Da er als „vorsozial" (ebenda: 20) gilt und in erster Linie das Individuum, nicht aber die Gesellschaft betrifft, ist der Körper hier nur von geringem Interesse. Erst in den 1960er Jahren wird verstärkt zum Körper geforscht und seine Analyse als Objekt wie Subjekt[6] schließlich zu einem Kernthema der Sozialwissenschaften.

---

6 In der Körper-Forschung wird in der Regel zwischen den beiden Zugängen unterschieden. Diese Arbeit befasst sich mit dem objektivierten Körper, weil v.a. die Außenwahrnehmung und Instrumentalisierung des Körpers thematisiert wird. Mit dem Körper als Subjekt geht das Verständnis des Körpers als „Leib" einher. Untersuchun-

Gugutzer (ebenda: 34ff.) begründet die Entdeckung des Körpers als Untersuchungsgegenstand mit einschneidenden Veränderungen in der westlichen Welt. So befindet diese sich Mitte des letzten Jahrhunderts im Übergang zu einer Gesellschaft, in der die intellektuelle Arbeit dominiert. Als Folge nimmt die Aufmerksamkeit gegenüber dem „Freizeitkörper" und also auch seinem Äußeren zu. Gleichzeitig befähigt der steigende Wohlstand zu mehr Körperkonsum, was den Stellenwert der Attraktivität befördert. Auch die Ausweitung der Massenmedien trägt dazu bei, dass das ‚gute' Aussehen stärker in den Vordergrund rückt. Schließlich verändert die zweite Frauenbewegung in den 1960er und 70er Jahren die Wahrnehmung des Körpers und macht ihn zum Politikum, u.a. aufgrund der Unterdrückung von Frauen durch Schönheitsnormen. In den letzten Jahrzehnten prägen außerdem die neuen Möglichkeiten der ästhetischen Chirurgie und der Reproduktions- und Biotechnologie die Sicht auf den Körper.

Dass der Körper und damit auch die Körperschönheit an Relevanz gewonnen haben, darf allerdings nicht nur als Resultat äußerer Faktoren begriffen werden. So werden auch durch das Individuum neue ‚Wahrheiten' über den Körper geschaffen, die abermals soziokulturelle Entwicklungen beeinflussen können. Mauss (1975: 199ff.) beschreibt den Körper daher sowohl als Abbild wie auch als Produkt der Gesellschaft. Der Körper als Materie wie das Verhältnis zu ihm sind nach Mauss daher immer durch gesellschaftliche Anforderungen beeinflusst. Entsprechend könne es weder einen natürlichen Umgang mit dem Körper noch naturgegebene, körperliche Verhaltensweisen geben, was sogar Grundbedürfnisse wie das Essen umfasse (vgl. ebenda). Wegen der gesellschaftlichen Steuerung des Körperverhaltens sei dieser also auch nicht allein durch freie Entscheidung veränderbar.

Eine ähnliche Perspektive vertritt Foucault (1976). Was üblicherweise als natürlich verstanden wird, begreift er als Resultat größtenteils verborgener Anpassungsleistungen. Der Prozess der Körpersteuerung wird nach Foucault zum einen durch die Gesellschaft initiiert, die sich von der Kontrolle des Körpers Vorteile verspricht. Zum anderen würde aber auch das Individuum selbst die Bereitschaft entwickeln, an sich zu arbeiten. Obwohl diese Selbstregulierung eine Anpassung an Erwartungen von außen sei, werde sie unter dem Anschein

---

gen aus diesem Bereich beschäftigen sich entsprechend mit den Aspekten der Innenwahrnehmung, Selbsterfahrung und Ganzheitlichkeit (vgl. Krüger-Fürhoff 2005: 70). Es bestehen allerdings Zweifel, ob die Erfahrung wie Untersuchung des Körpers als Objekt und Subjekt klar voneinander getrennt werden können. So betont Bette (1989: 49), dass der Körper im Gegensatz zur symbolischen Einheit der Identität als lebendiges biologisches System existiere und deshalb auch nicht fragmentiert werden könne.

von Autonomie vollzogen. Mit Foucault kann daher vermutet werden, dass Schönheitshandlungen oft durch das Eingeständnis der eigenen Fehlerhaftigkeit motiviert werden. Während überprüft wird, ob man selbst und der eigene Körper ‚in Ordnung' sind, bleibt der entscheidende, äußere Anreiz zur Selbstverbesserung meist verborgen. Foucault argumentiert deshalb, dass

„Körperbeherrschung und –bewußtsein [...] nur infolge der Besetzung des Körpers durch die Macht erworben werden [können]: Gymnastik, [...] Nacktheit, das Preisen des schönen Körpers...all das liegt auf der Linie, die durch unablässige, hartnäckige, sorgfältige Arbeit der Macht am Körper [...] zum Begehren des eigenen Körpers geführt hat." (Ebenda: 91f.)

Die „Macht" wirkt dabei jedoch weniger in Form einer unterdrückenden, sondern vielmehr einer stimulierenden Kontrolle. Entsprechend diagnostiziert Foucault die Anforderung an den richtigen Umgang mit dem Körper wie folgt: „Entkleide dich...aber sei schlank, schön, gebräunt!" (Ebenda: 92f.)

Entsprechend sind die Beziehung zum Körper und seinen Repräsentationsformen nicht unabhängig von der Gesellschaft zu verstehen und beruhen auch nicht auf allgemeingültigen Verhaltens- und Wertmaßstäben. Im gleichen Maß, wie die natürliche Sexualität eine Utopie zu sein scheint, ist offensichtlich auch die natürliche Schönheit inexistent. Dadurch, dass Menschen selbst Produkte kultureller Einflüsse sind, kann die Grenze zwischen der scheinbar künstlichen und der scheinbar authentischen Attraktivität ohnehin nur schwer gezogen werden. So wird einer Person, die die leitende Schönheitsnorm missachtet, kaum Natürlichkeit nachgesagt werden. Zwar weist Foucault darauf hin, dass das Aussehen grundsätzlich als Ergebnis der eigenen Wahl verkauft werden muss. Allerdings ist die freie Entscheidung für ein Äußeres abseits des dominanten Schönheitsverständnisses unwahrscheinlich.

Wieso die Arbeit am Körper für das Individuum überhaupt von solcher Bedeutung ist, versuchen mehrere soziologische Theorien zu beantworten. In einer der bekanntesten zum Thema zeigt Bourdieu (1987), inwieweit die Gesellschaft auf den Körper einwirkt und er in Folge vom Individuum strategisch eingesetzt wird[7]. Aus strukturalistischer Perspektive beschreibt Bourdieu den Körper als

---

7 Ähnlich populär sind die Arbeiten von Elias (1998) und Goffman (1988). In seiner Untersuchung zur Zivilisierung der Gesellschaft hat sich Elias mit Affektbeherrschung und der Schamhaftigkeit des Körpers beschäftigt. Das Anliegen Goffmans ist der dramaturgische Umgang mit dem Körper während der Interaktion mit anderen Personen. Hierbei konzentriert sich Goffman auf den Versuch des Individuums, das ge-

Teil derjenigen Lifestyle-Konstruktionen, mit deren Hilfe Machtkämpfe ausgetragen werden. Hintergrund dieser ist jeweils die gesellschaftliche Position, die Bourdieu anhand des „Kapitals" eines Individuums bemisst[8]. Grundsätzlich unterscheidet er dabei zwischen drei Erscheinungsformen (vgl. ebenda: 195ff.), dem ökonomischen (bspw. Besitz), dem kulturellen (bspw. Bildung) und dem sozialen Kapital (bspw. Beziehungen). Der Körper als Element des Lebensstils zählt zum kulturellen Kapital, das jedoch ebenso in ökonomisches umgewandelt werden kann[9]. Zweck des kulturellen Kapitals ist v.a. die Abgrenzung gegenüber anderen, seine Mittel z.b. die Auswahl bestimmter Ernährungsarten, Einrichtungsgegenstände oder auch der Kleidung. Wie Bourdieu betont, lässt sich Kapital auch direkt über den Körper generieren. So sind eine gute Gesundheit, Sportlichkeit, ein exklusiver Stil und ein attraktives Äußeres erfolgsversprechend und können sich in einem Zugewinn an Macht auszahlen (vgl. ebenda: 323ff). Bourdieu verdeutlicht, dass der Körper und damit auch sein Aussehen nicht nur schicksalhaft geprägt sind. Beide werden auch vom Individuum mit klaren Absichten gestaltet und zielgerichtet eingesetzt.

Mit den Hintergründen des gesellschaftlichen Stellenwerts der Körperschönheit haben sich sowohl die Geistes- als auch die Naturwissenschaften auseinandergesetzt. Beide Richtungen sind in der Alltagsideologie präsent, wenn der Wunsch nach gutem Aussehen erklärt werden soll, ihre Ansätze unterscheiden sich indes grundlegend voneinander. So ist die soziobiologische Konzentration auf die Natur mit den Theorien zur kulturellen Prägung des Körpers unvereinbar[10]. Die Naturwissenschaften teilen in der Regel die Annahme einer angebore-

---

wünschte Bild von sich aufrecht zu erhalten. In diesem Zusammenhang spielt auch das (attraktive) Äußere eine wichtige Rolle.

8 Dabei ist es wichtig zu erwähnen, dass Bourdieu das Kapital einer Person von der Zugehörigkeit zu einer Klasse abhängig macht. Letztere wird verstanden als eine Gruppe mit ähnlichen Lebensbedingungen und vergleichbarem Habitus. Heute wird die Unterteilung in Klassen in den Geisteswissenschaften jedoch nur noch selten praktiziert. Wie ich zeigen werde, gelten auch für den Körper zunehmend allgemeinverbindliche Anforderungen über soziale Grenzen hinaus.

9 Ein Beispiel ist die bekannte These von den guten Karriere-Chancen attraktiver Personen.

10 Die Naturwissenschaften gehen von einem ewigen, universellen Schönheitsempfinden aus. In den Geisteswissenschaften wird diese Sichtweise nicht nur aus Gründen der Nichtbeachtung des spezifischen kulturellen und historischen Rahmens kritisiert. So weist Degele (2004: 12) darauf hin, dass die wissenschaftliche Definition von Schönheitsnormen von Anfang an rassistisch und sexistisch geprägt gewesen sei. Auch heu-

nen Vorliebe für die immer gleichen Schönheitsmerkmale. Basierend auf den Ergebnissen der Neurowissenschaften und der Evolutionspsychologie beschreibt Etcoff (ebenda: 7) die Faszination für das gute Aussehen als einen „Basic Instinct". Dabei erkläre sich die soziale Macht der Schönheit durch das Überleben der besten, also gesundesten Gene, da diese in der Mehrzahl auch mit Attraktivität einhergehen würden. Die meisten Menschen seien sich lediglich nicht den evolutionären Hintergründen dieser Wahrnehmung bewusst (vgl. ebenda: 23f.). In der Verhaltensforschung existiert noch eine weitere These zur Bedeutung der Schönheit: Attraktivität sei wichtig, weil das, was schön sei, auch für gut gehalten werde (vgl. Grammer 2002: 164ff.). Deshalb hätten Personen mit einem ansprechenden Äußeren im sozialen Zusammenleben zahlreiche Vorteile. Auf eine andere populäre Theorie der Naturwissenschaften zur Relevanz des Schönen beziehen sich Johnston et al. (2001), wenn sie das Schönheitsempfinden auf Hormone zurückführen. Frauen würden demnach oft Männer mit ausgeprägt männlichen Gesichtszügen bevorzugen, weil diese einen hohen Testosteronspiegel und damit Fruchtbarkeit suggerieren würden. Im gleichen Maße würden feminine Gesichtszüge als Hinweis auf Gebärfähigkeit verstanden.

Im Gegensatz dazu wird der Schönheit in den Geisteswissenschaften nicht genuin gesellschaftliche Statusrelevanz zugesprochen. So wurde Attraktivität hier auch lange als vglw. unwesentlich für soziale Machtzusammenhänge eingestuft. Historisch betrachtet, seien Schönheit und ihre Herstellung außerdem über Jahrhunderte ein Privileg des Adels und damit für die Allgemeinheit eher unbedeutend gewesen (vgl. Degele 2004: 14). Erst die Vermutung, dass der Körper als persönliches Projekt der Erlangung von Anerkennung dient, hat vermehrt auch das geisteswissenschaftliche Interesse an der Bedeutung des guten Aussehens geweckt. Seit Mitte der 1970er Jahre schließlich ist die These, dass das attraktive Äußere den sozialen Erfolg beeinflusst, in geisteswissenschaftlichen Disziplinen weit verbreitet (vgl. Koppetsch 2000: 99). Dabei wird sich hier jedoch weniger mit der Frage beschäftigt, welche Faktoren tatsächlich Attraktivität ausmachen. Vielmehr stehen die sozialen Bedingungen und Konsequenzen der Schönheit im Vordergrund.

Wie Penz (2001) deutlich macht, hat der Übergang von der Vernunft- zur Liebesehe, das Auflösen traditioneller Familienbeziehungen und besonders die zunehmende Autonomie von Frauen wesentlich zur Aufwertung des Wunsches nach gutem Aussehen beigetragen. In den 1960er Jahren schließlich habe sich

---

te würde noch auf diese Weise massenhaft Ausschluss praktiziert. Ihrerseits werfen die Naturwissenschaften den Geisteswissenschaften vor, Schönheit auf der Ebene des individuellen Geschmacks zu verorten (vgl. Etcoff 1999: 21).

die heutige Gleichsetzung von Schönheit mit Jugendlichkeit und Schlankheit entwickelt. Ausschlaggebend hierfür waren, so Penz, die kulturelle Relevanz von Jugend- und Subkulturen, das Ideal der sexuellen Liberalität sowie der zunehmende Individualismus. Koppetsch (2000) sieht den sozialen Erfolg von Attraktivität in der Verkörperung außergewöhnlicher Rollenkompetenz begründet. Dabei betont sie, dass nicht nur die konkrete Beschaffenheit des Äußeren entscheidend sei, sondern ebenso der gekonnte, habituelle Umgang damit. Körperschönheit müsse entsprechend als natürliches Persönlichkeitsmerkmal ausgegeben werden, damit ihre Vorteile wirksam würden. Dieser Umstand gelte besonders für die heutige Gesellschaft, verbessere doch ein vermeintlich irrelevantes Merkmal wie Attraktivität sogar die Chancen in der Arbeitswelt.

Eine bekannte These zur sozialen Bedeutung von Schönheit befasst sich mit der Sonderstellung der weiblichen Attraktivität. Bereits Ende des 18. Jahrhunderts schreibt die Frauenrechtlerin Mary Wollstonecraft, dass Mädchen schon als Kinder angehalten werden würden, schön zu sein. Diese Anforderung bestimme ihr Denken nachhaltig und präge ihr Dasein als Frau ein Leben lang (vgl. Bordo 1993: 185f.). Zwar wird in der Forschung inzwischen immer öfter betont, dass auch bei Männern zunehmend die Pflicht zum attraktiven Äußeren bestünde (vgl. Meuser 2000). Dennoch ist auch heute m.E. eine diesbezügliche Gleichsetzung der Geschlechter kaum möglich. So ist das „schöne Geschlecht" durch seinen Verweis auf Mädchen und Frauen spezifisch geschlechtlich kodiert. Auch die Tatsache, dass Frauen innerhalb der Machthierarchie aufgestiegen sind, hat die Bedeutung der weiblichen Schönheit kaum geschmälert. Wolf (1991) und Bordo (2003) sind vielmehr überzeugt, dass gerade der Zuwachs an weiblichem Einfluss in den letzten Jahrzehnten zu einer Verschärfung des Zwangs zur Attraktivität geführt habe. Wenn Frauen in männlich konnotierte Bereiche vorstoßen, würden symbolische Differenzen anstelle der anders nicht legitimierbaren Ungleichheiten wirksam. Dazu zähle bspw. das Schlankheitsideal, das von Frauen verlange, „sich dünn" zu machen. Bordo und Wolf erkennen heute zwar einerseits eine Lockerung der Regeln des richtigen Umgangs mit dem Körper. Andererseits bedeute diese Befreiung auch steigende Anforderungen an das Individuum selbst.

Was den gegenwärtigen, sozialen Status von Schönheit betrifft, herrscht die Überzeugung vor, dass aufgrund zunehmender Notwendigkeit zur Selbstoptimierung auch das Aussehen wichtiger geworden ist. So vertritt Degele (2004: 14) die Ansicht, dass Schönheit heute sozial entscheidender ist als noch vor zwei Jahrzehnten. Ein Hinweis darauf sei bspw. die Rolle, die das Äußere inzwischen in der Politik spielen würde. Innerhalb der immer härteren Auseinandersetzung um Wahrnehmung sei die Körperarbeit zu einer ‚ernsten' Angelegenheit geworden. Obwohl dem Selbstverständnis der meisten Personen widersprechend, versteht Degele den Aufwand um das attraktive Äußere uneingeschränkt als erfolgsorientiertes, instrumentelles Handeln. Sie schreibt: „Schönheitshandeln [...] ist ein Medium der Kommunikation [...] zum Zweck der Erlangung von Aufmerksamkeit und Sicherung der eigenen Identität" (ebenda: 10). Die Praktiken zur Verschönerung des Selbst begreift Degele „als Kompetenz der Moderne", in der die Inszenierung von Können, Zugehörig- und Zuständigkeit wichtiger als die tatsächliche Leistung ist (ebenda: 201). Im besten Fall sollten die Anforderungen an das Individuum jedoch auch von diesem inkoporiert werden. Sich um sich zu sorgen *und* sich gut zu fühlen, versteht Welsch (1996: 204) daher als allgemeine Verpflichtung der Gegenwart. Als Folge dieser Entwicklung würden selbst ehemals als extrem verstandene Schönheitspraktiken nicht nur von breiten Schichten der Bevölkerung akzeptiert, sondern auch ausgeübt[11].

Villa (2008: 248ff.) erkennt im Besonderen im weiblichen Geschlechterhandeln einen veränderten Umgang mit dem Aussehen. Ihrer Beobachtung zufolge inszenieren Frauen heute ihre innere Geschlechternatur nicht mehr über ihr Äußeres. Vielmehr, so Villa, wird optisch die reine Herstellung des Geschlechts zur Schau gestellt. Der ehemals herrschende Naturalisierungsimperativ sei daher dem Imperativ der Optimierung gewichen (vgl. ebenda: 254). Im heutigen Verhältnis zu Schönheit zeige sich insgesamt, dass es „keinen Weg ‚zurück' zu seiner Authentizität [gibt], die den Körper als Ausdruck einer nicht-entfremdeten Existenz postuliert." (Ebenda: 252)

Dass das Aussehen heute offenbar mehr denn je soziale Macht besitzt, kann vielfältige problematische Auswirkungen haben. So gehen mit der Statusrelevanz des Aussehens bekanntermaßen auch immer Diskriminierungen einher. Weil Schönheit Vorteile verspricht, muss die Aufforderung zur bestmöglichen Gestaltung des Körpers in Anlehnung an Foucault aber auch nicht zwangsläufig als repressiv verstanden werden (vgl. Reemtsma 2003). Zwar wird oftmals die Behauptung geäußert, man könne sich einfach von den Schönheitsnormen lossagen. Auf diese Weise wird der Wunsch nach Schönheit m.E. jedoch wiederum fälschlicherweise allein auf ein Diktat von außen zurückführt.

Das Kapitel hat gezeigt, inwieweit über unser Verhältnis zu Sexualität, Geschlecht und Schönheit bestimmte Bedeutungen auf das veränderte Aussehen

---

11 Das gilt nach meiner Auffassung z.B. für das in letzten Jahren massenhaft praktizierte Bleichen von Zähnen oder die zunehmende Nutzung von Botox-Injektionen zur Straffung der Haut. Morgan ist sogar der Ansicht, dass „[...] Schönheitschirurgie als Teil einer postmodernen Makeover-Körperkultur völlig normalisiert [ist]." (Morgan 2008: 162)

Frühadoleszenter projiziert werden. Darüber hinaus liegt die Vermutung nahe, dass diese allgemein geteilten Wahrheiten auch die weiblich-idealisierten Inszenierungen der Akteurinnen selbst beeinflussen. Die neuartigen Stilisierungen wären damit in ihren ursprünglichen Aussagen bereits beschrieben. Mehrheitlich wird allerdings eine gegensätzliche Meinung vertreten: So wird davon ausgegangen, dass Kinder und Jugendliche aus Prinzip anderen Prägungen unterliegen müssen als Erwachsene. Damit werde ich mich im folgenden Kapitel beschäftigen, in dem es um die Diskurse der Erziehung, der Wissenschaften und der Medien über das Aussehen junger Mädchen geht.

3. Die Mädchen müssen Kinder bleiben: Die Aussagen der Diskursebenen

In diesem Kapitel untersuche ich die Diskurse über das Aussehen von Mädchen in der Frühadoleszenz. Doch wo befindet sich dieses Wissen? Ich habe bereits angemerkt, dass der Gegenstand Schönheit generell wenig ernst genommen wird. Zwar ist Attraktivität sozial von Belang. Dennoch gilt sie im Alltagswissen und in der Alltagsmoral meist als irrelevant, nicht nur im Vergleich zu intellektuellen Eigenschaften. Schönheit, v.a. der weiblichen, haftet stattdessen rituell Banalität und Falschheit an (vgl. Tseëlon 1995). Entsprechend lässt sich abseits der Geschlechternorm zunächst auch nur schwerlich sagen, durch welche Diskurse das adäquate Aussehen von Mädchen beschrieben wird. Abgesehen von einigen wenigen Richtlinien, bspw. über Schulkleidung, und medienwirksamen Themen, wie Magersucht oder Fettleibigkeit, ist das Äußere von Kindern[1] und Jugendlichen auf dem ersten Blick nur von geringem Interesse. So werden Alltagsdiskurse über das Bekleidungsverhalten Heranwachsender oft als Disput über unterschiedliche Geschmäcker abgetan. Zwar diskutieren Erziehung, Wissenschaften und Medien über Kinder und Jugendliche in anderen Zusammenhängen exzessiv. Wie sie aussehen sollen, scheint jedoch eine überflüssige Frage zu sein. Seit dem andauernden Trend zur liberalen Erziehung ist die ideologisch geprägte Rede über das Äußere vermutlich auch nicht mehr zeitgemäß.

Kann also behauptet werden, dass es keine ‚Meinungen' über das richtige oder gar gute Aussehen von Kindern und Jugendlichen gibt? Der Diskurs der

---

1 Obwohl ausdrücklich Mädchen die Subjekte dieser Arbeit sind, spreche ich häufig von Kindern. Der Grund dafür ist das bürgerliche Kindheitskonzept. So ist das dortige Verständnis von Kindheit für die Bewertung des Aussehens Frühadoleszenter hochbedeutsam. Daran ändert auch die Tatsache nichts, dass Mädchen dieses Alters oft als ‚jugendlich' gelten. Ich halte das bürgerliche Kindheitskonzept entsprechend auch über die *eigentliche* Kindheit hinaus für einflussreich.

visuellen Sexualisierung deutet an, dass diese Schlussfolgerung nicht zutreffend ist. Allerdings sind derart explizite Auseinandersetzungen mit dem Äußeren von Heranwachsenden selten. Trotz dieses Mangels bin ich aber der Überzeugung, dass auch über das Aussehen von Kindern und Jugendlichen zahlreiche Diskurse kursieren. Wie ich zeigen werde, wird das Denken und Handeln rund um dieses Thema lediglich von einem Konzept beeinflusst, dass zunächst offenbar nur wenig mit Körperfragen zu tun hat.

Der bürgerliche Kindheitsdiskurs

Für das Verständnis heutiger Annahmen über Kindheit und Jugend ist die Kenntnis des bürgerlichen Kindheitsdiskurses wesentlich. Zwar ist es weder möglich, den Anfang von Diskursen zu benennen, noch sie vollständig zu beschreiben. Das gilt im Besonderen für ein von so umfassenden Merkmalen gekennzeichnetes Konzept wie das der Kindheit[2]. Dennoch kann meiner Ansicht von einem dominanten Kindheitsdiskurs gesprochen werden, nämlich dem bürgerlichen, wenngleich dieser natürlich nicht allgemeingültig ist[3]. Zu seiner ‚Entdeckung' hat die „Geschichte der Kindheit" beigetragen. Diese, vom Sozialhistoriker Phillipe Ariès (1998) verfasste, kulturgeschichtliche Analyse ist heute ein Standardwerk zur Dekonstruktion des modernen Phänomens Kindheit. Im Zentrum steht das Argument, dass das westliche Verständnis von Kindheit nicht naturgegeben und universell ist. Nach Ariès kann es vielmehr auf die Entwicklung des Bürgertums zurückgeführt werden.

Mit Hilfe einer zeitlichen Chronologie vom frühen Mittelalter bis in die Neuzeit beschreibt Ariès die Entwicklung der hegemonialen Auffassung von Kindheit. So sei im Mittelalter die Familie als Wert oder „Familiensinn" als Gefühl unbekannt gewesen. Entscheidend in dieser Epoche ist laut Ariès in erster Linie die existenzielle Sicherung einer Gemeinschaft durch Weitergabe des Besitzes innerhalb der Verwandtschaft. Ein festes Bild von der Kindheit hätte dagegen noch nicht bestanden (vgl. ebenda: 486ff.). Insgesamt haben Gefühlsbindungen zwischen den Familienmitgliedern im Mittelalter, wie Ariès nachweist, keinen hohen Stellenwert. Stattdessen spielt das öffentliche und eher unpersönliche

---

2   Gebhardt (2009) demonstriert bspw., wie sehr die Diskurse in der Erziehung im 20. Jahrhundert schwanken: Mal ist Härte gefragt, dann wieder Nachgiebigkeit.
3   Das hier thematisierte Konzept der bürgerlichen, unschuldigen Kindheit hat seinen Ursprung in den gut situierten Lebensverhältnissen der westlichen, christlich geprägten Welt. Andere Ethnien und Milieus bspw. waren und sind davon mehrheitlich ausgeschlossen. Sie werden aufgrund des Universalitätsanspruchs dieses Kindheitsdiskurses m.E. aber dennoch oft danach bewertet.

Leben die entscheidende Rolle. Diese Tatsache weist Ariès anhand der auf Gemälden häufigen Darstellung öffentlicher Plätze gegenüber einem deutlichen Mangel an Interieur-Szenen nach (vgl. ebenda: 478). Erst mit dem, auch durch politische und soziale Veränderungen der Neuzeit bedingten, Niedergang der Öffentlichkeit sei das Privatleben zunehmend als schützenswert wahrgenommen worden. Wurde zuvor der öffentliche kaum vom häuslichen Bereich abgegrenzt, bildet sich nach Ariès nun eine eigene, auf die Familie bezogene Gefühlskultur heraus, bei der die Entwicklung des Kindes im Mittelpunkt des Interesses steht (vgl. ebenda: 554f.).

Parallel hat sich auch das Verständnis von Kindheit verändert. So seien im Mittelalter Kinder bereits mit sieben Jahren als erwachsen und die Kindheit entsprechend als Phase von kurzer Dauer betrachtet worden. V.a. durch den Einfluss der Reformer und Kirchenvertreter setze sich laut Ariès ab dem 17. Jahrhundert die Überzeugung der Notwendigkeit einer umfassenden Erziehung durch (vgl. ebenda: 268). Wie er zeigt, gelten Kinder jetzt nicht mehr qua ihres Alters und damit bereits in jungen Jahren als reif für die Gesellschaft. Stattdessen werden sie in einem langwierigen Prozess auf die Integration in die Gemeinschaft vorbereitet. Besonders durch die Kirche moralisch aufgeladen, sei die Familie damit stärker in die Verantwortung für das geistige und gesundheitliche Wohl der Kinder und deren Vorbereitung für das spätere Leben gerückt. Von nun an gilt es laut Ariès als die Pflicht der Erwachsenen, die Unschuld der Kinder zu bewahren und ihnen – aufgrund ihrer noch nicht abgeschlossenen Entwicklung zum ‚vollständigen' Menschen – zu helfen. So befände sich an eben dieser Stelle die Grundlage für das heute noch dominierende Bild der Kindheit als Stadium des „Unfertigen"; „Unschuldigen" und „Schützenswerten" (vgl. ebenda: 457f.). Im 17. Jahrhundert werden Kinder dann auch erstmals auch optisch von den Erwachsenen abgegrenzt, was Ariès u.a. anhand der Bänder an der Kleidung, damals Symbol der Kinder, verdeutlicht[4]. Mit steigendem Wert

---

4 So sind Kinder laut Ariès bis zu diesem Zeitpunkt wie Erwachsene gekleidet (vgl. ebenda: 112). Danach entwickelt sich für Kinder des bürgerlichen und adligen Standes zwar eine spezifische Kinderkleidung, jedoch werden ca. 200 Jahre lang Jungen wie Mädchen mit Kleidern ausgestattet. Erst ab 1770 werden nach Ariès die beiden Geschlechter deutlicher unterschieden, wobei die „Neigung zur Verweiblichung" kleiner Jungen erst nach dem ersten Weltkrieg endet (vgl. ebenda: 122). Demgegenüber sieht die Kleidung kleiner Mädchen der erwachsener Frauen zum Verwechseln ähnlich, „gerade so, als habe die Kindheit der Mädchen sich weniger vom Erwachsenenalter unterschieden als die der Jungen" (vgl. ebenda). M.E. ist das möglicherweise darauf zurückzuführen, dass Jungen früher als die eigentlichen Kinder verstanden worden

der Kindheit sei die Kontrolle und Entscheidungsgewalt über diese Phase jedoch nicht länger der Familie allein überlassen worden. So gewinnt die Institution Schule als weiterer Ort der Prägung und systematischer Disziplinierung an Bedeutung (vgl. ebenda: 460f.).

Dieser, bis heute gültige Kindheitsdiskurs hat sich nach Ariès ab dem 18. Jahrhundert zunehmend in der westlichen Welt etabliert. Die bürgerliche Familie ist nun um das Kind zentriert und primär mit ihrer eigenen Reproduktion befasst. Im 19. Jahrhundert, so Ariès, verbreitet sich dieses Denken auch verstärkt in den unteren Schichten. Gleichzeitig erhöhen demographische Veränderungen, bspw. bedingt durch die Geburtenkontrolle, den Wert der Kindheit abermals. Auch das Privat- und Berufsleben sind von nun an klar voneinander abgegrenzt, wodurch sich die Familie noch stärker zu einem Ort mit eigenen Regeln entwickelt (vgl. ebenda: 48f.).

Das dominante Kindheitsverständnis lässt sich also zusammenfassend wie folgt beschreiben: Kindheit wird sowohl auf der Mikro- wie der Makroebene ein hoher Wert beigemessen. Entsprechend sind neben der Familie auch öffentliche Institutionen mit ihrer Kontrolle und Steuerung befasst. Auf beiden Seiten ist das Verhältnis zu dieser Lebensphase emotional stark aufgeladen, Kinder werden dabei als unfertig und unschuldig betrachtet. Deshalb wird davon ausgegangen, dass sie den Schutz durch Eltern und andere moralische Instanzen benötigen. Um sie auf ihr Leben als vollständiger und mündiger Mensch vorzubereiten, müssen Kinder einen langen Prozess der Integration in die Gesellschaft durchlaufen. Diese Vorstellung von Kindheit[5] prägt meiner Ansicht auch die Diskurse über das Aussehen von Mädchen. Bevor ich mich damit auseinander setze, erläutere ich auf den nächsten Seiten zunächst die Methode der Diskursfindung.

---

sind. So wird, wie Ariès an anderer Stelle erwähnt, Mädchen auch erst spät der Schulbesuch gestattet (vgl. ebenda: 460f.).

5 Dem Kindheitskonzept wird heute ein so großer Einfluss beigemessen, dass es auch verstärkt Gegenstand der Forschung ist (vgl. Hengst/Zeiher 2005: 9). So wird seit den 1980ern von einer Veränderung der Kindheit oder sogar von ihrem Verlust gesprochen. Aus Sicht vieler Wissenschaftler ist die moderne Idee von Kindheit als Schutzraum zum einen durch den Einfluss der Medien- und Konsumwelt bedroht (vgl. ebenda: 10). Zum anderen „verschärfen sich" innerhalb der Institutionen der Kindheit „Widersprüche zwischen strukturellen Formen der Kontrolle und der pädagogischen Betonung der Autonomie der Kinder" (ebenda). Das bürgerliche Kindheitskonzept wird nicht nur positiv gesehen. So herrscht in einigen pädagogischen Schulen v.a. in den 1970er Jahren das Verständnis vor, dass Familienerziehung und Schulausbildung gerade nicht zu Freiheit und sozialer Offenheit beitragen.

Praxis der Diskursanalyse

Von der idealtypischen, wenngleich wenig realistischen Anwendung der Diskursanalyse ausgehend, möchte ich zunächst auf einige Abstriche hinweisen. Zwar ist die Methode für den Gegenstand von Vorteil (vgl. 1.5 und 5.1.1). Allerdings wird eine vollständige Diskursanalyse gleichermaßen auch durch das Forschungsthema erschwert. Dafür gibt es verschiedene Gründe. Die insgesamt unbefriedigende Datenlage und die mangelnde Fassbarkeit der Aussagen habe ich bereits angesprochen. Eine weitere Einschränkung liegt in der Tatsache, dass die Ausarbeitung der Diskurse *über* Mädchen und Schönheit lediglich einen Teil der Untersuchung darstellt und deshalb selektiv erfolgen muss. Hinzu kommt, dass der Forschungsgegenstand generell zu den Alltagsphänomenen zählt. So können die Diskurse wegen ihrer Breite und Unübersichtlichkeit ohnehin nur fragmentarisch untersucht werden[6].

Dass eine umfassende Diskursanalyse nicht möglich ist, muss auch beim methodischen Vorgehen berücksichtigt werden. Diese Untersuchung befindet sich wie erwähnt u.a. in der Tradition der „Kritischen Diskursanalyse". Gerade dieses Konzept scheint praktikabel, weil hier von einer begrenzten Zahl an Argumenten zu einem Diskursthema ausgegangen wird. Auch die Entdeckung von Ideologien bei einer geringen Menge an Daten gilt in der Kritischen Diskursanalyse als machbar (vgl. Jäger 2001: 101f.).

Die Tatsache, dass es sich beim Schönheitshandeln von Mädchen um ein Alltagsphänomen handelt, ist ebenfalls für die Methode bedeutsam. So ist es hier kaum zu bewerkstelligen, die „diskursiven Formationen" als diejenigen Diskurse, die nach denselben Formationsregeln gebildet werden, voneinander abzugrenzen (vgl. Keller 2005: 224). Im Gegensatz zu Spezialdiskursen haben öffentliche Diskurse nicht nur eine eher diffuse Struktur und eine Vielzahl von Sprechenden aus unterschiedlichen Bereichen. Für sie gelten auch andere Regeln der Formulierung legitimer Inhalte. Bei diesem Forschungsthema müssen die verschiedenen Formationen und Diskursebenen daher nach Möglichkeit aufeinander bezogen werden.

Als letztes ist noch anzumerken, dass auch dem Umfang des zu analysierenden Materials Grenzen gesetzt sind. Meiner Ansicht nach kann die Datenauswahl jedoch auf aktuelle Diskurse beschränkt werden, da das auffällige Schönheits-

---

6   Eine solche Einschränkung bedeutet jedoch keine Erlaubnis für eine rein oberflächliche Betrachtung. So ist Keller (2005: 262) der Ansicht, dass Alltagsthemen im Vorfeld eine besonders intensive Auseinandersetzung notwendig machen: Das Forschungsfeld müsse durch unterschiedliche Quellen untersucht und das Wissen darüber beständig aktualisiert werden.

handeln junger Mädchen ein neues Phänomen ist. Ein weiteres Selektionskriterium ist die Schlüsselhaftigkeit von Texten, was z.B. für Material mit einer hohen Reichweite gilt. Für den Abschluss der Analyse sind für mich die Untersuchungsziele und die gewünschte Tiefenschärfe ausschlaggebend.

Nun zur Praxis der Diskursanalyse. Hier ist, wie erwähnt, nicht allein das Verständnis von Diskursen als Trägern von Inhalten ausschlaggebend (vgl. 1.5). Sie werden auch als Systeme verstanden, die in die Wahrheitsproduktion eingreifen wollen. So bilden Diskurse nicht etwa Realitäten ab, sondern bemühen sich auch um ihre Erschaffung. In der Diskursanalyse wird genau diesen Konstruktionsleistungen nachgegangen und u.a. Themen, Begriffe und Personen dahingehend untersucht. Generell wird dabei davon ausgegangen, dass dem Material Systematik und Struktur zugrunde liegen. Ein Zeichen eines Diskurses ist schließlich seine Regelmäßigkeit und Wiederholung, weil nur ein bestimmtes Wissen produziert werden soll.

Die Analyse des Materials erfolgt bei mir zunächst auf zwei Ebenen. Den Anfang markiert die Situiertheit einer Aussage: Welches Feld wird beschrieben und wie stellt es sich dar? Was für ‚Texte' werden hier in der Regel produziert? Wer verfügt über Einfluss? Im Vordergrund steht die Bedingtheit möglicher Diskurse. Die Positionen von Aussageproduzenten und –rezipienten, institutionelle Bedingungen, allgemeine gesellschaftliche Kontexte und Machtkonstellationen innerhalb eines diskursiven Feldes sind für die Analyse daher wesentlich (vgl. Keller 2005: 95). Mit dem Diskursfragment als Aussagesystem befasse ich mich auf der zweiten Ebene der Analyse. Hier geht es darum, Absichten, Argumente und Unterthemen zu identifizieren, um die zentrale Botschaft zu erarbeiten. Der Inhaltsanalyse zugehörig ist auch die Beschäftigung mit der formalen und sprachlich-rhetorischen Struktur. So sind zumindest in Textdokumenten meist spezifische Regeln nachweisbar. Das Fragment wird dabei auf grundlegende Auffälligkeiten untersucht, darüber hinaus analysiere ich, welche Bedeutung dem benutzten Vokabular zukommt. So sind sprachliche Eigenarten oftmals ein Hinweis auf Diskurse und seine Charakteristika. Den zweiten Arbeitsschritt abschließend, werden die diskursiven Regeln zusammengefasst. Was, wie und mit welchen Mitteln wird hier artikuliert? Welche Einordnungen und Verweise werden vorgenommen?

Im letzten Schritt setze ich alle Analyseergebnisse in einen Zusammenhang, wobei der Abgleich mehrerer, untersuchter Diskursfragmente hilfreich ist. Ziel ist das Herausarbeiten einer Ordnung und die Verallgemeinerung der Diskurse. Entscheidend ist dabei nicht nur, welches Wissen Diskurse transportieren. Auch ihr Verhältnis zu anderen Diskursen und mögliche Widersprüche sind von Interesse. Was sehen Erziehung, die Wissenschaften und Medien/Ökonomie in den

Heranwachsenden und ihren Inszenierungen? Und was wollen sie aus welchen Gründen nicht sehen? In dieser Untersuchung befasse ich mich in erster Linie mit diskursiven Praktiken, also jeglichen Formen sprachlicher Äußerungen. Vereinzelt werden in diesem Kapitel jedoch auch den Diskurs stützende, nicht-diskursive Praktiken (Handlungen) und Sichtbarkeiten (Gegenstände, wie bspw. Kleidung) thematisiert. Das erscheint mir nicht nur angesichts des Forschungsgegenstands sinnvoll. Für eine umfassendere Analyse des Phänomens sollte m.E. auch nach Möglichkeit über eine reine Diskursanalyse hinausgegangen werden. So widmet sich die Methode in der Tradition Foucaults nicht nur Ideologien, sondern auch den Wissens- und Machttechniken, durch die Diskurse wirksam werden. Deshalb sind auch die Wege relevant, durch die sich Denken bildet und junge Mädchen in Folge bspw. als sexualisiert bezeichnet werden.

Dieser Anspruch lässt sich mittels einer Dispositivanalyse erfüllen, werden Dispositive doch als eine Art ‚Missing Link' zwischen Reden und Handeln verstanden. Tatsächlich sind Diskurs- und Dispositivanalyse kaum voneinander zu trennen (vgl. Keller 2007). So führt die Diskursanalyse erst zu denjenigen Problemen, die in der Dispositivanalyse näher erforscht werden. Aber auch die Dispositive selbst sind selten ‚neu', sondern vielmehr eine Erweiterung existierender Diskurse. Der analytische Gehalt des Dispositivbegriffs ist entsprechend nicht eindeutig (vgl. Bührmann/Schneider 2008: 11f.). Für Agamben ist ein Dispositiv alles,

„was irgendwie dazu imstande ist, die Gesten, das Betragen, die Meinungen und Reden der Lebewesen zu ergreifen, zu lenken, zu bestimmen, zu hemmen, zu formen, zu kontrollieren und zu sichern." (Agamben 2008: 26)

Verallgemeinernd lässt sich sagen, dass Dispositive soziokulturelle Gegenstände, Themen und Problematiken konstruieren und auf Subjektpositionen einwirken. Dabei befinden sich auf der einen Seite gesellschaftliche Machtbeziehungen und Infrastrukturen. Auf der anderen Seite beeinflusst das Dispositiv aber auch Alltagserleben und Praktiken von Individuen (vgl. Bührmann/Schneider 2007).

Ich versuche in diesem Kapitel, das normierende Attraktivitätsdispositiv zu untersuchen, das sich in den Annahmen über junge Mädchen zeigt. Ebenso wie bei der Diskursanalyse existiert jedoch für die Dispositivanalyse kein bestimmtes methodisches Vorgehen (vgl. Bührmann/Schneider 2008: 17). Begonnen wird in der Regel mit den Ergebnissen der Diskursanalyse, die auf das Problem verweisen, das das Dispositiv beheben soll. Als nächstes empfiehlt sich die Konzentration auf die nicht-diskursiven Praktiken der Sprechenden. Praktiken werden dabei als konventionalisiertes Handeln verstanden, das gelernt und habitualisiert wird (vgl. Keller 2007). Indem Praktiken innerhalb legitimer Äußerungsformen und Handlungen Realität erschaffen, wird der Diskurs also wirkungsmächtig. Als nächstes schließt sich bei mir die Auseinandersetzung mit den so genannten Sichtbarkeiten an: Welcher Nutzen wird verfolgt? Warum funktioniert der Gegenstand so und nicht anders? Was wird damit ermöglicht, was verhindert?

Nach dieser Einführung in die Methode der Diskurs- und Dispositivanalyse noch kurz einige Worte zur Datenauswahl. So sind die Kriterien für die Auswahl der Untersuchungsdaten für die Diskursebenen Erziehung, Wissenschaften und Medien/Ökonomie nicht immer einheitlich. Während ich mich auf der Ebene von Erziehung und den Wissenschaften Materialien widmen kann, durch die Diskurse im üblichen Sinn produziert werden – also geschriebenen Texten – halte ich das in Bezug auf das Feld Medien/Ökonomie nicht für förderlich. Hier wird, im Speziellen den Themenkomplex Schönheit betreffend, Bedeutung auch im starken Maß visuell hergestellt. Folglich beschäftige ich mich in dem Abschnitt über die Medien und die Konsumgüterindustrie mit der Analyse von Bildern. Auf allen Gebieten stellt sich außerdem die Frage nach der bestmöglichen Auswahl des Korpus. Für die Untersuchung der Diskurse auf den Ebenen Erziehung und Medien/Ökonomie habe ich die Auswahl meist anhand der Auflagenhöhe, Reichweite und Popularität vorgenommen, also anhand so genannter „Schlüsseltexte" (Waldschmidt 2004: 161).

3.1 Kinder sollen Kinder sein: Diskurse in der Erziehung

Diskurse aus der Erziehung über das Aussehen von Mädchen sind nur schwerlich fassbar, weil selten explizit Bezug auf den Untersuchungsgegenstand genommen wird. Generell existieren auch keine typischen Bewertungen des Äußeren von Mädchen, ganz im Gegensatz zu dem von Frauen. Dennoch bin ich der Ansicht, dass das bürgerliche Kindheitskonzept als unterschwellige ‚Wahrheit' jeglichen Diskursen über Mädchen (und Jungen) in Kindheit und Frühadoleszenz vorausgeht. Entsprechend ist auch hier ein ideologisches Muster erkennbar, was ich im Folgenden zeigen möchte. Demnach werden Kinder nicht einfach nur als unschuldig und schutzbedürftig gesehen. Die Kindheit muss auch deutlich von anderen Lebensphasen abgegrenzt werden. In der Erziehung bedeutet das die Verantwortung für den Erhalt der ‚richtigen' Kindheit. Davon ist auch die Diskursproduktion betroffen. So müssen Abweichungen vom bürgerlichen Kindheitsdiskurs m.E. thematisiert werden, um die Rechtmäßigkeit der traditionellen

Kindheit unter Beweis zu stellen. Aus diesem Grund wird sich mit dem Aussehen von Mädchen auch meist nur dann auseinandergesetzt, wenn es als Problem erscheint. Dem kann selbstverständlich entgegnet werden, dass es in der heutigen Erziehung unüblich ist, sich in Individuelles wie den Umgang mit dem Äußeren einzumischen. Ein hohes Maß an Liberalität scheint dem aktuellen Erziehungsideal zu entsprechen, Verstöße dagegen ein Zeichen von Gestrigkeit zu sein. Vergleicht man aber die Präsenz des gleichen Themas in Bezug auf erwachsene Frauen ist bemerkenswert, dass das Aussehen von Mädchen in der Erziehung selten Anlass zu diskursiven Auseinandersetzungen bietet. Eine mögliche Erklärung dafür ist, wie ich demonstrieren werde, tatsächlich die Dominanz des bürgerlichen Kindheitskonzepts.

Einleitend einige Anmerkungen zum Untersuchungsfeld. Unter Erziehung wird die Herausbildung und Vermittlung erwünschter Werte, Normen und sozialer Verhaltensweisen verstanden. Weil Kinder juristisch als noch nicht vollmündige Personen gelten, ist die Erziehung sowohl Recht als auch Pflicht der Erziehungsberechtigten, des Staates und seiner erziehenden Institutionen. Neben den Erziehungsberechtigten wird die ‚richtige' Erziehung auch durch Experten geprägt. Auf offizieller Ebene sind hier bspw. medizinische Diskurse oder auch Gesetze im Zusammenhang mit kindlicher und jugendlicher Sexualität von Bedeutung. So hat die EU z.B. entschieden, dass das Fotografieren ihres spärlich bekleideten oder nackten Körpers und die Verbreitung dieser Fotos auf dem eigenen Handy bei Jugendlichen unter Strafe gestellt werden sollte (vgl. Graupner 2005). Ob offizielle Diskurse jedoch im großen Umfang die Bewertung des Äußeren von Mädchen prägen, ist allerdings schon deshalb fragwürdig, weil meistens nicht bekannt ist, wie sie rezipiert werden. Im inoffiziellen, privaten Bereich können meiner Ansicht nach dagegen bspw. Erziehungsratgeber wichtig für die Perspektive auf das Aussehen von Mädchen sein. Sie sollen hier entsprechend analysiert werden. Bei der Datenauswahl habe ich mich auf Material mit hoher Relevanz im Sinn der Reichweite konzentriert. Dabei beziehe ich mich allein auf Zeitschriften, da diese, im Gegensatz zu den meisten Ratgebern in Buchform, sehr viele Erziehungsberechtigte erreichen. Zudem bilden sie aktuelle Trends ab, die derzeit auch in den Wissenschaften und Medien stark diskutiert werden. Damit sind sie eine interessante Quelle für eine Diskursanalyse.

Im Folgenden beschäftige ich mich mit der auflagenstärksten Publikumszeitschrift zur Erziehung von Kindern. So ist das monatlich erscheinende Magazin *Eltern* mit einer Auflage von 425.000 Exemplaren (Quartal 04/08) Marktführer in Deutschland[7]. Die Zeitschrift behandelt ein Zeitspektrum vom Kinderwunsch bis zu den ersten Schuljahren. Sie erreicht monatlich ca. 1,3 Millionen Leser (2008) und bezeichnet sich selbst als „Lobbyist" für alle Eltern in Deutschland[8]. Begründet wird dieser Anspruch mit der Zusammenarbeit des Magazins mit Ärzten, Psychologen und Pädagogen sowie der Berichterstattung über die „neuesten wissenschaftlichen Erkenntnisse"[9]. Weiter heißt in der Selbstbeschreibung auf dem Internetauftritt des Verlags:

„In *Eltern* finden alle Aspekte des Lebens mit Kindern Platz. Die ganz praktischen – vom richtigen Kindersitz über die Baby-Ernährung bis zum Elterngeld. Die pädagogischen – vom Einschlaftipp übers Sauberwerden bis zu Kindergartenthemen. Die emotionalen [...]. Und die ästhetischen – von „Wie sehe ich als Mutter gut aus, auch wenn ich wenig Zeit habe?" über die Deko fürs Kinderzimmer bis zum Gartenhaus zum Selberbauen."[10]

Diese Inhaltsangabe möchte ich kurz kommentieren. Sie deckt zum einen das ab, was von Erziehungsberechtigten verlangt wird, sie also für die rechtlich und gesellschaftlich legitime Erfüllung ihrer Rolle wissen müssen. Zum anderen wird sich dem Bedürfnis der Eltern gewidmet, den Kindern die bestmöglichen Bedingungen für ein zufriedenes Leben zu bieten. Beide Ziele stellen also die Kinder in das Zentrum der Aktivitäten der Leser, einmal in formal-korrekter (als Erziehungsberechtigte), einmal in emotionaler, vom Zeitgeist geprägter Hinsicht (als ‚gute' Eltern). Wie deutlich wird, befasst sich die Zeitschrift an dritter Stelle außerdem mit Lifestyle-Fragen in der Erziehung. Diese Annahmen vorab, zeige ich nun, wie das Aussehen von Mädchen in der *Eltern* verhandelt wird.

Der Artikel „Rosa – oder: Wie erzieht man heute Mädchen"[11] (Ausgabe 02/2008) thematisiert die Sorge von Eltern, dass ihre Töchter sich fast aus-

---

7   Quelle: IVW - Informationsgemeinschaft zur Feststellung der Verbreitung von Werbeträgern e.V.
8   Quelle: Gruner und Jahr, http://www.gujmedia.de/portfolio/zeitschriften/eltern (30.03.2009)
9   Ebenda.
10 Ebenda.
11 Heute gilt rosa nahezu global als ein Signifikat für Mädchen und Mädchenhaftes. Die Biologie führt das auf genetische Gründe zurück (vgl. Alexander 2003). So würde das weibliche Geschlecht Farben anders wahrnehmen als das männliche, und rosa hätte dabei eine besondere Anziehungskraft auf Mädchen und Frauen. Aus kulturgeschichtlicher Perspektive wird der naturgegebenen Verbindung zwischen der Farbe rosa und dem Femininen jedoch widersprochen. Paoletti (1997) zeigt, dass es zunächst kaum

schließlich für alles Mädchenhafte wie Schminksachen oder sehr feminine Kleidung interessieren. In der hohen Identifikation mit den Zeichen traditioneller Weiblichkeit wird offenbar ein Angriff auf die Hoffnung vieler Leser wahrgenommen, ihre Töchter mögen alle Chancen nutzen. Es heißt: „Eltern [...] fragen sich, ob das Girlietum ein Problem ist". Die Antwort liefert in diesem Artikel die Wissenschaft, die rät, sich über die Vorliebe für Feminines keine Gedanken zu machen. Schließlich hätten kleine Kinder das Bedürfnis nach Eindeutigkeit, die kritische Auseinandersetzung erfolge dann spätestens im Jugendalter. Eine ähnliche Perspektive vertritt die im Anschluss an diesen Artikel befragte Psychologie-Professorin, deren Beitrag mit „Hinaus in die Welt! Aber hübsch" überschrieben ist. Die Erziehungsberechtigten dürften die „Lust am Schminken und Anmalen nicht abwerten", denn das sei „zunächst" ohnehin ein „Spiel". Die Rollenverwirrung der Eltern kommt aus Sicht der Psychologin daher, dass Frauen heute die männliche Geschlechterrolle immer noch als vorteilhafter bewerten.

In meiner Interpretation geben beide Artikel Aufschluss darüber, dass Eltern, beeinflusst durch den Gleichheitsdiskurs, eine traditionelle Geschlechterrolle bei Mädchen als problematisch ansehen. Dem Diskurs der Zeitschrift zufolge, sollen der als natürlich dargestellte Wunsch ihrer Töchter nach Mädchenhaftigkeit und Schönheit („aber hübsch") indes anerkannt werden. Das Begehren nach idealer Weiblichkeit wird hier als relevant für die Geschlechtersozialisation junger Mädchen verstanden. Allerdings sind dieser affirmativen Position auch Grenzen gesetzt. So ist sie dem Artikel zufolge nur so lange zulässig, wie die Idealisierung alles Weiblichen nur ein „Spiel" ist und in der Schulzeit die partielle Distanzierung davon erfolgt. Als Vorgabe für den Umgang der Eltern mit Fragen des Äußeren ihrer Töchter bleibt die Anerkennung des Wunsches nach Mädchenhaftigkeit. Erst wenn dieser auch im Jugendalter nicht relativiert werde und kein Leistungsinteresse in Beruf und Bildung zu erkennen sei, solle dem Streben nach Schönheit entgegen getreten werden. Mädchen, die auch im Kindesalter nicht dem traditionellen Mädchenbild entsprechen wollen, bleiben vermutlich aufgrund ihrer Marginalität in beiden Artikeln unerwähnt.

Die Diskussion des Aussehens von Mädchen hat in *Eltern* jedoch auch noch andere Facetten. In der Online-Ausgabe beschäftigt sich ein Beitrag mit von Popmusikkulturen inspirierter Mode für Babys und Kleinkinder. Hier geht es

---

eine Geschlechter-Differenzierung in der Farbe der Kleidung gab. Bis weit in das 20. Jahrhundert hinein trugen Mädchen und Jungen dieselben Farben, mal galt rosa als männliche, mal als weibliche Farbe. Auch blau wurde für mehrere Jahre als Farbton explizit für Mädchen verstanden. Dass sich rosa letztendlich als Zeichen des Weiblichen durchsetzte, hält Paoletti für Zufall.

nicht um die geschlechtergerechte oder -neutrale Erziehung, sondern um die Lifestyle-Interessen von Erwachsenen, die auch direkt angesprochen werden:

„Sie sind Punk-Fan? Fühlen sich auch als Vater oder Mutter noch der Gothic-Szene zugehörig? Hören gerne Rockabilly? Die gute Nachricht für Sie: Auch für Ihre Kinder gibt es mittlerweile coole Klamotten – die schrillsten für die verschiedenen Subkulturen stellen wir Ihnen hier vor."[12]

Aus dem Bereich Punk wird u.a. ein schwarzes Mini-Kleid mit dem Aufdruck „Punk Rock Princess" vorgestellt, für die Gothic-Interessierten gibt es ein schwarzes Spaghetti-Träger-Kleid mit Totenkopf-Print. Im Rockabilly-Sortiment befinden sich Neugeborenen-Bekleidung in Leoparden-Muster mit der Applikation einer weiblichen Comic-Katze und ein schwarzer, kurzer ‚Dienstmädchen'-Babystrampler mit gepunkteter Schürze. Auf die Hip-Hop-Szene nimmt ein Minikleid mit dem Slogan „Skater in Training" Bezug.

Ohne Zweifel ist dieser Beitrag zwar von den Interessen der Kindermodeindustrie geleitet. Entsprechend kann hier auch kein ‚reiner' Erziehungsdiskurs ausgemacht werden. Dennoch geben der Text sowie die selektiv ausgewählten Kleidungsstücke, wie ich denke, Einblick in bestimmte Tendenzen in der Erziehung. So spielt bei den Diskursen über das Aussehen von Mädchen scheinbar auch die Idee der selbstgewählten Identität der Erziehungsberechtigten eine Rolle. Sie haben offensichtlich den Anspruch, ihr bisheriges, hochbewertetes Selbstbild trotz des Eltern-Daseins nicht aufzugeben. Ziel ist es m.E. stattdessen, nicht im üblichen Sinn erwachsen zu sein. Kinder werden in diesem Zusammenhang zwar einerseits noch als Werdende betrachtet, wie die Aufdrucke „Princess" oder „in Training" deutlich machen. Doch spezifische Entwicklungswünsche, die v.a. ‚Coolness' beinhalten, sind ebenso gegenwärtig. Wie ich finde, macht die Kleidung darüber hinaus eine Aussage zu Geschlechterbildern. So sind zahlreiche Kleidungsstücke (Mini-Kleid, Spaghetti-Träger-Kleid, ‚Dienstmädchen'-Kleid, Verwendung von Animal-Prints oder Kätzchen-Applikationen) nicht nur geschlechtlich konnotiert, sondern dienen auch der Darstellung idealisierter Weiblichkeit. Das Äußere von Mädchen soll wunschgemäß vermutlich ‚cool' und nicht dem Mainstream[13] entsprechend sein. Am Bild stereotyper Mäd-

---

12 http://www.eltern.de/familie-und-urlaub/familienleben/szene-kindermode.html (01.04.2009)

13 Tatsächlich macht die Existenz dieses Angebots sowie seine massenhafte Verfügbarkeit (diverse Online-Shops, hochpreisige Kinder-Boutiquen und Textil-Discounter wie H&M bieten ‚Subkultur-Styles' für Babys und Kinder an) m.E. deutlich, dass die

chenhaftigkeit wird aber dennoch festgehalten[14]. Ob die Bedeutung dieser Mode mit den sonstigen Erziehungsvorstellungen einher geht, wird an dieser Stelle nicht hinterfragt.

Die folgenden Artikel entstammen der Schwesterzeitschrift der *Eltern*, der *Eltern family*. Kurz einige Informationen zu dieser Publikation. Die *Eltern family* thematisiert die Zeitspanne von drei bis 15 Jahren. Trotz einiger Überschneidungen mit dem Original zielt das Magazin damit insgesamt auf die Erziehung älterer Kinder ab. Mit einer Auflage von 187.000 Exemplaren (Quartal 04/2008)[15] und eine Reichweite von 540.000 Lesern[16] zählt auch diese Zeitschrift hierzulande zu den Marktführern. In ihren Ansprüchen mit der *Eltern* vergleichbar, werden die Beratungsleistungen des Magazins nach Verlagsangaben von „erfahrenen Eltern" und „namhaften Experten"[17] geleistet. Die Selbstbeschreibung liest sich wie folgt:

„Packende Ich-Geschichten zeigen Müttern und Vätern, dass sie mit ihren Problemen nicht allein sind. Spannende Reportagen öffnen neue Perspektiven, stylische Basteltipps bringen Spaß ins Leben, praktischer Rat hilft, Geld und Zeit zu sparen und alle Anforderungen eines modernen Familienlebens unter einen Hut zu bekommen. Dazu findet man in der *Eltern family* viele Dinge, die sich sofort umsetzen lassen: die Fördertipps für Kinder-

---

ehemaligen musikalischen Minderheiten auch in die Massenmode übergegangen sind. Holert/Terkessidis weisen bereits 1997 auf das Phänomen hin, dass der Mainstream zunehmend selbst als „independent" konstruiert wird.

14 Dieser Umstand ist interessant, da einige der thematisierten, ehemaligen musikalischen Subkulturen gerade zu einer Vielfalt an weiblichen Geschlechterbildern durch Ironisierung beigetragen haben (vgl. Baldauf/Weingartner 1998). Rollen-Vielfalt und Ironie sind m.E. jedoch nicht nur in Produkten des Massenkonsums schwer darstellbar und lesbar. Beide Effekte sind, wie ich denke, auch bei Kindern als Trägern dieser Kleidung schwer zu erzielen. Zum einen dominiert hier die durch das bürgerliche Kindheitskonzept geprägte Sichtweise der Unschuld. Zum anderen fehlen Kindern diejenigen Stilmittel, die Brüche andeuten, was bei einer erwachsenen Trägerin eines Rockabilly-,Dienstmädchen'-Kleides bspw. häufig auffällige und ‚unweibliche' Piercings, Tattoos oder Frisuren sind.
15 Quelle: IVW - Informationsgemeinschaft zur Feststellung der Verbreitung von Werbeträgern e.V.
16 Quelle: Gruner und Jahr, http://www.gujmedia.de/portfolio/zeitschriften/eltern_family (30.03.2009).
17 Ebenda.

gartenkinder, die Schultricks auf den Schule-Seiten, die vielen guten Freizeitideen für Kinder."[18]

Bei der Analyse dieser Selbstpräsentation fällt Unterschiedliches auf. Zum einen ist die Verwendung des Wortes „stylish", also der Lifestyle-Bezug, auffällig. Auch das Wort „modern", das suggeriert, dass die Anforderungen des Familienlebens heute grundsätzlich andere sind als früher, ist prägnant. Schließlich machen die Äußerungen „Fördertipps für Kindergartenkinder" und „Schultricks" meiner Ansicht nach deutlich, dass Leistung in den Augen der Zeitschriften-Macher und ihrer Leser schon früh beginnen muss. Nachfolgend meine Erkenntnisse über die in der *Eltern family* dargestellten Diskurse zu Mädchen und ihrem Aussehen.

In einem Beitrag zum Thema Geschlechtswahrnehmung durch Kinder (Ausgabe 05/2008) wird Clara, fünf Jahre, zu ihrem Körper befragt. Dass Clara sich mit ihrer Rolle als Mädchen stark identifizieren kann, wird schnell deutlich. Alles, was mädchenhaft ist, gefällt ihr, was die herangezogene Expertin wie folgt kommentiert: „Durch Übertreibung finden Kinder zum eigenen Geschlecht". Das, so der Beitrag, sei normal. Bereits mit zehn Monaten würde das Interesse am eigenen Geschlecht beginnen. Das Erkennen der Geschlechtsgenossen vollziehe sich bei Babies u.a. anhand der Haarlänge oder der Kleidung. Damit einhergehend ist auch eine Aussage der befragen Clara: „Ich bin ein Mädchen: Mama kauft mir einen Bikini zum Schwimmen. Max hat nur eine Badehose und einen Penis". Mögliche Sorgen, dass kleine Kinder bei fehlender Reglementierung zu extrovertiert mit dem eigenen Geschlecht bzw. Sexualität umgehen könnten, werden im Artikel beschwichtigt. So würden Kinder ab vier Jahren eine natürliche Schamhaftigkeit in Bezug auf ihren Körper und Sexualität entwickeln.

Der hier propagierte Diskurs zur Geschlechtererziehung fordert meiner Ansicht nach die Erlaubnis zur freien Geschlechtsentfaltung kleiner Kinder. Wie ich denke, macht sich dabei der Einfluss der in den Wissenschaften und im Alltag oft kritischen Auseinandersetzung mit der Kategorie Geschlecht bemerkbar. Anders als in den dortigen Diskussionen wird in diesem Artikel jedoch vorausgesetzt, dass Babys und Kleinkinder sich mit ihrem biologischen Geschlecht identifizieren und daraus ihre Geschlechterrolle ableiten. Eine hohe Geschlechteridentifikation ist hier auch deshalb erlaubt, weil sie, bspw. durch die im Vorschulalter einsetzende Schamhaftigkeit, vermeintlich keine negativen Konsequenzen hat. Gänzlich außen vor gelassen wird in dem Beitrag indes die Aussage geschlechtseindeutiger Inszenierungen. So trägt die Protagonistin bereits mit

---

18 Ebenda.

fünf Jahren ein Kleidungsstück, das auf noch nicht vorhandene, weibliche Geschlechtsmerkmale verweist, und nutzt den Bikini auch noch zur Argumentation ihres Mädchen-Seins. Aufgrund des fehlenden Hinterfragens derartiger Kleidungsstücke durch Erwachsene scheint ohnehin nur eine Rolle und Identifikation möglich. Das Aussehen von Mädchen betreffend, zeigt dieser Artikel, dass der Wunsch nach geschlechtlicher Eindeutigkeit im Kleinkindalter normal und damit der Unterstützung Erziehungsberechtigter wert ist. Optische Mädchenhaftigkeit ist damit also als positiv zu betrachten.

Ein ähnliches Thema wird unter dem Titel „Mein Körper und ich: Eine Psychologin und eine Ärztin über Körpergefühl und Sexualität in der Kindheit" (10/2008) behandelt. Acht- bis neunjährige Mädchen seien demnach in Bezug auf ihren Körper ausgeglichen und neugierig. Sie fühlten sich wohl in ihrer Haut und seien begeistert über die Funktionen und Fähigkeiten ihres Körpers. Dem entgegen spürten zehn- bis zwölfjährige Mädchen bereits die hohen Erwartungen an ihre Geschlechterrolle. Diese Verunsicherung halten die Autorinnen des Beitrags für erklärbar, denn weder der Bewegungsdrang des Körpers noch sein Aussehen würden in der Frühadoleszenz als positiv wahrgenommen. Eltern seien hier deshalb in der Pflicht, den Mädchen zu helfen und ihnen mitzuteilen: „Dein Körper verändert sich, weil etwas ganz Großartiges passiert. Gerade gehen deine besten Freundinnen an den Start, die Östrogene."

Die Absicht des Beitrags ist entsprechend, Eltern auf ihre besondere Erziehungsaufgabe bei Mädchen aufmerksam zu machen, nämlich den Erhalt bzw. Aufbau körperlichen Selbstbewusstseins. Dass Mädchen in der Frühadoleszenz unter Unsicherheit leiden, scheint im Artikel aufgrund des Druck ausübenden Rollenbildes naturgegeben. Hilfe verspricht dagegen der Hinweis auf die biologischen Vorgänge. Östrogene seien demnach „die besten Freundinnen", ein Vergleich, der Mädchen dieses Alters vermutlich gefallen und die Veränderungen im besseren Licht erscheinen lassen soll. Was das Äußere von Mädchen angeht, fordert der Diskurs Stolz der Frühadoleszenten auf die Entwicklung ihres Körpers. Gleichzeitig wird darauf hingewiesen, dass hierfür erzieherisches Eingreifen notwendig ist.

Mit der zunehmenden Popularität weiblich-idealisierter Inszenierungen beschäftigt sich der Beitrag „Schluss mit Lolita" (01/2008). Seine Autorin beklagt, sich mit ihrer Ablehnung des Gebrauchs von Make-up und „Glitzerklamotten" bei Mädchen im Kindesalter in einer Außenseiter-Position zu befinden. So würde die Mehrzahl der Erziehenden derartige Stilisierungen unterstützen. Es sei schließlich üblich, bereits Kindergartenkinder mit Schminksachen auszustatten. Wer sich dieser Praxis verweigere und damit sein Kind zum Außenstehenden mache, werde belächelt oder sogar kritisiert. Wenn ein Mädchen optisch nicht in jeder Hinsicht mädchenhaft sei, würden selbst Lehrer in der Schule das auf verletzende Weise kommentieren. Überall sieht die Autorin „Super-Girlies" und „Mini-Schönheiten" im „Modelwahn" und „Girlie-Wahn". Die Inszenierungen der Mädchen empfindet sie also nicht nur als extrem, sondern das Phänomen selbst trägt ihrer Ansicht nach „krankhafte" Züge.

Das Anliegen des Artikels ist ohne Frage die Ermahnung der Erziehungsberechtigten. Dabei argumentiert die Autorin mit der akuten Gefährdung der Kindheit. Demnach ist es, wie sie betont, nicht die Aufgabe der Eltern, die „coolen Kumpel" ihrer Kinder zu sein, sondern unbequeme Verantwortung zu übernehmen. Doch besonders Väter würden bei ihren Töchtern all das befördern, was weiblich sei. Der Wunsch nach der „schmalen Silhouette", dem „zarten Schuhwerk" und der „Wallemähne" steht nach Ansicht der Autorin anderen Interessen und Entwicklungsmöglichkeiten der Mädchen entgegen, wie „sozialem Engagement" und „Selbstverteidigung". Sie schlussfolgert daher: „Lidschatten statt Loyalität, Fußkettchen statt Freundschaft, Klamotten statt Charakter". Die von ihr kritisierte Entwicklung ist laut der Autorin jedoch nicht verwunderlich. So sei der „Billig-Look" schließlich allgemein „angesagt", „knapp 16-jährige" müssten schon „auf hot & sexy machen", „Zickenkriege und Konkurrenzgetue" würden befördert und Kleidung und Schminke im Alltag der Mädchen zu „Hauptthemen" gemacht. In dieses Bild passe, dass „sozialkritische Bücher" zunehmend unpopulär seien, „Girlie-Bücher" dagegen immer früher gelesen werden würden. Im Artikel wird darüber hinaus eine Psychotherapeutin mit der Mahnung zitiert: „So junge Mädchen sind heute klar überfordert mit den Reaktionen, die sie durch das Auftakeln hervorrufen".

Der Diskurs dieses Artikels ist zweifellos mit dem der visuellen Sexualisierung gleichzusetzen. Zusätzliche Radikalität bekommt er durch die Überzeugung der Autorin, dass weiblich-idealisierte Inszenierungen bereits im Grundschulalter in der Mehrheit sind und Erziehungsberechtigte inklusive der Lehrer diese Entwicklung befördert haben. Auf die zahlreichen, negativen Folgen verweisend, müssten Erwachsene sich demnach wieder auf das traditionelle Bild von Kindheit besinnen. Mit der daraus resultierenden Verantwortung seien sie auch verpflichtet, den Aufmachungen der Mädchen entgegen zu treten.

Alle Erkenntnisse zusammenfassend bin ich der Ansicht, dass in den Zeitschriften *Eltern* und *Eltern family* zwar ein eher traditionelles Kindheits-Bild vorherrscht. Ohne das Bekenntnis zum bürgerlichen Kindheitsdiskurs würden derartige Ratgeber-Magazine schließlich auch kaum existieren. Dennoch lassen sich die Diskurse in den beiden Zeitschriften m.E. nicht allein auf die Ideologie des ‚Kinder sollen Kinder sein' reduzieren, was sich auch in den Aussagen über das Aussehen von Mädchen niederschlägt. So wird die Bedeutung des Äußeren tatsächlich nicht von vornherein negiert. Dieser Umstand zeigt sich bspw. in der häufigen Auseinandersetzung mit der Kategorie Geschlecht. Geprägt durch die Forderung, Geschlechterstereotypen aufzulösen, steht hier zur Debatte, ob dem Wunsch nach attraktiver Mädchenhaftigkeit kritisch begegnet werden sollte. Dass dies mehrheitlich verneint wird, lässt in meiner Interpretation einerseits auf eine Abkehr von feministischen Zielen und einen liberalen Umgang mit der Idee beschützter, also geschlechtsloser, Kindheit schließen. Stattdessen wird Mädchen zugestanden, sich im Sinn ihres ursprünglichen Geschlechterbilds schön zu machen. Die *Eltern* hält diesen Wunsch von Mädchen auch für normal und richtig. Indes wird ein Eingreifen andererseits für nötig befunden, sobald das Kindheitsideal ernsthaft angegriffen wird. Das ist z.B. der Fall, wenn bei den Mädchen nicht das notwendige Schamgefühl besteht oder der Schönheitswunsch die Leistungen in der Schule beeinträchtigt.

Wie sich gezeigt hat, wird die Identität als Mädchen an anderen Stellen aber auch stark problematisiert. Das betrifft nicht nur die wachsende Angst vor der Sexualisierung, sondern auch Alltägliches wie die körperlichen Veränderungen, bei denen Mädchen in ihrem Selbstwert als gefährdet angesehen werden. Der Diskurs über das Aussehen von Mädchen in der Erziehung ist trotzdem, wie ich denke, nicht generell einschränkend. Erkennbar ist ebenso Verständnis für die vermeintlich natürlichen Wünsche der Heranwachsenden. Zwar werden ihre Handlungen nach wie vor kontrolliert, solange diese aber weder extrem sind, noch negative Konsequenzen nach sich ziehen, dürfen sich Mädchen auch intensiv mit ihrem Äußeren befassen. M.E. ist dieses Zugeständnis bei gleichzeitigem Beibehalten der bürgerlichen Vorstellung von Kindheit ein wichtiger Bestandteil des Diskurses. Eine Radikalisierung dieser gemäßigten Sichtweise ergibt sich allerdings, sobald sich die Erziehung in Fragen des Konsums mit der Ebene der Ökonomie überschneidet. Dann hat der traditionelle Kindheitsdiskurs offensichtlich keine Wirksamkeit, ist das Problem der Angemessenheit des Schönheitshandelns bei Kindern dort doch scheinbar gar nicht existent. Für mich zeigt sich damit, dass der in der Erziehung heute sichtbar starke Wunsch nach dem richtigen Lifestyle ein Angriff auf die ursprünglichen Wahrheiten über Kindheit bedeutet – auch wenn diese Tatsache den Erziehenden vermutlich nicht bewusst ist.

3.2 Vorrangig Sorge um die Mädchen: Diskurse der Wissenschaften

Welche Diskurse produzieren die Wissenschaften über junge Mädchen und ihr Aussehen? Vorab möchte ich Grundlegendes zu wissenschaftlichen Diskursen festhalten. Ihre Produktion findet v.a. in Universitäten, Fachzeitschriften, Büchern und Konferenzen statt und unterliegt einigen festen Regeln. Den Rahmen bildet dabei die wissenschaftliche Arbeit des Forschens, Schreibens und Publizierens. Darüber hinaus ist die meist institutionelle Wissensproduktion durch zwei Merkmale gekennzeichnet. So verfolgt der wissenschaftliche Diskurs erstens einen Anspruch auf Gültigkeit und Relevanz. Zweitens wendet er sich immer an die Wissenschaft. Mit anderen Worten ist ein Diskurs, der nicht auf Einflussnahme auf das jeweilige Forschungsgebiet abzielt, nicht als wissenschaftlich zu bezeichnen. Ähnlich der Diskursanalyse auf Ebene der Erziehung ist es auch bei der Untersuchung der Diskurse in den Wissenschaften eine Herausforderung, einen möglichst großen Teil der zirkulierenden Wahrheiten zu erfassen. Auf den Themenkomplex Mädchen und Aussehen bezogen, ist dieser Anspruch besonders schwer zu erfüllen, wie Hübner-Funk bemerkt:

„Wissenschaftlich betrachtet, stellt auch die Analyse der kulturellen Überformung der (pubertären) Körperlichkeit eine interdisziplinäre Aufgabe dar. [...] Folglich liegt eine unkoordinierte Fülle von Erkenntnissen vor, die selten aufeinander bezogen oder gar miteinander integriert sind. Dies macht den Versuch, einen realistischen Überblick über den theoretischen und empirischen Kenntnisstand zu gewinnen, zu einer ‚Herkulesaufgabe' [...]." (Hübner-Funk 2004)

Das schlussendliche Ziel der Diskursanalyse, das Herausarbeiten der dominanten Diskurse, lässt sich auf Ebene der Wissenschaften daher kaum bewerkstelligen. Dafür sind auch die Wirklichkeitsvorstellungen innerhalb der vielen Disziplinen, die sich mit Fragen der Körperschönheit bei Mädchen befassen, zu unterschiedlich. Allenfalls lässt sich meiner Meinung nach herausfinden, welche Diskurse über eine relativ große Bekanntheit und Popularität verfügen.

Um dennoch zu einem Überblick über die Diskurse in den Wissenschaften zu gelangen, bietet sich m.E. an, die Aussagen nach Disziplinen zusammenzufassen. So wird innerhalb von Fachgebieten in der Regel von gemeinsamen Begrifflichkeiten ausgegangen, außerdem werden dieselben Methoden praktiziert[19].

---

19 Bei der Zuordnung des Materials zu Disziplinen orientiere ich mich neben der Profession der jeweiligen Forscher auch an den Adressaten der Fachzeitschriften.

Diese Herangehensweise erscheint mir sinnvoll, weil in den Wissenschaften ähnliche Erkenntnisse, die durch gänzlich unterschiedliche Voraussetzungen erlangt wurden, letztendlich nur begrenzte Gemeinsamkeiten besitzen. Wie ich denke, ist eine Übersicht nach Fächern auch deshalb praktikabel, weil Bewertungen einer Thematik im hohen Maß abhängig von der untersuchenden Disziplin sind. Nicht nur die Inhalte sind schließlich verschieden, sondern auch die Art, wie die diskursive Wirkung über den Schreibstil oder das Forschungsdesign hergestellt wird. Entsprechend werde ich exemplarisch auch das jeweilige Attraktivitätsdispositiv der unterschiedlichen Fachgebiete erläutern.

Mein Vorgehen ist daher zweigliedrig: Am Anfang steht die kurze Zusammenfassung von Untersuchungen und das Nachzeichnen des Diskurses einer Disziplin[20]. Darauf folgt die Beschreibung des Dispositivs. Für die gesamte Analyse unterscheide ich zwischen vier disziplinären ‚Sammelbecken', den Kulturwissenschaften, den Erziehungswissenschaften, der Psychologie und Medizin und den Medien- und Kommunikationswissenschaften[21]. Die Materialfrage betreffend, werden hier ausschließlich Texte untersucht. Zur Herausarbeitung der jeweiligen Diskurse und Attraktivitätsdispositive habe ich neben den Kriterien thematische Nähe, Altersgruppe, empirischer Bezug und Aktualität diejenigen Artikel ausgewählt, die im Grundsatz den Diskurs der jeweiligen Disziplin wiedergeben[22]. Zwar ist die getroffene Auswahl selektiv und erfasst selbstverständlich nicht alle Diskurse. Aufgrund der Bandbreite an Disziplinen gehe ich aber von einer annähernden Vollständigkeit aus.

---

20 Allerdings wurden die Charakteristika der unterschiedlichen Text- und Erscheinungsformen des Umfangs wegen nicht untersucht. Um eine Vielzahl an Aussagen erfassen zu können, habe ich ebenfalls keine weitreichende Analyse der sprachlichen Gegebenheiten vorgenommen.

21 Natürlich haben sich auch andere Disziplinen mit dem Forschungsgegenstand befasst, z.B. die Wirtschaftswissenschaften mit der Schönheitsindustrie. Diese haben jedoch zum Thema quantitativ zu wenig beigetragen, um hier berücksichtigt zu werden.

22 Dabei stammt der größte Teil der analysierten Texte aus den USA, gefolgt von Großbritannien und Australien. Hieraus lässt sich schlussfolgern, dass der Identifizierung des Gegenstands als Forschungsthema kulturelle Besonderheiten zugrunde liegen, die in Folge auch auf die Diskursproduktion einwirken. So bin ich der Ansicht, dass die spezifische US-amerikanische Medienkultur zur umfangreichen Erforschung der Bedeutung des Aussehens für Mädchen beigetragen hat. Auf der anderen Seite fehlen im deutschsprachigen Raum auch bestimmte institutionelle Voraussetzungen, was vermutlich oft zu einer Bewertung des Themas als wenig relevant führt.

3.2.1 Kulturwissenschaften: Betonung der Subjektivität der Mädchen

Die Kulturwissenschaften lassen sich nicht durch Aufzählung einzelner Disziplinen definieren. Vielmehr ist ihr Forschungsinteresse, nämlich die kritische, philosophisch geprägte Auseinandersetzung mit Kulturen im Allgemeinen entscheidend. In der Untersuchung von Mädchen-Lebenswelten spielen sie eine herausragende Rolle. So haben Forscherinnen wie McRobbie/Nava (1984), die zur Wahrnehmung von Mädchen als eigener Untersuchungsgruppe beigetragen haben, oft einen kulturwissenschaftlichen Hintergrund. Wenn Mädchen und ihr Aussehen thematisiert werden, geschieht das heute aus kulturwissenschaftlicher Sicht meist im Rahmen der Cultural Studies (vgl. 1.4.3). Hierbei stehen der Versuch, den Akteurinnen eine eigene Stimme zu geben, sowie die damit verbundene Untersuchung von Subjektpositionen und Identitäten im Vordergrund. Der Umgang mit dem Forschungsgegenstand ist entsprechend oft eher affirmativer Natur. Dabei stehen die Diskurse der Kulturwissenschaften in der Regel im Zusammenhang mit neueren Mädchen-Kulturen, wobei ein besonderer Fokus auf den „Tweens"[23] liegt. Diese Gruppe gilt als eine Erfindung zur Erschließung neuer Märkte, entsprechend ist das vorherrschende Thema der Abhandlungen die Medien- und Konsumkultur für Mädchen.

Der Diskurs der Kulturwissenschaften über das Aussehen von Mädchen lässt sich dabei wie folgt zusammenfassen: Im Zentrum steht die Betonung der aktiven Rolle der Heranwachsenden. Kulturelle Praktiken, die eigene Interessen verdeutlichen – wie bspw. der Umgang mit dem Äußeren – werden daher meist wohlwollend betrachtet. Ihre Signifikanz wird weniger als etwas von außen Projiziertes verstanden, stattdessen werden in erster Linie die Absichten der Handelnden hervorgehoben (vgl. Walkerdine 1997, McRobbie 1999, Harris 2005). Gleichermaßen versuchen die Kulturwissenschaften, den Umgang der Mädchen mit ihrem Äußeren differenziert und im Kontext gesellschaftlicher Entwicklungen zu erfassen. Allgemeingültige Hypothesen sollen damit unmöglich gemacht werden (vgl. Bettis/Adams 2005, Edut 1998). Insgesamt werden die Mädchen als selbstbestimmt und ihrer Außenwelt weitestgehend ebenbürtig dargestellt, was die Kulturwissenschaften trotz vielerlei Überschneidungen auch an einigen Stellen zu einer Kritik am Feminismus motiviert (vgl. Baumgart-

---

23 Der Begriff leitet sich aus dem englischen „in between" ab und bezieht sich auf die Phase zwischen Kindheit und Jugend (ca. neun bis 13 Jahre). Mit den „Tweens" sind in der Regel Mädchen gemeint. Besonders in den USA hat der Begriff schnell eine große Popularität erreicht, aus diesem Land stammen auch die meisten „Tween Brands" und „Tween"-Produkte.

ner/Richards 2004). Zwar lässt der Diskurs Kulturwissenschaften auch weniger positive Perspektiven auf das Schönheitshandeln zu (vgl. Russell/Tyler 2002), jedoch nicht, ohne die Existenz von spezifischen Mädchen-Kulturen zu verteidigen und deren Ermächtigungs-Potential anzuerkennen. Die Anthologie „Seven going on seventeen" (Mitchell/Reid-Walsh 2005) ist m.E. ein gutes Beispiel für die kulturwissenschaftliche Auseinandersetzung mit den veränderten Repräsentationen frühadoleszenter Mädchen. Deshalb soll ein Beitrag aus diesem Band das Attraktivitätsdispositiv dieser Fachrichtung exemplifizieren.

„Mediated consumption and fashionable selves: tween girls, fashion magazines, and shopping" von Malik (2005) befasst sich mit dem Zusammenhang zwischen Medienbotschaften, Schönheitskonsum und Identitätsentwicklung bei „Tween Girls". Die dem Beitrag zugrunde liegende Studie ist laut Malik eine Reaktion auf ein Defizit. So sei die aktive, individuelle Konstruktion von Stil durch junge Mädchen bisher kaum beachtet worden. Weil Malik die Heranwachsenden als eigensinnige, vollwertige Subjekte innerhalb der Gesellschaft begreift, die ihren Körper symbolhaft gestalten, ist der Text den Cultural Studies zuzuordnen.

Der Beitrag befasst sich einerseits mit kritischen Aspekten des Themenkomplexes Schönheit und Konsum, wie utopischen Versprechungen und Neurosen (ebenda: 259). Andererseits, so Malik, werden der „subversive and ironic style" von Mädchen und der „self-reflexive cynicism that girls identify with" oft übersehen (ebenda). So beabsichtigt der Artikel m.E. einen Ausgleich zwischen möglichen Gefahren für junge Mädchen und ihrer Darstellung als stark, selbstbestimmt und lebenslustig. Der hier sichtbare Diskurs plädiert deshalb für die Anerkennung all derjenigen Praktiken und Zeichen, die den Heranwachsenden etwas bedeuten. Im Einklang mit dieser Forderung werden die Mädchen als aktive, eigenmächtige und ernstzunehmende Subjekte konstruiert. Der Notstand, auf den das Attraktivitätsdispositiv der Kulturwissenschaften hier reagiert, sind damit auch nicht allein das ausgeprägte Medien- und Konsuminteresse der Tweens und ihre Selbstinszenierungen. Ebenso wichtig scheint der Versuch einer Abkehr vom Bild des passiven Mädchens.

In der Analyse des Beitrags entfaltet sich das Dispositiv meiner Ansicht nach durch zwei verschiedene Praktiken. *Erstens* ist das methodische Vorgehen von Bedeutung. So ermöglicht nicht nur die mit 13 vglw. geringe Anzahl von Interviewpartnerinnen, die Mädchen als Individuen wahrzunehmen. Ausgewählt wurden darüber hinaus auch nur diejenigen, die, frei übersetzt, „besonders gerne shoppen gehen". Einige von ihnen wurden in einer Feldforschung auch bei ihren Shopping-Touren begleitet. Außerdem verdeutlichen die Themenbereiche der Interviews m.E. den Diskurs des spaßhaften Handelns, der Selbstbestimmtheit und Individualität. Dazu zählen u.a. „shopping and autonomy", „influence and inspiration" und „shopping and fashion as fantasy". *Zweitens* werden die Aussagen der Mädchen größtenteils als Wahrheit ersten Ranges dargestellt, insbesondere den Stellenwert des Einkaufens und der Tween-Medien betreffend. Shopping wird hier als wichtige Aktivität verstanden, mit der die weibliche Adoleszenz erworben wird. Dass alle Mädchen den Wunsch nach einem attraktiven Äußeren haben (ebenda: 271), führt Malik jedoch nicht allein auf die Botschaften der Zeitschriften zurück. Der Diskurs der Individualität wird hier vielmehr durch die Abwertung der Medien transportiert. So spielt im Schönheitshandeln das Umfeld laut Malik eine signifikant größere Rolle. Entsprechend ist das „project of the self" der Mädchen ihrer Ansicht nach in erster Linie dadurch beeinflusst (ebenda: 267). Die Heranwachsenden, so Malik, wissen darüber hinaus um das Problematische an der Macht der Medien. Gleichzeitig würden letztere ihnen aber das Gefühl geben, sie selbst bedeuteten etwas.

Insgesamt bemüht sich das Dispositiv des Beitrags dennoch um ein realistisches und nachvollziehbares Szenario, indem es auf die Komplexität des Themas und die positiven wie negativen Facetten für Mädchen hinweist. Dominant bleibt indes der oben skizzierte Diskurs. So ist immer wieder vom Ausprobieren von Identitäten, „empowerment", „each girl's potential", „openings", „possibilities", „fun-filled and ironic portayals of fashion" und besonders der „celebration of self" die Rede. Das Attraktivitätsdispositiv der Kulturwissenschaften ist als Fürsprecher für junge Mädchen und damit als Angriff auf das bürgerliche Kindheitskonzept zu verstehen. Maliks Studie strebt daher auch eine „conceptualization of changing modern identities and new theories of consumer culture" an (ebenda: 261). Neben den üblichen Mitteln der Wissenschaften, wie Theorien oder Seminaren, können auch Konsumangebote und Medien für Mädchen, die Akteurinnen selbst und ihr Umfeld als Vermittler des Diskurses wie als Beeinflusste durch ihn gesehen werden.

Im Sinn der Cultural Studies erfüllt das Dispositiv eine wichtige Funktion, würden die Mädchen ohne seinen Eingriff doch möglicherweise ‚unverstanden' bleiben. Es hilft, ihre Schönheitspraktiken als v.a. ihnen obliegend zu begreifen, was gleichzeitig die autoritäre Ordnung Mädchen/Erziehende verändern kann. Auch der Einseitigkeit in der Forschung wird durch das Attraktivitätsdispositiv entgegen gewirkt und gleichzeitig das Dasein der Kulturwissenschaften gestärkt: Schließlich gilt das Schönheitshandeln junger Mädchen, den Diskursen der anderen Disziplinen folgend, vornehmlich als problematisch. Nicht zuletzt werden meiner Ansicht nach die angenehmen Seiten des Konsumierens und damit die Interessen vieler Heranwachsender und auch Erwachsener durch den Diskurs berücksichtigt. Allerdings verhindert das Dispositiv auf diese Weise auch eine umfassende Kritik der Ökonomie und der Medien. Das gilt auch für eine weitreichende Auseinandersetzung mit den eventuell schwierigen Folgen des Stellenwerts von Attraktivität. Die Problematisierung des Schönheitshandelns von Mädchen ist daher nicht Teil des Diskurses der Kulturwissenschaften.

3.2.2 Erziehungswissenschaften: Das Geschlecht als Ursache des Problems

In der Mehrzahl vertreten die Erziehungswissenschaften, zu denen ich hier auch die pädagogisch orientierte, sozialwissenschaftliche Forschung zähle, einen gänzlich anderen Diskurs über das Aussehen von Mädchen. V.a. repräsentiert durch die Arbeiten der Jugendsoziologie, stehen die Heranwachsenden weniger als Gestalter ihrer (vom Wunsch nach Schönheit beeinflussten) Lebenswelt im Fokus, sondern stärker als Objekte bestimmter Bedingungen. In der Regel wird untersucht, was Mädchen emotional bewegt, und wie sich diese Erkenntnisse in pädagogische Arbeit umsetzen lassen. Sowohl der biologische als auch der soziale Körper werden in den Erziehungswissenschaften häufig thematisiert. Einhergehend ist oft eine intensive Auseinandersetzung mit Sexualität und Geschlecht als Ungleichheitskategorien. Diskurse über das Äußere von Mädchen stehen in dieser Disziplin daher meist im Zusammenhang mit der kritischen Analyse von Körperthemen in der Kindheit oder Adoleszenz.

Die Erziehungswissenschaften wollen die als negativ identifizierten Effekte des Gegenstands Schönheit bei Mädchen beheben. Das Ziel ihres Diskurses ist entsprechend, zu helfen, als Legitimation dient dabei die Überzeugung, dass ein Eingreifen notwendig ist. In dieser Hinsicht eine zentrale Bedeutung wird dem Thema Gender beigemessen. So gilt das soziale Geschlecht bei Mädchen als Ursache vielfältiger Leiden, Verwirrungen und Benachteiligungen. Dazu zählen auch bestimmte, die Mädchen belastende Anforderungen an das Aussehen (vgl. Millhoffer 2000, Flaake 2001, King 2002). Die Auseinandersetzung mit der eigenen Geschlechterrolle resultiert in der Perspektive der Erziehungswissenschaften oft im Versuch, anderen zu gefallen. Dadurch würden die Heranwachsenden jedoch die eigene Stimme und das eigene Begehren negieren (vgl. Hackmann 2003). Im Diskurs der Erziehungswissenschaften bedeutet die Beschäftigung von Mädchen mit ihrem Aussehen daher nur selten Ermächtigendes. Stattdessen gelten oft Unsicherheiten oder das Auftauchen bereits unterschwellig vorhandener Probleme als Konsequenz (vgl. Bentley 1999, Hübner-Funk 2004). Diese Denkweise wird deshalb auch durch das Attraktivitätsdispositiv der Erziehungswissenschaften transportiert, wie sich im Folgenden zeigen wird.

Das *Journal of Curriculum Studies* ist eine Fachzeitschrift für pädagogische Theorie und Praxis mit dem Schwerpunkt Schule. Sie richtet sich an Lehrer und verfügt also über direkten Einfluss bei der Vermittlung erziehungswissenschaftlicher Spezialdiskurse. Aus diesem Grund ist der dort erschienene Artikel „The body as curriculum: learning with adolescent girls" von Lalik/Oliver (2001) m.E. auch ein geeignetes Beispiel, um das erziehungswissenschaftliche Attraktivitätsdispositiv zu verdeutlichen. Gerade in der weiblichen Adoleszenz, so die Autorinnen, ist das Leiden am eigenen Körper ausgeprägt. Es sei die Aufgabe der Pädagogik, hier gegenzusteuern. Bereits im ersten Satz nimmt der Beitrag Bezug auf den Notstand der Körper-‚Krise' junger Mädchen. Lalik/Oliver kritisieren, dass die schwierige Situation Heranwachsender in der Institution Schule weitestgehend ignoriert wird. So sei zwar die problematische Rolle des weiblichen Körpers in unserer Kultur inzwischen Allgemeinwissen. Die hohe Bedeutung der Attraktivität bei Mädchen aber werde normalisiert. Diesen Umstand zu ändern, ist das Ziel des Artikels, und dafür appellieren die Autorinnen an die Sorge um das Wohlergehen der jungen Mädchen. So dient die dem Beitrag zugrundeliegende Studie der Erarbeitung eines Lehrkonzepts zum Körper, das sich insbesondere mit dem Problem Schönheit beschäftigt.

Im Text entfaltet sich das Attraktivitätsdispositiv zunächst durch die Verpflichtung, das krankmachende Verhältnis der Mädchen zu ihrem Äußeren immer wieder zum Gesprächsthema zu machen. Tatsächlich müsse der Körper als „legitimate area of study and storytelling, reflection and critical analysis" wahrgenommen werden, um „learning processes" zu ermöglichen (ebenda: 307). Die Aufforderung, über das Problem Körperschönheit bei Mädchen zu reden, wird wiederum durch unterschiedliche, diskursive Strategien des Artikels unterstützt. Demnach verspricht die Thematisierung der Körper-Krise nicht nur Effekte, sondern entspricht auch dem Willen der Akteurinnen selbst. Untermauert wird diese Annahme durch den Widerstand gegen dominante Bedeutungen, der in den Äußerungen der Mädchen erkannt wird. Nicht zuletzt verweisen Lalik/Oliver auf die Relevanz des Gegenstands für die Zukunftsaussichten der Mädchen. Sie schreiben:

„In considering the meanings of times when these girls were actively preparing the bodies for attractiveness [...] we might ask what the girls were not doing, what knowledge, talents, skills and other aspects of their human potential were not developing." (Lalik/Oliver 2001: 323)

In dieser Argumentation zeigt sich zum einen die Verwandtschaft zu feministischen Ideen. Zum anderen wird eine weitere Praxis des Dispositivs sichtbar. Indem das ganze Leben und Sein der Mädchen mit einbezogen wird, ist schließlich auch die Körper-Krise überall. Das Dispositiv bemüht sich also, das Thema

Körper nicht vom ‚Rest' der Person abzukoppeln. Unterstützend wirkt dabei die Methodik der Studie, ist hier doch eine große Nähe zu den Forschungssubjekten gegeben. So findet die Untersuchung mit lediglich vier Mädchen, aber über einen Zeitraum von fast vier Monaten statt. Auch das Forschungsmaterial enthält umfangreiche Informationen, durch die die Lebenssituation der Frühadoleszenten und das Untersuchungsthema in einen Kontext gestellt werden. Neben anderem erstellen die Mädchen „maps" über sich, ihren Alltag und ihre Interessen, schreiben Aufsätze und Geschichten zum Thema Körper und führen Tagebuch (ebenda: 309ff). Weil die Akteurinnen auf diese Weise zum Erzählen motiviert werden, kann gezeigt werden, wie nah Körper und Krise in der weiblichen Adoleszenz beieinander liegen.

Laut Lalik/Oliver fungiert das gute Aussehen bei Mädchen letztendlich als eine Art Währung: Wer nicht hübsch sei, werde vom anderen Geschlecht nicht wahrgenommen, und auch vom eigenen nicht anerkannt. Der Artikel verdeutlicht, dass auch junge Mädchen bereits ihren Körper permanent überwachen, beschränken und bearbeiten. Die chronische Körperunzufriedenheit vieler wiederum resultiert bei den Akteurinnen in umfangreichen Regulierungsmaßnahmen, z.B. im Versuch, nicht vor anderen zu essen. Junge Mädchen müssen nach Lalik/Oliver entsprechend lernen, sich gegen den dominanten Schönheitsdiskurs zu wehren. Deshalb solle die durch die Studie erarbeitete „transformative education [...] focussing on the body" (ebenda: 328) direkt in die Lehrpläne einwirken, bspw. im Sport- oder Sprachenunterricht.

Allerdings muss der erziehungswissenschaftliche Diskurs sich neben der Schule auch über die häusliche Erziehung verbreiten. Dabei beabsichtigt er v.a., die Mädchen zu einer Auseinandersetzung mit ihrem Körper zu motivieren. So kann einem möglicherweise übertriebenen Schönheitshandeln entgegengewirkt und der Status des guten Aussehens relativiert werden. Zwar greift das Dispositiv nicht unmittelbar in die Gestaltung des Äußeren ein. Es trägt jedoch dazu bei, dass die Krisenhaftigkeit des Körpers in der Adoleszenz nicht außer Acht gelassen wird. Der Umgang mit dem Aussehen soll den Erziehungswissenschaften zufolge deshalb auch nicht mehr Privatangelegenheit sein. In ihn darf auch mit Recht von Erziehenden eingegriffen werden, die im Gegenzug einen Teil der Verantwortung für das Körper-Problem junger Mädchen übernehmen.

3.2.3 Psychologie und Medizin: Aufklärung über negative Einflüsse

Mit den Kultur- und Erziehungswissenschaften haben diese beiden Disziplinen, die ich aufgrund ihrer in diesem Fall ähnlichen Forschungsansätze zusammenfasse, nur wenig gemein. In der Mehrheit aus der Entwicklungspsychologie oder

Jugendmedizin stammend, haben die Studien zu Mädchen und Schönheit hier in der Regel einen stärker eingegrenzten Blickwinkel und weniger Umfang. Dafür sind die Forschungsfragen vglw. klar umrissen und werden mittels einer quantitativen Methodik untersucht, die relativ eindeutige Antworten ermöglicht. Das Repertoire an als relevant verstandenem Wissen ist meist an den Naturwissenschaften angelehnt. Eine Abgrenzung zu den bereits vorgestellten Fachgebieten ist aber auch deshalb notwendig, weil Körperschönheit in Psychologie und Medizin ein deutlich größeres Arbeitsfeld darstellt. Auch zu Mädchen und ihrem Aussehen ist signifikant häufiger geforscht worden. Ein Grund für das hohe Interesse liegt vermutlich in der Tatsache, dass Körperbildstörungen wegen ihrer oftmals dramatischen Implikationen ein wichtiges Forschungsfeld sind. Was Heranwachsende und ihr Äußeres betrifft, sind in Psychologie und Medizin neben dem Körperbild auch Sexualität und Medien thematische Schwerpunkte.

In den Studien über das Körperbild von Mädchen stehen meistens die Figur und das Diätverhalten im Mittelpunkt. So seien Mädchen schon im Vor- und Grundschulalter unzufrieden mit ihrem Körper, und ein beträchtlicher Anteil mache auch bereits Diäten (vgl. Hill/Pallin 1998, Abramovitz/Birch 2000, Kreikebaum 1999). Zwar bestünden bei Mädchen keine Illusionen über die Herkunft der kulturellen Schönheitsnorm oder über die Tatsache, dass diese unrealistisch ist. Trotzdem habe Unterricht in Media Literacy keinen Einfluss auf Körperbild und Körperzufriedenheit (vgl. Tiggemann/Gardiner/Slater 2000, Rosenblum/Lewis 1999).

Ist die Sexualität von Mädchen das Untersuchungsthema, wird sich seit einigen Jahren verstärkt auf sexuelle Zufriedenheit und Selbstvertrauen konzentriert. Ausgehend davon, dass das Körperbild von Mädchen einen großen Einfluss auf ihre Sexualität hat, würden diese sich meist zum Objekt machen. Das wiederum trage zu einem ungesunden und von Unsicherheiten dominierten Verhältnis zur eigenen Sexualität bei (vgl. Tolman 1991, Impett/Schooler/Tolman 2006).

Ein umfangreich untersuchtes Thema v.a. seitens der Psychologie ist der Einfluss der Medien auf das Körperbild Heranwachsender. In den Medien, so die einhellige Meinung, ist ein Mangel an alternativen Geschlechterrollen auffällig. Bereits Kinder würden fast ausschließlich mit Stereotypen konfrontiert und sie als Abbild der Wirklichkeit begreifen. Mädchen werde dabei suggeriert, dass das Aussehen das wichtigste Merkmal von Weiblichkeit sei (vgl. Thompson/Zerbinos 1997). Generell wirke sich Medienkonsum fast gleich welcher Art negativ auf Körperbild und -zufriedenheit von Mädchen aus. Das gilt für das Fernsehen (vgl. Tiggemann/Pickering 1996), die Werbung (vgl. Hargreaves 2002) ebenso wie für Mädchenzeitschriften (vgl. Hofschire/Greenberg 2002, Chow 2004). Diejenigen Stimmen in Psychologie und Medizin, die keine eindeutig negativen Annahmen über die Wirkung von Medien auf die Körperwahrnehmung von Mädchen vertreten (vgl. Borzekowski/Robinson/Killen 2000, Champion/Furnham 1999), sind in der Minderheit.

Der Diskurs aus Psychologie und Medien über das Aussehen von Mädchen will entsprechend in erster Linie auf die schwierige Situation der Betroffenen aufmerksam machen. Meist werden die Auswirkungen der Schönheitsnormen als negativ betrachtet, deren Einfluss auf Mädchen als hoch und diese selbst als wehrlos. Individuelle Eigenschaften oder Positionen oder die prägende, gesellschaftliche Kultur werden dagegen meist außer Acht gelassen. Die Analyse erfolgt vielmehr von außen und mit dem Ziel der Problematisierung. So dient der Diskurs meiner Ansicht nach v.a. dem ‚Aufrütteln' über die für Mädchen schädlichen Bedingungen in der Gesellschaft.

Als exemplarisches Beispiel für das Attraktivitätsdispositiv in Psychologie/Medizin habe ich den Artikel „Body dissatisfaction, dating, and importance of thinness to attractiveness in adolescent girls" (Paxton et al. 2005) gewählt. Der Beitrag ist in *Sex Roles* erschienen, einer Fachzeitschrift für Sozial- und Verhaltenspsychologie mit dem Schwerpunkt Gender. Die Autorinnen sind allesamt Expertinnen für das weibliche Körperbild und seine Störungen. Ihr Artikel fasst eine Studie über die Ursachen von Körperunzufriedenheit bei Mädchen der mittleren Adoleszenz zusammen. Dafür wird ein mehrdimensionales Modell zur Vorhersage der Körperunzufriedenheit auf seine Richtigkeit überprüft. Außerdem werden der Stellenwert des Erfolgs bei Jungen sowie die Bedeutung des „dating" und des Dünnseins in die Forschung mit einbezogen.

Bereits die erste Analyse des Artikels zeigt meiner Ansicht nach, dass hier der allgemeine Diskurs der Psychologie und Medizin über das Aussehen junger Mädchen vertreten wird. So ist die Beschäftigung mit dem Äußeren gerade für heranwachsende Mädchen gefährlich, wird im Beitrag argumentiert. Schließlich leide dadurch nicht nur oft ihre Körperzufriedenheit, sondern ihre generelle physische und psychische Gesundheit. Innerhalb dieses Diskurses problematisieren Paxton et al. v.a. die Fokussierung beider Geschlechter auf die dünne Figur. Dass die Popularität beim anderen Geschlecht für Mädchen eine zentrale Rolle spielt und Auswirkungen auf ihren Umgang mit dem Äußeren hat, wird ebenfalls als potenziell kritikwürdig betrachtet.

Entsprechend reagiert das im Artikel sichtbare Attraktivitätsdispositiv auf den Notstand der krank machenden Beziehung von Mädchen zu ihrem Körper und strebt die Kontrolle ihrer Verhaltensweisen an. Die offizielle Ideologie des Beitrags ist die Verpflichtung, die Körperzufriedenheit bei Mädchen zu verbessern. Dafür werden die Heranwachsenden als Problemgruppe thematisiert, wobei die Gegebenheiten und Konsequenzen ihres Körperhandelns den Zusammenhang liefern. Hinweise darauf liefert das erwähnte Modell, dass u.a. die Faktoren „Depression", „Selbstwertgefühl", „Body-Mass-Index", „Dating-Verhalten" und „bulimische Symptome" enthält (ebenda: 666). Die im Text identifizierbaren Praktiken zur Unterstützung des Diskurses sind vielfältig. An erster Stelle steht die Bezugnahme auf existierendes Wissen der Disziplin, dem bspw. der Zusammenhang zwischen Dating und Diät halten entnommen wird (vgl. ebenda: 663). Auf diese Weise befördert der Beitrag von Paxton et al. ein Denken, dass Phänomene auf eine bestimmte Art und Weise voneinander abhängen *müssen*. Eine Regel des Dispositivs der Psychologie/Medizin ist daher die Tendenz, Themen und Argumente allgemein wie kontextuell festzusetzen.

An diesen Zugang schließt sich die Methode des Errechnens an. So erlangt der Diskurs schließlich seine Rechtfertigung, Tragweite und damit Wirksamkeit mittels seiner mathematischen Erschließungsmöglichkeiten. „Scores", „scales", „test-retest-reliabilities" und Koeffizienten verweisen darauf, „relations/related" und „correlation/correlated" zählen ohnehin zu den am häufigsten gebrauchten Wörtern und Beweisführungen. Die Resultate sind hier nicht nur nahezu eindeutig erfassbar, sondern bewiesen. Auch klare und innerhalb des Diskurses unzweifelhaft verwertbare Ergebnisse können m.E. als Charakteristikum des Dispositivs verstanden werden. Das setzt die Studie auch voraus, wenn sie bspw. herausfinden will, wie wichtig Dünnsein für den Dating-Erfolg bei Jungen ist und ob das Dating-Verhalten in Relation zum Body-Mass-Index steht (vgl. ebenda: 666). Tatsächlich bestätigt sich nicht nur das Test-Modell in vielerlei Hinsicht (vgl. ebenda: 670ff.). Es wird auch eindeutig kein Zusammenhang zwischen Dating-Verhalten und Körperunzufriedenheit einerseits und dem Body-Mass-Index andererseits fest gestellt. Unstrittig ist laut Paxton et al. ebenfalls, dass die Körperunzufriedenheit bei Mädchen an ihren Wunsch, beim anderen Geschlecht gut anzukommen, gebunden ist. Jungen würden tatsächlich in der Regel Schlanksein als Voraussetzung eines attraktiven Mädchens bewerten. Die diskursiven wie nicht-diskursiven Praktiken resultieren also letztendlich im Beleg des problematischen Schönheitsdenkens junger Mädchen. Damit entsteht auch die Notwendigkeit zur Mitteilung dieses Wissens.

Dafür stehen dem Dispositiv unterschiedliche Strategien zur Verfügung. Neben Zeitschriften können auch Broschüren, Bücher, Konferenzen, Seminare, Forschungsstellen und Medienberichte zu seiner Verbreitung beitragen. Auf diese Weise werden nicht nur die Betroffenen und ihre Erziehenden erreicht. Das Dispositiv kann bspw. auch auf medizinische und psychologische Institutionen, Methoden und Programme und auf Ärzte und Therapeuten einwirken. Den Willen zur Einflussnahme spricht der Artikel von Paxton et al. auch direkt an: So sollen diejenigen Ergebnisse, die Mädchen zu mehr Körperzufriedenheit verhelfen könnten, in „prevention programs" angewendet werden (ebenda: 673). Schlussendlich existiert das Attraktivitätsdispositiv aus Psychologie/Medizin, um die durch ihre Schönheitsideale bedrohten Mädchen zum Thema zu machen. Ohne die hier dargelegten Zusammenhänge und Erklärungen würde unter Umständen kein Wissen über die Problematik existieren. Das Dispositiv sorgt jedoch dafür, dass Mädchen aus legitimen Gründen gewarnt werden, im Speziellen ihren Wunsch nach einer schlanken Figur betreffend. So können ihre Schönheitsvorstellungen und ihr Schönheitshandeln kontrolliert und ggf. sogar verändert werden.

3.2.4 Medien- und Kommunikationswissenschaften: Problematisierung von Medienhinhalten

Die Medien- und Kommunikationswissenschaften stehen in ihren Theorien und Methoden den Geistes- und Sozialwissenschaften oft nahe. Allerdings befinden sie sich in ihren Schlussfolgerungen häufig in naher Verwandtschaft zu Psychologie und Medizin. Diese Tatsache verdeutlicht nicht zuletzt das gemeinsam geteilte Thema Sexualisierung. Sie ist aber auch in einem weiteren, gemeinsamen Schwerpunkt zu erkennen, nämlich dem Einfluss unterschiedlicher Medien-Genres auf Mädchen und ihren Umgang mit dem Äußeren. Der Ausgangspunkt der Forschung ist auch hier zumeist die Identifizierung eines Kinder und Jugendliche gefährdenden Problems, was spätestens seit den 1980ern eine populäre Perspektive darstellt[24].

So wird in den Medien- und Kommunikationswissenschaften von einem „cultural shift" ausgegangen. Die Warnung vor der immer früheren und stärkeren Sexualisierung von Kindern und dem Verlust der Kindheit zieht sich daher durch alle Publikationen. Der inhaltlichen Orientierung des Fachgebietes entsprechend, sind hier v.a. Popkultur, Medien und Warenwelt Untersuchungsgegenstände. Übereinkommend wird festgestellt, dass Sexyness und gutes Aussehen seit einigen Jahren als wichtigste Eigenschaften von Mädchen Konjunktur hätten. Die damit verbundenen, falschen Erwartungen an frühadoleszente Mädchen, auch hinsichtlich ihres sexuellen Verhaltens, resultierten letztendlich in

---

24 Neil Postman erkennt in „Das Verschwinden der Kindheit" (1983) die bürgerliche Kindheit durch die gestiegene Bedeutung des Fernsehens bedroht. Postman ist der Ansicht, dass Fernsehkonsum dem beschützten, entdeckenden und denkenden Lernen durch Lesen entgegenstände. Die Entwicklung des Konzepts Kindheit, die Postman für eine kulturelle, historisch gewachsene und nicht biologisch bedingte Kategorie hält, versteht er dabei als eng verbunden mit der Entdeckung der Bucherzeugung und der Ausbreitung des Lesevermögens.

einer Beeinträchtigung ihres psychischen und physischen Wohlbefindens (vgl. Merskin 2004, Durham 2008). Ziel dieses Appells sind meist nicht nur die Wissenschaften, sondern auch die Eltern (vgl. Linn 2004, Oppliger 2008 und Levin/Kilbourne 2008).

Bezogen auf den Themenkomplex Mädchen und Schönheit existiert in den Medien- und Kommunikationswissenschaften eine Vielzahl an Untersuchungen zu Mädchenzeitschriften, TV-Programmen, Musikvideos und neuerdings auch zu Mädchen-Websites. Dabei wird meist festgestellt, dass diese signifikant zur Vermittlung hoher Schönheitsideale bei Jugendlichen im Allgemeinen und Mädchen im Speziellen beitragen. So würden laut Garner/Sterk/Adams (1998) Mädchen in Mädchenzeitschriften konstant sexualisiert und objektiviert, dagegen aber mögliche, dem anderen Geschlecht gleichberechtigte Identitäten kaum thematisiert. Die Betroffenen werden solchen Inhalten gegenüber wiederum mehrheitlich als wehrlos verstanden (vgl. Duke/Kreshel 1998). In einigen Forschungen steht zwar die pauschale Medienwirkungsthese der negativen Beeinflussung zur Debatte (vgl. bspw. Schemer 2006). Dennoch herrscht auch hier die Überzeugung vor, dass die Medien den gesellschaftlichen Druck zur Attraktivität gerade bei Jugendlichen vergrößern. Im Diskurs der Medien- und Kommunikationswissenschaften besteht also ein Zusammenhang zwischen Medien und Schönheitsidealen. In der Regel wird den Medien ein negativer Einfluss auf die schutzlosen Kinder und Jugendlichen unterstellt.

Das Attraktivitätsdispositiv der Medienwissenschaften verdeutlicht m.E. der Artikel „Friendly advice? Beauty messages in web sites of teen magazines". Verfasst von den US-amerikanischen Medienwissenschaftlerinnen Labre/Walsh-Childers (2003), ist der Beitrag in *Mass Communication and Society* erschienen. Die Autorinnen befassen sich hier mit jeglichen Inhalten zu weiblicher Schönheit, die auf den Webseiten populärer amerikanischer Mädchenzeitschriften zu finden sind. Eine qualitative Methodik anwendend, interessiert Labre/Walsh-Childers besonders, auf welche Weise die Inhalte der Zielgruppe vermittelt werden. Der Ausgangspunkt ist dabei eine durchweg kritische Perspektive: So hätten adoleszente Mädchen ohnehin oft Probleme mit ihrem Körper und fühlten sich hässlich. Die Bedeutung weiblicher Schönheit in der Gesellschaft, v.a. der „thin sociocultural standard" verschlimmert die Situation zusätzlich, so Labre/Walsh-Childers. Dafür seien im Speziellen die Medien in der Verantwortung, die auch ein zunehmendes Interesse am ständig wachsenden Girl Market hätten. Nur würden sich deren Angebote für Mädchen im Schwerpunkt um Schönheit drehen, so die Autorinnen: „Achieving beauty has become a continuous and all-encompassing project for adolescent girls - a goal the media portray as necessary [...]" (ebenda: 379). Gleichwohl, so Labre/Walsh-Childers unter Berufung auf zahlreiche Studien, ist das Resultat der Beschäftigung mit dem Äußeren meist kein ein Zugewinn an Glück. Vielmehr sei mit der Entwicklung psychischer und physischer Probleme zur rechnen.

In ihrer Analyse der Webseiten der beliebtesten Mädchenzeitschriften identifizieren die Forscherinnen schließlich drei Kern-Botschaften: „Beauty is a requirement, beauty can be achieved only through the purchase of products, and we can help you find the right products" (ebenda: 387ff.). Diese Aussagen würden auf unterschiedlichen Wegen an die Nutzerinnen herangetragen. Eine wichtige Taktik ist laut Labre/Walsh-Childers das Auftreten von Schönheitsexperten, die auf der Webseite omnipräsent sind. Weiterhin schaffe die Anwendung von Jugendsprache Vertrauen. Auffällig ist nach Ansicht der Forscherinnen auch die kaum erkennbare Unterscheidung zwischen journalistischen Beiträgen und Werbung. Insgesamt, so schlussfolgern sie, würden sich die Webseiten den Mädchen eher als Freunde denn in ihrer tatsächlichen Rolle als ‚Handlanger' der Schönheitsindustrie darstellen.

Das Attraktivitätsdispositiv dieses Artikels verfolgt zwei m.E. Ziele. Zum einen soll mittels der Analyse der Bedeutungen auf Mädchen-Webseiten auf deren manipulatives Potential aufmerksam gemacht werden. Zum anderen geht es um die bekannten, problematischen Aspekte des Wunsches nach Körperschönheit bei Heranwachsenden. Für beides nutzt das Dispositiv unterschiedliche diskursive und nicht-diskursive Praktiken. Zentral ist dabei die Legitimation der eigenen Ideologie. Dazu zählt der Verweis auf die große Anzahl an Studien, die den Diskurs der Autorinnen untermauern, wie auch der Beweis der Repräsentativität der Ergebnisse. So gehören die untersuchten Webseiten von *Cosmo Girl*, *Teen People*, *Seventeen* und *Teen* laut Beitrag zu den beliebtesten Internetauftritten bei jungen Mädchen in den USA.

Eine wichtige Rolle für das Wirksamwerden des Dispositivs spielt m.E. auch die Provokation des Gefühls von Empörung durch den Artikel. Erstens sind die Argumente allesamt ausschließlich negativer Art. Zweitens gründet der Diskurs auf zahlreichen Beispielen, auf welche vielfältige Art die Notwendigkeit von Attraktivität den Besucherinnen der Webseiten verkauft wird. Jungen Mädchen würde dabei ein bestimmtes Frausein beigebracht, bei dem es darauf ankäme, Männern zu gefallen. Zwar sind diese Fakten seit Langem bekannt und der öffentliche wie wissenschaftliche Diskurs auch schon in vielerlei Hinsicht über sie hinaus. Dennoch haben sie an dieser Stelle eine aufrüttelnde Wirkung. Außerdem wird ausführlich demonstriert, wie Mädchen von den Webseiten getäuscht und verunsichert werden und diese Unsicherheit, sichtbar in ihren „beauty"-Problemen, wiederum als „editorial content" genutzt wird. Die Medien als Vollstrecker der Industrie darzustellen, halte ich für eine weitere Praxis des Attraktivitätsdispositivs. Deshalb wird im Beitrag auch die Vermischung der Webseiten-Inhalte mit den Interessen von Konzernen angesprochen.

Mehr noch als durch diese Praktiken wird das Dispositiv durch eine spezifische Sichtbarkeit unterstützt. Dabei handelt es sich um das Internet selbst. So ist der Verweis der Forscherinnen auf seine Eigenarten, wie Personalisierung, Partizipation, Anonymität, Multimedialität und Informationsvernetzung und –fülle ein weiterer ‚Beweis' der gefahrvollen Wirkung solcher Webseiten auf Mädchen. Hier zeigt sich in aller Deutlichkeit, dass sich das Internet auf vermeintlich perfide Weise vom ohnehin schon problematischen Printmarkt für Heranwachsende unterscheidet. Zentral bei Labre/Walsh-Childers ist das Argument, dass die Betreiber der Webseiten fälschlicherweise so tun, als seien sie Freunde der Nutzerinnen, obwohl das Gegenteil der Fall sei. Eine weitere Sichtbarkeit ist ein bestimmtes Bild von Mädchen, das der Artikel zeichnet – es entsteht der Eindruck, als würden sie ihre gesamte Freizeit vor dem Computer und mit Schönheitspraktiken verbringen und deshalb keinerlei Interesse mehr an bspw. Schulbildung haben. Schließlich kostet das Streben nach gutem Aussehen Zeit, Geld und Energie, die für andere (Bildungs)Ziele dann nicht mehr zu Verfügung stehen, argumentieren Labre/Walsh-Childers (ebenda: 393).

So bemüht sich das Dispositiv um den Beleg, dass das Internet bei der Vermittlung von Schönheitsstandards für junge Mädchen keinesfalls weniger schädlich als der Printmarkt ist, nur weil es anders funktioniert. Andernfalls wäre das Dispositiv auch überflüssig, denn zum Thema Mädchenzeitschriften und Schönheit ist, wie bekannt, aus kritischer Perspektive längst ‚alles gesagt'.

3.3 MÄDCHEN SIND NICHT NUR KINDER: DISKURSE AUS MEDIEN UND ÖKONOMIE

In diesem Abschnitt beschäftige ich mich mit den Diskursen aus Medien und Ökonomie über das Aussehen von Mädchen[25]. Dass Schönheit in den Unterhaltungsmedien und der Konsumgüterindustrie eine große Rolle spielt, liegt auf der Hand. Beide wollen zum Konsum animieren, und dafür sind keine Darstellungen geeignet, die von der Zielgruppe als unästhetisch empfunden werden. Wie ich gezeigt habe, wird der Einfluss von Medien und Ökonomie auf die Schönheitspraktiken Frühadoleszenter mehrheitlich als signifikant eingeschätzt. Mehr noch, beide Bereiche gelten meist als die wesentlichen Verursacher weiblich-

---

25 Aufgrund ihrer starken, gegenseitigen Beeinflussung werden diese beiden Felder hier zusammengefasst.

idealisierter Inszenierungen. Fraglos besteht also zu den Diskursen aus Medien und Ökonomie eine klare Deutungstendenz, die der Kritik an der visuellen Sexualisierung entspricht. Inwieweit diese Vorannahmen zutreffend sind, möchte ich im Folgenden herausfinden.

Dafür muss das Vorgehen jedoch ein anderes als bei der Auseinandersetzung mit den Ideologien aus der Erziehung und den Wissenschaften sein. So findet die Bedeutungsproduktion über das Aussehen von Mädchen in Medien und Ökonomie selten durch Texte allein statt. Dem Forschungsgegenstand in dieser Hinsicht sehr nahe, werden Aussagen hier v.a. visuell gemacht. Damit sind sie in ihrer Diskursrelevanz den in Textform vermittelten Inhalten allerdings nicht unterlegen. Inzwischen ist weithin anerkannt, dass Bilder gleichermaßen eine symbolische Ordnung her- und darstellen, Denkmodelle bestimmen und ebenfalls historisch bedingt sind[26] (vgl. Rajchman 2000). Sie geben meiner Ansicht nach daher ebenso einen von Diskursen geprägten Einblick in die Wirklichkeit eines Themas. Ein Bild macht deutlich, was zu einem Problem gezeigt werden darf und auf welche Weise das geschieht.

Allerdings wird sich in diskursanalytischen Untersuchungen sehr selten mit visueller Kommunikation beschäftigt (vgl. Meier 2008: 268). Bilder sind durch den Umfang möglicher Lesarten schließlich weniger eindeutig beschreibbar und analytisch schwer zu handhaben. So ist die Auswertung von audiovisuellem Material der Arbeit mit Texten quantitativ generell weit unterlegen (vgl. Keller 2005: 276). Texte haben in der Diskursanalyse einen entscheidenden Vorteil,

„[...] ist das Bild [doch] auf die Möglichkeit der simultanen Präsentation beschränkt, [...] während sprachliches Handeln lineare Argumentationen zur Konstituierung diskursiver Positionen ermöglicht." (Meier 2008: 269)[27]

Dennoch möchte ich in diesem Abschnitt die Diskurse in Medien und Ökonomie über Bilder herausarbeiten. Dafür werde ich mich an den Vorschlägen von Meier (2008) zur diskursanalytischen Untersuchung visuellen Materials orientieren. Zusätzlich greife ich auf die klassische Bildanalyse für kultur- und sozialwissenschaftliche Fragestellungen zurück. Letztere ist meiner Ansicht nach mit der

---

26 In diesem Sinn hat sich auch Foucault mit visuellen Repräsentationen beschäftigt. Mittels Vorher-Nachher-Bildern zeigt er, wie die Transformation von einem Denksystem zu einem anderen stattgefunden hat (vgl. Rajchman 2000: 40ff.).

27 Das ist jedoch kein genuines Problem der Diskursanalyse. Wie Schulz (2005: 8) deutlich macht, gilt die Sprache in den Wissenschaften als „eigentliches Medium der Erkenntnis".

Diskursanalyse kompatibel, weil hier ebenso die Herausarbeitung der *Botschaft* im Zentrum steht. So erklärt Müller-Doohm, dass die Bildanalyse in den Gesellschaftswissenschaften ihr Augenmerk auf

„das kulturelle Phänomen der Wirklichkeitsrepräsentation durch [die] Vielfalt von Bildmedien [richtet]. Sie geht der Frage nach, welche semantischen Gehalte, welche sinnhaften Deutungsangebote die symbolisch materialisierten Visualisierungen beinhalten, die sie [...] als Bestandteil der Repräsentationssysteme untersucht." (Müller-Doohm 1997: 86)

Zunächst Grundsätzliches zur Bilddiskursanalyse. Bildern wird ebenso wie Diskursen in Textform die Absicht zur Einflussnahme unterstellt. Obwohl bewusste Konstruktionen, gelten sie jedoch auch von den Diskursen des Dargestellten geprägt. In der Bilddiskursanalyse wird sich zusätzlich zu den Bildinhalten auch mit der Bildgestaltung befasst. Dazu zählen bspw. Bildstruktur, Bildausschnitt, Bildschärfen, Perspektiven, Farben und Typografie. So gilt Design diskursanalytisch ebenfalls als Ausdruck soziokultureller Normen und Bedingungen. Neben den Bildern wird jedoch ebenso den Bildtexten Diskursrelevanz unterstellt. Da beide Symbole nutzen und ihre Lesarten sich gegenseitig beeinflussen, haben Bild und Text analytisch einen gleichberechtigten Stellenwert. Bei den in diesem Abschnitt untersuchten Beispielen finden sich jedoch in der Regel keine Bildunterschriften, und die Texte in den Bildern selbst beschränken sich auf die Nennung des Produkts. Da es sich im Folgenden zudem um Einzelbilder und nicht um Bildserien zu einem bestimmten Thema handelt, versuche ich stattdessen einen Bezug zum Originaldiskurs des Bildes herzustellen. Diesen entnehme ich seinem Produktionskontext (Intention und Entstehungshintergrund) sowie seinem Erscheinungsrahmen (z.B. in einem bestimmten Medium).

In meiner Auffassung erschließt sich der Diskurs dabei auf zwei verschiedene Aussageebenen des Bildes. So betrachte ich das Bild-Detonat als Verweis auf das Thema und das Konnotat als Ausdruck der diskursiven Position. Hierbei beziehe ich mich auf die Ausführungen von Barthes (1990) zur strukturalen Analyse von Bildbotschaften. Nach Barthes ist eine Bildwahrnehmung abseits der Sprache nicht möglich, da jede Wahrnehmung verbalisiert werde. Darüber hinaus habe die Sprache eine Leitfunktion bei der Interpretation des Bildes. Um den Sinngehalt eines Bildes zu erschließen, müsse also die textuelle Bedeutung eines Bildes entschlüsselt werden. Barthes unterscheidet

„[...] zwei Botschaften: eine *denotierte*, nämlich das *Analogon* als solches, und eine *konnotierte*, nämlich die Weise, auf die eine Gesellschaft gewissermaßen zum Ausdruck bringt, wie sie darüber denkt." (Barthes 1990: 13, Hervorhebungen im Original)

Fotografien sind nach Barthes auf den ersten Blick allein von einer denotierten, also offensichtlichen Botschaft besetzt, da sie vermeintlich ein Abbild der Wirklichkeit darstellen. Sie verfügten jedoch ebenso über eine konnotierte Botschaft, die „[...] durchaus eine Ausdrucksebene und eine Inhaltsebene, Signifikanten und Signifikate auf[weist]: Sie erfordert also eine richtiggehende Dechiffrierung." (Ebenda: 15) Das in der konnotierten Botschaft zugrunde liegende kulturelle Wissen hat nach meinem Verständnis deshalb eine Aufgabe, bspw. die Verdeutlichung einer bestimmten Haltung zum Diskurs. Zum Herausarbeiten dieser Position orientiere ich mich an den von Meier (2008: 275f.) skizzierten Schritten der Bilddiskursanalyse, wobei ich die ausschlaggebenden Inhalte vorab mittels der klassischen Bildanalyse erarbeite (vgl. Müller-Doohm 1997).

Noch einige Bemerkungen zur Auswahl der Bilder. Wie bei den Erziehungsdiskursen habe ich auch bei der Untersuchung der Repräsentationen in Medien und Ökonomie Reichweite und/oder Bekanntheitsgrad als Auswahlkriterien festgelegt. Zwar ist m.E. schwer zu bestimmen, welche Bilder sinngebend für das richtige Aussehen von Mädchen und einer Mehrheit bekannt sind. Generell finden sich in den Medien auch wenige Darstellungen Frühadoleszenter. In den meisten Fällen treten Mädchen hier erst als Jugendliche stärker in Erscheinung, bspw. in Daily Soaps. Um herauszufinden, wie Mädchen im Alter zwischen Kindheit und Jugend gesehen bzw. konstruiert werden, habe ich mich daher auf einige wenige Beispiele beschränkt. Bei diesen Bildern kommt es mir darauf an, dass sie entweder die Frühadoleszenz darstellen oder in erster Linie für Konsumenten dieses Alters gemacht sind. Gleichzeitig sollen die Beispiele über einen hohen Bekanntheitsgrad über das Kindes- und Jugendalter hinaus verfügen.

Bei der Analyse der bekannteren Medien- und Industrierepräsentationen ergibt sich dafür ein anderes Problem: Diese Bilder werden meist in den USA hergestellt. Das halte ich für erwähnenswert, weil die amerikanischen Darstellungen junger Mädchen meist extremer sind. Nicht nur wirken sie artifizieller und greller, Konsum und Popkultur wird hier offensichtlich auch oft eine höhere Bedeutung beigemessen. Es scheint deshalb auch kein Zufall, dass der größte Teil der wissenschaftlichen Literatur zur Sexualisierung von jungen Mädchen aus den USA stammt. Andererseits sind Mädchen-Kulturen mehr denn je global konstruiert (vgl. Driscoll 2002)[28], was auch ihre bildliche Repräsentation univer-

---

28 Damit soll nicht suggeriert werden, dass die Erfahrung des Mädchen-Seins in Schwellen- und Entwicklungsländer dieselbe ist. So berichtet zwar das Balkishori Team (2005) von dem, durch die Bollywood-Filme vermittelten, hohen Stellenwert der Attraktivität bei indischen Mädchen. Existenziell bedeutsam für die Frühadoleszenten sei jedoch die Armut, die den Lebensalltag der meisten bestimme. Trotz des Schön-

seller macht. Bloustien (2003: 249ff.) kommt zum dem Ergebnis, dass sich australische, amerikanische und britische Mädchen, die alle in einem bürgerlichen, weißen und christlich geprägten Umfeld aufwachsen, nicht in ihren Vorstellungen über Weiblichkeit unterscheiden. Auch meiner Ansicht nach kann von einer ähnlichen Konstruktion wie Wahrnehmung der Bilder von Mädchen in den USA und der gesamten westlichen Kultur ausgegangen werden.

Bevor ich nun mit der Analyse beginne, möchte ich noch darauf hinweisen, dass allen Bildern der Anwendungszweck gemein ist. So sind sie trotz unterschiedlicher Herkunft oder Verbreitungsweise allesamt den Werbebildern zuzuordnen. Ohne Zweifel hat diese Art von Bildern wegen seiner starken Präsenz einen hohen Stellenwert in Gegenwartskulturen. Analytisch relevant ist m.E. bei Werbebildern, dass die Bildsprache von vornherein von künstlerischen, also freie Assoziationen unterstützenden Gestaltungsmechanismen abgegrenzt werden muss, weil der Botschaft immer bereits eine spezifische Intention innewohnt. Das bedeutet jedoch nicht, dass den Bildern keine umfangreichen Konstruktionsleistungen und keine komplexe Symbolik zugrunde liegen. Nur treten sie nach meinem Empfinden in der Regel hinter der gewünschten Botschaft zurück.

3.3.1 Medien: Unterstützung und Einschränkung des Schönheitswunsches

Wird weiten Teilen der Wissenschaften Glauben geschenkt, müsste sich der Diskurs der Medien über das Aussehen von Mädchen knapp auf die Formel ‚je attraktiver, desto besser' reduzieren lassen. Ohne Zweifel liefern die Medien auch zahlreiche Belege für diese Überzeugung. Das gilt z.B. für die Weiterentwicklung von *Dora the Explorer* aus dem Kinderfernsehen. So wurde für die bei Kindern und Eltern beiderseits beliebte Figur ein weiterer ‚Look' entworfen, der m.E. den hohen Stellenwert von Schönheit bei Mädchen verdeutlicht.

Die in den USA hergestellte Zeichentrickserie *Dora the Explorer* wird dort seit dem Jahr 2000, in Deutschland seit 2005 (deutscher Titel: *Dora*) ausgestrahlt. Der Charakter Dora soll eine US-amerikanische Latina im Grundschulalter darstellen, die gemeinsam mit ihren Freunden Abenteuer erlebt und die Welt erkundet. Dabei wird von den Serienmachern Wert auf Pädagogik gelegt, dient *Dora* doch bspw. der zweisprachigen Erziehung. Im US-Fernsehen spricht die Hauptfigur englisch und spanisch, die hiesige Dora deutsch und englisch. Nicht nur aufgrund dieser Tatsache findet das TV-Format große Zustimmung bei vie-

---

heitswunsches kann also keinesfalls behauptet werden, dass das Aussehen bei der Identitäten-Entwicklung die gleiche Relevanz wie in der westlichen Welt hat.

len Eltern. Auch der neugierige, mutige und damit wenig mädchenhaftstereotype Charakter der Dora wird oft gelobt. Anfang 2009 wurde jedoch ein verändertes Konzept für *Dora the Explorer* bekannt. Der TV-Sender *Nickelodeon* und der Spielzeug-Hersteller *Mattel* stellten eine neue Dora im Alter einer Zwölfjährigen vor. Neu sind dabei nicht nur Doras Interessen, wenn anstelle von Weltreisen jetzt ihre Erfahrungen mit ihrer Schul-Clique und deren gemeinsame Freizeitaktivitäten in New York im Vordergrund stehen. Auch ihr Äußeres hat sich gewandelt, aus dem siebenjährigen ‚Tomboy' soll ein zwölfjähriges, Minirock tragendes, geschminktes Mädchen werden (siehe Abbildung 2, links die ‚alte', jüngere, rechts die ‚neue', ältere Dora). Verkürzt dargestellt, zeigt der ‚Makeover' des Charakters Dora meiner Ansicht nach, dass Mädchen durch die Medien dazu angehalten werden können, ein möglichst feminines und also gutes Aussehen als wichtiges Attribut ihrer Identität zu bewerten. Die Position der Medien zum Umgang von Mädchen mit ihrem Äußeren wäre damit eindeutig. Doch trifft diese Beobachtung wirklich zu? Ist das Beispiel der Dora synonym für den Mediendiskurs über das Äußere von jungen Mädchen?

Abbildung 2: „Dora the Explorer" als Sieben- und als Zwölfjährige

Quelle: Nickelodeon/Mattel

Ich werde im Folgenden eine Figur aus der Bereich TV/Film/Popmusik analysieren, die sich direkt an Mädchen im Kindes- und Jugendalter richtet und hier sowohl außerordentlich bekannt als auch beliebt ist. Hierbei handelt es sich um Miley Cyrus. Die Tochter eines populären US-amerikanischen Country-Sängers wurde 2006 als Dreizehnjährige in der Rolle der *Hannah Montana* in der gleichnamigen *Disney*-Serie bekannt. In dem TV-Format, das auch in Deutschland zu sehen ist, spielt Miley Cyrus den Teenager Miley Stewart. Diese Namensgebung verweist m.E. bereits auf die intendierte Rezeption der Figur. So lässt der Name einerseits auf eine Einheit mit der Darstellerin Miley Cyrus schließen. Auf diese Weise soll der Serienfigur Miley vermutlich Authentizität verliehen werden. Andererseits mindert der Allerwelts-Nachname ‚Stewart' die Aura des Stars Miley und macht den Fernseh-Charakter zu einem für alle Gleichaltrigen vermeintlich erreichbaren Vorbild. Diese im Namen der Serienfigur bereits angelegten Bedeutungen ergeben sich, wie ich in diesem Abschnitt zeigen werde, auch aus der Bildanalyse.

Hannah Montana dreht sich um das Doppelleben der Hauptfigur. So verkörpert Miley Stewart tagsüber eine gewöhnliche High-School-Schülerin und abends die berühmte Popsängerin Hannah Montana. Darüber wissen indes allein ihre Familie und besten Freunde Bescheid. Obwohl oder weil es sich bei der doppelten Identität als ‚normales' Mädchen und als ‚Prinzessin' bzw. Popstar um eine altbekannte, märchenhafte Geschichte handelt, ist die Serie ein überragender Erfolg. Inzwischen sind ein Kinofilm und mehrere Musikalben aus ihr hervorgegangen. Dennoch übersteigt die Popularität von Miley Cyrus bei Kindern und jüngeren Teenagern ihr Alter Ego Hannah Montana bei Weitem. So ist sie als Popstar und Schauspielerin unter ihrem eigenen Namen weltweit bekannt und auch in Deutschland regelmäßig auf den Titelseiten der Jugend- und Mädchenzeitschriften.

Entsprechend hat die Figur Miley Cyrus/Hannah Montana eine hohe Relevanz für die Repräsentation von Mädchen in den Medien. Darüber hinaus ist Miley Cyrus alias Hannah Montana m.E. auch aufgrund ihrer *Disney*-Herkunft als marktbeherrschender Schmiede von Kinder- und Jugendstars ein gutes Beispiel für heutige Diskurse über Mädchen und ihr Aussehen. Ohne Frage wird mit *Disney* zwar auf der einen Seite eine Tendenz zum Weichzeichnen und Prüderie verbunden. Der Vorwurf einer unrealistischen ‚Cleanliness' ist schließlich eine gängige Rezeptionsweise von *Disney*-Produkten. Auf der anderen Seite sind die *Disney*-Serien, -Filme, -Charaktere, -Schauspieler und -Sänger v.a. bei Teenagern beliebt, die darin offensichtlich Identifikation finden. Auch die Tatsache, dass *Disney* in der Repräsentation von Kindern und Jugendlichen sehr aktiv ist, bekräftigt die Aussagekraft von Miley Cyrus für den Mediendiskurs über Mädchen. Den hier geschaffenen, nahezu hegemonialen Bildern von Teenagern in den audiovisuellen Unterhaltungsmedien wird von anderen Stellen wenig entgegen gesetzt. Außerdem wird die Marke Miley Cyrus aufgrund ihrer Berühmtheit zunehmend abseits von *Disney* wahrgenommen, was ebenfalls einen Effekt auf die Lesarten ihrer Person haben sollte.

Abbildung 3: Miley Cyrus/Hannah Montana auf dem „Best of Both Worlds"-Tourplakat

Quelle: Disney

Anhand des Bildbeispiels (Abbildung 3) lässt sich m.e. ein musterhafter Umgang mit dem Themenkomplex Mädchen und Aussehen feststellen. Hierbei handelt es sich um ein Plakat zu Miley Cyrus' „Best of Both Worlds"-Tour. Aufgrund fehlender Konzertdaten ist es vermutlich jedoch nicht nur als Werbung, sondern ebenso als Poster für zuhause gedacht. Mittels der Präsentation von Hannah Montana/Miley Cyrus, deren Darstellungen das Bild nahezu ohne jedes weitere Beiwerk dominieren, wirbt das Plakat für ihre Live-Auftritte. Neben den zwei Fotografien wird der Bildinhalt darüber hinaus durch einen, offensichtlich in der Postproduktion gestalteten, Hintergrund in rosa und hellgrün geprägt. Den Bildtext betreffend, steht der Tour-Titel „Best of Both Worlds" im

Vordergrund. An den Seiten sind außerdem das *Disney-* sowie das *Hannah Montana*-Logo zu erkennen.

Die möglichen Betrachter und damit Zielgruppen dieses Bildes sind sowohl Fans im Kindes- und Jugendalter als auch deren Eltern. Letztere werden wahrscheinlich als potentielle Begleiter zu den Konzerten sowie als diejenigen, die Eintrittskarten und Poster für ihre Kinder kaufen, angesprochen. Zudem wird wohl angenommen, dass die Erziehenden auch über den Medienkonsum ihrer Kinder informiert sein wollen. Somit ist davon auszugehen, dass *Disney* das Bild für beide Zielgruppen konzipiert hat. So soll neben den Kindern und Jugendlichen vermutlich auch den Eltern das Poster gefallen oder es zumindest nicht von ihnen abgelehnt werden.

Ich möchte mich nun mit dem Bedeutungssinn befassen, also den Bildelementen und ihrer symbolischen Aussage. Dafür beginne ich mit den Bildtexten. Die weniger präsenten Text-Bausteine, das *Disney-* und das *Hannah Montana*-Logo, scheinen in ihrer Funktion als bekannte Logos für die Betrachtenden lediglich Qualitätsindizien zu sein: Verkauft wird hier nicht irgendetwas, sondern ein (geschütztes) Markenprodukt. Aufschlussreicher ist der weitere Bildtext. „Best of Both Worlds", als Schriftzug präsent und groß in der Mitte platziert, ist zunächst der Titel der Tour von Miley Cyrus und rekurriert hier auf ihre Doppelfunktion als Hannah Montana und als ‚sie selbst'. Letzteres erscheint mir notwendig, weil die Popularität von Miley Cyrus sogar noch größer als die der Serienfigur ist. Bei den Konzerten, so suggeriert der Tour-Titel, sollen nicht nur Fans von *Hannah Montana*, sondern auch Interessierte an Miley Cyrus auf ihre Kosten kommen. Zu diesem Umstand trägt m.E. auch die Tatsache bei, dass Miley Cyrus sowohl unter ihrem eigenen Namen als auch unter Hannah Montana bzw. für die gleichnamige Fernsehserie Platten produziert.

Eine weitere Bedeutung der Textzeile „Best of Both Worlds" erschließt sich meiner Ansicht nach durch Kenntnis der TV-Serie. Die Protagonistin lebt hier ein Doppelleben, was in der Moral der Serie als die bestmögliche Wahl gilt. So ist die Hauptfigur zwar ein Popstar und deshalb in einer glamourösen Welt zuhause. Andererseits verkörpert sie durch die weitestgehende Unkenntnis dieser Tatsache in ihrem Umfeld auch ein normales Mädchen, das vom Wert der ‚wahren Freundschaft' profitiert und nicht ‚abhebt'. Zur zusätzlichen Vermischung der „Welten" im Fall der realen Miley Cyrus, die bei der „Best of Both Worlds"-Tour auftritt, trägt in meiner Interpretation außerdem der Umstand bei, dass ihr Seriencharakter ebenfalls Miley (Stewart) heißt. Insgesamt spielt der Titel „Best of Both Worlds" daher also mit den Erwartungen, sowohl die Kunstfigur Hannah Montana als auch die reale Miley Cyrus zu sehen. In den Konzerten wird damit

3. DIE MÄDCHEN MÜSSEN KINDER BLEIBEN: DIE AUSSAGEN DER DISKURSEBENEN | 97

neben Glamour und dem Hannah-Montana-‚Märchen' vermeintlich auch Authentizität geboten.

Ich komme dann zur Analyse des Bildinhalts. Dadurch, dass immer die Verbindung zu einem anderen Diskursfragment, nämlich der TV-Serie, gegeben ist, ist die Deutung des Bildinhalts komplex. Sie erfordert vom Betrachtenden zunächst die Unterscheidung zwischen den beiden dargestellten Mädchen, Hannah Montana auf der linken, Miley Stewart/Cyrus auf der rechten Seite. Das linke, ca. dreizehnjährige Mädchen (Hannah Montana) hat blonde, lange, gesträhnte Haare und eine offensichtlich aufwendig hergestellte Frisur. Sie ist geschminkt, trägt lange Ohrringe, eine kurze, goldene, glitzernde Jacke, dazu zwei enge Oberteile übereinander und eine enge, blaue, hochgekrempelte Jeans. Nicht nur ihr Styling wirkt professionell, glamourös und erwachsen, auch die Pose des Mädchens trägt zu diesem Eindruck bei. Leicht schräg und mit angewinkeltem Bein stehend, hat sie lässig allein ihre Daumen in die Hosentaschen gesteckt und schaut, leicht von unten und effektvoll lächelnd, selbstbewusst in die Kamera.

Im Vergleich zu ihr wirkt das Mädchen auf der rechten Seite (Miley Stewart/Miley Cyrus) nicht nur ihrem Alter entsprechend eindeutig normaler, wenngleich immer noch sehr attraktiv und mädchenhaft. Ungefähr gleichalt, hat sie lange braune Haare, die auf den ersten Blick nicht ‚gestylt' erscheinen, und ist weniger geschminkt. Sie ist mit einer grauen Hüftjeans, einem engen rosa T-Shirt und einer kurzen rosafarbenen, bedruckten Wickeljacke bekleidet. Ihre Pose ist etwas zurückhaltender. Zum Betrachtenden gedreht, hat sie die Hände in den Hüften und lächelt mit leicht schräger, kindlich-schüchterner Kopfhaltung eher offen und nicht gestellt. Visuell sind beide Mädchen noch einmal durch einen weißen Streifen innerhalb der Bildmitte getrennt, der vermutlich ihre Verschiedenartigkeit deutlich machen soll.

Die weitere Gestaltung des Hintergrunds, das rosafarbene Tapetenmuster auf der einen, das grüne auf der anderen, dient m.E. zum einen dem Kontrast und der abermaligen Symbolisierung der Unterschiede zwischen den beiden Mädchen. Dadurch, dass hier die Farbe rosa im T-Shirt der einen im Hintergrund der anderen erscheint, während es sich umgekehrt genauso mit der Farbe grün verhält, könnte indes auch etwas gewagt geschlussfolgert werden, dass die Identität der einen in der jeweils anderen gezeigt werden soll. Der allgemeine Eindruck des Posters ist in jedem Fall ein positiver und versöhnlicher, nicht zuletzt, weil beide Mädchen hübsch sind und lachen. Die verwendeten Farben werden darüber hinaus vermutlich als feminin und harmonisch wahrgenommen. Alles in allem wird in diesem Bild offenbar nichts gezeigt, was die Erwartungen an „Hannah" oder die beiden Mileys verwirren könnte. Wichtig scheint aber, dass die beiden Mädchen innerhalb dieser grundlegenden, harmonischen Atmosphäre als verschieden wahrgenommen werden. Die visuelle Unterscheidung wird auch für das Erfassen der offiziellen Botschaft des Bildes benötigt: Miley Cyrus geht auf Tour und präsentiert in ihrer Show sowohl ihre eigenen Musik-Aktivitäten abseits der TV-Serie als auch den dort beheimateten Popstar Hannah Montana. Diese Form der Rezeption wird meiner Ansicht nach auch durch die textuelle Ebene unterstützt.

Dagegen benötigt die unterschwellige Botschaft m.E. ein Einfühlen in die Lebenswelt der Miley-Cyrus-Fans und ihrer Annahmen über den Star. Während hier Hannah Montana, im Einklang mit und als Rechtfertigung ihrer Rolle als Popstar, durch ihr erwachsenes Styling eine Kindfrau symbolisiert, verkörpert Miley Stewart/Cyrus das altersgerechte ‚Girl next door'. So werden über die Bildbotschaft vermutlich die Fantasien der jungen, weiblichen Konzertbesucher über Glamour, dem Leben als Star oder einfach dem als Teenager angesprochen. Auf der anderen Seite verlieren diese Wünsche durch den Kontrast mit der ‚echten', harmloseren Miley möglicherweise das Künstliche und Bedrohliche. Aus der Perspektive Erwachsener, der zweiten Zielgruppe, wird Miley Cyrus auf demselben Weg wahrscheinlich als legitimes Idol für Heranwachsende wahrgenommen. Ihrem Alter wie dem ihrer Fans entsprechend, wird hier mit dem Stadium zwischen Kindheit und Jugend gespielt. Dasselbe suggerieren die Text-Bedeutungen, ist es doch vermeintlich möglich, nach Belieben zwischen beiden Welten/Identitäten zu wechseln. Allerdings wird Hannah/Miley über das Bild meiner Ansicht nach dennoch nicht auf eine Ebene mit ihren Betrachtern, den Fans, gestellt. Ihr Status als Star wird vielmehr untermauert, schließlich ist Hannah Montana bzw. Miley Cyrus/Stewart ihrer Zielgruppe durch ihre Perfektion in allen Bereichen überlegen.

Abseits dieser, notwendigen Unerreichbarkeit hält das Bild m.E. trotz seiner Einfachheit sehr unterschiedliche Möglichkeiten zur Identifikation bereit. So changiert die Marke Miley Cyrus zwischen selbstbewusst-sexy-erwachsen und nett-harmlos-kindlich. Beide Lesarten wie eine ‚gemischte' Wahrnehmung werden dem Betrachtenden angeboten. Zwar suggeriert das Bild insgesamt, dass die eine Identität die andere nicht ausschließt. Letztendlich wird aber ebenso deutlich gemacht, dass kein Grund für Unbehagen gegenüber der ‚erwachsenen', sexy Miley Cyrus besteht, da das Positive, Freundliche und für ein junges Mädchen Legitime überwiegt.

Die weitere Analyse verweist auf einen ähnlichen Bedeutungshorizont. So transportiert das Bild die besagte ‚Nettigkeit', die ein notwendiges Element des Images der Sängerin darstellt. Gleichzeitig ist Miley Cyrus in ihrer äußerlichen Perfektion spezifisch und setzt sich auf diese Weise von der Erwartung der Kindlich- und Durchschnittlichkeit ab. Ihr Diskurs misst dem guten Aussehen auch in ihrem Alter fraglos schon eine hohe Bedeutung bei. Dennoch bekennt sie sich nicht vollständig zu ihm, da das Bild meiner Ansicht nach keine verlässliche Aussage über die Echtheit ihrer Person macht. Das zeigt das Tour-Poster, in dem es Stereotype der Warenwelt aufnimmt, in diesem Fall von Spielzeug. Nicht nur die für Mädchen-Spielsachen typischen Farben pastellrosa und mintgrün, sondern v.a. das Bilddesign macht diese Ähnlichkeit deutlich. So werden zweigeteilte bzw. gespiegelte Verpackungen für Puppen oder Spiel-Figuren gern genutzt: Wie bei der ersten Abbildung befindet sich auf der einen Seite das Bild der realen Person (Miley Stewart/Cyrus), auf der anderen das darauf basierende Produkt (*Hannah Montana*).

Die unentschiedene Positionierung von Miley Cyrus, die beides sein will, nettes Mädchen und weiblich-attraktiv-erwachsen, wird in meiner Interpretation auch anhand der Körper deutlich. So relativiert die vermeintlich nicht gestellte Pose des Mädchens auf der rechten Seite die offensive ihres Alter Egos. Ihre Natürlichkeit wiederum ist der Gegenpol zu ihrer sexy Aufmachung. Dass Miley Cyrus damit gänzlich verschiedene Images suggeriert, ist m.E. auch symptomatisch für ihren Erfolg. Im Vordergrund steht schließlich ihre Person, die Projektion für mehr als nur einen Diskurs ist. Tatsächlich scheint es bei der Abbildung in erster Linie um sie selbst zu gehen und weniger um das, was sie den Rezipienten an konkret Erwerbbarem wie bspw. Musik bietet. So erwartet das Bild-Detonat offenbar nicht mehr als einen Beweis, dass die Abgebildete Miley Cyrus ist und sie etwas ‚Gutes' bedeutet. Hingegen zeigt das Bild nicht, was mit ihm eigentlich verkauft werden soll, nämlich Miley Cyrus ‚live in concert' bzw. als Musikerin. Der Sinn des Bildes besteht insofern tatsächlich mehr in der Sympathie der Dargestellten einerseits und ihrer Attraktivität andererseits. Insgesamt scheinen also sowohl ihre Musik wie auch ihre Rollen als Hannah Montana oder Miley Cyrus nur Beiwerk ihrer ‚wahren' Person zu sein.

Miley Cyrus wie ihren Diskursen müssen die Betrachtenden entsprechend auch zustimmend gegenüber stehen. Um diesen Effekt zu erreichen, werden sie in die Abbildung insofern involviert, als sie von beiden Mädchen angeschaut werden. Täten sie das nicht, würde anstelle von Affirmation und Vertrauen vermutlich eher das Gefühl von Distanz entstehen. Hier jedoch wird zu Übernahme der Diskurse von Miley Cyrus und damit zu einer wohlwollenden Haltung gegenüber dem auffälligen Schönheitshandeln Frühadoleszenter aufgefordert. Diese Sichtweise gründet m.E. auf der Darstellung weiblicher Perfektion und Eigenmächtigkeit bei gleichzeitiger, kindlicher Unschuld und mädchenhafter Liebenswürdigkeit. Plurale Bedeutungen sind aus Vermarktungsgründen häufig sinnvoll. Das ist meiner Ansicht nach besonders dann der Fall, wenn die Transformation vom Teenie zur Erwachsenen in der Öffentlichkeit durchlaufen wird.

Gerade bei Mädchen wird darauf geachtet, wie sie sich äußerlich entwickeln, was oft gleichbedeutend mit sexuell ist. So existieren bei der Betrachtung junger, attraktiver Mädchen schließlich grundsätzlich zwei Sichtweisen, der erotische und der kindlich-verharmlosende Blick (vgl. Walkerdine 1997). Die Bildanalysen belegen, dass beide Blicke intendiert sind.

Die anhand der Abbildungen von Miley Cyrus herausgearbeiteten Bedeutungen sind m.E. wesentlich für den Mediendiskurs über das Aussehen von jungen Mädchen. Neben der Vorgabe eindeutiger Mädchenhaftigkeit wird Frühadoleszenten auch in anderen Medien-Genres wie dem Internet oder Zeitschriften ein erwachsenes, sexy Styling nahegelegt. Genau wie beim Beispiel Miley Cyrus geht ein solches Angebot indes ebenfalls mit Einschränkungen einher. Eine widerspruchsfreie Rezeption ist in diesem Zusammenhang in meiner Überzeugung nicht gegeben. Ohne Zweifel wird dem Aussehen zwar eine hohe Bedeutung beigemessen. Die Anforderung des Kindlichen wird jedoch ebenso transportiert wie die mit dem bürgerlichen Erziehungsdiskurs verbundene Relativierung der Schönheitsideologie.

Deshalb bin ich der Ansicht, dass der Diskurs der Medien über das Äußere von jungen Mädchen komplexer ist als von den Sexualisierungs-Gegnern vermutet. Eindeutige Aufforderungen zum Schönheitskonsum wird man in Bezug auf diese Altersgruppe meiner Ansicht kaum finden. So stehen die Medien auch nicht etwa abseits vom Erziehungsdiskurs. Schließlich müssen sie sowohl ihrer Zielgruppe im Kindes- und Jugendalter entsprechen als auch den Erwartungen der Eltern. Darüber hinaus sind die Medien selbst von unterschiedlichen Diskursen beeinflusst. Was die Vorstellung über die richtige Kindheit angeht, bei der ein mädchenhaftes, aber kein sexy Aussehen erlaubt ist, ist wahrscheinlich, dass eine solche Sichtweise auch hier populär ist. Außerdem sind die Medien selbst plural, und ihre Interessen wie inhaltlichen Tendenzen unterschiedlich. Dennoch ist der Wunsch nach Schönheit, auch bei jungen Mädchen, in den Medien m.E. nicht nur ein erlaubter Sinn, sondern wichtiger Aspekt ihres Systems. So ist ihr Geschäft das Abbilden von Wünschen, und im Gegensatz zu weiten Teilen der Erziehung und der Wissenschaften werden hier auch tatsächlich die Interessen und Bedürfnisse frühadoleszenter Mädchen berücksichtigt. Dass dazu das Thema Schönheit zählt, ist naheliegend. Hier müssen die Medien nicht im gleichen Maß wie die Erziehung auf die Moral oder wie die Wissenschaften auf Aufklärung oder Problemlösung abzielen.

Insgesamt bin ich der Überzeugung, dass der Mediendiskurs über Mädchen und Attraktivität dort widersprüchlich ist, wo Frühadoleszente dargestellt werden. Trotz aller Aufforderungen zum Schönheitshandeln bleibt in diesem Fall die Anforderung an das Kindsein als relativierendes Element bestehen. Gleich welcher Diskurs den Medien nachgesagt wird, darf aber auch nicht vergessen werden, dass sie die Gesellschaft repräsentieren, und nur begrenzt aus sich heraus Bedeutungen schaffen können. In diesem Sinn verweisen die Medien also auch auf die eigenen Konstruktionsleistungen frühadoleszenter Mädchen.

3.3.2 Ökonomie: Präsenz erwachsener Anforderungen

Dass die Konsumgüterindustrie eine wichtige Rolle in der Herausbildung der Schönheitsvorstellungen von jungen Mädchen spielt, ist eine allgemeine Überzeugung. In der gängigen Annahme wird das Produktangebot umso ausdifferenzierter und der Einfluss der Konsumsphäre umso größer, je mehr Geld Kindern und Jugendlichen zur Verfügung steht. Offenbar hat sich der Einfluss der Industrie auf junge Mädchen seit den 1990er Jahren also radikal ausgeweitet. Tatsächlich gilt sie schon weitaus länger als bedeutsam. So zeigt Brumberg (1997), dass Anfang des 20. Jahrhunderts bei Mädchen ein Wechsel von externer Körperkontrolle (bspw. durch Korsetts und Verhüllung, aber auch durch die Beaufsichtigung kindlicher und jugendlicher Lebenswelten durch die Familie) zur internen Körperkontrolle vollzogen hat (vgl. ebenda: 98ff.). Mit der zunehmenden Ablösung von der Familie und traditionellen, sozialen Institutionen wie Mädchen-Kreisen seit dem Ersten Weltkrieg wurden laut Brumberg äußerliche Attribute bedeutsamer für Mädchen. An einen attraktiven Körper sind auch damals bereits für Frühadoleszente entscheidende Hoffnungen gebunden[29].

Die heutige Debatte um den Einfluss der Konsumgüterindustrie auf junge Mädchen kreist zum großen Teil um den ‚Tween-Markt', der Produkte für die ca. Neun- bis Dreizehnjährigen anbietet. Neben Mode, Kosmetik, Medien und Spielsachen umfasst das Angebot v.a. in den USA auch Schönheitssalons. Russell/Tyler (2002) erkennen in letzeren ein Beispiel für die komplexe Verbindung von Konsumkultur und dem Prozess der Mädchen-Werdung. Hier werden neben

---

29 Das demonstriert Brumberg (1997: 108ff.) anhand des Aufkommens der heutigen BHs in den 1930ern in den USA. Büstenhalter seien demnach zu einem Symbol von Weiblichkeit und Selbstbewusstsein und zu einem Indiz des Übergangs von der Kindheit zur Jugend geworden. Dazu habe auch die damalige Werbung beigetragen, in der die BH-Trägerinnen einen großen Freundeskreis und damit ein erfolgreiches Leben gehabt hätten. Außerdem, so Brumberg, galten BHs durch die von der Ökonomie propagierten medizinischen Diskurse als gesundheitliche Notwendigkeit. Ein Aufklärungsfilm von BH-Herstellern über die gesunde, weibliche Figur sei sogar an Schulen gezeigt worden. Da laut Brumberg die gute Figur inzwischen als wichtiger Aspekt der Partnerwahl anerkannt wurde, wurden Warnungen von hängenden Brüsten auch von Müttern ernst genommen.

Tipps zum altersgerechten Schminken, zum Haarstyling und zur gesunden Ernährung auch Selbstbewusstseins- und ‚Catwalk'-Trainings angeboten. Für das Mode-Marketing werden junge Mädchen ebenfalls zunehmend als Gruppe mit eigenständigen Präferenzen angesehen und die spezifischen Schönheitsideale von Mädchen im Alter von sieben bis 13 erforscht (vgl. Martin/Peters 2005). Auch in Deutschland steigt trotz rechtlicher Problematik[30] das Interesse der Industrie am Tween-Markt (vgl. Behnken/Baumann 2008: 21ff.).

Welche Diskurse in der Konsumgüterindustrie über frühadoleszente Mädchen und ihr Aussehen existieren, werde ich anhand einer Werbeanzeige für die Kinder-Kollektion des Labels *Pepe Jeans* untersuchen. Diese Marke stammt aus Großbritannien und produziert Jeans und so genannte Casual Wear im mittleren Preissegment. Die Kleidung von *Pepe Jeans* hat das Image, einen gemäßigten ‚Street Style' zu repräsentieren. So besteht hier vermutlich der Anspruch auf ‚Coolness' und ‚Authentizität', worauf auch der Zusatz „London" im Logo der Marke hindeutet. Neben Jugendlichen und jüngeren Erwachsenen sind vor einigen Jahren auch Kinder als Zielgruppe hinzugekommen. Glaubt man der steigenden Anzahl an Modelabeln und Einzelhandelsgeschäften explizit für Babys und Kinder, bedient *Pepe Jeans* damit einen wachsenden Markt. Dessen Merkmale möchte ich zunächst genauer beleuchten. Dafür eignet sich exemplarisch die Zeitschrift, der ich die Werbeanzeige entnommen habe.

Luna, untertitelt als „das erste Mode- und Lifestylemagazin für die Familie" erscheint seit 2005 vier Mal jährlich und richtet sich an Eltern mit Interesse an diversen Lifestyle- und Konsumaspekten. Der Anspruch der Leser an einen gewissen Lebensstil wie auch der von ihnen empfundene, eigene gesellschaftliche Status sind hoch. Das machen sowohl die Anzeigen für Kindermode (vornehmlich Designerlabels) als auch die im redaktionellen Teil vorgestellten Produkte deutlich. Zwar gibt es Rubriken zu den Themen „Kochen", „Leben und Wohnen" und „Selbermachen". Der eigentliche Schwerpunkt des Magazins liegt jedoch auf Mode und verwandten Konsumgütern für Babys und Kinder, zum Teil auch für Erwachsene. Wie Kinder inszeniert werden können, hat in dieser Art von Publikation zweifelsohne eine große Bedeutung. Auffällig sind die im Hochglanz- bzw. High-Fashion-Stil konstruierten Modestrecken mit Kindern, die in Aufwand und Bildsprache nicht von denen für Erwachsene zu unterscheiden sind. Ein weiteres Indiz für die starke Relevanz des Beauty- und Glamour-Marktes für Kinder sind die über 250 aufgelisteten Einzelhandelsgeschäfte in der

---

30 So diskutiert die EU ein Verbot von Werbung, die allein auf Kinder abzielt. Das macht sich bereits bemerkbar, sprechen doch einige Konzerne aus Gründen der Selbstbeschränkung nur noch die Eltern an (vgl. Behnken/Baumann 2008: 21ff.).

Rubrik „Shops", deren Angebot – in der Regel hochpreisige Kindermode – mit dem in der *Luna* präsentieren zu vergleichen ist. Im Zentrum steht also der Umstand, dass Kinder nicht mehr von den Wünschen und Anforderungen eines exklusiven Lifestyles ausgenommen sind. In jedem Fall spielt ihr Status offenbar für ihre Eltern eine große Rolle.

Ich möchte nun die *Pepe Jeans*-Anzeige (Abbildung 4) aus der *Luna* analysieren. Das Bild ist ein Foto, das zu Werbezwecken hergestellt und vermutlich in erster Linie für Erwachsene als Leser solcher Zeitschriften konzipiert worden ist. Die Erwachsenen sind auch in den meisten Fällen diejenigen, die bis zum Jugendalter die Kleidung der Kinder kaufen (vgl. Balovic in Behnken/Baumann 2008:21ff.). Erst dann hat die Mehrheit der Kinder ausreichend Geld bzw. die Erlaubnis, ihre Kleidung selbst einzukaufen.

Die Bildinhalte lassen sich wie folgt beschreiben. Auf dem Bild sind zwei modisch gekleidete, etwa zehnjährige Kinder zu sehen. Als erstes fällt das im Vordergrund platzierte Mädchen auf. Sie dominiert das Bild nicht nur aufgrund der Tatsache, dass sich ihr Körper vom rechten bis zum linken Bildrand erstreckt. Auch die Ausleuchtung lässt erkennen, dass das Mädchen im Zentrum des Bildes ist. Darüber hinaus schaut sie den Betrachter direkt an. Im Hintergrund ist ein ebenfalls ca. zehnjähriger Junge zu sehen. Dieser nimmt durch seine Größe zwar auch einen beträchtlichen Raum ein und spielt damit wohl ebenfalls eine wichtige Rolle. In Anbetracht der Bildkomposition ist er der Präsenz des Mädchens jedoch unterlegen und befindet sich nicht im Licht. Er ist auf dem Foto außerdem eher unscharf zu sehen und schaut nicht direkt in die Kamera. Das Interieur, in dem sich das Mädchen und der Junge befinden, ist ein PKW oder Transporter älteren Baujahrs. Die beiden sitzen auf der Vorderbank, wobei sich der Junge am Steuer befindet, das Lenkrad in der Hand hält und die Füße in der Nähe des Gaspedals hat. Das Mädchen sitzt neben ihm auf dem Beifahrersitz und lehnt die gestreckten Beine überkreuzt an das Armaturenbrett. Neben ihr ist die Beifahrertür geöffnet. Offensichtlich ist der Wagen nicht mehr funktionsfähig. Er wird von den beiden zum Spielen oder, angesichts der simulierten Fahrsituation durch den Jungen und die lässige Haltung des Mädchens, zum Posieren genutzt.

Abbildung 4: Printanzeige Pepe Jeans London

Quelle: Pepe Jeans

Was den Phänomensinn angeht, könnte aufgrund des Kinderspiel-‚Settings' also von einer gewöhnlichen Werbeanzeige für Kindermode ausgegangen werden. Allerdings wirkt das Spielen in einem alten Auto eher extravagant und romantisch. Das Bildmotiv ist deshalb möglicherweise der Hoffnung der Eltern auf etwas ‚Besonderes' geschuldet. Dazu passt meiner Ansicht nach auch, dass die gezeigte Mode eher ‚cool' als funktional wirkt. Beide Aspekte sind indes repräsentativ für heutige Kindermode. So könnte die Anzeige also ohne Probleme ‚gelesen' werden, würde kaum für Provokation sorgen und vermutlich bei der Zielgruppe ihren Zweck erfüllen. Zwar werden einige Fragen nicht geklärt, bspw. der Hintergrund des Spiels, die mögliche Anwesenheit anderer (Erwachsener oder Kinder) oder die Gebrauchsfähigkeit der Kleidung zum Spielen. Auch was die Kleidungsstücke kosten oder wo sie erworben werden können, wird nicht angesprochen. Abseits des Logos im Bildviertel links unten verfügt das Bild über keine weiteren Textelemente. All das ist jedoch nicht ungewöhnlich für eine Werbeanzeige dieser Art. Insgesamt kann das Bild-Detonat m.E. daher als typisch bezeichnet werden.

Nach meiner Interpretation fördert der Bedeutungssinn jedoch andere Ergebnisse zutage. Interessant sind bspw. die Körpersprache der beiden Kinder und die damit einhergehenden Machtanordnungen im Bild. Während der Junge durch seine aufrechte Haltung und die Hände am Steuer die Assoziation weckt, er würde den Wagen v.a. zum Spielen nutzen, ist die Haltung des Mädchens weniger eindeutig. Den Kopf zurückgelehnt, eine Hand locker im Schoß, die andere daneben und die Beine ausgestreckt, lässt sich ihre coole, erwachsene Pose schwer deuten. Sie erweckt aber nicht den Eindruck, als nehme sie gerade an einem Kinderspiel teil. Vielmehr sieht das Mädchen so aus, als sei sie dem Kindlichen längst entwachsen. Offenbar befindet sie sich nur aufgrund eines Gefallens, dem Ausdruck von Überlegenheit oder einer Pose wegen im Wagen. So scheint auch ihr ernster Gesichtsausdruck gegenüber dem Betrachter Arroganz und Gleichgültigkeit, v.a. aber Abgeklärtheit auszudrücken. Das Mädchen vermittelt im gleichen Maß Aktion wie Passivität: Erstere wird durch ihren Blick und ihre ‚gewollte' Körperhaltung hergestellt. Passiv wirkt sie, weil sie offensichtlich nicht am Spiel teilnimmt und der Junge ‚fährt'. In der Konstellation verfügt sie zweifelsohne dennoch über mehr Macht und dominiert das Geschehen. Obwohl er offenbar das Spiel leitet, drückt der Junge etwas ganz anderes aus. Schließlich wirkt sein Gesicht, den Blick auf etwas Unbestimmtes gerichtet, eher unbedarft und unschuldig.

Die Aufmachungen der beiden liefern weitere Erkenntnisse. So hinterlässt die Kleidung des Jungen einen weniger kindlichen Eindruck als sein Gesicht und Körper. Bekleidet mit einer verkehrt herum aufgesetzten Baseballkappe, einer gestreiften Strickjacke mit Ellbogenschonern, einem weiß-blauen T-Shirt, einer weiten Jeans und Turnschuhen einer derzeit unter Jugendlichen und jungen Erwachsenen populären Marke, wirkt er auf dieser Ebene durchaus älter und reifer. Ähnlich dem Outfit junger Männer, suggeriert die Kleidung eine erwachsene Lässigkeit und Trendbewusstsein. Das Aussehen und die Aufmachung des Mädchens erwecken ähnliche Assoziationen. Sie hat überschulterlange Haare und ist mit einer rot-gestreiften Wollmütze, einer weiß-lila-gepunkteten Bluse mit kurzem Arm und einem ebenfalls kurzärmligen, fliederfarbenen Minikleid aus Wolle bekleidet. Dazu trägt das Mädchen eine bis knapp unter das Knie reichende, lilafarbene Woll-Leggings und achselhohe, braune Boots im Stil von Cowboystiefeln. Zwar ist ihr Gesicht ungeschminkt und ihr Körper durch seine Zierlichkeit, den fehlenden Brustansatz sowie einem Mangel anderer Rundungen eindeutig kindlich. Das Outfit soll jedoch scheinbar trotzdem feminin (Kleid), ‚cool' (Wollmütze, die hier auch trotz sonst eher sommerlicher Kleidung getragen wird) und v.a. ‚stylish' sein, werden doch aktuelle Modetrends für Erwachsene eins zu eins abgebildet.

Entsprechend stehen also die Kindlichkeit der beiden Protagonisten und ihre erwachsene Mode im Gegensatz zueinander. Aufgrund des Gesichtsausdrucks, der Körperhaltung und der Kleidung gilt das im Besonderen für das Mädchen. Diese Deutung wäre womöglich anders ausgefallen, wäre das Bild bspw. hinsichtlich der Pose und des Gesichtsausdrucks des Mädchens nicht auf diese

Weise gelöst worden. Eine vermeintlich natürliche Haltung und ein gut gelauntes Lachen sind geläufige und unproblematische Darstellungen von Kindern. Diese Anzeige folgt jedoch einem anderen Diskurs. So soll Kleidung für Kinder, wie eigentlich zu erwarten, diesen nicht mehr einfach nur gefallen und zu ihrem Alltag passen. Wichtiger als die Vermittlung kindlicher Unbeschwertheit ist hier das Versprechen erwachsener Coolness.

Zusammengefasst, transportiert das Bild also verschiedene Botschaften. Im offiziellen Sinn sind in der Anzeige ‚echte', ursprüngliche Kinder beim Spielen abgebildet, was Erwachsene sicherlich zum Kauf von schöner Kleidung motivieren kann. Deshalb wird hier auf den traditionellen Kindheitsdiskurs rekurriert, mit dem sich die Betrachter vermutlich in der Regel identifizieren. Das Detonat tut also so, als gäbe es in Bezug auf das Thema Kindheit nichts Neues zu entdecken. Diese Annahme erfährt m.E. jedoch einen Bruch, da sich das Konnotat zu einer anderen Bedeutung bekennt. Neben den erwachsenen Kleidungsstücken der Kinder sorgen schließlich v.a. die Pose und der Ausdruck des Mädchens für Verwirrung. Zwar kann erwachsene Mode allein noch als harmlose Verkaufsstrategie der Fashion-Industrie verstanden werden. Durch den besonderen Ausdruck des Mädchens auf dem Bild entsteht allerdings der Eindruck, dass der Verweis auf die Lebenswelt Erwachsener ernst gemeint ist. So ist das abgebildete Mädchen aufgrund seiner Abgeklärtheit eigentlich kein Kind mehr, sondern sich offenbar bereits darüber bewusst, wie die ‚Welt' funktioniert und was sie sich davon erwartet. Dass, was erwachsene Kleidung bedeuten kann bzw. die Tatsache, warum man Kinder damit ausstattet, gibt das Mädchen unterschwellig zu verstehen: Die gleichen Sachen dürfen getragen werden, weil die Kinder mit den gleichen Anforderungen und Ansprüchen leben. Sie wollen entsprechend auch gleichermaßen ernst genommen werden.

Der Wesenssinn des Bildes ist in meiner Interpretation daher eine Forderung an den Betrachter, dieses vermeintlich neuartige Erleben von Kindheit anzuerkennen. Zwar sollen sich die Rezipienten des Bildes durch das Dargestellte nicht unwohl fühlen. Sie sollen aber ebenso wenig die abgebildeten Kinder im üblichen Verständnis als ‚süß' empfinden. Der Bilddiskurs zielt vielmehr darauf ab, dem Mädchen die Erlaubnis zu Arroganz und Gleichgültigkeit zu erteilen und ihre Abgeklärtheit zu normalisieren. Wenn es kaum noch Unterscheidungen zwischen der Kleidung für Erwachsene und für Kinder gibt, ist schließlich auch die Wahrscheinlichkeit groß, dass erwachsene Verhaltensweisen und Werte auf Kinder projiziert werden. Das Bild verdeutlicht damit, dass neben dem traditionellen Kindheitskonzept auch der Aspekt des frühen Erwachsenwerdens der Kinder der ‚Wahrheit' entspricht. Überdies legt die Anzeige nahe, dass die Eltern als Betrachter eine solche Entwicklung unterstützen, die im Verständnis von

Erziehung und Wissenschaften schließlich meist als problematisch bewertet wird. Für den bürgerlichen Kindheitsdiskurs ist im Bild dagegen nur noch wenig Platz. Allein für die allgemeine Lesbarkeit der Anzeige wie für ihre Legitimation wird m.E. das ursprüngliche Kindsein durch die Spielszene angedeutet.

Neben diesen beiden, entscheidenden Botschaften macht das Bild indes noch eine weitere Aussage, nämlich zu den Geschlecherverhältnissen. So sind Jungen zwar offensichtlich Mädchen nicht überlegen. Sie halten aber, ihrer angestammten Rolle entsprechend, auf dem Bild ‚das Steuer in der Hand'. Diese Konstruktion könnte darauf hinweisen, dass Eltern ‚richtige' Jungen mit ursprünglichen, maskulinen Eigenschaften möchten. Damit einhergehend sind Mädchen zwar laut Bildanalyse Jungen in Reife und Wissen voraus, gefallen sich jedoch in der Rolle der attraktiven, aber passiven Begleiterin.

Vom Feminismus partizipiert und seine Errungenschaften verinnerlicht, wollen Eltern offensichtlich also trotzdem einige traditionelle Geschlechterzuschreibungen bei ihren Kindern beibehalten. Der Umgang mit der Kategorie Geschlecht ist hier stereotypisch, hätte aber auch anders gelöst werden können. Die Positionen des Mädchens und des Jungen hätten umgekehrt, oder beide mit Mädchen besetzt werden können. So jedoch bleibt ein eher altmodisches Bild der Geschlechterrollen bestehen, was wiederum einen Gegensatz zu dem durchaus provokanten Umgang mit dem Kindheitskonzept bildet. Ganz im Sinn der bisherigen Diskurse aus Medien und Ökonomie ‚verschreckt' also auch diese Anzeige nicht ausschließlich. Ohne Frage wird dem guten Aussehen bei Mädchen Relevanz beigemessen, sie werden auch zu einem umfangreichen Schönheitshandeln ermutigt. Ein vollständiges Bekenntnis dazu bleibt m.E. indes durch das Schlingern zwischen bejahenden und relativierenden Diskursen aus.

3.4 FAZIT: KIND SEIN, GLEICHZEITIG SCHÖN SEIN – WIDERSPRÜCHLICHE ERWARTUNGEN

Welche Wahrheiten existieren also über Mädchen und ihr Aussehen? Ich fasse im Folgenden meine Ergebnisse zusammen. In der Erziehung herrscht eine gemäßigte Haltung vor, die den Mädchen Schönheitspraktiken erlaubt, solange sie insgesamt noch ‚Kinder' bleiben und keinen Schaden nehmen. Soll jedoch im Sinn der Erziehenden der eigene Lebensstil aufgewertet werden, ist der Diskurs nur noch schwerlich mit dem bürgerlichen Kindheitskonzept vereinbar. Hier wird Schönheit und ‚Style' bei Kindern grundsätzlich positiv bewertet. Mehrheitlich ist der Erziehungsdiskurs nach meinen Erkenntnissen allerdings von der Überzeugung und dem Willen bestimmt, dass ‚gute Kinder' auch ‚gute Eltern' benötigen. Das bedeutet heute offenbar den Anspruch auf Liberalität bei gleichzeitiger Einhaltung einiger verbindlicher, traditioneller Regeln.

Auf Ebene der Wissenschaften überwiegt dagegen die Problematisierung des Umgangs von Mädchen mit dem Äußeren. Im wissenschaftlichen Diskurs wird, mit dem Kindheitsideal einhergehend, vor den negativen Konsequenzen des Themas Schönheit für die ‚schutzlosen' Kinder und Jugendlichen gewarnt. Im Besonderen Mädchen werden hier als betroffen angesehen. Ihnen zu helfen und über ihre verschiedenen Gefährdungen zu informieren, ist offenbar das Ziel des Diskurses.

Nicht überraschend, wird im Gegensatz dazu von Medien und Ökonomie das Schönheitshandeln junger Mädchen unterstützt. Beide berücksichtigen die Wünsche Heranwachsender, um sie mit ihren Angeboten zu erreichen. Dennoch lässt sich der Diskurs in Medien und Ökonomie in meiner Interpretation nicht auf Affirmation reduzieren. Stattdessen ist ihre Ideologie durch Ambivalenz und Komplexitäten gekennzeichnet. So wird nicht nur die Erlaubnis an Mädchen, attraktiv sein zu wollen, durch die gleichzeitige Präsenz des Kindheitsdiskurses relativiert. Auch das ‚unerlaubte' Begehren Erziehender, den Lifestyle der Kinder zu optimieren, wird m.E. in Medien und Ökonomie als ‚Auffangbecken' für abweichende Positionen transportiert.

Anhand dieser Diskurse kann also das Fazit gezogen werden, dass das eingangs beschriebene Kindheitskonzept von Ariès den Diskurs über Mädchen und ihr Aussehen prägt. Mädchen dürfen nach Willen der Erziehung, der Wissenschaften und in Teilen auch der Medien/Ökonomie entsprechend nicht gänzlich so aussehen, wie sie es vielleicht möchten. Ihr Umgang mit dem Äußeren wird kontrolliert, reglementiert und aufgrund ihres Status als Kind auch nur bedingt als ihr eigener Verantwortungsbereich betrachtet. Das ist, wie ich gezeigt habe, jedoch nicht die einzige Wahrheit. Denn nicht nur werden bestimmte, auf die Steigerung der Attraktivität abzielende Praktiken auch in der Erziehung durchaus unterstützt, wie die geschlechtlich eindeutige Inszenierung als Mädchen. Auch von den Medien und der Ökonomie wird intensives Schönheitshandeln oft forciert. Nicht zuletzt die durch den hohen Stellenwert des richtigen Lifestyle stark präsente Forderung, etwas aus sich zu machen, steht der Autorität des schützenden Kindheitskonzepts entgegen. Bei den Mädchen wird also nicht nur der Diskurs wirksam, der ein (gemäßigtes) Verbot ausspricht, sie warnt, und ihren eigenen Einfluss beschneidet. Das muss verwirrend für sie sein: Einerseits wird ihr Wunsch nach Schönheit unterstützt, andererseits werden sie immer wieder ‚zurückgepfiffen'. Dieser Widerspruch scheint mir höchst relevant, um zu verstehen, warum Mädchen heute oft einen vermeintlich von Sexualisierung geprägten

Umgang mit ihrem Äußeren haben. Ich möchte mich daher auf den nächsten Seiten mit den möglichen Ursachen beschäftigen.

Sowohl das Kindheitskonzept wie auch das traditionelle Verständnis von Adoleszenz/Jugend/Pubertät beinhalten Normen, die definieren, wie ein Mädchen in einer bestimmten Altersphase sein soll. Leitend ist jeweils die Abgrenzung gegenüber der Welt der Erwachsenen (vgl. 4.1). So dürfen Erwachsene Schönheit konsumieren und strategisch einsetzen, Jugendliche jedoch nur begrenzt und Kinder gar nicht. Wie gezeigt, liefern v.a. die Wissenschaften immer wieder die Begründung für diese Trennung, indem sie darlegen, dass Kinder andernfalls Schaden nehmen könnten. Kinder sind damit grundsätzlich ‚anders' als Erwachsene. Auch wenn die Haltung zur Bedeutung des Aussehens sonst eine andere ist (besteht hier doch bspw. Einigkeit über Schönheit als Kategorie der Ungleichheit, vgl. 2.3), die Mädchen sind davon ausgenommen. Sie werden immer wieder durch den dominanten Diskurs einer unschuldigen Kindheit zurückgedrängt.

Das gilt auch für die Erziehung. Der heteronormativen Ordnung entsprechend, ist zwar auch hier oft eindeutige Mädchenhaftigkeit gewünscht, die die Sorge um das Aussehen unzweifelhaft unterstützt. Trotzdem müssen jegliche Assoziationen des Sexuellen vermieden werden, was die Erlaubnis zum Schönheitshandeln wiederum stark schmälert. Dem beugen sich auch die Medien und die Ökonomie. So teilen sie zwar einerseits die Auffassung von Attraktivität als hochbedeutsam und gestehen den Mädchen ihr Schönheitshandeln zu. Andererseits moralisieren sie durch die Herausstellung der Besonderheit von Kindern und Jugendlichen. Das Zugeständnis an die Mädchen wird dabei nach meiner Analyse selten sprachlich explizit gemacht – was es bedeutet, ein ‚richtiges' Kind zu sein, dagegen schon.

Der Diskurs, der Mädchen im Umgang mit ihrem Aussehen Grenzen auferlegt, entstammt also einem grundsätzlichen ‚Othering'. Warum an dieser Wahrheit der Andersartigkeit festgehalten wird, zeigt Seaton anhand der sehr erfolgreichen Fotos von Babys und Kleinkindern der Fotografin Anne Geddes. Als Tiere, Blumen oder Gemüse verkleidet, verkörperten sie das Ideal der unschuldigen Kinder, seien sie doch

„immobile, mute and something to be picked up at the market. Economically worthless, but symbolically priceless, the child becomes wholly dependent upon the adult for any designation of value. [...] A child's non-economic appeal is dependent upon his or her ability to remain attractive as an emotional object." (Seaton 2005: 35)

Das vermeintlich Andere an Kindern und Jugendlichen dient damit also oft dem Machterhalt und den spezifischen Interessen Erwachsener. Die Annahme von Unschuld braucht dabei die Gewissheit, dass sie immer nur von außen angegriffen werden kann. Den wehrlosen Mädchen kann schließlich nicht die Verantwortung für ihr unerlaubtes Schönheitshandeln zugesprochen werden. Sonst hätten sie, anders als in den üblichen Vorstellungen von Kindheit und Jugend, eine ernstzunehmende, eigene Macht. Überdies muss die Unschuld der Kinder und Jugendlichen darüber hinwegtäuschen, wie Erwachsene sie für sich instrumentalisieren.

Denn wenn der Wunsch nach Schönheit oft bestätigt wird, sind die Gründe dafür auch bei den Eltern selbst zu finden. So sind die Zeiten der Generationenkonflikte bei Fragen des Aussehens offenbar weitestgehend vorbei. Bei den von mir geführten Interviews gaben daher auch viele Mütter an, „Freundinnen" ihrer Töchter zu sein, verständnisvoll gegenüber deren Wünschen und modisch selbst up-to-date. Das bedeutet m.E. nicht nur, dass den Mädchen bei der Gestaltung ihres Äußeren eine größere Freiheit eingeräumt wird. Dieser Anspruch wird nach meiner Beobachtung auch bei den Eltern selbst sichtbar, die sich in ihren Inszenierungen kaum von den Jüngeren unterscheiden. Wenn für die Eltern schon nicht mehr das Gebot der optischen Abgrenzung gegenüber der Jugend gilt, stellt sich natürlich die Frage, warum es umgekehrt für die Töchter bestehen sollte. Mit dem demografischen Wandel nimmt der Kult um die Jugend erkennbar zu, was auch die optischen Idealvorstellungen alterslos werden lässt. Das macht z.B. Madonna deutlich, die zeigt, dass eine Fünfzigjährige sich weder in der Präsentation des Körpers noch in Stilfragen von der Jugend unterscheiden muss.

Auch abseits des Themas Schönheit, nämlich in ihren Wahrnehmungen und Erfahrungen, sind Eltern m.E. zunehmend ihren Kindern ähnlich. Beide sind oder verstehen sich oft als ‚unfertig/auf der Suche' und möchten ‚etwas erleben'. Als eine der ersten Elterngenerationen beziehen sich die heutigen Eltern außerdem auf eine mit ihren Kindern zum großen Teil gemeinsame popkulturelle Sozialisation. Darauf weisen bspw. die Mode-Empfehlungen des Magazins *Eltern* hin. Dass seit einigen Jahren teilweise eine veränderte Perspektive auf Eltern existiert, nämlich als aufgeschlossen, liberal, mit Wunsch nach Selbstverwirklichung und von Konsumkultur geprägt, zeigen auch die Massenmedien. Ein veränderter, dem Kindheitskonzept entgegen stehender Diskurs über das Aussehen von Mädchen ist m.E. also auch auf den neuen Eltern-Typus und sein Selbstverständnis zurückzuführen. Gleichermaßen stellt sich die Frage, ob die extremen Schönheitspraktiken von Mädchen nicht der Versuch einer Form der Abgrenzung bei sonst übermächtiger Gleichheit sind.

Was die heutige Erziehung m.E. außerdem auszeichnet, ist der hohe Stellenwert, den Kinder einnehmen[31]. Selten wurden Kinder so sehr behütet und so viel Wert auf ihr adäquates Heranwachsen gelegt. Entsprechend hoch ist der Anspruch, die Kinder zu ‚fördern und fordern': Bekannte Beispiele sind das Lernen von Fremdsprachen im Kindergarten und die schon im Grundschulalter mit Terminen verplanten Tage. Haben Kinder Lernschwächen oder zeigen sonstige vermeintliche Auffälligkeiten, werden sie offenbar mit zunehmender Häufigkeit medikamentös oder therapeutisch behandelt. Sichtbar ist auch eine hohe Erwartungshaltung der Eltern an den Lebensstil der Kinder. Darauf weisen m.E. Angebote wie Yoga oder Wellness für Kinder ebenso wie die Vielzahl an Geschäften für Kindermode, Kosmetiklinien für Heranwachsende oder die genannten Lifestyle-Zeitschriften hin. Bei all dem überwiegt vermutlich die Ansicht, dass zu einer idealen Kindheit beigetragen wird.

Die große Bedeutung der Lebensphase verschafft Kindern meiner Ansicht nach gleichzeitig eine hohe Präsenz in der Öffentlichkeit. Zumindest, was die Public-Interest-Magazine betrifft, wird ein großes Aufhebens um Themen rund um Kinder gemacht. Von besonderem Interesse sind dabei die Kinder Prominenter: Wie heißen sie, was tragen sie, wie verbindet die Mutter Kind, Karriere und Lebensstil? Im gängigen Diskurs steht für Mütter die Familie an erster Stelle. Die Berufstätigkeit und andere Aktivitäten sollen inzwischen aber trotzdem beibehalten und die eigene Attraktivität erhalten werden. Sich mit guter Erziehung und dem gleichzeitig perfekten Lebensstil auseinander zu setzen, entspricht dem Zeitgeist. M.E. ist wahrscheinlich, dass diese Tendenzen auch die Schönheitspraktiken von Mädchen unterstützen. Durch einen ‚Downshift' der Ansprüche der Eltern könnten junge Mädchen es also selbst für nötig halten, sich intensiv um ihr Aussehen zu kümmern.

Deshalb ist der Widerspruch zwischen dem dominanten, auf dem Kindheitskonzept beruhenden Diskurs in der Erziehung und den Wissenschaften und der gegenläufigen ‚Wahrheit' der neuen Form von Kindheit nicht aufzulösen[32]. Für

---

31 Damit das der Fall sein konnte, musste das Kinder-Haben aus seiner Selbstverständlichkeit befreit werden. Darauf weisen die Mediendebatten um Geburtenrate, Eltern- und Betreuungsgeld hin. Ursächlich dafür ist jedoch nicht allein der demographische Wandel. So ist bspw., wiederum in Kontext des Lifestyle-Gedankens, die heutige Vorstellung eines erfüllten, richtigen Lebens schwerlich mit Kindern vereinbar.

32 Wie Qvortrup (1995: 9) herausstellt, sind Paradoxien kennzeichnend für den „adultist view". So würden Erwachsene Kinder als größten Wert ansehen, aber immer weniger auf die Welt bringen. Ein hochbewertetes Charakteristikum des bürgerlichen Kindheitskonzepts sei darüber hinaus Spontanität, aber das Leben von Kindern werde im-

das Schönheitshandeln der Mädchen bedeutet das, dass die Unterschiede zwischen angemessen und unangemessen, erlaubt, gefordert und verboten nicht leicht zu identifizieren sind. Die Interessen hinter den Diskursen sind zwar unterschiedlich, schließen sich aber nicht grundsätzlich aus. Während das ‚Kind als Kind' der Disziplinierung und Kontrolle, aber auch dem Traum von der ‚heilen' Welt, der Versicherung des Guten/Christlichen und dem Ausschluss ‚unterer' Schichten dient, ist das ‚Kind als Statussymbol und Lifestyle-Objekt' v.a. für profil- und leistungsaffine Eltern und die Ökonomie relevant. Bezogen auf das Aussehen Frühadoleszenter bleiben also zwei Diskurse bestehen: der offizielle, demzufolge Schönheitshandeln nur in Maßen gestattet ist, und ein heimlicher, der eine intensive Schönheitspraxis von jungen Mädchen geradezu erwartet. Der Frage, wie sie selbst mit den genannten Diskursen umgehen könnten, werde ich im folgenden Kapitel nachgehen. Hier befasse ich mich sowohl mit den Charakteristika der Lebensphase (Früh)Adoleszenz als auch mit der aktuellen Lebenssituation Heranwachsender.

---

mer stärker organisiert und strukturiert. Nicht zuletzt seien Kinder die Zukunft und verdienten daher die besten Bedingungen, aber ihre eigene Stimme zähle letztendlich nichts.

4. Konflikte und Ermächtigungen: Lebenswelten der Frühadoleszenz

In Kapitel zwei habe ich gezeigt, dass Schönheit eine hohe, soziale Relevanz hat. Bewertungen des Aussehens sind überdies eng mit Vorstellungen über Sexualität und Geschlecht verknüpft. Diese Themen ‚müssen' nach Foucault häufig zur Sprache gebracht werden. So lässt sich auch erklären, warum die veränderten Schönheitspraktiken frühadoleszenter Mädchen als Sexualisierung bezeichnet werden und ihnen eine hohe Aufmerksamkeit entgegengebracht wird. Aus diesem Wissen lässt sich aber immer noch nicht ableiten, welche Annahmen über Mädchen und ihren Umgang mit dem Äußeren bestehen. Mag auch sonst viel über die Bedeutung des Aussehens bekannt sein, in Bezug auf frühadoleszente Mädchen ist das offenbar nicht der Fall.

Mit dieser Leerstelle habe ich mich in Kapitel drei befasst und festgestellt, dass das bürgerliche Kindheitskonzept die ideologische Sicht auf die Schönheitspraktiken Heranwachsender nach wie vor prägt. Frühadoleszente Mädchen sollen ihrer psychischen und physischen Unversehrtheit willen demnach ein geringes Interesse an Fragen der Anerkennung haben, wozu auch das Äußere zählt. Die dominante Überzeugung, dass intensive Schönheitspraktiken vor dem eigentlichen Jugendalter noch nicht erlaubt sein sollten, wird jedoch angegriffen. Das ist zunächst auf altbekannte, der traditionellen Kindheits-Vorstellung zum Teil gegensätzliche Anforderungen zu erklären. Der Geschlechterrolle entsprechend, werden schließlich auch Mädchenhaftigkeit und ein ‚hübsches' Aussehen honoriert. V.a. aber scheint zunehmend eine veränderte Denkweise, die das Interesse an Lifestyle befördert, ein intensives Schönheitshandeln bereits in jungen Jahren zu ermöglichen. So sind die Diskurse über das angemessene Äußere von Mädchen in ihrer Gesamtheit letztendlich widersprüchlich.

Ich schlussfolgere aus diesen Erkenntnissen, dass das Aussehen von Mädchen zwar ein Thema ist. Es präsentiert sich aber bei Weitem nicht so eindeutig, dass auf die tatsächliche Relevanz der Diskurse für die Akteurinnen selbst geschlossen werden könnte. Aus diesem Grund werde ich mich in diesem Kapitel mit der Lebensphase und der aktuellen Lebenssituation von Mädchen in der Frühadoleszenz befassen. Denn genauso wenig, wie sich das Wissen über die soziale Bedeutung des Aussehens problemlos auf die Beurteilung des Schönheitshandelns von Heranwachsenden übertragen lässt, kann m.E. davon ausgegangen werden, dass die Rezeption von Ideologien durch die Mädchen vorgezeichnet ist. Der Kontext, vor dem sich die Diskurse entfalten, ist schließlich ebenfalls von bestimmten Wahrheiten und Entwicklungen beeinflusst: Mit was für einer Lebenssituation, die von welchen gesellschaftlichen Gegebenheiten betroffen ist, haben es die Mädchen also zu tun?

4.1 THEORIEN ZUR ADOLESZENZ

Zunächst einige Worte zum Adoleszenz-Begriff. Im deutschsprachigen Raum kaum angewandt, ähnelt die Bezeichnung zwar der der Jugend. Letztere wird jedoch unspezifischer und im Gegensatz zur Adoleszenz auch zunehmend für das Erwachsenenalter verwendet[1]. Ich benutze die Begriffe dennoch synonym, da beide eine eindeutige Abgrenzung von der Kindheit bedeuten. Zwar habe ich die Diskurse über das Aussehen von Mädchen im vorangegangenen Kapitel zum großen Teil auf das Kindheitskonzept zurückgeführt. Tatsächlich werden Mädchen zwischen zehn und 13, also diejenigen, die die Subjekte meiner Untersuchung sind, auch eher als Kinder denn als Jugendliche angesehen. So beginnt das Jugendalter in der gängigen Meinung erst mit ca. 14 Jahren. Zu diesem Zeitpunkt ist meist nicht nur in der körperlichen Entwicklung ein deutlicher Unterschied zu Kindern erkennbar. In der Regel hat auch ein signifikanter Zuwachs an Freiheiten stattgefunden. Breitenbach (2000: 10) ist der Ansicht, dass es aber gerade zu Beginn und am Ende der Adoleszenz eine Herausforderung darstellt, eine passende Zugehörigkeits-Bezeichnung zu finden. Hingegen herrsche Einigkeit darüber, dass eine Fünfzehnjährige eine Jugendliche ist.

M.E. sind die Mädchen zwischen zehn und 13 Jahren der Phase der frühen Adoleszenz zuzuordnen. Dabei beziehe ich mich weniger auf den Prozess körperlicher Veränderung, was eher mit dem Begriff Pubertät beschreibbar wäre, denn auf Adoleszenz als Stadium identitärer Entwicklung. So bin ich der Ansicht, dass sich zwischen zehn und 13 Jahren insbesondere eine Veränderung des Verhältnisses zur Sozialwelt vollzieht und gesellschaftliche Werte sowie eigene Sinngebungen wichtiger werden. Hier zeigt sich ein deutlicher Unterschied zum

---

1 So werden Personen bis Mitte 30 heute oft noch als jung oder jugendlich bezeichnet.

Kindesalter. Die neuen Erfahrungen sollten auch beim Schönheitshandeln der Mädchen eine wichtige Rolle spielen. Das bedeutet jedoch nicht, dass Frühadoleszente in der Selbst- und Fremdwahrnehmung nicht auch noch durch die Kindheit geprägt sind. Obwohl die Adoleszenz eine Weiterentwicklung darstellt, kann m.E. nicht von einer klaren Chronologie mit eindeutigen Brüchen ausgegangen werden. Darüber hinaus teilen die Konzepte Kindheit und Adoleszenz eine wichtige Gemeinsamkeit, wird doch bei beiden von noch nicht ‚fertigen' Subjekten ausgegangen[2]. Entsprechend werden sowohl Kinder als auch Adoleszente generell nur begrenzt ernst genommen.

Das Adoleszenz-Verständnis verdeutlicht also bereits einige Probleme und Themen der Lebensphase. Im Folgenden wird es um unterschiedliche Blickweisen auf sie gehen. In Kapitel drei habe ich deutlich gemacht, dass das Wissen über Kindheit diskursiv verfasst ist. Dieser Annahme zufolge kann gleichermaßen nicht behauptet werden, es gäbe nur eine endgültige Erkenntnis über die Adoleszenz. Diesen Umstand halte ich auch gerade in Anbetracht des Phänomens des auffälligen Schönheitshandelns Frühadoleszenter für wichtig.

4.1.1 Als essentielle Phase: Krisenhafte Erfahrungen

In diesem Abschnitt erläutere ich das dominante Verständnis der Adoleszenz, nämlich als essentielle, krisenhafte Phase. Der Lebensabschnitt zeichnet sich hier durch einige Gewissheiten aus. So würden beim Übergang von der Kindheit zur Jugend bisher feste Annahmen auf den Prüfstand gestellt. Das alte, behütete, an den Werten der Familie ausgerichtete Leben und die physischen wie psychischen Herausforderungen des Erwachsenwerdens scheinen in dieser Phase schwer vereinbar. Die Konflikte würden sich dann in häufigem Streit mit den Eltern, Stimmungswechseln und riskantem Verhalten, bspw. dem Konsum von Alkohol und Drogen, äußern.

Als Begründer dieser Sicht auf die Adoleszenz gilt der US-amerikanische Psychologe G. Stanley Hall. Hall, der den Begriff Anfang des 20. Jahrhunderts prägte, versteht die Adoleszenz als Lebensabschnitt des Aufbruchs und stürmischer Veränderungen. Die Einschnitte dieser Phase werden von ihm als krisenhafte Erfahrung bewertet. Dieses Verständnis teilt auch der Psychoanalytiker Erikson. Nach seinem „Stufenmodell der psychosozialen Entwicklung" ereignen sich bis zum Erwachsenenalter zahlreiche Verwirrungen, die bisherige Lebens- und Verhaltensweisen erschüttern. Aus der Perspektive Eriksons werden die Probleme Adoleszenter v.a. durch die Diskrepanz zwischen ihrem Dasein als

---

2 Der Begriff Adoleszenz leitet sich vom lateinischen „adolescere" ab, was „heranwachsen", also eine Entwicklung zu etwas, bedeutet.

Individuum und den gesellschaftlichen Erwartungen an sie ausgelöst. Beide, Hall und Erikson, vertreten die These, dass in der Adoleszenz schwierige Identitätsaufgaben bewältigt werden müssen. Dieses Wissen über Adoleszenz bzw. Jugend und Pubertät ist heute Allgemeingut. Ein Grund dafür liegt m.E. darin, dass Hall und Erikson auf Basis meist ‚natürlicher' Prozesse argumentieren. Die Adoleszenz kann entsprechend als eine essentielle, weil biologisch vorgezeichnete Erfahrung verstanden werden. So begreift die heutige Entwicklungspsychologie (vgl. Fend 2000) sie ebenfalls weitestgehend als Phase unausweichlicher Ereignisse. Auch der Identitätsbegriff Eriksons hat trotz vielerorts gegenteiliger Ansichten einen festen Platz in den Vorstellungen zur Adoleszenz. Demnach ist mit dem Erreichen des Erwachsenenalters die (singuläre) Identität im Wesentlichen gefestigt und die Zeit der verwirrenden Erfahrungen abgeschlossen.

Abseits der Annahme, die Adoleszenz sei von rapiden Veränderungen und krisenhaften, die Identität bedrohenden Erfahrungen gekennzeichnet, bestimmt noch eine weiterer Aspekt das dominante Verständnis dieser Lebensphase: der Einfluss des sich entwickelnden Körpers. Für die große Mehrheit der Mädchen tritt der körperliche Umbruch zwischen zehn und 14 Jahren ein, also in der Frühadoleszenz, bei Jungen etwas später (vgl. Hagemann-White 1992). Die sich herausbildenden Geschlechtsorgane und hormonellen Veränderungen bedeuten dabei nicht nur ein neues körperliches Erfahren. Auch die Psyche muss sich anpassen, was u.a. die Wahrnehmung durch Andere, besonders aber auch das sich verstärkende, eigene sexuelle Interesse betrifft. Entsprechend ist der Körper in der Sicht auf die Adoleszenz von zentraler Bedeutung. So beginnt diese Phase in der biosexuellen und sozialpsychologischen Forschung auch erst mit den starken, körperlichen Veränderungen (vgl. Müller 2006: 18ff.). Die Verarbeitung dieser Neuerungen drängt aus dieser Perspektive zumeist jedoch andere Merkmale der Adoleszenz in den Hintergrund (vgl. ebenda). Luca (2003: 44) erläutert das Adoleszenz-Verständnis der Psychoanalyse als „[...] die Gesamtheit der psychischen Anpassung an die Vorgänge körperlicher Manifestationen der sexuellen Reifung". Die Produkte dieses Prozesses sind ihres Erachtens „Ambivalenz, Spaltung, Diffusion". Krisenhaftes Erleben wird somit in der Regel in Relation zu den körperlichen Veränderungen betrachtet.

Die so beschriebe, verwirrende Erfahrung der Adoleszenz gilt in der gängigen Perspektive besonders für Mädchen. Zwar weckt deviantes Verhalten, bspw. Aggressivität, eher die Assoziation mit männlichen Adoleszenten. Indes wird Mädchen ein größeres Leiden an den körperlichen Veränderungen und den Anforderungen an ihre Geschlechterrolle nachgesagt. Gerade sie scheinen häufig von den identitären Erschütterungen dieser Lebensphase bedroht. Eng verbunden mit den krisenhaften Ereignissen in der Adoleszenz ist in der allgemeinen Wahrnehmung m.E. daher die geschlechtsspezifische Sozialisation[3] von Mädchen. So gehen Hagemann-White (1992) und King (2002) davon aus, dass Sexualität bei Mädchen als etwas eintritt, was andere bei ihr entdecken. Auch Flaake/John (1992: 199) betrachten die Entwicklung der weiblichen Sexualität kritisch: „Im Vordergrund steht [...] eine Wendung zur Passivität: zum Wunsch nach Begehrtwerden durch einen Mann". Einigkeit besteht darin, dass dieser Aspekt der Heteronormativität in der weiblichen Adoleszenz große Energien bindet (vgl. Hagemann-White 1992). Mädchen könnten sich ihren Körper zudem nur schwerlich selbst positiv aneignen. Das sei gerade in der homosexuell geprägten Frühadoleszenz der Fall, in der gleichzeitig eine große Verletzlichkeit vorherrsche (vgl. Flaake/John 1992). Die Annahme von der Adoleszenz als eine für Mädchen konfliktreiche Phase wird auch von Chodorow (1994) und Gilligan (1993) vertreten. Ausgehend von einer authentischen, weiblichen Stimme, die in der frühen Adoleszenz zunehmend verstumme, bedeute diese Phase für Mädchen eine existenzielle Krise. Häufig sei damit der Verlust einer positiven Lebenseinstellung verbunden, die sich in Folge in devianten Verhaltensweisen äußere. Chodorow und Gilligan vertreten die These, dass während der Phase der gesellschaftlichen Integration Mädchen der Erhalt ihres Selbstbewusstseins weitestgehend unmöglich gemacht wird. Zwar seien in der Adoleszenz Größenfantasien häufig. Allerdings würden insbesondere Mädchen aufgefordert, davon Abstand zu nehmen und erst als Erwachsene wieder zu einer positiven Identität zurückfinden.

Im Besonderen die Bewertung ihres Körpers durch die Gesellschaft ist in der gängigen Annahme schwierig für heranwachsende Mädchen. So wird angenommen, dass die körperlichen Veränderungen die Entwicklungschancen von Mädchen beeinträchtigen. Sichtbar sei das v.a. daran, dass zwischen Kindheit und Jugend der Stolz auf schulische Leistungen bei Mädchen deutlich abnehme, die Bedeutung des eigenen Aussehens dagegen merkbar zu (vgl. Lintzen 1998: 32). Mazzarella/Pecora erkennen Mädchen deshalb als gefährdet. Sie schreiben:

---

3   Unter dem Begriff Sozialisation wird der Prozess verstanden, innerhalb dessen sich mit den gesellschaftlichen Regeln und Ordnungskategorien auseinandergesetzt wird. Sozialisation ereignet sich an und in unterschiedlichen Orten und Kontexten, wie bspw. Familie, Schule, Peergroup und Medien. Zu den großen Sozialisationsaufgaben wird neben dem Aushandeln des neuen Stellenwerts von Familie und Peergroup, der Entwicklung von Lebensentwürfen und beruflichen Perspektiven auch die Herausbildung von Geschlechtsidentitäten gezählt (vgl. Hurrelmann 1985 in Lintzen 1998: 26).

„[...] our culture inundates girls with messages that their bodies are their voices – their identities. [...] It becomes evident, that issues of identity and body image are foreground in such a way that girl's identity is intricately linked to her physical appearance." (Mazzarella/Pecora 1999: 2f.)

An dieser Stelle lässt sich also möglicherweise bereits ein Hinweis auf die Hintergründe des veränderten Schönheitshandelns von Mädchen finden. Jedoch existiert noch eine weitere Sicht auf die (weibliche) Adoleszenz, die anzweifeln lässt, ob auffällige Inszenierungen des Äußeren in diesem Alter notgedrungen als Ausdruck von Problemen betrachtet werden müssen.

4.1.2 Als kulturelles Phänomen: Komplexität der Lebenswelten

Die Betrachtung von Adoleszenz als kulturelles Phänomen erfolgt aus konstruktivistischer Perspektive und ist weit weniger verbreitet. Während die oben geschilderte Sicht auf diese Lebensphase von Krisenerfahrungen geprägt ist, wird hier meist unter Rückgriff auf kulturgeschichtliche oder -theoretische Erkenntnisse die Essentialisierung von Adoleszenz hinterfragt.

Entsprechend zeigt Savage (2008: 48ff.), dass eine den ersten Definitionen von Jugend, nämlich die des „jugendlichen Straftäters", aus der Kriminologie stammt. Dieser besondere Status sei Anfang des 20. Jahrhunderts nötig gewesen, um Jugendliche strafrechtlich zu erfassen, sie aber gleichzeitig von Erwachsenen abzugrenzen. Dass Devianz als charakteristisches Merkmal der Jugend verstanden wird, hat nach Savage jedoch noch einen anderen Hintergrund. So sei der erste Weltkrieg entscheidend für die Herausbildung einer eigenen Identität bei Jugendlichen gewesen. Der Vorwurf der Jüngeren an die Älteren, sie in das Verderben zu schicken, trug laut Savage wesentlich zur Schaffung eines Gemeinschaftsgefühls bei. Parallel zum erstmaligen Aufkommen des Begriffs „Generation" habe die Jugend aus Gründen des Protests und der Abgrenzung nun tatsächlich ein deviantes, nämlich zunehmend hedonistisches Verhalten gezeigt (vgl. ebenda: 149ff.). Dennoch betont Savage, dass damals zahlreiche jugendliche Lebensstile existierten und die Lebenserfahrungen vielfältig waren. Das Verständnis Halls von Adoleszenz als Phase des Aufbruchs führt Savage dagegen auf „romantische" Neigungen zurück (vgl. ebenda: 80ff.). Nur einige Jugendkulturen seien von Krisenhaftigkeit, der Neigung zu Devianz oder radikalen Gesinnungen geprägt. Andere waren und sind dagegen eher angepasst, wie Savage anhand der, in der ersten Hälfte des 20. Jahrhunderts populären Naturbewegungen belegt (vgl. ebenda: 118).

Dracklé (1996a) benennt weitere Gründe für die essentielle Vorstellung von Jugend als konfliktreicher Phase. Sie argumentiert, dass die beständige Rede über die Jugend die Funktion eines kollektiven Aushandelns der zukünftigen Form von Gesellschaft habe (vgl. ebenda: 16). So sei die Adoleszenz von Theoretikern wie Hall deshalb mit fixen Eigenschaften konstruiert worden, um verschiedene ethnische und religiöse Gruppen mit einzubeziehen. Auf diese Weise konnte der Anspruch auf Allgemeingültigkeit erhoben werden (vgl. ebenda: 20f.). Kindheit und Adoleszenz, so Dracklé, wurden überdies als biologisch geprägte Lebensphasen definiert, um die gewollten Merkmale zu naturalisieren. Dazu zählt bspw. gerade bei Mädchen eine „unschuldige" Sexualität. In Folge konnte sich nach Dracklé ein Normalitätsdiskurs etablieren, der über die richtige und die deviante Adoleszenz entschied (vgl. ebenda: 22f.). Dass seit den 1920er Jahren die biologistische Perspektive zugunsten der Sozialisation an Bedeutung verloren hätte, habe dabei wenig am Verständnis von Kindheit und Jugend geändert. Wie Dracklé kritisiert, stammt die Deutungshoheit über diese Lebensphase zudem von ‚außen', was v.a. dem Zweck diene, Heranwachsende von gesellschaftlicher Macht fernzuhalten (vgl. ebenda: 25).

Diese Ansicht teilt Vadeboncoeur (2005): So würden Adoleszente in unserer Gesellschaft nie als so wichtig gelten wie die Erwachsenen, zu denen sie einmal werden. Sie erkennt darin einen Beleg für den Blick auf die Lebensphase als Stadium des auch in Machtzusammenhängen ‚Unfertigen'. Die Produktion der immer wieder gleichen Ideologien über die Adoleszenz versteht Vadeboncoeur als Akt der Kontrolle und fragt deshalb:

„What if ‚the adolescent' is a fiction? What if what we see and hear and ‚know' [is] [...] less a function of youth and more a function of political, economic and educational discourses?" (Vadeboncoeur 2005: 6)

Auch Eckert (2005: 93f.) argumentiert, dass die Perspektive auf die Adoleszenz von gesellschaftlichen Interessen bestimmt ist. Analog sei diese Lebensphase auch erst in der prosperierenden Industrialisierung erfunden worden. Durch einen damals gravierenden Mangel an Arbeitsplätzen seien Jugendliche oft unbeschäftigt gewesen, was einen Wechsel im Bildungssystem zur Folge gehabt hätte. Die Heranwachsenden seien fortan verstärkt durch öffentliche Institutionen kontrolliert worden. Von erwachsenen Lebenswelten und gesellschaftlicher Teilhabe waren Adoleszente dadurch nicht nur ausgeschlossen, so Eckert. Jede Aktivität, die abseits des ihnen verordneten Bildungsauftrags lag, wäre rechtmäßig als Devianz geahndet worden.

Dem Verständnis von Adoleszenz als kulturellem Phänomen zufolge muss die Konstruktion der Lebensphase aus ihren engen Grenzen befreit werden. Hierfür gibt es unterschiedliche Vorschläge. Im Sinn einer Destabilisierung des

Konzepts plädiert Patel-Stevens (2005) für eine Sicht auf die Adoleszenz als Raum von Subjektivitäten und Komplexitäten. Moje/van Helden (2005: 214) fordern, Adoleszente nicht nur im Kontext ihres Alters, sondern auch in Abhängigkeit von Race, Class und Gender zu betrachten. Auch Wyn ist der Ansicht, dass eine angemessene Jugendforschung zahlreiche Aspekte berücksichtigen muss. Sie schreibt:

„A focus on young people from the perspective of generational change tends to emphasize the essential nature of adolescence as a period of life, regardless of historical period or culture. A focus on ‚youth and generation', in isolation from an understanding of social conditions [...] inevitably focuses on young people as a threat to the established order. [...] This approach emphasizes the separateness of young people from adults, ignoring the many ways in which they share much with older people [...]. The approach also focuses on adolescence as a difficult and possibly dangerous time." (Wyn 2005b: 24f.)

Wird von der Adoleszenz als kulturellem Phänomen ausgegangen, ist auch die Wahrnehmung von jungen Mädchen häufig Gegenstand von Kritik. So sei der Fokus auf Benachteiligung oft zu Unrecht fester Bestandteil feministischer Mädchenforschung (vgl. McRobbie 1999: 46ff). Driscoll (2002) stellt die essentielle Bezeichnung „Mädchen" zur Debatte. Sie belegt anhand der Geschichte der Kategorie „Feminine Adolescence", wie Mädchen erst mit dem Beginn der Moderne als eigene Gruppe sichtbar geworden sind. Ihre Entstehung sei letztendlich v.a. ein Resultat neuer Formen kultureller Produktion gewesen, besonders im Konsumbereich (vgl. ebenda: 5ff.). Die Sicht auf das Schönheitshandeln junger Mädchen müsste im Verständnis von Adoleszenz als kulturellem Phänomen also abseits der Krisenhaftigkeit um mindestens eine weitere Perspektive ergänzt werden.

4.2 Schwierigkeiten des Gesellschaft-Werdens und Gegenstrategien

Die beiden unterschiedlichen Theorien haben gezeigt, dass die Charakteristika der Adoleszenz weder natürlich noch allgemeingültig sind. Stattdessen muss überprüft werden, ob und inwieweit dramatische Veränderungen und deviantes Verhalten tatsächlich zutreffen. Damit soll jedoch nicht behauptet werden, dass die Adoleszenz ein Lebensabschnitt wie jeder andere ist. Sie ist zweifellos durch neue und potentiell schwierige Entwicklungen gekennzeichnet. Mit den besonderen Erfahrungen der Lebensphase werde ich mich in diesem Abschnitt auseinandersetzen.

4.2.1 Zwischen zwei Welten: Sozialisation in Familie und Institutionen

In der Adoleszenz erhält die Gesellschaft verstärkt Einzug in das Leben Heranwachsender. Zwar werden bereits in der Kindheit Erfahrungen mit Institutionen abseits der Familie gemacht, wie Kindergärten, Schulen, Sportvereinen oder Kirchen. Höchste Instanz bleibt in der Kindheit in der Regel aber weiterhin die Familie. Im Laufe der Jahre muss sie indes einen Teil ihrer Macht an die Gesellschaft abgeben, was konfliktreiche Erfahrungen bedeuten kann. Als theoretischer Überbau für dieses „Unbehagen" kann die Theorie von Freud (1994) herangezogen werden, nach der unserer Kultur bestimmte Widersprüche eingeschrieben sind.

Freud (1994: 9) erkennt die von ihm als Psychoanalytiker diagnostizierten Pathologien in einen kulturellen Zusammenhang eingebunden, der die krankmachende Unterdrückung von Trieben erfordert. So wohne der Kultur als Gegensatz zur „unzivilisierten", natürlichen Lebensform ein Widerspruch inne. Nach Freud trägt die Kultur damit einen beträchtlichen Teil der Schuld am menschlichen Elend. Gleichzeitig sei sie jedoch gerade geschaffen worden, um vor Leiden zu bewahren. Freud nennt zwei Ursachen für die kulturelle Entwicklung. An erster Stelle steht bei ihm die Herausbildung von Familien, von der sowohl Männer als auch Frauen aus unterschiedlichen Gründen profitieren. Der zweite Grund ist die Verpflichtung zur tätigen Arbeit mit dem Ziel der Verbesserung der Lebensumstände. Die Kultur beruht bei Freud entsprechend auf Triebverzicht und Arbeitszwang. Trotz aller, mit ihr verbundener Errungenschaften bedeutet sie in seiner Sicht „Unglück" für den Einzelnen. Dass die Kultur sich dennoch durchsetze, ermögliche die Gemeinschaft, die stärker sei als das Individuum und sich gegen seine Interessen zusammenfinde:

„Diese Ersetzung der Macht des einzelnen durch die der Gemeinschaft ist der entscheidende kulturelle Schritt. Ihr Wesen besteht darin, daß sich die Mitglieder der Gemeinschaft in ihren Befriedigungsmöglichkeiten beschränken [...]." (Freud 1994: 61).

So basiert die Existenz der Kultur nach Freud einerseits auf dem Begehren, ein sicheres, anerkanntes und glückliches Leben zu führen. Andererseits führten die der Kultur eingeschriebenen Notwendigkeiten des Verzichts und der Unterdrückung zu Unbehagen.

Freuds Argumentation folgend, ist m.E. davon auszugehen, dass dieses Unbehagen gerade in der Altersphase zwischen Kindheit und Erwachsensein akut wird. So sind, wie ich denke, gerade Adoleszente vom Problem der Unvereinbarkeit von Familie und Kulturgemeinschaft, also Gesellschaft, betroffen. Nach Freud ist die Unterbringung von Menschen in Institutionen und Arbeitsstätten eines der wichtigsten Anliegen der Kultur. Die Familie behindere jedoch dieses Bestreben, da sie ihre Existenz als zentrale Instanz bewahren wolle. Die Heranwachsenden selbst könnten sich ebenfalls nicht von der vertrauten Lebensgemeinschaft lossagen. Zur Lösung dieses Problems, so Freud, hat die Gesellschaft für Jugendliche Aufnahmeriten geschaffen. Schul- und Berufsabschlüsse oder auch kirchliche Riten wie Konfirmationen sollen Jugendlichen demnach erleichtern, sich von der Familie zu lösen (vgl. ebenda: 68).

Auch dass die Kultur in der Perspektive Freuds den Sexualtrieb unterdrücken muss, hat meiner Meinung nach insbesondere Konsequenzen für die Jugend. Wie Freud ausführt, müssten gerade in dieser Phase vielfältige kulturelle Aufgaben bewältigt werden, die Energie benötigten. Im Umkehrschluss stehe diese nicht mehr dem Sexualtrieb zur Verfügung. Damit die kulturellen Anforderungen erfüllt werden, würde die Sexualität von der Gesellschaft zusätzlich mit einem Regelwerk bedacht. In Kapitel zwei habe ich bereits argumentiert, dass die Sorge um die Sexualität von Kindern und Adoleszenten besonders ausgeprägt ist.

Ein letzter Punkt Freuds, der die Altersphase Jugend abbildet, ist m.E. der Versuch, Teil einer Gemeinschaft zu werden. Da nach Freud aber gleichzeitig nach persönlichem Glück gestrebt wird, entsteht Unzufriedenheit (vgl. ebenda: 103). Die Kultur bemühe sich allerdings, Aggressionen zu unterdrücken, indem sie sie gegen das Selbst richte. Ein latentes Schuldgefühl schließlich bewirkt laut Freud die Kontrolle des Individuums, die wiederum der Erhaltung der Kultur dienlich sei (vgl. ebenda: 86f.).

Die Kulturtheorie Freuds zeigt in meiner Auffassung, dass die Erfahrung von Widersprüchen in der Adoleszenz unvermeidbar ist. Die Gegensätze sind zum einen bereits der Gesellschaft eingeschrieben, zum anderen entfalten sie besonders in dieser Phase ihre Wirkung. Freud verweist darüber hinaus auf einige zentrale Ursachen von Konflikten, wie die Anforderungen von Familie und Arbeitswelt. Um das adoleszente Unbehagen an beiden, mit dem Schulbesuch als ‚Arbeit' Jugendlicher, soll es nun gehen.

Familie

Zimmermann (2006: 67) versteht Sozialisation als Aneignungsprozess von Kultur, weil durch sie „Erfahrungen, Fertigkeiten, [symbolisches und materielles] Wissen" weitergegeben werden. Eine herausragende Stellung hat für Zimmermann die Sozialisation in der Familie. Dazu trägt nicht nur die Tatsache bei, dass die Familie in der Regel naturgegeben ist. Sie ist auch die erste Sozialisationsinstanz und diejenige, die meist ein Leben lang bestehen bleibt. Für das Individuum stellt sie die zentrale Verortung des Selbst dar und konstituiert sowohl die personalen als auch die kollektiven Identitäten. In und durch die Familie werden letztendlich Gefühle, Denkweisen, Kompetenzen und Interessen herausgebildet (vgl. ebenda: 84).

Dieser Prozess geht jedoch nicht ohne Probleme vonstatten. So besteht laut Erdheim (1996: 203f.) zwischen der Familie und der Kultur ein signifikanter Unterschied: Während die Familie ein Ort der Tradition, Intimität, Geborgenheit und Verleugnung sei, würde die Gesellschaft als Sphäre der Arbeit, Öffentlichkeit und Vernunft wahrgenommen. Aus ähnlichen Gründen bewertet Hagemann-White (1984: 51) den Erziehungsauftrag von Eltern als schwierig. So seien Eltern langfristig zwar angehalten, ihren Kindern soziale Normen zu vermitteln. Andererseits bilde die Familie aber einen Raum außerhalb der Gesellschaft mit eigenen Regeln. Weil sich m.E. sowohl Eltern als auch Kinder um die Wahrnehmung der Außenwelt sorgen, werden die Heranwachsenden zum Tragen zweier Gesichter motiviert. Dieses Paradoxon tritt vermutlich im Speziellen in der Adoleszenz zutage. Hier gewinnt der ‚gesellschaftliche' Blick an Relevanz, wodurch die gewohnte Balance zwischen innen und außen gestört wird.

Eine Besonderheit der Familie als Sozialisationsinstanz ist dabei bspw. ihr Umgang mit Gerechtigkeit, der im Gegensatz zur gesellschaftlichen Handhabung dieser Norm steht. So wird in der Familie Gerechtigkeit meist individuell definiert und angewandt. Dagegen gilt in staatlichen Institutionen die Gleichbehandlung aller zum Wohl der Gemeinschaft. Für Kinder und Jugendliche tritt dieser Widerspruch sicherlich v.a. in der Schule zutage. Hier sind der Status der eigenen Person und ihre Anerkennung nicht von sich aus gegeben, sondern müssen verdient werden. Anders als in der Familie sind die Gesichtspunkte für Entscheidungen in der Schule vermeintlich immer gleich und die beteiligten Personen austauschbar. Auf der anderen Seite ist es Teil des Alltagswissens, dass die Schule als Ort der Selektion nicht immer gerecht ist. Dieses, sich in der Adoleszenz wiederum besonders herausbildende Wissen verschiedener Formen von Gerechtigkeit bedeutet oft Leiden für Heranwachsende.

So wird das Verhältnis zur Familie in der Adoleszenz häufig von Gefühlen der Trauer und der Unsicherheit bestimmt. Zwar spielen auch der Stolz auf die neue Eigenständigkeit und Fantasien über eine selbstbestimmte Zukunft eine Rolle. Jedoch muss gleichzeitig der Verlust der Kinderrolle, des Beschütztseins und der Nähe verarbeitet werden. Überdies wirken auf Adoleszente ihr bisheriges Wissen in vielen Fällen unzeitgemäß und ihre Werte naiv. Das Gewohnte kann nicht bewahrt werden, obwohl das familiäre Umfeld vorher meist den Status des Unangreifbaren hatte. Entsprechend ist m.E. davon auszugehen, dass das Verhältnis zur Familie oft ein Grund für die Probleme Adoleszenter ist.

Schule

Die Anpassung an die Gesellschaft erfolgt in erster Linie in Institutionen. Entsprechend werden Übergänge in die Gemeinschaft auch hier durchgeführt, wobei Kinder und Jugendliche selbst kaum Entscheidungsgewalt haben (vgl. Tervooren 2004: 140). Die zentrale Sozialisationsinstanz der Gesellschaft stellt unzweifelhaft die Schule dar. So ist der Schulbesuch als Grundbedingung zivilen Lebens in weiten Teilen der Welt gesetzliche Pflicht. Über viele Jahre bestimmt die Schule den Alltag von Kindern und Jugendlichen und bleibt meist ein Leben lang prägend. Nicht zuletzt ist, mehr noch als die Vermittlung von Kenntnissen, die gesellschaftliche Sozialisation Heranwachsender ihre wichtigste Aufgabe.

So verfolgt die Schule nach Parsons (1997) zwei Ziele: Erstens sollen Kompetenzen, Kenntnisse und Werte für die erfolgreiche Erfüllung der Erwachsenenrolle vermittelt werden. Zweitens dient die Schule der Selektion von Kindern und Jugendlichen. Sie weist ihnen einen Platz in der Gesellschaft zu und bereitet sie auf Berufe und Positionen vor. Dabei obliegt allein der Schule bzw. den Lehrern das Recht der Beurteilung. Allerdings reicht es nach Parsons nicht aus, wenn sich Schüler nur den Kriterien der Selektion unterwerfen, bspw. der Notengebung. Entscheidend ist, dass sie sich mit dem System Schule identifizieren und die dort herrschenden Regeln der Differenzierung als gesellschaftlichen Maßstab übernehmen. Eine erfolgreiche Sozialisation ist nach Parsons dann gegeben, wenn Schüler die Erwartungen erfüllen und sie auch im Einklang mit ihren eigenen Vorstellungen bringen können. Nach Fend (in Zimmermann 2006: 121ff.) muss die Schule sich außerdem bemühen, ihr eigenes System zu erhalten, in dem sie bei den Schülern die Akzeptanz der politischen Verhältnisse durchsetzt. Dafür sind bestimmte Unterrichtsthemen in Geschichte oder Politik, Rituale, wie Schulfeiern, oder Vorschriften, wie Schulordnungen, geeignet. Eine weitere Aufgabe der Schule stellt laut Fend die Überlieferung von Kultur und die Entwicklung der kulturellen Identität dar, was v.a. durch den Musik-, Kunst-, Sprach- und Religions-Unterricht geleistet wird.

Die von Parsons und Fend identifizierten Aufgaben gehorchen also allein den gesellschaftlichen Bedürfnissen, nicht denen der Heranwachsenden. Hierbei ist m.E. insbesondere der von Fend so genannte ‚heimliche Lehrplan' in Schulen von Bedeutung (ebenda: 123ff.). Dieser beinhaltet das Erlernen sozialer Regeln und Routinen, die für den gesellschaftlichen Erfolg notwendig sind. Dazu zählt all das, was abseits der Bildung in der Schule erforderlich ist und Verhaltenskonformität hervorrufen will. So ist die Schule auch für das Erlernen der Unterdrückung von Emotionen, der Einordnung in die Gruppe, der Akzeptanz von Autoritäten und die Verinnerlichung von Geboten verantwortlich. Auch das Gebäude, die Schulräume und die Sitzordnung definieren, wie die Schüler sich zu verhalten haben. Der Unterricht selbst wirkt ebenfalls reglementierend, weil er den detaillierten Tagesablauf und die Arbeitsweisen festlegt. Darüber hinaus existieren in der Schule auch Zwänge die Sprache, das Bewegungsverhalten und das Aussehen betreffend.

Diesem Druck zum Trotz können die Auswirkungen des Systems Schule auf Adoleszente dennoch nicht verallgemeinert werden. Meiner Ansicht nach kann das Erfüllen von Erwartungen auch eine Bestätigung sein, zumal in dieser Altersphase die Anerkennung der Gesellschaft besonders wichtig wird. Überprüft und bewertet wird der Einzelne ja nicht nur durch die Lehrer, sondern auch durch die Mitschüler, deren Zustimmung ähnlich wichtig ist. Meist in einem festen Klassenverband, sind Schüler Gleichaltrigen schließlich jeden Tag ‚ausgesetzt'. So können die Mitschüler sowohl Ansporn, Unterstützung und Spaß bedeuten oder aber ein weiterer Grund für das Leiden an der Schule sein.

Andererseits sind viele Aspekte der schulischen Sozialisation gerade in der Jugend problematisch. Mit zunehmendem Alter der Schüler verlieren Autoritäten häufig an Wichtigkeit. Zwei weitere, für Schüler oft schwierige Grundvoraussetzungen des Systems Schule, das Leistungs- und das Rivalitätsprinzip, treten dagegen gerade in der Adoleszenz besonders deutlich zutage. Kurz vor dem Schulabschluss stehend, entfaltet die Selektion mehr als zuvor ihre Wirkungsmächtigkeit für die Zukunftsaussichten der Schüler. Heute gilt darüber hinaus offenbar mehr denn je als Verlierer, wer in der Schule nicht gut ist. So werden die Regeln und Urteile der Schule und damit die Selektion vollständig anerkannt, was letztendlich auch soziale Stabilität garantiert.

Es lässt sich also schlussfolgern, dass in der Adoleszenz das Leiden an der Familie und an der Schule häufig ausgeprägt sind. Entsprechend werden von Heranwachsenden auch oft Versuche unternommen, die eigene Person vor den Belastungen zu schützen. In der Familie kann m.E. Abschottung eine Strategie sein, während in der Schule eine geringe Leistungsmotivation oftmals ein Indiz ist. Besonders die Zuwendung zur Peergroup und die Beschäftigung mit Popkultur sind Maßnahmen gegen die Probleme mit der familiären Lebenswelt, der Schule und anderen, meist altersbedingten Herausforderungen. Beide Bereiche verdeutlichen, dass die Adoleszenz auch positive Entwicklungsmöglichkeiten bereithält und nicht nur von außen Einfluss auf die Identitäten Jugendlicher genommen wird.

4.2.2 Ausweg aus den Konflikten: Peergroup und Popkultur

Peergroup

In der Adoleszenz scheint die Differenz zwischen der bisherigen Lebenswelt und neuen Anforderungen, Eindrücken und Wünschen besonders stark. Nach Erdheim (1996: 203f.) bieten die Widersprüche in diesem Alter aber auch die Chance zur Symbolproduktion. Hier spielt m.E. die Peergroup[4] meist eine wichtige Rolle, wofür es mehrere Gründe gibt. So unterstützt sie die Auseinandersetzung mit der Gesellschaft und organisiert den Übergang in eine neue Lebensphase. Mit Hilfe der Peergroup können sich Adoleszente als eigenständig wahrnehmen, weil Erfahrungen und Wünsche oft dieselben sind. Das Konstrukt einer Gemeinschaft dient außerdem der Übernahme von Verantwortung. Für die Herausbildung von Identitäten in der Adoleszenz ist die Peergroup ebenfalls hilfreich. Gemeinsam wird sich ein Raum geschaffen, der nicht durch Familie oder Gesellschaft vordefiniert ist und Platz für eigene Bedeutungen bietet. Gleichzeitig ermöglicht die Peergroup den Adoleszenten eine stärkere Wahrnehmung in der Öffentlichkeit. Auf diese Weise kann schließlich der Anspruch auf Macht und der Wille zur Partizipation sichtbar gemacht werden. Überdies sind bedeutsame, positive Erfahrungen dieser Lebensphase, wie Spaß und das Erleben von Beziehungen, häufig an die Peergroup gekoppelt.

Auch wenn nicht alle Adoleszenten einen engen Anschluss zur Peergroup haben, geht von ihr dennoch ein hoher Druck aus. So werden Peergroups von Adoleszenten m.E. nicht grundsätzlich nur als etwas Gutes erlebt. Sie können ebenso eine Belastung darstellen und Ausgrenzung praktizieren. Darüber hinaus existiert auch ein Zwang, an Peergroups teilnehmen zu müssen, um von Gleichaltrigen als jugendlich respektiert zu werden (vgl. de Bruyn/Cillessen 2008).

Aus- und Abgrenzung auf der einen sowie die Demonstration von Einheit und Zugehörigkeit auf der anderen Seite scheinen gerade in der Adoleszenz das Kennzeichen sozialer Gemeinschaften zu sein. Entsprechend sind Peergroups für die symbolische Arbeit Adoleszenter bestens geeignet. So teilen jugendliche Peergroups nicht nur gemeinsame Praktiken, Überzeugungen und Werte. Sie erschaffen sich auch häufig ein eigenes Repertoire an Codes, was ihrem Wunsch

---

4   Für Breitenbach (2000: 15) umfasst der Begriff Freundschaften, Cliquen, Kontakte zu Mitschülern und anderen gleichaltrigen Bezugspersonen.

nach Ermächtigung Ausdruck verleiht. Dazu gehört bspw. der Erwerb eigenen Wissens über Kleidung (vgl. Tervooren 2004: 137f.). Auch die Jugendsprache dient der Distanzierung von Erwachsenen und der Demonstration von Verbundenheit mit Gleichaltrigen (vgl. Androutsopoulos/Georgakopoulou 2003: 5).

Spezifische Regeln bestehen für den Umgang mit der Kategorie Geschlecht, wie jüngere Forschungen zeigen[5]. Hagemann-White (1984) macht darauf aufmerksam, dass das Geschlecht zwar schon vor der Adoleszenz relevant ist. Die Entwicklung einer Geschlechtsidentität fände aber im hohen Maß über die Peergroup statt. Hier ginge es oft darum, das geschlechterkonforme Verhalten zu überprüfen. Was die Sprache betrifft, folgen Mädchen- und Jungen-Peergroups dabei meist verschiedenen Regeln (vgl. Coates 1998). Es wird auch davon ausgegangen, dass die Geschlechter meist gänzlich unterschiedliche Körperkulturen haben, deren Einhaltung für den sozialen Status unverzichtbar ist (vgl. Gaugele/Reiss 2003). So werden in Mädchenfreundschaften v.a. stereotype Weiblichkeitsbilder genutzt, um sich dem eigenen Geschlecht zu versichern (vgl. Breitenbach 2000).

Thorne (1994) hat die schulischen Interaktionen Gleichaltriger, durch die Geschlechtsunterschiede hergestellt werden, untersucht. Sie stellt fest, dass andere Identitätskategorien meist unsichtbar gemacht werden, um die Geschlechterdifferenz herauszustellen. Letztere würde in der frühen Adoleszenz spielerisch und unter Rückgriff auf gesellschaftliche Muster immer wieder neu konstruiert, was Thorne als „Borderwork" beschreibt (ebenda: 65ff.). Wie sie herausstellt, sind Mädchen dabei mehr Grenzüberschreitungen erlaubt als Jungen (vgl. ebenda: 111ff.). Im Laufe des Borderwork-Prozesses würde aber der soziale Status des anderen Geschlechts beständig neu bewertet. So seien Jungen mit Beginn der Adoleszenz zunehmend seltener als Freunde von Belang, bedeuten dafür aber als „Boyfriends" Statussymbole für die Mädchen (ebenda: 151ff.). Zusammenfassend sind Peergroups also nicht nur im Allgemeinen für das Herausbilden neuer Identitäten entscheidend. Auch ihre geschlechtliche Markierung trägt zu einer bestimmten Orientierung bei.

---

5 Während früher v.a. die meist männlich dominierten, jugendkulturellen und gewaltaffinen Szenen Gegenstand der Adoleszenz-Forschung waren, hat das Interesse an Mädchen hier in den letzen Jahren deutlich zugenommen (vgl. Bütow 2006: 10f.).

Popkultur

Wenn es um die Wege der Ermächtigung Heranwachsender geht, ist häufig von Jugend- und Subkulturen[6] die Rede. Dass Popkultur[7] als ihr Sammelbegriff und Adoleszenz ohnehin in enger Relation stehen, macht Savage (2008) deutlich. So sei die Vorstellung von Jugend mit der Entstehung der Konsumgesellschaft im 20. Jahrhundert verbunden. Nach Savage (ebenda: 214ff.) hat die neue Verführung zum Konsum, besonders Musik und Film betreffend, Adoleszente verstärkt zum Aufbau einer dezidierten, jugendlichen Identität animiert. Ein Beispiel ist für ihn der Stummfilm-Star Rudolph Valentino, der erstmals eine jugendliche Fan-Bewegung ausgelöst hat und sowohl von Männern als auch Frauen kopiert wurde. Die Fan-Hysterie v.a. weiblicher Adoleszenter gilt seitdem als Charakteristikum dieser Lebensphase[8]. Wie Savage zeigt, wurden die popkulturellen Produkte auch damals bereits in den Medien skandalisiert und hätten somit zum Diskurs der hedonistischen Jugend beigetragen (vgl. ebenda:251). Der Einfluss der Konsumgüterindustrie auf das Bild der Jugend ist seines Erachtens unzweifelhaft: So sei durch diese in den 1940er Jahren schließlich erst der Begriff Teenager erfunden worden (vgl. ebenda: 451ff.).

Natürlich ist Popkultur nicht für alle Adoleszenten relevant. Für die meisten sind aber u.a. Popmusik, TV-Serien und Mädchen- und Jugendzeitschriften ein bedeutender Teil des Alltags. Sie geben Vertrautheit und Struktur, unterhalten, sorgen für Entspannung und sind ein wichtiges Kommunikationsthema in der Peergroup. Medienprodukte für Adoleszente haben darüber hinaus auch Ratgeber-Funktion (vgl. Nickel 2000: 147). V.a. aber spielt der Gebrauch von Popkultur in diesem Alter bei der Identitätenarbeit oft eine große Rolle. So ist der Konsum von Popkultur signifikant für die Initiierung Adoleszenter als Mitglieder der Gesellschaft. Andere Möglichkeiten der Partizipation bleiben ihnen noch wei-

---

6 Dracklé (1996a: 32f.) macht jedoch auch darauf aufmerksam, dass die Begriffe häufig dazu genutzt werden, um Adoleszente an den Rand zu drängen. Diese Perspektive teilt auch Diederichsen (1996), der in der Kulturalisierung von Bewegungen einen Versuch erkennt, letztere nicht ernst nehmen zu müssen.

7 Unter Popkultur verstehe ich hier im weitesten Sinn diejenigen Produkte und Praktiken, die den populären Geschmack abbilden und massenkulturell hergestellt und konsumiert werden. Popkulturelle Produkte, die in der Adoleszenz von Interesse sind, sind bspw. Musik, Mode, Film, digitale Spiele und Sport.

8 Gerade Mädchen und junge Frauen haben, wie Savage zeigt, einen großen Anteil an der Etablierung jugendkultureller Merkmale. Weil sie lange führend im Konsum popkultureller Produkte waren, wurden Mädchen und Frauen auch zur relevantesten Zielgruppe.

testgehend verschlossen, als Konsumenten dagegen werden sie aber ernst genommen. Sie müssen Verantwortung übernehmen, was den Umgang mit Geld betrifft, und Eigenständigkeit beweisen. Besonders hervorzuheben ist, dass sich in diesem Fall für die Lebenswelt Adoleszenter tatsächlich interessiert wird. Ebenso wie die Peergroup befriedigt die Popkultur daher den Wunsch nach Autonomie in der Adoleszenz. Als Reaktion auf Reglementierung und Unmündigkeit wird kreativ eine Welt geschaffen, zu der Erwachsene keinen Zugriff haben (vgl. Eckert 2005: 93ff.).

Welchen Stellenwert Konsum für den Einzelnen hat, zeigt Miller. Er argumentiert, dass Objekte mehr noch als pädagogische Regeln zur Sozialisation in bestimmte Rollen beitragen können:

„Consumption has become the main arena in which and through which people have to struggle towards control over the definition of themselves and their values." (Miller 1996: 277)

Die Produkte, denen Bedeutung verliehen wird, stehen entsprechend oft in Relation zu der eigenen Lebenssituation. Deshalb ist auch der Mediengebrauch in der Adoleszenz eng mit altersspezifischen Entwicklungen verbunden. So werden strategisch diejenigen Medien genutzt, die den aktuellen Interessen und Problemen nahekommen[9]. Auch das Ausleben von Fantasien und die Identifikation mit Medienfiguren ist sehr wichtig[10].

Beispielhaft haben Moje/van Helden (2005) den Umgang Adoleszenter mit Produkten der Popular Culture untersucht. Anhand ihres empirischen Materials belegen sie, dass den Produkten der Popular Culture von Heranwachsenden oft komplexe, nicht vorhersehbare Bedeutungen verliehen werden. Die individuellen Sinngebungen sind demnach nicht nur mit ihrem Alter, sondern auch eng mit

---

9 Das bedeutet jedoch nicht, dass es sich dabei um Jugendmedien handeln muss. Scodari (2005) darauf hin, dass Adoleszente sich oft gerade nicht mit dem für sie hergestellten Inhalten identifizieren. Und obwohl der Anteil an jugendlichen Konsumenten von TV-Soaps hoch sei, würden dort meist diejenigen Soap-Charaktere abgelehnt, die die eigene Altersgruppe repräsentieren sollen.

10 Wie Götz (2003: 104ff.) anhand des TV-Konsums von Mädchen zeigt, stehen bei ihnen Beziehungen im Vordergrund des Interesses. So würden die eigene Position zu Charakteren ausgehandelt, unterschiedliche Emotionen nachempfunden oder die im eigenen Umfeld fehlenden Bindungen kompensiert.

anderen Teilen ihrer Identität verbunden[11]. So zeigt sich bspw., dass die Rezeption einer populären Modemarke im Zusammenhang mit der sexuellen Orientierung und den Bildungsaspirationen einiger Befragter steht. Der Popmusik-Konsum einer Gruppe frühadoleszenter Mädchen ist dagegen primär durch ihre ethnisch-kulturelle Identität, sekundär auch durch ihre Religion beeinflusst. Moje/van Helden kommen zu dem Schluss, dass Adoleszente bewusst mit Bedeutungen spielen und der Umgang mit Popkultur meist strategisch ist.

Die Relevanz von Popkultur für Heranwachsende sollte deshalb nicht unterschätzt werden. Willis betrachtet ihren Konsum als symbolische Arbeit Jugendlicher, nämlich als

„die Anwendung von menschlichen Fähigkeiten auf und durch symbolische Ressourcen und Rohmaterialien ([...] Texte, Lieder, Filme, Bilder, Gegenstände aller Art), um Bedeutungen zu produzieren." (Willis 1991: 22)

Er vertritt dabei die Auffassung, „dass symbolische Kreativität [...] notwendiger Teil des menschlichen Alltagshandelns ist." (Ebenda: 21) Abgrenzend von anderer Arbeit, wie Lohnarbeit, hält Willis sie für unverzichtbar, weil Menschen kommunizieren möchten und produzierend tätig sein wollen. Für zahlreiche Jugendliche sei der kreative Gebrauch von Popkultur daher „eine Frage kulturellen Überlebens" (ebenda: 25).

4.3 Aktuelles Erleben von Adoleszenz

In diesem Abschnitt möchte ich zeigen, was das Leben adoleszenter Mädchen in der westlichen Welt heute auszeichnet. Aus diesen skizzenhaften Einsichten sollen sich Anhaltspunkte zu ihrer eigenen Perspektive auf die in Kapitel drei geschilderten Diskurse ergeben. Wie sich gezeigt hat, muss mit scheinbar sicherem Wissen über die Lebensphase der Mädchen schließlich vorsichtig verfahren werden. Wyn ist sogar der Ansicht, dass das Konzept Adoleszenz gänzlich überdacht werden sollte: „[...] the normative understandings of growing up no longer fit with the reality." (Wyn 2005a: 26) Um das aktuelle Erleben der Adoleszenz besser zu verstehen, fordert sie, soziale Veränderungen und Identitäten stärker aufeinander zu beziehen. Im Folgenden werde ich mich daher zum einen mit

---

11 Wyn/White (1997) sprechen sich deshalb dafür aus, Jugend verstärkt als relationale Kategorie zu betrachten. Auf diese Weise dürften dann auch nicht mehr nur bestimmte, vermeintlich jugendkulturelle Einflüsse als prägend verstanden werden.

dem Wissen über die konkreten Lebensverhältnisse beschäftigen. Hieraus lässt sich außerdem ableiten, welche Werte Adoleszenten heute bedeutsam erscheinen. In die Lebenswelten der Heranwachsenden soll überdies Einblick gewonnen werden, indem ich mich mit ihren popkulturellen Aktivitäten und Repräsentationen befasse. Wie sich herausstellen wird, gibt es auch hier Anlass zu der Vermutung, dass sich die Rolle von frühadoleszenten Mädchen geändert hat.

4.3.1 Lebenssituation und Werte: Privilegiert, aber verunsichert

Soziale Situation, Bildung und privates Umfeld

Wie es um die ökonomische Lage von Adoleszenten bestimmt ist, kann nur geschätzt werden. Auf die Lebensverhältnisse der Gesamtbevölkerung bezogen, haben 2006 22,3% aller Deutschen ein hohes Einkommen und 41,3% ein mittleres. 36,4% leben in prekärem Wohlstand oder relativer Armut. Diese Daten lassen sich jedoch nicht einfach auf Familien übertragen. So ist ihr Armutsrisiko, egal ob es sich um Alleinerziehende handelt oder nicht, höher als im Durchschnitt. Wie in den letzten Jahren häufig in den Medien thematisiert, leben also relativ viele Kinder in vglw. schwierigen sozialen Verhältnissen. Allerdings sind die Erziehungsberechtigten in den meisten Fällen erwerbstätig: 2007 üben ca. 85% der Väter, fast immer in Vollzeit, einen Beruf aus. Das gilt auch für mehr als 55% der Mütter, wobei letztere in den alten Bundesländern häufiger in Teilzeit beschäftigt sind (Quelle für alle Angaben: Bundeszentrale für politische Bildung[12]). So lässt sich festhalten, dass die sozialen Bedingungen für die Mehrheit der Kinder und Jugendlichen in Deutschland ein geringes Problem darstellen sollten. Für einen Teil der Bevölkerung sieht das jedoch anders aus, dem v.a. viele Menschen mit Migrationshintergrund angehören.

2005 leben in Deutschland 15,3 Millionen Menschen mit Migrationshintergrund, was einem Anteil an der Gesamtbevölkerung von ca. 19% entspricht, die meisten davon in Großstädten. Als Ausländer, also Einwohner ohne deutschen Pass, gilt mit 8,9% der Gesamtbevölkerung nahezu die Hälfte. Bei den Kindern ist die Zahl jedoch deutlich höher. So hat knapp ein Drittel aller Kinder unter fünf Jahren in Deutschland einen Migrationshintergrund (Quelle für alle Angaben: Statistisches Bundesamt[13]). Letzterer ist, wie ebenfalls in den Medien hinreichend thematisiert, in Bezug auf ihren Bildungsabschluss bedeutsam. Das

---

12 http://www.bpb.de/wissen/37OUAU,0,Die_soziale_Situation_in_Deutschland.html (24.06.2009)

13 http://www.destatis.de/jetspeed/portal/cms/Sites/destatis/Internet/DE/Presse/pm/2007/05/PD07__183__12521,templateId=renderPrint.psml (24.06.2009)

zeigt sich an der Tatsache, dass im Schuljahr 2006/2007 der Ausländeranteil an den Hauptschulen mit 19,2% überdurchschnittlich hoch ist. Im gleichen Maß ist er an Realschulen und Gymnasien mit 7,7 bzw. 4,4 % niedrig. Und während 19,2% der Abgänger ohne Abschluss einen ausländischen Pass besitzen, sind es bei den Hochschulzugangsberechtigten nur etwa 4% (Quelle für alle Angaben: Bundeszentrale für politische Bildung[14]).

Diese Angaben weisen also darauf hin, dass vielen Adoleszenten mit Migrationshintergrund eine höhere, institutionelle Bildung verschlossen bleibt. Zwar muss man vorsichtig sein, den Migrationshintergrund Jugendlicher grundsätzlich zu problematisieren. Negative Auswirkungen entstehen durch die schwierige Bildungslage dennoch häufig, verringern sich in diesem Fall doch die Aussichten auf ökonomischen Erfolg und persönliche Unabhängigkeit. Generell gilt, dass die Zufriedenheit mit den eigenen Lebensverhältnissen umso geringer ausfällt, je niedriger das angestrebte Bildungsniveau ist (vgl. Gille et al 2006: 126). Das ist vermutlich auch darauf zurückzuführen, dass Bildung insgesamt einen hohen Stellenwert besitzt und den meisten Adoleszenten bzw. ihren Eltern wichtig ist. So ist das Gymnasium nicht nur die am häufigsten besuchte Schulform (Bundeszentrale für politische Bildung[15]). Von den Zwölf- bis Fünfzehnjährigen strebt auch fast die Hälfte das Abitur und ca. 40% die Mittlere Reife an (vgl. Gille et al. 2006: 25).

Diese Äußerungen werden als „bemerkenswert hohe Bildungsaspirationen der Jugendlichen" (ebenda) gewertet. Insgesamt hätten dabei Mädchen „weiterreichende Bildungsziele" als Jungen und Jugendliche mit Migrationshintergrund etwas weniger hohe Bildungsabsichten als diejenigen ohne (ebenda: 25f.). Die Unterschiede in den Bildungszielen spiegeln sich in der Praxis offenbar jedoch nicht nur im vglw. geringen Anteil an Ausländern an Realschulen und Gymnasien wider. Auch die verschiedenen Bildungsaussichten der Geschlechter werden vermeintlich bestätigt. So besucht im Schuljahr 2006/2007 ein unterdurchschnittlicher Anteil männlicher Schüler Gymnasien und Integrierte Gesamtschulen, aber ein überdurchschnittlich hoher Anteil Hauptschulen und Förderschulen (alle Quellen: Bundeszentrale für politische Bildung[16]). Inzwischen gelten Mädchen in Bildungsfragen also als die ‚Stärkeren' und Jungen als ‚Bildungsverlierer'. Ebenfalls eine Änderung in der Lebenswelt Adoleszenter ist in der „immer frü-

---

14 http://www.bpb.de/wissen/37OUAU,0,Die_soziale_Situation_in_Deutschland.html (24.06.2009)

15 http://www.bpb.de/wissen/37OUAU,0,Die_soziale_Situation_in_Deutschland.html (24.06.2009)

16 Ebenda.

her" einsetzenden „Überschneidung von Bildung und Beschäftigung" zu erkennen (Gille et al.: 64). So geht im Alter von zwölf bis 13 Jahren bereits ein Zehntel der Schüler einem Aushilfsjob nach. Einerseits ist diese Entwicklung auf Konsumwünsche zurückzuführen, andererseits auf das Interesse an arbeitsweltbezogenen Erfahrungen (vgl. ebenda). Die Kaufkraft von Kindern und Jugendlichen sowie ihre Mitbestimmung bei Kaufentscheidungen ist ebenfalls in Zunahme begriffen (vgl. Feil 2008: 25). Dass Kinder überhaupt so ein großes Mitspracherecht haben, wird als „Ausdruck von veränderten Autoritätsstrukturen oder Demokratisierungsprozessen in den Familien" gewertet (ebenda: 27).

Die Erforschung des Zusammenlebens von Familien zeigt tatsächlich, dass das Verhältnis zwischen Erziehungsberechtigten und Kindern überwiegend sehr positiv ist. So haben 70% der bei den Eltern lebenden Jugendlichen eine sehr gute Beziehung zur Mutter, für ein Viertel „trifft das eher zu". Besonders positiv ist das Verhältnis in der frühen Adoleszenz. Im Vergleich dazu ist die Beziehung zum Vater etwas weniger gut (vgl. Gille et al 2006: 89). Was die Wichtigkeit der Personen in der sozialen Nahwelt betrifft, so ist die Mutter deutlich wichtiger als der Vater, Geschwister aber für Jugendliche generell weniger wichtig als die Eltern (vgl. ebenda: 104f.). Im Ganzen wird also ersichtlich, dass die Familie und gerade die Eltern in der Adoleszenz immer noch eine hohe Bedeutung haben. Auf einen geringen Willen zum Ausbruch aus dem Familienverband weist m.E. auch die Tatsache hin, dass unter den Zwölf- bis Fünfzehnjährigen sich 29% noch als Kind, 35% mal als Kind, mal als Jugendlicher, und nur 35% sich als Jugendlicher wahrnehmen. Geschlechtsspezifische Unterschiede gibt es hier kaum, Mädchen fühlen sich demnach nur geringfügig reifer als Jungen (vgl. ebenda: 110).

Wie zu erwarten, spielt der Freundeskreis in der Adoleszenz eine sehr große Rolle. Freunde nehmen fast alle Jugendlichen als sehr relevant wahr, und 70% geben an, viel Freizeit mit ihnen zu verbringen (vgl. ebenda: 98). Zwei Drittel sagen von sich, dass es ihnen leicht fällt, neue Freundschaften zu schließen (vgl. ebenda: 99). Für ca. 90% der zwölf- bis siebzehnjährigen Mädchen ist die beste Freundin sehr wichtig. Was die Zufriedenheit mit dem eigenen Leben angeht, steht die Peergroup sogar im Mittelpunkt: Nichts trägt bei Zwölf- bis Fünfzehnjährigen so sehr dazu bei wie Freundschaften (vgl. ebenda: 121). Auch das Selbstverständnis als Jugendlicher ist von einem großen Freundeskreis abhängig (vgl. ebenda: 112).

Zusammenfassend lässt sich also sagen, dass Adoleszente in der westlichen Welt heute größtenteils in stabilen, sicheren und ökonomisch wohlsituierten Verhältnissen aufwachsen. Jedoch gelten bei ca. einem Drittel der Bevölkerung potentiell andere Bedingungen. Diese leben nicht nur in sozial schwierigeren

Verhältnissen. Sie zählen auch außerordentlich oft zu den so genannten ‚Bildungsverlierern'. In Bildungserfolgen haben auch Jungen zunehmend das Nachsehen. Gleichzeitig ist jedoch der Stellenwert von Bildung in unserer Gesellschaft immens. Ihre elementaren Lebensverhältnisse betreffend, haben die Adoleszenten heutzutage wenige Probleme auszustehen. So besteht in der Regel ein enges, offenbar weitestgehend konfliktfreies Verhältnis zur Familie. Den Adoleszenten bedeutet zudem ein ausgeprägtes Sozialleben viel. In der Freizeit spielt ein großer Freundeskreis nicht nur die wichtigste Rolle, er trägt auch am Stärksten zur Zufriedenheit bei. Angesichts dieser Ergebnisse scheinen also kaum Parallelen zu dem üblichen, von Devianz[17] und Konflikten dominierten Bild der Adoleszenz zu bestehen.

Werte

Aus konservativer Sicht kann also von einer stabilen und weitestgehend zufriedenen, ‚vernünftigen' Jugend ausgegangen werden. Anstatt Veränderung wünschen sich die Adoleszenten tatsächlich meist Ordnung und Sicherheit. Insgesamt nimmt die Bedeutung konventioneller Werte zu (vgl. Gille et al.: 163). Auch die Shell-Jugendstudie 2006 kommt zu dem Schluss, dass die heutige Jugend als ‚tugendlich' bezeichnet werden kann, da sie alle Erwartungen der Gesellschaft an Verantwortungsbewusstsein, Leistungsbereitschaft und Familiensinn erfüllt.

Doch diese Entwicklung ist auch Gegenstand kritischer Diskussionen. So werden die heutigen Jugendlichen in einem viel beachteten Zeitungsartikel (*Die Zeit* 36/2008) als „traurige Streber" bezeichnet. Ihre beruflichen Ambitionen, so der Tenor, ließen sich allein auf Geld und Sicherheit reduzieren. Aufsässigkeit und Bedenkenlosigkeit, ehemals ein offensichtlich wünschenswerter Zug der Adoleszenz, würden heute dagegen nichts mehr gelten. Stattdessen würde von

---

17 Natürlich existieren auch aktuelle Annahmen über Jugend, die ihren Zustand als dramatisch und ihr Verhalten als fehlgeleitet bewerten. Dazu zählt die Berichterstattung über den zunehmenden Hang zum ‚Komasaufen', über jugendliche ‚Problemfälle' (Hartz IV-Empfänger, Teenager-Eltern usw.) oder über die Gewaltbereitschaft Adoleszenter v.a. migrantischer Herkunft, die zu Diskussionen über die Verschärfung des Jugendstrafrechts geführt haben. Der Diskurs über das gewaltaffine Heranwachsen in der ‚Unterschicht' findet sich seit einigen Jahren unter dem Einfluss misslingender Integration und sozialer Spaltung verstärkt in westlichen Ländern. Debatten finden u.a. in Frankreich (Aufstände in den Banlieues), Großbritannien (Aufstände/Plünderungen in englischen Großstädten) und Italien (Gewaltbereitschaft jugendlicher Fußballfans) statt.

Jugendlichen Anpassung und zielorientiertes, konkurrenzbewusstes Denken honoriert. Entsprechend akzeptieren, so wird weiter argumentiert, die Heranwachsenden von heute alles, von schlecht bezahlten Praktika bis hin zu ethisch bedenklichen Praktiken. Der Artikel kritisiert, dass sich heutige Jugendliche selbst disziplinieren, um den Vorstellungen der Wirtschaft entgegen zu kommen. Was bliebe, sei der Rückzug ins Private. Eine Jugend, die nur das Eigene für schützenswert halte, nutze indes nicht die Möglichkeit zur Veränderung, die gerade von den jungen Generationen ausgehen sollte.

Diese negative Beurteilung provoziert naturgegeben den Widerspruch einiger Adoleszenter. In einer Gegenrede zum besagten Artikel (*Die Zeit* 37/2008) stellen sie sich selbst als „effiziente Idealisten" dar. Der Kernvorwurf an ihre Kritiker lautet dabei, dass diese die heutigen Herausforderungen während ihres eigenen Heranwachsens nicht erleben mussten. Widerstand zu praktizieren sei früher leichter gewesen, weil die Lebensumstände grundsätzlich gesichert waren. Darüber hinaus würden, so die Gegenrede, die meisten Jugendlichen ihre Bedingungen gar nicht derart pessimistisch bewerten. Sie hätten lediglich weniger Illusionen und seien pragmatisch. Sich in die Belange anderer einzumischen, ist heute unter Jüngeren weitestgehend verpönt, so der Artikel.

Meiner Ansicht nach zeigt diese Diskussion, dass zwar die Meinungen über die Beurteilung Adoleszenter auseinandergehen. Über die Werte der breiten Mehrheit herrscht dagegen offensichtlich Einigkeit. Dazu zählen v.a. Karrieredenken, Disziplin, Anpassung, Sicherheit, das Privatleben sowie eine Abkehr vom traditionell-politischen Engagement zugunsten anderer Aktionsformen. Die Debatte macht m.E. auch deutlich, dass Adoleszente heute von bestimmten Entwicklungen betroffen sind, die ihr Heranwachsen von dem früherer Generationen unterscheidet. Denn trotz der zuvor geschilderten, größtenteils privilegierten Lebensverhältnisse Adoleszenter sind die heutigen Bedingungen scheinbar doch vglw. problematisch. So werden die ‚vernünftigen', selbstzentrierten Werte Jugendlicher als Reaktion auf die Möglichkeit sozialen Unglücks und den Druck ständiger Leistungserbringung gewertet. Zufriedenheit ohne Studium, ohne gute Ausbildung und mit weniger Geld, so der Vorwurf beider Artikel, werde Jugendlichen schließlich nicht mehr zugestanden. Stattdessen werde ihnen überall erzählt, dass es schon in der Grundschule auf gute Zensuren ankomme und dass alle schneller und mehr lernen müssten.

Auch wenn heutige Adoleszente damit von Devianz und krisenhaftem Erleben immer noch weit entfernt sind, bleibt also dennoch Pessimismus und Skepsis spürbar. Vielleicht liegt der Grund für diese Beurteilung in der Enttäuschung, dass das romantische Bild der Jugend als Phase des Neuen, jenseits ‚vernünftiger' Ziele, der Vergangenheit angehört. Es ist natürlich auch denkbar, dass Jugend von Älteren rituell kritisch diskutiert werden muss. Zweifelsohne aber haben viele Adoleszente heute tatsächlich relativ konservative und pragmatische Wertvorstellungen. Ihrer Privilegiertheit und der Harmonie zwischen den Generationen zum Trotz wirken auch tatsächlich problematische Zustände auf die Jugend ein. Dazu zählen unsichere Zukunftsaussichten, v.a. die finanzielle und wirtschaftliche Entwicklung betreffend, die sich vollziehende Abkehr vom Sozialstaat auf der politischen sowie die Zunahme instabiler Familienverhältnisse auf der privaten Ebene. In der Konsequenz ergibt sich eine Diskrepanz: Auf der einen Seite stehen die privilegierten Umstände, wie sie vermutlich noch nie so viele Adoleszente erfahren durften. Auf der anderen, und damit unvereinbar, die von einem großen Wunsch nach Sicherheit zeugenden Werte Jugendlicher heute.

4.3.2 Popkultur: Veränderte Bedeutungen und erstarkte Mädchen

Was die Frage angeht, wie Mädchen heute mit dem Thema Aussehen umgehen, lassen sich durch die oben dargestellten Ergebnisse bereits Vermutungen anstellen. So zeigt z.B. das enge Verhältnis zur Familie, dass die auffälligen Inszenierungen offenbar kein Ausdruck des Protests gegen das soziale Nahfeld sind. In Anbetracht konservativer Werte wäre sogar eher davon auszugehen, dass dem Schönheitshandeln Frühadoleszenter gänzlich andere Motivationen zugrunde liegen. Indes wird die heutige Lebenswelt Adoleszenter nicht nur durch ihre Lebensverhältnisse und Werte beschrieben. Sich mit aktuellen Tendenzen im Popkultur-Konsum beschäftigend, zeigt sich, dass dem Bild von der Adoleszenz noch andere Facetten hinzugefügt werden müssen. Davon ist besonders die Rolle von Mädchen betroffen, was wiederum bedeutsam für deren Schönheitshandeln sein sollte.

Popkultur ist, wie dargestellt, zentral für die Wahrnehmung Adoleszenter von außen sowie für ihre Eigeninitiation als Mitglieder der Gesellschaft. Ihre generell hohe Bedeutung für Heranwachsende hat, wie ich vermute, in den letzten Jahren jedoch noch zugenommen. Ein Hinweis darauf ist die gestiegene Auseinandersetzung mit popkulturellen Produkten im Alltag. Diese Entwicklung ist indes nicht nur auf die zunehmende Medienpräsenz und Bilderflut zurückzuführen. Auch die gestiegene Produktvielfalt, gerade für jüngere Zielgruppen, und die massenhafte Verbreitung von Hardware, wie Computern, Smartphones, MP3-Playern und Handys bei Jugendlichen, hat dazu beigetragen. Damit einhergehend, zeigen die meisten Adoleszenten heute eine hohe Autonomie im Umgang mit Popkultur. Die Mehrheit verfügt über ein ausgeprägtes Wissen über popkulturelle Medienangebote. Im Feld digitaler Anwendungen gehen ihr Einblick und ihr Können häufig über die Fähigkeiten Erwachsener hinaus. Was die

Medienkompetenz betrifft, gilt diese sogar am stärksten bei denjenigen Kindern und Jugendlichen ausgeprägt, die die Medien ausgiebig nutzen. Es ist m.E. daher davon auszugehen, dass ein selbstbestimmter Medienkonsum immer früher beginnt und Produkte, die ehemals für ältere Zielgruppen gemacht wurden, heute v.a. Jüngere ansprechen. Der popkulturelle Konsum von Adoleszenten hat sich in den letzen Jahren also massiv verändert.

Den größten Einfluss auf diese Entwicklung hat ohne Frage das Internet. In den USA bezeichnen Jugendliche das Internet als das für sie wichtigste Medium, wobei sie dort an Popkultur-Inhalten am stärksten interessiert sind (vgl. Susan Walsh 2005: 71). Auf Deutschland bezogen, sind 2008 fünf von sechs Jugendlichen täglich oder mehrmals pro Woche online. Während sich Jungen im Internet besonders für allgemeine Informations- und Unterhaltungsangebote interessieren, nutzen Mädchen es v.a. zur Kommunikation, wobei Instant Messaging (IM) bei beiden Geschlechtern die insgesamt beliebteste Anwendung ist (alle Angaben: Bitkom[18]).

M.E. sind zwei Aspekte bei diesen Angaben besonders relevant. Das ist erstens der hohe Stellenwert des Austauschs mit anderen. *Facebook*, *Twitter* oder *Skype* erfordern meist eine sehr regelmäßige, aktive Teilnahme, wodurch Jugendliche heute kaum noch im ‚stillen Kämmerlein' leben dürften. Stattdessen sind der Wille und die Fähigkeit, sich über Personen, Gegenstände und Ereignisse zu äußern, offensichtlich nicht nur wichtig, sondern in der heutigen Adoleszenz notwendig. Entsprechend sollte ein anderes Verständnis von Öffentlichkeit als bei vielen Erwachsenen vorherrschen[19]. Der zweite Aspekt ist eng mit dem ersten verbunden, nämlich die hohe Bereitschaft, persönliche Daten von sich ins Netz zu stellen. Inzwischen haben die meisten Adoleszenten ein persönliches Profil auf Social-Network-Plattformen wie *Facebook*. Diese beinhalten neben zahlreichen Angaben zur eigenen Person, bspw. über die Lebensumstände und Interessen, meist auch Fotos, Kommentare und Informationen über die persönlichen Freunde und Kontakte. So zeigt die Popularität dieser Anwendung, dass für die meisten Adoleszenten eine gelungene Konstruktion ihres Selbst eine alltägliche Anforderung ist. Ein großer Einblick in das Leben anderer sowie die eigene, hohe Mitteilungsbereitschaft wird als Normalität betrachtet.

---

18 Presseinformation vom 18.02.2008.
19 Allerdings ist Bauman (2008: 3) der Ansicht, dass die in der virtuellen Kommunikation Jugendlicher gezeigte Bereitschaft, das „inner self" öffentlich zu machen, nichts Altersspezifisches ist. Nach seinem Empfinden kommt der Ausdruck „Network" inzwischen dem Begriff der Gesellschaft nahe.

Insgesamt hat sich also nicht nur der popkulturelle Konsum Adoleszenter verändert, sondern im Zusammenhang damit auch ihre Werte und Normen. Dieser eigene Umgang von Jugendlichen mit dem Internet stößt jedoch teilweise auf Unverständnis. So werden Adoleszente zunehmend gewarnt, sie sollten online nicht zu viel von sich preisgeben. Ein gutes Profil folgt aus Sicht der ‚Betroffenen' indes anderen Regeln, im Besonderen, was das erwähnte Verhältnis zu Öffentlichkeit und Privatheit betrifft. Wenngleich dadurch nicht die oben dargestellten Werte Jugendlicher in Frage gestellt werden müssen, macht ihre Online-Nutzung m.E. überdies deutlich, dass Adoleszente sich nicht nur anpassen. Die Potentiale der neuen Medien, gerade die Partizipation betreffend, können entsprechend unerwartete Bedeutungen zutage treten lassen. Aber auch aktuelle Inhalte in den Medien geben Aufschluss über das Selbstbild Adoleszenter. Das möchte ich im Folgenden darstellen und in Bezug auf das heutige, hegemoniale Bild vom Mädchen-Sein hinterfragen.

So beschäftigt sich Susan Walsh (2005) anhand eines alternativen Webangebots abseits der üblichen Beauty- und Glamour-Fokussierung mit der Rolle junger Mädchen als aktiven Konsumentinnen. Ausgehend von einer kritischen Perspektive auf die Inhalte der gedruckten Mädchen-Magazine, erkennt sie in unabhängigen Online-Portalen die Möglichkeit eines anderen Contents. Einen positiven Beitrag für die Sozialisation sieht sie dann gegeben, wenn keine Stereotypen konstruiert werden, sondern Raum für unterschiedliche Identitätsentwürfe gelassen wird. In diesem Zusammenhang, so Walsh, müsste auch hinterfragt werden, was Mädchen sich für Angebote wünschen.

Diesem Thema ist Willett (2005) nachgegangen. Wie sie zeigt, bevorzugen Frühadoleszente in erster Linie Webseiten, die sich nicht ausdrücklich an ihre Altersstufe richten. Stattdessen erhoffen sie sich von Webangeboten, nicht als Kinder wahrgenommen zu werden, was ihnen v.a. Chatrooms bieten (vgl. ebenda: 282f.). Ein weiteres, beliebtes Angebot bei Mädchen sei das virtuelle Einkleiden und Styling von Charakteren. Willett schlussfolgert, dass das Wissen über Trends ein hohes kulturelles Kapital für Tweens besitzt (vgl. ebenda: 285). Mädchen möchten, so Willett, als ernsthafte und kompetente Konsumentinnen von Popkultur angesprochen werden. Ihre Ideen für Webseiten würden deshalb ein breites Spektrum an Themen beinhalten, nämlich Mode und Schönheit, Chats, Lebenshilfe und Informationen über Popmusik und TV-Serien. Scodari (2005) untersucht die Bedeutungen, die jugendliche Mädchen in Fan-Foren eben jener TV-Serien konstruieren. Sie zeigt dabei, dass die von den Nutzerinnen produzierten Inhalte, wie Romantik und Mode, den Charakteristika von Mädchenzeitschriften ähnlich sind. Das ist ihrer Ansicht nach umso erstaunlicher, da die Internetforen nicht explizit für junge Mädchen gemacht sind und bei Weitem nicht allein von ihnen genutzt werden. Scodari zieht daher das Fazit, dass sich Mädchen auch in einem nicht-vordefinierten Raum größtenteils der Hegemonie entsprechend verhalten (vgl. ebenda: 118f.).

Daran schließen sich auch die Erkenntnisse von Thiel (2005) an. Sie hat erforscht, wie Mädchen über das unter Jugendlichen hochrelevante Instant Messaging (IM) Identitätsarbeit in Bezug auf ihr Geschlecht leisten. Wie Thiel herausarbeitet, hilft ihnen die Anwendung dabei, sozialen Status aufzubauen und mit dem Thema Sexualität zu experimentieren. IM werde zudem zur Selbstvergewisserung als eine Art Tagebuch genutzt (vgl. ebenda: 188). Thiel stellt heraus, dass Mädchen häufig zwischen unterschiedlichen Selbstentwürfen wechseln. Auf diese Weise könnten sie ihr Bild eigenmächtig entwerfen, was kaum anderswo als im Internet zu leisten wäre (vgl. ebenda: 196f.). Obwohl beim IM keine realen Körper sichtbar sind, sind bei Mädchen aber dennoch die üblichen Gespräche über die Figur und das Aussehen an der Tagesordnung. Hier sieht Thiel Butler bestätigt, die davon ausgeht, dass sich dieselben Geschlechterdiskurse immer wieder herausbilden, weil keine Vorstellung abseits der dominanten Modelle existiert (ebenda: 197). Thiel kommt daher zu dem Fazit, dass trotz der hohen Erwartungen an das neue Medium keine Abkehr von den hegemonialen Diskursen zu verzeichnen ist.

Wenn Medieninhalte als Abbild der Gesellschaft verstanden werden, wird zusammenfassend also deutlich, dass die Lebenswelt von Mädchen hinsichtlich ihrer Diskurse keine signifikante Veränderung erfahren hat. Anstelle alternativer Identitätskonstruktionen sind offenbar Standards wie das Schlankheitsideal weiterhin sinngebend. Dennoch bin ich der Ansicht, dass das Medium Internet Neuerungen des Mädchen-Bildes hervorgebracht hat. So zeigen adoleszente Mädchen hier ein hohes Maß an Aktivität, was mit früheren, popkulturellen Angeboten nicht in diesem Umfang möglich war. Die Mädchen wählen für sie interessante Themen und erschließen sich Partizipations-Möglichkeiten, z.B. Diskussionsforen für Erwachsene, die ihnen bisher verschlossen waren. Auf die Eigenwahrnehmung haben diese vielfältigen Möglichkeiten der Ermächtigung m.E. Einfluss, zumal sie das Selbstbewusstsein stärken sollten.

Dass das Bild von Mädchen modifiziert werden sollte, auch wenn viele Diskurse gleichbleibend sind, sehe ich auch abseits des Internets bestätigt. So erkennt Lenzhofer in der heutigen Popkultur feministisches Potential, würden doch „Frauen [...] mit ermächtigenden und subversiven Bildern von Weiblichkeit förmlich bombardiert [...]." (Lenzhofer 2006: 21). Nach Lenzhofer hat eine Art „Genderquake" stattgefunden, was sich an der Masse an unterschiedlichen Frauenfiguren in Kino und Fernsehen zeige. In Anlehnung an Butler ist sie der Ansicht, dass sich hier Gegendiskurse etablieren. Die traditionelle Gender-Ordnung in der Popkultur sei entsprechend überholt (vgl. ebenda: 23f.). Zum gleichen Schluss kommt Richard (2004) angesichts der Gaming-Kultur. Auch die stereotype Darstellung des passiven, eher sanften Mädchens ist in der Popkultur immer weniger verbreitet, wie Walters (1995) bereits Mitte der 1990er anhand von Madonna darstellt. So würden die neuen Bilder von Mädchen bspw. auch Macht, Gewalt, Boshaftigkeit und Wissen zeigen.

Als Beispiele dafür können m.E. Dokumentarfilme bzw. dokumentarische Spielfilme wie *Prinzessinnenbad* (Deutschland 2007) oder *Prinzessin* (Deutschland 2006) gelten. Ihr ambivalentes und verstörendes Mädchenbild war vor einigen Jahren in der Popkultur noch kaum wahrnehmbar. Diese neuen Repräsentationen adoleszenter Mädchen spiegeln, wie ich denke, zum einen unsere veränderten Annahmen über diese Altersgruppe wider. Zum anderen prägen sie sie zugleich. Analog ist Shannon Walsh (2005) der Ansicht, dass junge Mädchen zunehmend selbst Einfluss auf die Art ausüben, wie sie porträtiert werden. Entsprechend muss sich in der Selbstwahrnehmung von Mädchen eine Veränderung vollzogen habe. Dieser „shift in representation [...] as somehow outside innocence" wird für Walsh (ebenda: 203) in den Fotografien der Künstlerinnen Sally Mann und Hellen van Meene evident. Auch die Arbeiten von Lauren Greenfield können meiner Ansicht nach hierzu gezählt werden.

Aber auch andere Mediendarstellungen, die zum großen Teil auf der Initiative junger Mädchen beruhen, tragen m.E. zu einem neuen Bild der weiblichen Adoleszenz bei. Hier beziehe ich mich sowohl auf Casting-Formate und in Eigenregie hergestellte, popkulturelle Produkte. Beide stehen im engen Zusammenhang mit dem veränderten Verhältnis Adoleszenter zu Öffentlichkeit und Privatheit. So haben sich neben der Anforderung der beständigen Kommunikation im letzten Jahrzehnt offenbar auch die Wertschätzung von Leistung sowie die Relevanz personaler Identitäten gewandelt. In der „Celebrity"-Kultur (vgl. Redmond/Holmes 2006) wird Rezeption vor Identität gestellt und die eigene Subjektivität meist im Kontext der Marktakzeptanz wahrgenommen. Was die Wahrheit oder das Besondere ist, ist dabei zunehmend Verhandlungssache. Insofern scheinen die Jugendlichen mit ihrer Neigung zu permanenter Kommunikation und Selbstdarstellung die ideale Zielgruppe.

Zwar können beliebte Casting-Formate wie *Deutschland sucht den Superstar* oder *Germany's Next Topmodel* wiederum als Beispiel für die Renaissance konventioneller Werte wie Disziplin und Anpassung oder als Spiegelbilder der Wirtschaft mit ihren Assessment-Centern bewertet werden. Anderseits aber treten die Teilnehmer auch häufig offensiv und sehr selbstbewusst auf. Trotz ihres oft jungen Alters demonstrieren sie den Anspruch auf eine selbstgewählte Identität, auch angesichts von Hindernissen und limitierten (Geschlechter)Rollen. Im selben Maß ist m.E. die hohe Zahl von Jugendlichen, die selbst produzierte Filme zu den unterschiedlichsten Themen ins Netz stellt, als Zeichen ihrer Ermächtigung zu verstehen. Offensichtlich ist der Wunsch nach Selbstpräsentation bei kaum einer Gruppe so ausgeprägt wie bei den Adoleszenten, zählen diese doch zu den Hauptlieferanten von Portalen wie *YouTube*.

Kulturelle Partizipation scheint heute also für sehr viele Mädchen eine Selbstverständlichkeit zu sein. Der Möglichkeit, ‚etwas beizutragen', wird erkennbar eine große Wertschätzung entgegengebracht. Zwar betrifft dieser Wandel nicht nur Adoleszente: Die in den letzten Jahren zur medialen Normalität gewordene „People"-Kultur zeigt, dass die gesamte Gesellschaft viel Mühe in die Produktion von Berühmtheit investiert. Es soll auch nicht außen vor gelassen werden, dass dieser Entwicklung zahlreiche negative Aspekte innewohnen können, bspw. was die schwindende Bedeutung von kritischer Distanz und Intellektualität betrifft. Jedoch hat sich ohne Zweifel auch eine Veränderung im Umgang mit Kategorien wie Öffentlichkeit oder Leistung ereignet, mit Adoleszenten, Mädchen wie Jungen, als Vorreitern. Das zu bemerken scheint wichtig, da, wie Vadeboncoeur (2005: 13) kritisiert, der kulturelle Beitrag von Jugendlichen meist unsichtbar gemacht werde. Stattdessen dominiere das Bild der Frühreifen, Faulen, Computersüchtigen oder der Gewalttäter – oder eben, wie dargestellt, das der Überangepassten oder „traurigen Streber".

So lässt der neuartige Konsum von Popkultur, wie ich überzeugt bin, auch eine veränderte Perspektive auf heutige Mädchen-Lebenswelten zu. Nicht nur ihre Bildungserfolge und ihr offensichtlich großer Ehrgeiz begünstigen eine Abkehr vom Image adoleszenter Mädchen als Benachteiligte. Sie sind auch insgesamt sichtbarer in der Popkultur, und werden hier zudem differenzierter als zuvor wahrgenommen. Dazu tragen die Mädchen mit ihrem Medienkonsum selbst bei. Ohne Frage sind zwar stereotype Darstellungen immer noch in der Mehrzahl, auch gerade durch ihre eigene Beteiligung. Insofern hat die Popkultur in Bezug auf Geschlechteridentitäten auch nur bedingt ‚neue' Mädchen hervorgebracht. Veränderungen in der Lebenswelt von Mädchen hinsichtlich ihrer Ermächtigung haben aber dennoch zweifelsohne stattgefunden.

4.4 FAZIT: WEIBLICHE ADOLESZENZ HEUTE

Die unterschiedlichen, theoretischen Konzepte zusammenfassend, sind m.E. insbesondere zwei Merkmale für die Adoleszenz kennzeichnend, die bei ihrer Bewertung berücksichtigt werden sollten. Erstens wird sie in der dominierenden, essentiellen Sicht für eine krisenhafte Lebensphase gehalten, die notwendigerweise auf diese Art stattfindet. Adoleszente teilen hier als die ‚Unfertigen' nicht nur kaum Gemeinsamkeiten mit Erwachsenen, sondern sind ihnen zudem generell unterlegen. Auch Mädchen in diesem Lebensabschnitt werden oft konfliktreiche Erfahrungen zugeschrieben, die auf die Perspektive der im Geschlechtervergleich Benachteiligten hinauslaufen. Beide Vorannahmen müssen nach meiner Auffassung hinterfragt werden. Zum einen, weil die konstruktivistisch orientierte Forschung deutlich macht, dass das traditionelle Adoleszenz-Konzept keinesfalls naturgegeben und interessefrei ist. Zum anderen, weil die komplexen Bedingungen der Adoleszenz oft außer Acht gelassen werden. Durch die Thematisierung von Gefährdungen werden stattdessen spezielle Aspekte jugendlichen Erlebens isoliert und problematisiert. Festlegungen dieser Art sollten also auch bei der Erforschung von Mädchen-Lebenswelten vermieden werden.

Zweitens darf die Adoleszenz gleichsam nicht als unspezifische Lebensphase verstanden werden. So nimmt in diesem Alter das Unbehagen an der Kultur zu, was im Besonderen in der Widersprüchlichkeit zwischen Familie und Gesellschaft begründet liegt. Sowohl die private Welt als auch institutionelle Einrichtungen sind in der Adoleszenz oft mit negativen Gefühlen verbunden. Trotzdem wächst parallel der Wunsch nach gesellschaftlicher Teilhabe. Allerdings werden Adoleszente darin u.a. durch Institutionen wie die Schule behindert. Wie ich gezeigt habe, begegnen Jugendliche diesen Problemen mit symbolischer Arbeit, bei der die Peergroup und die Popkultur eine große Rolle spielen. Beide sind wichtig, um eigene und neue Sinngebungen und Machtpositionen zu erschaffen. Sie dürfen aber ebenso wie das Konzept Adoleszenz nicht als essentielle Erfahrungen betrachtet werden. Um einen umfassenderen Blick in das aktuelle Erleben der Altersphase zu gewinnen, muss über das theoretische Wissen zu dieser Lebensphase hinausgegangen werden.

Der Blick auf die aktuellen Verhältnisse Adoleszenter fördert dabei m.E. zunächst eine vglw. paradoxe Situation zutage, die aus der Diskrepanz zwischen der Lebenssituation und den Werten resultiert. So zeigt sich, dass die Mehrheit der Adoleszenten in privilegierten Verhältnissen lebt, bildungsaffin ist und ein konfliktfreies Verhältnis zu den Eltern, dem sozialen Umfeld und der Gesellschaft hat. Die Werte Adoleszenter erscheinen außerdem insgesamt konservativ und ‚vernünftig'. Neben Karriere und Sicherheit sind ihnen auch ein harmonisches und erfülltes Privatleben wichtig. An diesem, eher positiven Erleben von Adoleszenz irritiert, dass die größtenteils von Anpassung und existenzieller Sicherung zeugenden Werte vermutlich auf Ängste zurückzuführen sind. Diese hängen wahrscheinlich mit den heutigen Erfahrungen von Orientierungslosigkeit bei gleichzeitig hohen Leistungsanforderungen zusammen. So leben Jugendlichen heute also einerseits meist in Wohlstand und Harmonie, sind aber dennoch von starken Unsicherheiten beeinflusst. Auf der anderen Seite zeigt der Umgang Adoleszenter mit Popkultur, bspw. mit dem Internet, dass die Erfahrungen dieser Lebensphase nicht auf dieses Bild reduziert werden können. Kommunikationsfreude und Kreativität, ein neues Verhältnis zur Öffentlichkeit und ein erkennbarer Partizipations-Willen scheinen viele Adoleszente heute ebenfalls auszuzeichnen. An dieser Stelle ist entsprechend wenig von Vernunft und Unsicherheit zu spüren, wohl aber von dem Wunsch, selbst mitzureden und sich v.a. selbst darstellen zu wollen.

Was sagen diese Erkenntnisse nun über die weibliche Adoleszenz heute? Zunächst einmal sollte m.e. deutlich geworden sein, dass die Identitätsbildung von Mädchen in dieser Phase nicht krisenhaft sein muss. Der körperliche Wandel führt nicht zwangsläufig zu physischen und psychischen Problemen, Passivität und einem geringen Selbstwert. Darauf weist auch die Forschung zu weiblichen Peergroups hin. Mädchen suchen sich demnach oft eigene Wege, um mit den unzweifelhaft verwirrenden Entwicklungen und neuen Eindrücken umzugehen. Dass die Perspektive der Benachteiligung nicht generell zutreffend sein kann, zeigen auch die aktuellen Lebensbedingungen von Mädchen, im Besonderen die Tatsache, dass sie in Bildungserfolgen und Ehrgeiz Jungen hinter sich gelassen haben.

Die Aussage von Lintzen (1998: 27), Mädchen hätten in der Adoleszenz häufig das Gefühl von Destabilisierung, psychische Probleme und ein niedriges Selbstwertgefühl passt daher nicht zu den heutigen Verhältnissen. Offensichtlich ist nicht das schutzlose, passive, Medien und Konsum ausgelieferte Mädchen typisch, so wie die in Kapitel drei behandelten Diskurse oft nahelegen. Der aktuelle Popkultur-Konsum von Mädchen und die hier erkennbare Freude an Kommunikation und Partizipation, aber auch ihre veränderte Repräsentation in den Medien und ihre verstärkte Sichtbarkeit, weisen ebenfalls auf die Notwendigkeit eines modifizierten Bildes der weiblichen Adoleszenz hin. Zwar muss in diesem Zusammenhang auch festgehalten werden, dass weibliche Stereotypen immer noch eine große Rolle spielen. Veränderungen haben also nicht in jeder Hinsicht stattgefunden, und die Bewertung des heutigen Mädchen-Seins als durchweg machtvolle und positive Erfahrung ist ebenfalls schwierig. Dass die Adoleszenten ein anderes Verhältnis zum Thema Schönheit haben als das der Unterdrückung und der unreflektierten Beeinflussung, ist dennoch anzunehmen.

Wie ich denke, sollten bei der Erforschung des Umgangs der Mädchen mit ihrem Aussehen jedoch auch Entwicklungen berücksichtigt werden, die auf dem ersten Blick nichts mit dem Themenkomplex zu tun haben. Damit meine ich das Gefühl der existenziellen Unsicherheit, das in der zuvor geschilderten Werte-Debatte erwähnt worden ist. Seaton (2005: 27) argumentiert, dass der zunehmende Wegfall sozialer Sicherungssysteme, unsichere Beschäftigungsmöglichkeiten und auch bestimmte politische, soziale und ökologische Tendenzen zu einem beständigen Gefühl von Vorsicht bei Adoleszenten beitragen. Wenn die Wahrnehmung der Zukunft sich verändert, schreibt sie, dann ist davon auch der Körper betroffen. Seaton bezieht sich dabei auf die früher einsetzende Geschlechtsreife. Meiner Ansicht nach kann auch der Umgang der Mädchen mit ihrem Aussehen in Relation zu ihren Werten betrachtet werden.

Ich folge daher, dass das Schönheitshandeln Frühadoleszenter auch auf ganz andere Gründe verweisen kann, als z.B. auf den Wunsch, dem anderen Geschlecht gefallen zu wollen. Mit hoher Wahrscheinlichkeit verleihen die Mädchen damit auch unvermuteten Interessen und Überlegungen Ausdruck. In diese Richtung weisen auch die Überlegungen von Wyn (2005a: 47). Sie verdeutlicht, dass die Lebensverläufe junger Menschen heute fragmentierter als früher sind und Heranwachsende sehr unterschiedliche Berufswege und Identitäten ausprobieren. Ihre Ergebnisse lassen Wyn fragen, ob das Konzept der „adolescence", wie wir sie kennen, daher nicht zunehmend „obsolescent" sei. Es ist insgesamt also fragwürdig, welche Relevanz bspw. der in Kapitel drei dargestellte, dominante Diskurs des gemäßigten Verbots auf Mädchen hat. Dass er einen haben muss, ist aufgrund seiner Hegemonialität zwar unbestreitbar. Die aktuelle Lebenswelt der Mädchen ließe aber auch andere Deutungen zu. Zumindest besteht die Möglichkeit, dass in diesem vermutlich neuartigen Erleben von Adoleszenz auch ein Grund für ihre veränderte, auffällige Schönheitspraxis liegt.

5. Methode

Wie äußern sich nun die Mädchen selbst zu ihrem Umgang mit dem Aussehen? Und warum inszenieren sie sich vermeintlich nicht ihrem Alter entsprechend? Um diese Fragen beantworten zu können, müssen zuvor methodologische Entscheidungen getroffen werden. Dabei tragen Forschende viel Verantwortung, schließlich hat das Untersuchungsdesign einen großen Effekt auf die Analyseergebnisse. In diesem Kapitel möchte ich deshalb die Bedingungen meiner empirischen Arbeit und meine Vorgehensweise erläutern.

5.1 HERAUSFORDERUNGEN

Dass ich die Hintergründe des Schönheitshandelns von Mädchen mittels eines qualitativen Ansatzes untersuchen würde, stand von Anfang an fest. Vor dem Hintergrund der disziplinären Verortung in den Cultural Studies (vgl. 1.4.3) und ihrem Anspruch an Forschungs-Offenheit ist der Gebrauch ausschließlich quantitativer Verfahren auch nahezu undenkbar[1]. Durch Erhebungs- und Auswertungsmuster hätte eine solche Methodik m.E. zum einen den Zugang zu den Sinngebungen der Mädchen eingeengt. Zum anderen sind in quantitativen Verfahren Hypothesen zur Konzeption des Forschungsdesigns nötig[2]. Hypothesen wären in diesem Fall jedoch nicht praktikabel gewesen, handelt es sich doch um ein vglw. wenig abgestecktes Untersuchungsfeld (vgl. 1.2).

---

1   Das heißt jedoch nicht, dass die unterschiedlichen, kulturwissenschaftlichen Disziplinen über dezidierte methodische Vorgaben verfügen. Abgesehen von der Ethnologie, die mit der „Teilnehmenden Beobachtung" ein eigenes Verfahren etabliert hat, ist die Methodendiskussion in den Kulturwissenschaften noch jung (vgl. Hepp 2004: 254ff.).
2   Selbstverständlich fließen Theorien auch in qualitative Verfahren ein. Allerdings werden sie seltener in eindeutig überprüfbare Annahmen überführt.

Diese stichwortartigen Argumente pro qualitativer Forschung decken sich in Grundzügen mit den Kriterien, die in der gängigen Literatur zur Auswahl der Methode genannt werden (vgl. Flick/von Kardorff/Steinke 2003). In der Überzeugung, dass die wiederholte Darstellung der bekannten Diskussion zu den Unterschieden qualitativer oder quantitativer Forschung wenig nützlich ist, werde ich hier von einer weiteren Thematisierung absehen[3]. Stattdessen möchte ich im Folgenden drei Probleme darstellen, die aus der empirischen Untersuchung des Forschungsgegenstands resultieren. Mehr als die reine Methodendiskussion, haben sich diese Herausforderungen als relevant für die Gestaltung des Forschungsprozesses herausgestellt. Sie haben mir darüber hinaus auch dabei geholfen, den Blick auf den ‚Kern' des Umgangs der Mädchen mit Schönheit zu richten – den ich am Anfang der Forschung noch an anderer Stelle vermutete.

5.1.1 Handlungen gewünscht, Normen bekommen: Verhältnis von Praxis und Diskurs

In „Die feinen Unterschiede" bezieht Bourdieu (1987) neben anderen Ausdrucksmöglichkeiten von Stil auch den Körper in den kulturellen Konsum mit ein (vgl. 2.3). So erfolgt die Gestaltung des Äußeren laut Bourdieu analog zu anderen Codes sozialer Zugehörigkeit, über die das Individuum bewusst oder unbewusst eine Aussage macht. Dieses, an Praktiken des Einzelnen orientierte Konzept hat sich zur Untersuchung alltagskultureller Körperrepräsentationen etabliert. Entsprechend ist hier die Auseinandersetzung mit Praktiken der Lebensführung gängig. Das gilt auch für die optischen Repräsentationen Jugendlicher, bspw. ihr Bekleidungsverhalten betreffend (vgl. König 2007). Praktiken wird u.a. deshalb ein so großer Stellenwert beigemessen, weil sie über die Grenzen sprachlichen Artikulationsvermögens hinaus als vglw. unverfälschter Ausdruck gelten. Seit der Erforschung jugendlichen Widerstands durch den strategischen Einsatz von Stilmitteln (vgl. Hebdige 1979) werden Praktiken zudem bevorzugt als Ausdruck kulturellen Wandels interpretiert.

Auch mir schien es nahe liegend, mich im Rahmen der empirischen Forschung auf Schönheitspraktiken zu konzentrieren. Die Bedeutungen der neuartigen Inszenierungen sollten schließlich, so meine anfänglichen Überlegungen, über die vielfältigen Möglichkeiten der Gestaltung des Äußeren am besten nachvollziehbar sein. Deshalb entwickelte sich bei mir zunächst die Idee einer ethnographischen Methodik. Davon musste ich jedoch wieder Abstand nehmen: Ab-

---

3 Das ist m.E. auch deshalb wenig gewinnbringend, weil die beiden Ansätze zunehmend als miteinander kompatibel gelten (bspw. durch die sogenannte Triangulation qualitativer und quantitativer Ansätze, vgl. Kelle/Erzberger 2003).

gesehen von der Schwierigkeit, frühadoleszente Mädchen in einer teilnehmenden Beobachtung in ihrem Alltag zu begleiten[4], schien auch der Erkenntnisgewinn gering. So war zum einen die Forschungsfrage insgesamt zu eng gefasst. Zum anderen zeigte sich, dass die Frage nicht mittels einer teilnehmenden Beobachtung beantwortet werden konnte. Vielmehr waren die versprachlichten Sinngebungen der Akteurinnen entscheidend. Aus diesem Grund habe ich mich letztendlich entschlossen, ausschließlich Interviews mit frühadoleszenten Mädchen durchzuführen. Ihre Erzählungen *über* Schönheitspraktiken würden demnach nicht durch eine Feldforschung meinerseits, sondern lediglich durch Gesprächsnotizen ergänzt werden. Mich auf Interviews zu konzentrieren, schien mir in Anbetracht des Forschungsgegenstands vielversprechend. Viele Mädchen inszenierten sich mit einem hohen Maß an Können, warum sollten die ‚fachkundigen' Berichte darüber also nicht der Ausgangspunkt zum Verständnis ihres Schönheitsdiskurses sein? Ich nahm an, dass die Beschreibung ihrer Praktiken den Mädchen nicht nur deshalb willkommen wäre, weil es innerhalb der Peergroup ein geläufiges Thema ist. In der Erwartung, dass außerdem auch eindeutige Positionierungen über das ‚richtige' Aussehen Bestandteil ihrer Äußerungen sein würden, erarbeitete ich einen Interview-Leitfaden mit dem Schwerpunkt auf Schönheitspraktiken.

Allerdings erwies sich dieser Fokus nicht als gewinnbringend. Bereits in den ersten Gesprächen erzählten die Akteurinnen nur sehr zögerlich von ihrem Umgang mit Schönheit. Ohne Frage ist die Rede über Körperthemen zwar generell schwierig[5]. Jedoch hielten sich selbst diejenigen, die sichtbar einen großen Aufwand um ihr Äußeres betrieben, mit Angaben zu ihren Praktiken und deren Hintergründen zurück. Statt über ihre eigenen Schönheitshandlungen, sprachen die Interviewten bevorzugt über normative Dimensionen des Äußeren. So beteuerten sie meist, wenig Wert auf das Aussehen zu legen, Pflege wichtiger als

---

4 Neben dem Einverständnis der Mädchen wäre dafür auch die Erlaubnis der Erziehungsberechtigten notwendig gewesen. Letztere erschien jedoch unwahrscheinlich, weil viele Eltern dem Forschungsgegenstand kritisch gegenüber standen. Hinsichtlich des Themas bestand ein weiteres Problem darin, dass Schönheitspraktiken die Intimsphäre berühren: bspw. würde sich kaum jemand vor dem Badezimmer-Spiegel beobachten lassen. Eine teilnehmende Beobachtung, zumal bei Akteurinnen dieses Alters, verlangt außerdem viel Mut seitens des Forschenden.

5 So hält Gugutzer (2004: 10) die Erforschung des Körpers aufgrund seiner Sprachlosigkeit für problematisch: Erstens hätten wir nur wenig Worte für die Beschreibung alles Körperlichen, zweitens mangele es an Distanz zum Körper und drittens könne seine Wahrnehmung kaum in Sprache übersetzt werden.

Styling zu empfinden und keine Absichten mit ihren Praktiken zu verfolgen. Das war auch dann der Fall, wenn ihre eigenen Inszenierungen in keiner Weise den Eindruck von Zufälligkeit oder Funktionalität erweckten. Offenbar versuchten die Mädchen stattdessen, ihre Argumente in einen objektiven, kollektiven Zusammenhang zu stellen. Die von mir erwarteten subjektiven Sinngebungen, die sich direkt auf ihr auffälliges Schönheitshandeln bezogen, blieben daher weitestgehend aus. Beim wiederholten Lesen der Interviews festigte sich sogar der Eindruck, dass die Antworten der Akteurinnen in vielerlei Hinsicht auch von Erwachsenen mit gänzlich anderen Praktiken stammen könnten. So wurden die Regeln des angemessenen Umgangs mit dem Äußeren sehr präzise und direkt zur Sprache gebracht. Zwar konnte daraus nicht gleich gefolgert werden, dass die Interviews nicht dennoch verwertbar waren. Schließlich lieferten sie auf einer anderen Ebene m.e. durchaus Einblicke in den Alltag der Mädchen. Indes nahmen die tatsächlichen Handlungen der Akteurinnen in den Gesprächen insgesamt wenig Raum ein. Mein Ziel, das Entdecken von Praktiken bzw. das Erschließen von Bedeutungen über diese, wurde entsprechend nicht erfüllt. Zweifel an der Methodik und meinem Vorgehen im Feld waren die logische Folge.

Nach einiger Zeit setzte sich bei mir indes der Gedanke durch, dass die Ursache weniger in der falschen Methode als in einer fehlerhaften Annahme lag. Denn offensichtlich verdeutlichten nicht ihre Praktiken die Sicht der Mädchen auf das Thema Schönheit. Bestimmend waren scheinbar stattdessen die gesellschaftlichen Umstände. Zwar erzählten die Interviewpartnerinnen nur wenig über das, was sie selbst taten. Dafür machten sie meiner Ansicht nach deutlich, dass sie gelernt hatten, wie man sich zu Fragen des Äußeren zu verhalten hat. So wurde bspw. wiederholt durch die Aussage, Schönheit spiele nur eine geringe Rolle, die allgemein anerkannte Höherwertigkeit des ‚Inneren' über Äußerlichkeiten unter Beweis gestellt. Der Themenkomplex Schönheit schien also bereits in der Frühadoleszenz von normativen Setzungen dominiert. Deshalb war es den Akteurinnen vermutlich auch nicht möglich, sich zu vermeintlich individuellen Handlungen zu äußern, ohne sie in das gesellschaftliche Regelwerk einzuordnen. Nicht die altersbedingte Zurückhaltung, eine falsche Methodik oder Fehler seitens der Forschenden hinderten die Mädchen m.E. entsprechend daran, von ihrem eigenen Umgang mit dem Aussehen zu erzählen. Vielmehr war die Tatsache entscheidend, dass dieses Feld nicht außerhalb von bestimmten Diskursen existiert. In Folge dessen kam ich zu dem Schluss, dass das Wissen über die Art, wie die Bedeutung des Äußeren in der Gesellschaft diskutiert wird, die wichtigste Rolle in ihren Antworten spielte.

Trotz dieser Einsicht wurden die Praktiken im weiteren Forschungsverlauf jedoch nicht obsolet. Erkenntnisse ließen sich darüber jedoch nur bedingt erlangen. Deutlich mehr als auf ihre sichtbaren Handlungen, bezogen sich die Akteurinnen in den Interviews auf Repräsentationen. So musste sich also daraus auch die Relevanz des Aussehens in ihrem Alltag ableiten lassen und entsprechend ihre Notwendigkeit und Funktion untersucht werden. Zwar sind neben den Diskursen auch Äußerungen über Praktiken in die Auswertung mit eingegangen[6]. Dennoch stand ich vor der Aufgabe, eine neue Methode zu finden. Eine auf Schönheitspraktiken fokussierte, Kategorien-basierte Auswertung nach der „Grounded Theory" (Glaser/Strauss 2005), wie sie eigentlich geplant war, schien nicht erfolgversprechend sein. Erstens war der Umgang mit Schönheit angesichts der offensichtlich kollektiven Regeln bereits zu umfangreich im Sinn dieser eher explorativen Methodik beschrieben. Zweitens konnten die von den Mädchen geäußerten, unterschiedlichen Positionierungen keinen stimmigen, in sich geschlossenen Kategorien zugeordnet werden. Noch weniger ließen sie sich m.E. in einer hierarchischen Struktur darstellen.

Letzten Endes fiel die Entscheidung schließlich auf die Diskursanalyse. Dieser Entschluss führte bei mir auch zu einer diskurstheoretisch orientierten Sicht auf den Forschungsgegenstand insgesamt: So beeinflusste die Methode die Untersuchung auch abseits der Empirie. Die Anerkennung der Diskursivierung des Themas erleichterte m.E. außerdem den Umgang mit seinen ‚Fußangeln'. Die Subjektivität von Schönheit, ihre immer wieder kritisierte Banalität, ihre durch Oberflächlichkeit gegebene Irrelevanz und ihre Ungerechtigkeit konnten so als konstituierende Aspekte von Diskursen begriffen werden. Zusammengefasst, hatten die Äußerungen der Mädchen in den Interviews meiner Ansicht nach also nicht nur einen starken Einfluss auf die Methodik. Sie bestimmten den gesamten Forschungsverlauf.

---

6   Reckwitz (2008b: 188ff.) hat sich ausführlich mit dem Problem der Gegensätzlichkeit von Praktiken und Diskursen beschäftigt. So existiert nach Reckwitz in der Wahrnehmung derjenigen, die sich an Praktiken orientieren, das Soziale und Kulturelle primär. Der explizite, sprachlich geäußerte Sinn, also der Diskurs, werde hier als nachgelagert verstanden. Dagegen sei die Diskurstheorie der Überzeugung, dass Diskurse erst das sinnhafte Handeln der Praktiken bestimmen. Als Möglichkeit der Überwindung dieser populären, aber aus der Perspektive von Reckwitz fehlerhaften Unterscheidung, schlägt er vor, Praktiken und Diskurse nicht als getrennt, sondern als „zwei aneinander gekoppelte Aggregatzustände der materialen Existenz von kulturellen Wissensordnungen zu begreifen" (ebenda: 202). So fordert Reckwitz dem Anspruch auf Eindeutigkeit und Systematik zu entsagen und Diskurse und Praktiken nicht gegeneinander auszuspielen.

5.1.2 Nicht das Wort Mädchen nennen: Reifizierung von Geschlecht

Dass die auffälligen Inszenierungen der Mädchen als weiblich-idealisiert beschrieben werden können, deutet auf den hohen Stellenwert des Geschlechts in ihrem Schönheitshandeln hin. In Kapitel zwei habe ich mich bereits ausführlich mit der Relevanz der Geschlechtsidentität für die Selbst- und Fremdwahrnehmung des Äußeren beschäftigt. Innerhalb des zweigeschlechtlichen Systems wird die Zuordnung zu einem Geschlecht gefordert, das deshalb auch sichtbar gemacht werden muss. Aus diesem Grund war bei der Befragung der Mädchen von besonderem Interesse, welche Aussagen sie zur Kategorie Geschlecht machen würden. Zwar konnte ich davon ausgehen, dass das Geschlecht beim Thema Schönheit wichtig sein würde. Unklar war jedoch, in welchen Zusammenhängen und mit welchen Bewertungen das Mädchen- oder Frau-Sein zur Sprache gebracht werden würde. Schließlich sind die hohe Bedeutung des Geschlechts und die Tatsache, dass jede Person über dieses Vorwissen verfügt, methodisch nicht unproblematisch. So scheint der Zusammenhang zwischen der weiblichen Identität und dem Aussehen der Mädchen zu selbstverständlich, um ihn zum Gegenstand zu machen. Mit dem Begriff der Reifizierung wird diese Schwierigkeit umschrieben: Das, was herausgefunden werden soll, wird unhinterfragt in die Untersuchung übernommen. Gerade der Umgang mit der Kategorie Geschlecht gilt hierbei als kompliziert (vgl. Behnke/Meuser 1999: 77f.). Angesichts des auffälligen Schönheitshandelns frühadoleszenter Mädchen schien mir diese Herausforderung sogar besonders groß. Diese Arbeit beschäftigt sich schließlich mit nur einem Geschlecht und setzt damit eine Geschlechterrelevanz ja bereits voraus. Ich sah mich also mit der Frage konfrontiert, wie in einer Methode das Geschlecht einerseits bereits gesetzt und andererseits erklärungsbedürftig sein kann.

Mit der Reifizierungs-Problematik haben sich Degele/Schirmer (2004: 111ff.) auseinandergesetzt. Sie machen den Vorschlag, das Geschlecht sowohl in die Forschungspraxis mit einzubeziehen als auch außen vor zu lassen. Dafür plädieren die Forscherinnen auf den vorläufigen Verzicht jeglicher Geschlechternennungen in Interviews. Gleichzeitig solle der Versuch unternommen werden, Anreize zur Erwähnung des Themas Geschlecht herzustellen. Auf diese Weise, so Degele/Schirmer, könnten unbewusste Überzeugungen und Konstruktionsleistungen sichtbar gemacht werden. Sie schreiben: „Als Technik der Dekonstruktion fragt die funktionale Analyse, wie die Unterscheidung von Geschlecht selbst dazu verwendet wird, soziale Ordnung herzustellen." (Ebenda: 112) Diese Überlegungen habe ich mir zum Vorbild für meine Befragungen genommen. Die Interviews betreffend, bedeutete das also zunächst, jegliche geschlechtliche Konnotierungen herauszuhalten. So wurde der Leitfaden größtenteils desexualisiert und während der Gespräche so weit als möglich auf den Gebrauch der Begriffe Mädchen, Frau, weiblich und feminin verzichtet. Aufgeklärt habe ich die Interviewpartnerinnen zunächst auch nicht über den Umstand, dass allein Mädchen befragt wurden. Damit sollte der Geschlechterordnung nicht von vornherein Aussagekraft verliehen werden. Wurde die Kategorie Geschlecht durch die Akteurinnen aber als gegeben dargestellt, habe ich versucht, diese scheinbare Selbstverständlichkeit gemeinsam mit den Interviewpartnerinnen zu hinterfragen. Das war bspw. dann der Fall, wenn Schönheit implizit immer als weibliche Schönheit betrachtet wurde. Auch während des Auswertungsprozesses habe ich auf einen sensiblen Umgang mit dem Geschlecht geachtet. Zu Beginn der Analyse wurde bei allen Aussagen überprüft, ob und inwiefern diese geschlechtlich beschrieben sind. So bin ich z.B. nicht einfach davon ausgegangen, dass die Präferenz für lange Haare eine ‚reine' Geschmacksangelegenheit ist, sondern dass sie als Merkmal von Weiblichkeit auch mit Rollenerwartungen verknüpft sein könnte. Im gleichen Maß wurde reflektiert, warum „Schminken" die erste Assoziation vieler Mädchen zum Thema Aussehen war. Zur Dekonstruktion der Bedeutung des Geschlechts zählte für mich ebenfalls, weibliches Schönheitshandeln nicht von vornherein als Mittel und Resultat der Unterdrückung zu verstehen. Wie bereits an unterschiedlichen Stellen verdeutlicht, ist diese Denkweise im Zusammenhang mit dem Attraktivitätswunsch von Frauen und Mädchen schließlich häufig.

Im Endeffekt förderte mein Versuch, die Reifizierung des Geschlechts in der Forschung zu vermeiden, unterschiedliche Ergebnisse zutage. So zeigte sich, dass das Geschlecht zumindest bei meinem Untersuchungsthema nicht streng dekonstruktivistisch aufgefasst werden durfte. Das Aussehen erschien nicht als ein Forschungsfeld, in dem absolute Ansprüche der Aushebelung von Ungleichheit und Zweigeschlechtlichkeit verwirklicht werden konnten. Vielmehr musste m.E. die ‚Realität' des Geschlechts in die Methode übernommen werden, da das schöne Äußere, wie bereits in Kapitel zwei argumentiert, praktisch nicht ohne den Geschlechterbezug existiert. Entsprechend sahen sich viele Interviewpartnerinnen ohne diesen Kontext („Bei Jungen? Oder bei Mädchen?") kaum in der Lage, etwas zum Thema Schönheit zu sagen. Dass ein Ergebnis der Empirie die Relevanz visueller Mädchenhaftigkeit für die Akteurinnen war, verwunderte daher nicht. Dennoch nutzte meiner Ansicht nach die vorsichtige und überlegte Handhabung der Kategorie Geschlecht der Forschung. So zeigte sich auf diesem Weg z.B., dass weibliches Aussehen in den Augen der Mädchen nur bedingt mit einem traditionellem Rollenverständnis korreliert (vgl. 6.5.2). Mehr noch schien die optische Zurschaustellung des Geschlechts vielen Akteurinnen gerade deshalb wichtig, weil die Ordnungskategorie offenbar generell an Einfluss verloren hat. Auch die Einsicht, wann das Geschlecht für die Bedeutung der Schönheit keine Rolle spielt, war für die Untersuchung wichtig. Wenn über soziale Sicherheit und ihren Zusammenhang mit dem Äußeren gesprochen wird, erscheint das Geschlecht bspw. irrelevant. Und bei geschlechtsübergreifenden Anforderungen wie der zunehmenden Notwendigkeit von ‚Leistung' wiederum ist es offensichtlich untergeordnet.

Insgesamt kann also zwar bestätigt werden, dass die Kategorie Geschlecht einer angemessenen Methodik bedarf. Gleichzeitig sollte aber auch festgehalten werden, dass die tatsächliche Bedeutung des Geschlechts in jeder Forschung ohnehin neu erarbeitet werden muss. So tritt es schließlich, je nach Thema, auf eine bestimmte Weise auf. Entscheidend für das Sujet ist das Geschlecht jedoch nicht immer.

5.1.3 Reflexion der Fehlerquellen

Im Folgenden beschäftige ich mich mit der Selbstreflexivität des Forschenden hinsichtlich möglicher Fehlerquellen während empirischer Erhebungen. Bourdieu vertritt eine radikale Ansicht, wenn es darum geht, Einflussnahmen auf den Forschungsgegenstand und die Ergebnisse zu vermeiden. So besteht seines Erachtens

„[...] der wesentliche Unterschied [...] nicht zwischen einer Wissenschaft, die eine Konstruktion vollzieht und einer, die es nicht tut, sondern zwischen einer, die es tut, ohne es zu wissen, und einer, die darum weiß [...]." (Bourdieu 1997: 781)

Eines der wichtigsten Themen in diesem Zusammenhang ist m.E. die ungleiche Beziehung zwischen Forschenden und Befragten. Dieser Herausforderung war ich mir schon zu Beginn der empirischen Arbeit bewusst. So sind Interviews nicht nur immer von Hierarchien gekennzeichnet. Sie finden meist auch in einer künstlichen Atmosphäre statt. Diese Tatsache zu akzeptieren und das Wissen darum den Gesprächspartnerinnen mitzuteilen, erschien mir hilfreich für den Erfolg der Interviews. Zu dieser Überzeugung kam ich im Speziellen aufgrund des noch geringen Lebensalters der Akteurinnen. Entsprechend wurde am Anfang des Interviews jeweils die Wichtigkeit jeder einzelnen Gesprächspartnerin betont. Ich habe sie auch auf die Möglichkeit hingewiesen, im Fall eines Unwohlseins Einfluss auf das Interview zu nehmen. Dazu zählte der ausdrückliche Hinweis, dass es sich hierbei um keine Schulsituation handele und freies Reden vielmehr von meiner Seite erwünscht sei. Wie sich jedoch in der Auswertung der ersten Gespräche herausstellte, entsprach die von mir intendierte Machtverlagerung nur wenig der Realität. Stattdessen war ich diejenige, die die Gespräche zu einem beträchtlichen Teil bestimmte. Offenbar war nicht nur meine relative Unerfahrenheit als Interviewende daran schuld. Ich habe auch die Bedürfnisse und das Verhalten der Akteurinnen falsch eingeschätzt. Nach längerer Analyse gelang es mir jedoch, die Schwierigkeiten zu identifizieren.

So war ich *erstens* als Forscherin offensichtlich nur bedingt bereit, das Ungleichgewicht zwischen mir und den Gesprächspartnerinnen aufzuheben. Aufgrund der am Anfang der Erhebung starken Fokussierung auf den Leitfaden legte ich fest, was wann thematisiert werden würde. Noch gravierender schien der Einfluss meines wohlmeinenden ‚Mitdenkens' für die Mädchen: Ich war der Überzeugung, sie würden zur Orientierung einen strukturierten Verlauf benötigen und sich eben in der eigentlich angestrebten, der Schule gegensätzlichen Situation unwohl fühlen. Dennoch bemühte ich mich sichtbar häufig, bei den Interviewpartnerinnen nicht den Eindruck zu erwecken, sie würden unter dem Zwang stehen, bestimmte Dinge erzählen zu müssen. Entsprechend habe ich mich besonders bei den ersten Interviews oft auf unverfängliche Informationen konzentriert. Ich vermied es, an denjenigen Stellen nachzuhaken, die zwar sensibel und zunächst nicht dem Forschungsgegenstand zugehörig waren, aber für die Mädchen Bedeutung hatten. Das betraf bspw. Erfahrungen von Scheidungen und Trennungen in der Familie, die sie mir offensichtlich mitteilen wollten. Insgesamt befand ich mich oft in dem Konflikt, auf der einen Seite die Interviewpartnerinnen zum Erzählen bringen zu wollen, auf der anderen Seite aber auch konkrete Fragen und Antworten für notwendig zu halten. Aus Gründen der Forschungsqualität habe ich darüber hinaus darauf gewartet, dass sie selbst ‚mit der Sprache rausrücken' würden. Mit zunehmender Forschungspraxis verminderten sich diese Probleme. Trotzdem bin ich mir darüber bewusst, dass sie besonders auf die ersten Interviews Einfluss genommen haben.

Dass sich mein Anspruch auf ein größeres Maß an Gleichheit zwischen den Gesprächspartnern oft nicht erfüllte, lag *zweitens* im Alter der Interviewpartnerinnen und im Forschungsthema begründet. Zwar machten die meisten Mädchen einen sehr reflektierten und selbstbewussten Eindruck. Diese fast erwachsene Reife spiegelt sich m.E. auch oft in ihren Antworten wider (vgl. 6.1). Dennoch war mein Wunsch nach offenen, narrativen Interviews hier nur schwerlich umzusetzen. So legten die Mädchen häufig großen Wert darauf, eine durchdachte und allgemein akzeptierte Antwort auf meine Fragen zu geben. Längere Narrationen fanden dagegen meist bei eher abseitigen Themen statt. Denn offensichtlich freuten sich die Mädchen, ihre Begeisterung (v.a. über Popstars) und ihre Sorgen (bspw. die Eltern oder die Schule betreffend) mitteilen zu können. Generell hatte ich oft den Eindruck, dass sich viele Akteurinnen analog zu ihrem

Versuch, angemessen zu antworten, ein gewisses Maß an Asymmetrie zwischen mir und ihnen wünschten. Nichtsdestotrotz gab es meiner Meinung nach aber auch die Erwartung der Mädchen an mich, ihre Lebenswelt zu kennen und zu verstehen. So haben viele positiv reagiert, wenn ich ihre Mode-Marken, -Trends, Musik oder TV-Serien gut kannte. Im Laufe der Forschung setzte sich bei mir also die Überzeugung durch, dass es zumindest mit Interviewpartnern dieses Alters keinen Anspruch auf Gleichheit geben sollte, weil das die Befragten irritieren würde. Gleichzeitig darf m.E. aber der Abstand zwischen den Forschenden und den Interviewten in der Regel nicht zu groß sein, weil sonst die Bereitschaft zum Reden beeinträchtigt werden würde.

Eine *dritte*, mögliche Fehlerquelle ist die Beeinflussung der Antworten der Mädchen durch ihr ‚legitimes' Wissen über Schönheit, was der „sozialen Erwünschtheit" zugeschrieben werden kann[7]. Damit ist gemeint, dass Interviewte genau das sagen, von dem sie annehmen, dass es dem gesellschaftlichen Konsens entspricht (vgl. Friedrichs 1990: 152). Diese Vermutung ist indes schwer zu belegen. So konnte ich nicht sicher sein, ob die Äußerungen der Akteurinnen nicht doch mit ihren Erfahrungen übereinstimmten oder eben ihrer tatsächlichen Meinung entsprachen. Darüber hinaus hätten sie mit Gleichaltrigen natürlich anders gesprochen. Deshalb kann es also auch keine ‚wirklich' authentischen Interviews geben. Sich diesen Umstand bewusst machend und beständig hinterfragend, warum welche Inhalte zur Sprache gebracht wurden, ließ sich aus den Antworten der Frühadoleszenten dennoch viel herauslesen. Bspw. fiel mir während der Interviews auf, dass es für die Mädchen meist leicht war, über andere zu sprechen, und auf diese Weise ein Großteil der Themen behandelt wurde. Besonders relevant waren für mich daher diejenigen Situationen, in denen sich die Akteurinnen Fragen über sich selbst stellten. Unzweifelhaft ging es dabei um die Vermittlung eines stimmigen Bildes der eigenen Person. Um diese, für meine Empirie wichtigen Selbst-Konstruktionen zu unterstützen, habe ich hier sogar oft meine Neutralität als Forschende aufgegeben und dem Gesagten zugestimmt[8]. Hätte ich aus Gründen der Wahrheitsfindung darauf verzichtet, wären m.E. viele der ausführlicheren Narrationen ausgeblieben, die sich im späteren Verlauf für die Diskursanalyse als wichtig erwiesen.

---

7 Im Sinn der Diskursanalyse bin ich allerdings der Ansicht, dass soziale Erwünschtheit nicht notwendig als Problem betrachtet werden muss. Vielmehr kann sie auch Quelle der Erkenntnis sein, spiegelt sich hier doch gerade der dominante Diskurs wider.

8 Auch Bourdieu (1997: 793ff.) empfiehlt dieses vermeintlich eher unwissenschaftliche Vorgehen, da es nach seiner Erfahrung der Qualität der Gespräche zugutekommt.

Zusammenfassend hat die Reflexion der Fehlerquellen zu unterschiedlichen Einsichten in die Forschungspraxis beigetragen. Meine starke Einflussnahme auf die Interviews, ihre Struktur und ihren Verlauf betreffend, hätte vermindert werden sollen. Wie sich im Fortgang der Erhebung zeigte, ist dabei aber nicht nur zunehmende Erfahrung hilfreich. Es scheint mir heute auch notwendig, bereits vor Beginn der Empirie ausreichend Zeit im Feld zu verbringen. So können nicht nur die Probanden kennengelernt, sondern es kann sich auch mit der eigenen Position ihnen gegenüber auseinandergesetzt werden. Eine weitere Einsicht ist, dass sich nicht alle Fehler vermeiden lassen. So waren offene, machtbefreite Interviews mit den befragten Mädchen bspw. kaum möglich. Auch hat sich bei mir die Annahme durchgesetzt, dass sich der Positionsunterschied zwischen Forschern und Befragten nicht allein durch guten Willen beseitigen lässt. Er kann vielmehr auch produktiv sein, werden auf diese Weise schließlich nicht alle Differenzen ausgeblendet, was m.E. auch eine Form von Arroganz der Forschenden wäre. Abschließend hat sich in meinen Augen gezeigt, dass, selbst wenn Fehler begangen wurden, die empirischen Ergebnisse dennoch fruchtbar sein können. Das ist maßgeblich den Interviewpartnerinnen selbst zu verdanken. Meiner Ansicht nach spielt aber noch etwas anderes eine Rolle: nämlich die Tatsache, dass ich mich bei den Interviews meist wohl gefühlt, Sympathien für die Probandinnen und selbst eine große Nähe zum Forschungsthema hatte.

5.2 DATENERHEBUNG

5.2.1 Auswahl der Interviewpartnerinnen

Der Auswahl der Interviewpartnerinnen sind verschiedene Überlegungen vorausgegangen, die schließlich in Erhebungsvariablen resultierten. Die vermeintliche visuelle Sexualisierung der Mädchen gehörte indes nicht dazu. So gilt nach meiner Auffassung das in den auffälligen Inszenierungen sichtbare, möglicherweise veränderte Verhältnis zu Schönheit nicht nur für eine bestimmte Gruppe von Mädchen. Zwar neigen nicht alle Frühadoleszenten optisch zu Extremen. Schon durch das Fernsehen, das Internet und die Popmusik sind die meisten Heranwachsenden aber mit expliziter Sexualität vertraut. Wenn Sexualisierung existiert, ist sie m.E. heute also Teil des normalen Konsums. Dazu kommt, dass sich der mögliche kulturelle Wandel, erkennbar im neuartigen Umgang mit Schönheit, durch die Beteiligung einer Vielzahl von Akteurinnen vollziehen muss. Die bewusste oder unbewusste Partizipation am Diskurs, die Fürsprache wie die Gegenrede können dabei gleichermaßen prägen sein. Dieses zusammennehmend, betrachtete ich den Forschungsgegenstand daher nicht als Minderheiten-Phänomen. Als ein solches sollte er deshalb auch nicht untersucht werden. Stattdessen beabsichtigte ich, die Mädchen in ihrer ‚Gesamtheit' zu erfassen, wofür verschiedene Kriterien zur Auswahl festgelegt worden sind.

An erster Stelle stand dabei das Lebensalter der Interviewpartnerinnen. Ich hatte mir vorgenommen, zehn- bis dreizehnjährige Mädchen im gleichen Verhältnis zu befragen. Andernfalls hätte schließlich die Gefahr bestehen können, dass die Ergebnisse zu sehr die Kindheit oder Jugend anstelle der Frühadoleszenz als ‚Zwischenphase' abbilden würden. Weiterhin habe ich zur Annäherung an den gesellschaftlichen Querschnitt eine weitestgehend an der deutschen Bevölkerung orientierte Verteilung angestrebt (vgl. 4.2.1). Als Variablen wurden der besuchte Schultypus (Grundschule, Gesamtschule, Hauptschule, Realschule und Gymnasium), der ethnisch-kulturelle Hintergrund (v.a. das Herkunftsland der Eltern betreffend, in Hinblick bspw. auf Werte[9]), die soziale Prägung/das Milieu (das vermutete Einkommen der Eltern, untergliedert in einkommensschwach, unterer Durchschnitt, durchschnittlich, oberer Durchschnitt und vermögend, in Hinblick bspw. auf Konsummöglichkeiten[10]) und die regionale Herkunft (Dorf, Stadt, Großstadt) berücksichtigt.

Allerdings, und das sollte nicht unerwähnt bleiben, ist die Nutzung solcher Variablen nicht unumstritten. So kann deren Benennung auch zu Ungleichheiten beitragen. Auf mein Thema bezogen, wird zudem ein Widerspruch deutlich. Ich gehe einerseits von einer vglw. homogenen Erfahrung der Mädchen mit der sie umgebenden Kultur aus, in der ‚alle' von einem bestimmten Schönheitsdiskurs betroffen sind. Andererseits differenziere ich aber dennoch nach Variablen. Dem Widerspruch lässt sich entgegen halten, dass die Lebensrealität der Akteurinnen und damit auch ihr Umgang mit dem Äußeren durch die oben genannten Bedingungen geprägt werden können. Jede verfügt über sozial strukturierende Macht, weshalb sie meiner Ansicht nach auch während der Erhebung berücksichtigt

---

9 So gehe ich dann von einem migrantischen Hintergrund aus, wenn die erste oder zweite Einwanderer-Generation innerhalb der Familie die Eltern der Interviewpartnerin sind.

10 Das Bildungsniveau spiegelt sich in diesen Begriffen auf den ersten Blick nicht wider. In Anlehnung an die Kapitalformen Bourdieus (1987) sollen jedoch das „ökonomische" (Einkommen) und „kulturelle" Kapital (Bildung) hier kumuliert verstanden werden. Zwar wäre dafür eine Differenzierung nach „Schichten" oder „Klassen" passender gewesen. Allerdings wollte ich diese Art von Unterteilung vermeiden, da sie durch sich auflösende Grenzen zwischen den Gruppen m.E. heute in Deutschland nur noch wenig realistisch ist.

werden mussten. Unklar blieb aber natürlich, ob und inwieweit die Variablen für die empirischen Ergebnisse tatsächlich eine Rolle spielten. Darauf werde ich am Ende des Kapitels eingehen.

Nach Festlegung der Variablen begann die Suche nach Interviewpartnerinnen, was sich jedoch schwieriger gestaltete als gedacht. Auch wenn die Akquise vermutlich selten problemlos verläuft und immer Überzeugungsarbeit geleistet werden muss, verstärkte sich dieser Effekt m.E. auch durch den Forschungsgegenstand und das -design. Bspw. wäre es mir sinnvoll erschienen, Mädchen beim ‚Shopping' mit Freundinnen anzusprechen. Ihres Alters wegen konnte ich allerdings nicht auf das Einverständnis der Erziehungsberechtigten verzichten. Also musste die Suche bei den ‚Autoritäten' selbst ansetzen, wofür ich zunächst Schulen in Betracht gezogen habe. Obwohl sogar die Erlaubnis eines Bundeslandes vorlag, an Schulen Interviewpartnerinnen ‚anzuwerben', kam mit der Begründung mangelnder Relevanz des Themas und fehlender Zeit jedoch selten ein Kontakt zustande.

In Folge habe ich schließlich den größten Teil der Gesprächspartnerinnen über private Kontakte akquiriert. Aber auch hier existierten Vorbehalte, v.a. die Mütter begaben sich oftmals in die Position der ‚Anwälte' ihrer Töchter. Aus denselben Gründen, aus denen in der Erziehung oder in den Wissenschaften vor dem intensiven Schönheitshandeln von Mädchen gewarnt wird (vgl. 3.1 und 3.2), sprachen sich einige gegen ein Interview aus: ihren Töchtern solle kein falsches Frauenbild vermittelt, ihre Konsuminteressen nicht noch weiter gesteigert und die kindliche Lebenswelt möglichst lange erhalten bleiben. Eine Mutter gab an, dass sie beständig versuche, ihre Töchter von Sexualisierung befördernden Fernsehprogrammen oder Zeitschriften fernzuhalten. Sie wolle daher verhindern, dass jemand die Neugier darauf noch weiter entfachen könne. Mehrere Mütter und auch ein Vater bestanden darauf, an den Interviews teilzunehmen, um sich meiner ausreichend kritischen Perspektive auf das Thema zu versichern. Wenngleich diese Vorbehalte natürlich nachvollzogen werden können, wurde dadurch dennoch die Datenerhebung behindert. Nach dem Beisein einer in feministischen Kontexten aktiven Mutter habe ich schließlich die Teilnahme von Eltern bei allen zukünftigen Befragungen abgelehnt. Sensibilisiert für die Vorurteile, die der Beschäftigung mit dem Thema Schönheit entgegengebracht werden, zeigte sich hier die Sanktionierung der vermeintlich unpassenden Inszenierungen von Mädchen deutlich.

Letztendlich kamen 33 Interviews zustande, die hinsichtlich der gewünschten Erhebungsvariablen ein breites Spektrum abdeckten. Zu verdanken war diese Varianz der Tatsache, dass mir über mein Netzwerk sehr unterschiedliche Kontakte geliefert wurden. Angefangen von Jugendtreffs und Schulen in sozial unterschiedlich starken Stadtteilen, reichten die privaten Verbindungen bis hin zu Verwandten, Freunden und Nachbarn unterschiedlicher Milieus, die mir Interviewpartnerinnen vermittelten.

5.2.2 Gesprächsinhalte und -verlauf

Die Interviews wurden mit Hilfe eines Gesprächsleitfadens abgehalten, der jedoch nicht nur die neuartigen Schönheitspraktiken zum Thema hatte. Abseits des Forschungsgegenstands, ging es in der Eingangs- und der Schlusssequenz jeweils um die Lebenswelt der Frühadoleszenten. Nach der Selbstbeschreibung, also der Nennung von persönlichen ‚Fakten' zum Beginn, habe ich am Ende des Interviews die Mädchen nach ihren Wünschen und Erwartungen für die Zukunft gefragt. Diesen Aufforderungen kamen die Interviewpartnerinnen nicht nur größtenteils sehr gerne nach. Sie stellten sich für mich auch als wichtig zur Einordnung der individuellen Äußerungen heraus. Auch der Hauptteil des Leitfadens hatte nur am Rande das Phänomen der zunehmend weiblich-idealisierten Inszenierungen zum Inhalt. Andernfalls wäre es nicht möglich gewesen, sich den Sinngebungen der Akteurinnen möglichst voraussetzungsfrei zu nähern und die Hintergründe ihres Handelns innerhalb des Gesamt-Kontexts Schönheit erfassen. So standen meist allgemeine Äußerungen zum Aussehen als vermeintlich neutraler Oberfläche im Vordergrund. Im Erhebungszeitraum ist der Leitfaden ein Mal überarbeitet worden. Der Erkenntnis folgend, dass gesellschaftliche Umstände mehr noch als individuelle Praktiken das Reden über das Aussehen bestimmen, habe ich neben den eigenen Handlungen auch verstärkt nach Bewertungen des Themas Schönheit gefragt. Insgesamt habe ich versucht, nur solche Fragen zu stellen, die mit dem Alltagswissen und den allgemeinen Gesprächsthemen frühadoleszenter Mädchen vereinbar waren.

Dabei ist wichtig zu erwähnen, dass hier ein Thema und auch ein Begriff vermieden worden sind, die sonst Leitfaden und Interview dominiert hätten. Damit beziehe ich mich auf den Hinweis auf das Geschlecht und auf die Nennung des Wortes ‚Schönheit'. Die erste Auslassung war durch die Gefahr der Reifizierung der Geschlechterdifferenz bedingt. So interessierte mich, zu welchem Zeitpunkt das Geschlecht erstmals zur Sprache gebracht werden würde. Ich wollte außerdem wissen, wie die Mädchen auf eine vermeintliche Geschlechts-Offenheit reagieren würden, und ob die von ihnen genannten Bewertungen eindeutig einem Geschlecht zuzuordnen wären. V.a. erschien mir das Rollenverständnis der Interviewpartnerinnen relevant: Fühlten sie sich wohl als Mädchen, und wenn ja, aus welchen Gründen? Meine Vorsicht im Umgang mit dem Wort Schönheit dagegen hatte die Vermeidung von Begriffen zum Ziel, die die hohe Relevanz oder Abwertung des Themenkomplexes bereits impliziert hätten. Anstelle solcher Vorgaben sollten die Positionierungen durch die Interviewpartnerinnen selbst vorgenommen werden. Zwar habe ich die Akteurinnen nach der Beschreibung ‚guten' Aussehens gefragt. Diese Setzung war m.E. jedoch nötig, um eine erste Festlegung zu provozieren. Und im Vergleich zum erhabenen Begriff der Schönheit erschien mir diese Formulierung offener, individueller und näher an der Lebensrealität Frühadoleszenter.

Den Verlauf der Interviews betreffend, wurde der Leitfaden als teilstandardisiert konzipiert. Nach Möglichkeit habe ich alle Fragen offen formuliert, so dass sie eine umfangreiche Auseinandersetzung und vglw. lange Antworten voraussetzten. In thematischen Blöcken zusammengefasst, rekurrierten die Fragen dabei abwechselnd auf individuelle und kollektive Einschätzungen. Der weit gefassten Formulierung der jeweiligen Eingangsfrage folgte dann in der Regel eine Vertiefung in Relation zur Antwort der Interviewpartnerin. Hier habe ich dann diejenigen Themen, bei denen die Bereitschaft zur Narration groß war, besonders berücksichtigt. Während die Eingangssequenz und der Schluss gleichbleibend waren, bestanden im Hauptteil Möglichkeiten zur Variation. Wie zu erwarten, war das Engagement bei den Interviews unterschiedlich. Manche Mädchen antworteten relativ kurz auf die Fragen, die Mehrzahl sprach jedoch auch über Themen über den Forschungsgegenstand hinaus. So variierte die Dauer der Interviews zwischen 30 Minuten und zwei Stunden. Größtenteils Einzelinterviews, fanden auf Wunsch auch vier Gespräche mit zwei Mädchen und zwei Gespräche mit drei Interviewpartnerinnen statt, jeweils Geschwister oder Freundinnen. Diese Interviews erwiesen sich auf eine besondere Weise als nützlich, sahen sich die Mädchen hier offensichtlich durch die Nähe einer vertrauten Person stärker zur Stellungnahme herausgefordert.

5.2.3 Erhebungsprozess

Akquiriert durch private Netzwerke, wurden die Akteurinnen von mir anhand der oben benannten Variablen ausgewählt. Unterschiede in Alter und Schultypus konnten auf diese Weise sehr gut abgebildet werden. Dagegen verlief die gleichberechtigte Differenzierung nach ethnisch-kulturellem Hintergrund und regionaler Herkunft weniger erfolgreich. So haben mit über einem Drittel, gemessen an der Gesamtzahl, vglw. viele Mädchen mit Eltern migrantischer Herkunft teilgenommen. Der größte Teil der Interviewpartnerinnen stammte außerdem aus Großstädten[11], was ebenfalls nicht repräsentativ für den deutschen Durchschnitt ist.

---

11 Als Großstädte verstehe ich Städte mit über 500.000 Einwohnern. Der Mehrheit der Interviews fand in Berlin und Hamburg statt, die anderen in Bremen und Hannover.

Mit den Erziehungsberechtigten bin ich nach ‚Vorsprache' durch die vermittelnde Person per Telefon oder Email in Kontakt getreten. Nachdem die Zustimmung zu den Interviews mündlich oder schriftlich erteilt worden war, wurden die Mütter oder auch die Akteurinnen selbst noch einmal von mir über das Vorhaben informiert und ein Gesprächstermin vereinbart. Dabei habe ich Wert darauf gelegt, dass die Interviews, wenn möglich, im privaten Umfeld stattfinden würden. Einige Gespräche wurden in Jugend- bzw. Mädchentreffs, zwei außerdem in der Schule abgehalten, den größten Teil habe ich jedoch tatsächlich bei den Interviewpartnerinnen zuhause durchgeführt.

Diese Ortswahl wirkte sich m.E. positiv auf die Gesprächsbereitschaft der Mädchen aus, befanden sie sich doch in einem vertrauten, sicheren und meist ungestörten Umfeld. Darüber hinaus waren die Akteurinnen oft sichtlich stolz, für ein „Interview" zuhause besucht zu werden. Ihr Zimmer oder das Wohnzimmer hatten sie häufig durch Anordnung des Mobiliars und Ausstattung mit Getränken sogar entsprechend hergerichtet. Außerdem erschien mir der Einblick in das familiäre Lebensumfeld v.a. deshalb als sinnvoll, weil mein eigentlicher Plan einer teilnehmenden Beobachtung nicht verwirklicht werden konnte. Besonders wichtig für mich war die Zurschaustellung ihrer privaten Lebenswelt durch die Interviewpartnerinnen selbst. So ermöglichten mir die meisten Mädchen von sich aus gegen Ende des Gesprächs einen Eindruck, angefangen bei ihren Büchern, Musik und Popstars-Devotionalien bis hin zu ihren liebsten Kleidungsstücken, Accessoires und Kosmetikutensilien. Zwar konnte dieses Wissen nicht direkt in die diskursanalytische Auswertung eingehen, dennoch war es meiner Ansicht nach bedeutend für den Erkenntnisgewinn[12].

Die Atmosphäre bei den Interviews habe ich in der Regel als sehr angenehm empfunden. Wie erhofft nahmen die meisten Mädchen freiwillig teil, also ohne größere Einflussnahme ihrer Eltern, und äußerten sich meist bereitwillig über den Themenkomplex Aussehen. Zwar wurde über einige Dinge nur selten gesprochen, bspw. über die konkrete Intention hinter den eigenen Inszenierungen. Der größte Teil der Akteurinnen hatte aber offensichtlich ein generelles Interesse am Gesprächsgegenstand Schönheit. Nur in den seltensten Fällen wurde das Thema abgelehnt. Auffällig, aber zu erwarten, war die oft geäußerte Überzeugung, die Bedeutung des Aussehens sei selbsterklärend. Insgesamt zeigten die meisten eine beeindruckende Kenntnis der Diskurse.

---

12 Zu meinem Bedauern habe ich auf Fotos dieser privaten Räume verzichtet. So hätten mir nach meiner Einschätzung die Eltern nur selten ihr Einverständnis gegeben. V.a. aber bestand m.E. keine Möglichkeit einer angemessenen Analyse solcher Materialien in Hinblick auf die Forschungsfrage.

An Feldnotizen habe ich jeweils eine Beschreibung der Gesprächspartnerin, des Umfelds, der Situation, des Verlaufs sowie Auffälligkeiten und Empfindungen festgehalten. Nach anfänglichen Schwierigkeiten aufgrund meiner Unerfahrenheit lieferten die Interviews insgesamt überaus zufriedenstellende Einblicke. Statt eines Mangels an Daten sah ich mich nach kurzer Zeit mit einem Übermaß an verwertbarem Material konfrontiert. Ich entschied mich daher, nicht alle Gespräche in die Analyse mit einzubeziehen. Aus diesem Grund habe ich die erste Interpretation eines Interviews meist bereits wenige Tage nach einem Treffen angefertigt. Die empirische Arbeit wurde nach acht Monaten abgeschlossen. Zu diesem Zeitpunkt war nach meiner Auffassung die theoretische Sättigung erreicht und die Überzeugung setzte sich durch, den Forschungsgegenstand so weit als möglich erfasst zu haben.

5.3 AUSWERTUNG

5.3.1 Die Teilnehmerinnen

(Interview-Kürzel) Name, Alter	Wohnort	Ethn.kult./ nationaler Hintergrund	Sozioökonomische Prägung	Besuchter Schultypus
(I1) Anouk, 12	Großstadt	Deutschland	oberer Durchschnitt	Integrierte Gesamtschule
(I2) Beverly, 13	Großstadt	Polen	durchschnittlich	Integrierte Haupt und Realschule
(I2) Elisabeth, 12	Großstadt	Polen	unterer Durchschnitt	Integrierte Haupt- und Realschule
(I3) Frida, 10	Großstadt	Deutschland	vermögend	Grundschule
(I3) Katinka, 12	Großstadt	Deutschland	vermögend	Gymnasium
(I4) Jade, 12	Großstadt	Portugal	unterer Durchschnitt	Gymnasium
(I4) Latisha, 13	Großstadt	Ghana	unterer Durchschnitt	Integrierte Haupt- und Realschule

(I4) Shaney, 12	Großstadt	Togo/ Portugal	durch- schnittlich	Gymnasium
(I5) Jenny, 14	Dorf	Deutschland	schwaches Einkommen	Hauptschule
(I5) Maria, 12	Dorf	Deutschland	schwaches Einkommen	Realschule
(I5) Nico, 12	Dorf	Deutschland	schwaches Einkommen	Realschule
(I6) Chris, 12	Großstadt	Deutschland	durch- schnittlich	Integrierte Gesamtschule
(I7) Eddie, 11	Großstadt	Italien/ Deutschland	unterer Durchschnitt	Realschule
(I8) Hilka, 11	Dorf	Deutschland	oberer Durchschnitt	Integrierte Gesamtschule
(I9) Jay, 11	Großstadt	Deutschland	unterer Durchschnitt	Gymnasium
(I10) Kikki, 13	Großstadt	Deutschland	oberer Durchschnitt	Gymnasium
(I11) Natascha, 10	Großstadt	Deutschland/ Türkei	unterer Durchschnitt	Grundschule
(I12) Paula, 13	Großstadt	Deutschland	durch- schnittlich	Integrierte Gesamtschule
(I13) Sandy, 9	Großstadt	Türkei	unterer Durchschnitt	Grundschule
(I14) Suniesha, 10	Großstadt	Thailand	durch- schnittlich	Grundschule
(I15) Valeria, 13	Großstadt	Deutschland	oberer Durchschnitt	Gymnasium

Bevor ich die Datenauswertung erläutere, möchte ich vorab einen kurzen Einblick in die ausgewählten Interviews geben. Von den insgesamt 33 Gesprächen habe ich 15 anhand unterschiedlicher Kriterien für die Analyse ausgewählt. Erstens sollten die Interviews einen annähernd repräsentativen Querschnitt hinsichtlich des Alters, des Schultypus, der regionalen Herkunft und der soziokulturellen Prägung abbilden. Wichtiger noch als das Abdecken bestimmter Kategorien war jedoch schlussendlich die Qualität der Interviews selbst. Weil sich während der ersten Auswertung auch schnell einige zentrale Diskursstränge herausbildeten, suchte ich zweitens nach möglichst vielschichtigen Einblicken in den Forschungsgegenstand. So habe ich bei der Auswahl des Materials auf ungewöhnliche Positionierungen oder Gesprächsthemen geachtet. In der oben stehenden Tabelle findet sich ein Überblick über diejenigen Teilnehmerinnen, deren Gespräche in die Analyse eingegangen sind. Das Kürzel des Interviews für das Nachverfolgen von Zitaten in Kapitel sechs befindet sich in Klammern. Allein die Namen sind keine Fakten, sondern Pseudonyme, und wurden von den Interviewpartnerinnen selbst gewählt[13].

5.3.2 Interpretation nach der Methode der Diskursanalyse

Dieser Arbeit liegt die Annahme zugrunde, dass die Hintergründe des veränderten Schönheitshandelns von Diskursen beschrieben werden. Die Mädchen sind entsprechend selbst in diskursiv strukturierte, symbolische Auseinandersetzungen über den legitimen Umgang mit Schönheit eingebunden. Ich habe bereits dargestellt, dass dabei sowohl Praktiken als auch sprachliche Mittel angewandt werden. Eine erste Voraussetzung zur Herausarbeitung der Sinngebungen der Akteurinnen ist mein bereits dargelegtes Verständnis von Diskurstheorie. Allerdings ist das, was die Theorie an Struktur bietet, in der praktischen Analyse oft nur schwer umzusetzen. Dieses Problem liegt in der Vielzahl an Diskursen in jedem Diskursfragment begründet. Andererseits ist es dem hybriden und wechselhaften Charakter der Rede in Interviews geschuldet. Gespräche sind meist viel weniger von einem Muster oder einer Intention gekennzeichnet als andere Textformen. Zudem wird die Analyse in dieser Untersuchung durch den Gegenstand Attraktivität selbst erschwert, wird er doch häufig mit dem Banalen und Alltäglichen in Verbindung gebracht. Auch das Denken und die Rede über Schönheit sind davon gekennzeichnet, weshalb m.E. von den Akteurinnen oft nur wenig über die Ideologien hinter der Bedeutung des Aussehens gesagt wird.

Im Folgenden möchte ich zeigen, welche Arbeitsschritte am sprachlichen Material nötig waren, um den dominanten Diskursen der Mädchen ‚auf die Schliche' zu kommen. Selbstverständlich kann ich hier nur einen kurzen Ein-

---

13 Dieses Vorgehen sollte nicht nur der Anonymisierung dienen. Über die Wahl eines Namens wird m.E. oft auch eine Aussage zum Selbst- und Wunschbild der Gesprächspartnerin gemacht. Beides ist meiner Ansicht nach sowohl für die Forschenden als auch für die Leser der Interviews interessant.

blick geben, weil Diskursforschung in erster Linie Interpretationsarbeit ist und sich nicht „kochrezeptartig" vollzieht (Keller 2005: 273). Dem Anspruch an Intersubjektivität der Interpretationsprozesse soll aber dennoch Rechnung getragen werden. Für die Auswertung habe ich mich an den Ausführungen von Keller (2004: 79ff., 2005: 268ff.) und Jäger (1999: 158ff.) orientiert. Gleichzeitig wurde aber auch ein eigenes, im Sinne der Forschungsfrage praktikables Vorgehen angewandt[14]. Die von Jäger erarbeitete Methode der „Kritischen Diskursanalyse" ist für diese Arbeit m.E. insoweit passend, als sie durch ihren Fokus auf „Kritik" nicht den Anspruch erhebt, eine vollständige Untersuchung aller Diskurse zu liefern: Eine solche Zielsetzung wäre angesichts des Forschungsgegenstandes auch nur schwerlich zu erfüllen. Dennoch existieren natürlich auch Unterschiede zwischen Jägers Diskursanalyse und meiner Form der Auswertung. Bspw. befasse ich mich kaum mit Interdiskursen und Kollektivsymbolik, obwohl beides bei Jäger (1999: 133ff.) eine entscheidende Rolle spielt. Stattdessen vertrete ich in Anlehnung an die sozialwissenschaftlich orientierte Diskursanalyse von Keller (2004, 2005) einen anderen Ansatz. So hat die linguistische Analyse bei Keller einen relativ geringen Stellenwert. Mich darauf beziehend, thematisiere ich in dieser Arbeit den Sprachgebrauch auch nur dann, wenn er mir als konstituierend für den Diskurs erscheint.

In diesem Abschnitt werde ich die einzelnen Arbeitsschritte zur Analyse der Interviews kurz erläutern. Nach Transkription der Gespräche und Aufarbeitung der Feldnotizen stand am Anfang jeder Auswertung die Beschäftigung mit den Gesprächsteilnehmenden. Obwohl für die Analyse von Diskursen nicht zwingend, sondern manchmal sogar hinderlich, habe ich diese Einsichten trotzdem als notwendig empfunden. So prägten das Wissen um Styling und Aussehen der Interviewpartnerinnen, ihr Habitus, die Gesprächsatmosphäre usw. meine Auswertungsarbeit. Außerdem wurden eingangs Angaben zur Interviewpartnerin, der Lebens- sowie der Gesprächssituation noch einmal stichpunktartig von mir erfasst.

Die tatsächliche Analyse eines einzelnen Diskursfragments begann jeweils mit dem wiederholten Lesen und Markieren des Transkripts und der Feldnotizen. Danach habe ich die Entscheidung getroffen, welche Textelemente für den For-

---

14 Wie bei jeder Forschung muss zwar das ‚Handwerk' einer Methode erlernt werden. Das Abarbeiten der Regularien allein schafft jedoch selten Erkenntnis. Vielmehr ergeben sich Einsichten im Austausch zwischen Theorie und Methode. Überdies vertrete ich die Ansicht, dass das stringente Verfolgen allein einer Methodik auch nicht den Arbeitsprozess bestimmt. So ist jeder Forscher durch langjährige Auseinandersetzung mit unterschiedlichen, forschungspraktischen Fragen geprägt.

schungsgegenstand relevant waren und daher in die Auswertung mit einfließen sollten. An welchen Stellen äußerten sich die Akteurinnen zu Bedeutungen und Bewertungen des Aussehens, wo zu Schönheitspraktiken? Welche additionalen Themen wurden für die Argumentation hinzugezogen? Um das „diskursive Gewimmel" überschaubar zu machen, habe ich die jeweiligen Diskursfragmente daran anschließend zunächst chronologisch in Textsequenzen unterteilt. Jede dieser abgeschlossenen „Erzählungen" zu einem Thema wurde mit der zentralen (auch oft widersprüchlichen) Botschaft der Interviewpartnerin über den Sinn des Äußeren überschrieben. Auf diese Weise habe ich in jedem Fragment versucht, die Bandbreite der zu analysierenden Diskurse zu erfassen. Darauf aufbauend, wurden die Sequenzen analysiert. Hier stand nicht mehr die Botschaft im Vordergrund, sondern Struktur und Besonderheiten in der Erzählung. In welchen Kategorien wurde das Thema behandelt, welche Unterpunkte als relevant eingeführt? Womit haben die Akteurinnen die eigene Rede begründet?

Bei der interpretativen Analytik der Inhalte schließlich habe ich zwischen situativer und typischer Bedeutung einer Aussage unterschieden. Die subjektive Sinngebung ist in der Diskursanalyse aufgrund der Nicht-Anerkennung authentischer, individueller Äußerungen nicht von Belang. Stattdessen stehen dort diejenigen Inhalte im Vordergrund, die Wahrheit beanspruchen und innerhalb einer sozialen Gemeinschaft auch derartig verstanden werden. Die Unterscheidung zwischen der situativen und der allgemeinen Ebene lässt dabei Rückschlüsse auf die jeweiligen Anwendungsweisen zu. So können weiblich-idealisierte Inszenierungen in einem Kontext negativ bewertet werden, in einem anderen positiv.

In der darauffolgenden, tiefer gehenden Textinterpretation habe ich die einzelnen Inhalte zu Diskursen verdichtet. Die Erschließung der Diskurse erfolgte in der Regel mit Hilfe von Paraphrasierungen oder Kodierungen. Auf diesem Weg habe ich versucht, die wesentlichen Botschaften, Praktiken und Beeinflussungen der Interviewpartnerinnen zu erarbeiten. Insgesamt gestaltete sich dieser Arbeitsschritt meist als sehr langwierig und schwierigster im gesamten Auswertungsprozess. So mussten schließlich innerhalb vieler unterschiedlicher Aussagen verbindende Ideologien gefunden werden. Oftmals habe ich nur einige wenige Sequenzen interpretiert und die restlichen erst nach der Auswertung anderer Interviews wieder in die Analyse aufgenommen.

Ein Problem an diesem Punkt der Auswertung bestand für mich darin, dass die Aussagen des Materials oft nur auf den ersten Blick greifbar schienen. Viele Akteurinnen betonten bspw., keine Bewertung einer Person anhand des Aussehens vorzunehmen. Die Textanalyse lieferte allerdings ein genau gegenteiliges Ergebnis. Diese Widersprüche und Wechselhaftigkeiten, begleitet von Relativierungen und Rechtfertigungen, ließen sich auf zahlreiche Themen ausdehnen. An dieser Stelle hätte ich mich auf die Suche nach der ‚wahren' Aussage durch Überführung der von der Interviewpartnerin begangenen ‚Fehler' begeben können. Ich habe mich jedoch für ein anderes Vorgehen entschieden. So plädiert Illouz (2003: 25) bei Widersprüchen in der Deutung nicht dafür „den Schleier zu zerreißen". Stattdessen müsste „vielmehr auf sein Vorhandensein aufmerksam [gemacht werden]". Entsprechend sollte die Frage gestellt werden, welche Funktion Erzählungen hätten. Zum gleichen Schluss kommen auch Gleeson/Frith in ihrer Arbeit über jugendliche Mädchen und schreiben: „Ambiguity may not reflect a lack of clarity, but it may be a powerful resource which allows women negotiate meaning and position." (Gleeson/Frith 2004: 112) Die Perspektiven von Illouz und Gleeson/Frith sind m.E. auch gerade in Diskursanalysen sinnvoll. So habe ich darauf geachtet, die Vereinheitlichung von Aussagen zu vermeiden, existieren neben dominanten doch auch immer subordinierte Diskurse, die ihrerseits ‚Wahrheit' beanspruchen. Die Ignoranz der Gegenreden der Frühadoleszenten hätte meiner Ansicht nach außerdem den Prozess ihrer Wahrheitsproduktion limitiert. Auch die Einsicht, welcher Diskurs in welchem Kontext ‚gewinnt', hätte erschwert werden können.

Als nächster Arbeitsschritt erfolgte die Interpretation der nicht-diskursiven Elemente, die Jäger (2001: 82) als „Handeln auf der Grundlage von Wissen" beschreibt. Hierbei lautete die Frage, inwieweit die Diskurse der Mädchen von ihnen als Aufforderung verstanden wurden und ihren Alltag beeinflussten. Auf diesem Weg habe ich versucht, nicht nur die Wirksamkeit eines Diskurses, sondern auch die Produktion kultureller Bedeutungen über die Sprache hinaus nachzuvollziehen. Ein Hindernis dabei war jedoch, dass die Akteurinnen sich, wie erwähnt, nur zaghaft zu ihren Praktiken äußerten. Dennoch habe ich die Informationen, die sie über ihre Alltagspraxis lieferten, auf ihre Diskurse abgebildet.

Im Anschluss an die Textinterpretation habe ich mich mit der formalen und sprachlich-rhetorischen Struktur des Diskursfragments beschäftigt. Neben den nicht-diskursiven Elementen sollte schließlich auch die Art der Rede Aufschluss über den Stellenwert der Diskurse in der Lebenswelt der Mädchen geben. Abseits einer solchen, eher allgemeinen Auseinandersetzung können über den Gebrauch von Sprache jedoch noch weitere Erkenntnisse generiert werden. Dazu habe ich mich mit denjenigen Elementen auseinandergesetzt, die Ideologien transportieren, wie Metaphern, Redensarten, Mythen und Rituale (vgl. Dracklé 1996b: 30ff.). Metaphern und Redensarten wurden von den Mädchen sehr selten benutzt, aber in mehreren Interviews fanden sich Mythen und Verweise auf ritualisierte Handlungen. Während Mythen hier offenbar meist im direkten Zusammenhang mit den Normen hegemonialer Weiblichkeit standen, machten die Rituale in der Regel den Grad der Verinnerlichung von Schönheitsnormen deutlich. Dabei dienten die unbewusst geäußerten Mythen und Rituale den Akteurinnen offensichtlich dazu, einen Gegenstand zu ent-emotionalisieren oder zu ent-individualisieren und ihn so zu einem Faktum zu erklären. Weitere sprachliche Mittel und Strategien, die ich ausgewertet habe, waren die Funktion von Symbolen sowie das Herkunftsgebiet und die Bedeutung des benutzen Vokabulars.

Zur Entdeckung von Diskursen waren außerdem die wiederholte, vermeintlich unpassende oder auffällige Wortwahl der Sprechenden und die Beschreibungen von Strukturen eine wichtige Quelle für mich. Nicht zuletzt hier wurde für mich deutlich, dass der Themenkomplex Aussehen in den Augen der Frühadoleszenten als Ordnungssystem organisiert war. Vermeintlich individuelle Bewertungen konnten in der Analyse deshalb vernachlässigt werden. Auch der Gebrauch der Grammatik ließ Rückschlüsse zu. So deuteten bspw. die von den Interviewpartnerinnen häufig genutzten Passivierungen auf normative Setzungen hin. Nach Abschluss der Sprachanalyse habe ich mich daher auch noch einmal mit der Intention der Sprechenden befasst.

Als letztes habe ich über die jeweiligen Diskursstränge und die Verbindungen dieser untereinander die zentrale Botschaft eines Diskursfragments herausgearbeitet. Mit zunehmendem Wissen auf Basis des Auswertungsprozesses wurden alle Einzelanalysen mehrmals überarbeitet. Nachdem die Ergebnisse m.E. alle zentralen Aspekte eines Gesprächs umfassten und den Sinngebungen der Interviewpartnerinnen gerecht wurden, habe ich die Auswertung beendet.

Erarbeitung des Gesamtergebnisses

Am Ende lagen somit 15 separate Auswertungen vor, die nun zu einem Gesamtergebnis aggregiert werden sollten. Dafür habe ich als erstes die wichtigsten Diskurse, Eindrücke, Zitate und Interpretationsmöglichkeiten in einem Dokument gesammelt und strukturiert. Unklar war für mich allerdings, auf welchem Wege aus diesem Material ein übersichtliches und v.a. stimmiges Ergebnis erstellt werden sollte. Die einzelnen, sich auch oft wiederholenden Diskurse lediglich zu einem Diskurs zusammenzufassen oder einfach nacheinander chronologisch anzuordnen, schien mir nicht angemessen. So hätte dieses, vermeintlich logische Vorgehen der Zielsetzung der Diskursanalyse widersprochen. Zwar dürfen hier auch quantitative Aspekte berücksichtigt werden, weil sie auf wichtige Themen hinweisen (Jäger 2001: 102). Auch ich habe zur Orientierung zunächst eine an den Mengen von Aussagen orientierte Übersicht erstellt. Allerdings will die Diskursanalyse nicht nur herausfinden, welche Diskurse in einem Forschungsfeld dominieren. Die Einsicht, wie sich die einzelnen Diskurse zueinander verhalten und unter welchen Bedingungen sie auftauchen, ist ebenso relevant. Deshalb besteht die Herausforderung darin, die Kompatibilität der Teilstücke in einem Gesamtergebnis herauszustellen.

Hier bieten sich nach meinem Wissen mehrere Strategien an. Die Vorschläge entstammen allerdings nicht genuin dem ohnehin recht begrenzten, praktischen Repertoire der Diskursanalyse[15]. Sie werden zwar oft als Bestandteil dieser gesehen, basieren aber eigentlich auf dem Instrumentarium der sozialwissenschaftlichen Textinterpretation (vgl. Keller 2004, 2005). M.E. sind in der Diskursanalyse generell Parallelen zur Typenbildung in anderen Methoden gegeben, in denen die Empirie ebenfalls auf die Abstrahierung der Ergebnisse hinausläuft.

Ich habe mich v.a. an zwei verschiedenen Arbeitsschritten des „theoretischen Samplings" aus der „Grounded Theory" orientiert. Zum Erkenntnisgewinn beinhaltet die Grounded Theory u.a. die Option der Minimal- und Maximalvergleiche (vgl. Glaser/Strauss 2005: 53ff.). Daran anlehnend, habe ich diejenigen Diskursfragmente einander gegenüber gestellt, in denen Akteurinnen in einer Frage oder zu einem Gesprächsgegenstand stark voneinander abwichen. Indem ich analysiert habe, an welchen Punkten dennoch Einigkeit herrschte und warum das der Fall war, konnte ich ein gemeinsames Grundmuster innerhalb der Gesamtheit der Diskurse zur Bedeutung der Schönheit herausarbeiten. Als ein weiteres Verfahren aus der Grounded Theory habe ich das „axiale Kodieren" (vgl. Strauss/Corbin 1996: 76, 148ff.) genutzt. Mit Hilfe dieser Methode können an die Diskurse Fragen zu Kontext, Bedingungen und Konsequenzen gestellt werden. Durch die hier notwendige Konzentration auf den Kern eines Phänomens erschien mir diese Strategie zum einen hilfreich, um die Validität des dominanten Diskurses der Mädchen zu überprüfen, nämlich die normalisierende Funktion ihrer Schönheitspraktiken. Zum anderen ermöglichte das axiale Kodieren das Aufdecken von Beziehungen und Variationen innerhalb der Diskurse. Bezogen auf die Regeln zur Gestaltung des Äußeren zeigte sich bspw., dass für die Mädchen nicht, wie zuerst angenommen, nur die Ordnungskategorien Geschlecht und Alter relevant waren. Auch die erlaubten, sozialen Rollen im (schulischen) Umfeld der Mädchen spielten eine große Rolle. Diese wiederum dienten offenbar der Konstruktion und Darstellung einheitlicher Identitäten.

Nachdem sich keine neuen Einsichten mehr ergaben, habe ich zur Gesamtdarstellung des Ergebnisses versucht, Diskurse, thematische Schwerpunkte und Deutungswege zusammenzufassen. Leitend war dabei die Idee einer ‚Gesamt'-Erzählung, durch die die unterschiedlichen Elemente miteinander verknüpft

---

15 Dieser Umstand ist v.a. darauf zurückzuführen, dass Wegbereiter der Methode, wie Foucault, sich umfangreich zur Theorie, aber nur wenig zur Durchführung der Diskursanalyse geäußert haben.

werden sollten. Das Ergebnis spiegelt sich größtenteils in der Gliederung des sechsten Kapitels über die empirischen Ergebnisse wider. Als nicht funktional erwies sich das ursprüngliche Vorhaben der chronologischen Anordnung der Diskurse. Stattdessen habe ich neben den klassischen Diskursen (bspw. zu Geschlechterrollen) auch andere Mittel der Darstellung genutzt, wie Typenbildungen (das beliebte/das normale Mädchen), das Thematisieren von Riten (Schminken als Initiationsritus) oder Themenkomplexe (z.B. Romantik oder Professionalität). Zwar war ich mir der Tatsache bewusst, dass so der gesamte Erkenntnisfindungsprozess weder in seinem Umfang noch in seiner Komplexität zufriedenstellend wiedergegeben werden konnte. Größeren Wert habe ich allerdings darauf gelegt, dass die Konsistenz zwischen Forschungsfrage, Datenauswertung und -interpretation erkennbar war. Im Besonderen erschien mir wichtig, dass das Fazit nachvollzogen werden konnte: So erwiesen sich die Schönheitspraktiken der Mädchen nicht als Zeichen eigener, den gesellschaftlichen Normen konträrer Diskurse. Wie ich zu Beginn der Forschung nicht vermutet hätte, versuchten die Mädchen vielmehr, mit ihren neuartigen Inszenierungen den veränderten Anforderungen an sie gerecht zu werden.

5.4 RELEVANZ DER ERHEBUNGSVARIABLEN: ERSTE ERGEBNISSE

Die Beeinflussungen durch Erhebungsvariablen habe ich mittels unterschiedlicher und wiederholter Kontrastierungen während der Diskursanalyse überprüft. Allerdings haben sich die Variablen hinsichtlich der Forschungsergebnisse als weitestgehend unbedeutend erwiesen. Jeweils die Abstufungen einer Variable zum Ausgangspunkt nehmend, waren insgesamt keine größeren Abweichungen in den Sinngebungen der Frühadoleszenten zu erkennen. Entsprechend konnte bspw. die bekannte These, dass Attraktivität für Mädchen aus schwächeren sozialen Verhältnissen wichtiger ist als für diejenigen aus stärkeren, nicht bestätigt werden. Der Schönheitsdiskurs der Akteurinnen aus unterschiedlichen Milieus war weitestgehend gleich, Unterschiede zeigten sich lediglich in der Verwendung von Sprache und in der Argumentation. So gingen in der Regel eine gehobene Bildung und ein durchschnittliches oder höheres soziales Niveau einher. Dass die Mädchen solcher Herkunft meist eine andere Sprache gebrauchten als diejenigen Interviewpartnerinnen, die einen ‚niedrigeren' Schultypus besuchten, kann jedoch schwerlich als Überraschung bezeichnet werden.

Aber auch abseits der sozialen Prägung und des Schultypus waren kaum Abweichungen zu finden. Ob die Interviewpartnerinnen aus einer Großstadt, einer Stadt oder vom Dorf stammten, spielte hinsichtlich ihrer Beiträge zum Thema keine Rolle. Selbst eine Divergenz der Aussagen über Schönheit durch Einfluss des ethnisch-kulturellen Umfelds war nicht nachzuweisen. So vermutete ich bspw., dass Eltern aus dem islamischen Kulturkreis oft stark regulierend auf das Aussehen ihrer Töchter einwirken würden. Tatsächlich konnten aber keine ethnisch-kulturell bedingten Unterschiede ausgemacht werden, wenn es um die Vorgaben der Erziehungsberechtigten zum Umgang mit dem Äußeren ging. Auch die bekannte These, dass Dunkelhäutige füllige Körperformen als attraktiver empfinden würden als Weiße, stellte sich in meiner Untersuchung als unzutreffend heraus. Zwar muss an dieser Stelle betont werden, dass meine Ergebnisse nicht als repräsentativ zu verstehen sind. Außerdem basieren sie auf einer anderen Methodik als der in der Psychologie üblichen, aus der diese Thesen meist stammen (vgl. 3.2.3). Dennoch bin ich der Ansicht, dass meine Ergebnisse ein Hinweis darauf sind, dass einige Diskurse über den Umgang mit dem Aussehen Allgemeingültigkeit besitzen.

Soll die Wirkungsmächtigkeit von Variablen untersucht werden, ist jedoch zusätzlich zu dieser isolierten Betrachtung von Kategorien noch eine andere Sichtweise notwendig. Schließlich muss die Tatsache, dass einzelne Variablen wenig Einfluss haben, nicht bedeuten, dass sie kombiniert oder in Relation zueinander auch irrelevant sind. So verdeutlicht das Konzept der Intersektionalität nicht nur die gegenseitige Überlagerung von Kategorien sozialer Ungleichheit wie bspw. Geschlecht, Ethnie und Milieu. Die Kategorien werden darüber hinaus häufig gemeinsam wahrgenommen und hergestellt. Fenstermaker/West (1995) sind daher der Ansicht, dass die Fragen, ob, wann und wie Ungleichheits-Kategorien gemeinsam wirksam werden, in jeder Forschung berücksichtigt werden sollten.

Dieser Forderung bin ich nachgekommen, allerdings waren auch aus diesem Blickwinkel keine Auffälligkeiten erkennbar. Wurden die Variablen hinsichtlich des Stellenwerts verglichen, den die Interviewpartnerinnen ihnen gaben, zeigte sich lediglich, dass Bildung als ausschlaggebend für den zukünftigen sozialen Status verstanden wurde. Neben der Identität als Mädchen schien Bildung insgesamt eine große Rolle für die Selbstwahrnehmung zu spielen. Der Ausbildung und dem damit verbundenem Erfolg wurde mehr noch als dem ethnisch-kulturellen Hintergrund Bedeutung für die Entwicklung der eigenen Persönlichkeit beigemessen. Hier verfügen vermeintlich alle über die gleichen Chancen, ‚gegebene' Ungerechtigkeiten existieren dagegen nicht. Erfolg, wozu in den Augen der Mädchen meist auch das gute Aussehen zählt, ist in ihren Augen v.a. vom eigenen Einsatz abhängig. Diese Einsicht stellte sich tatsächlich als entscheidend für die Sinngebungen der Frühadoleszenten heraus und wird ausführlich im folgenden Kapitel thematisiert werden.

Sowohl die Überprüfung einzelner Kategorien als auch deren Beziehungen zueinander führten entsprechend zu dem Ergebnis, dass die Erhebungsvariablen geringen Einfluss auf die Haltung der Mädchen zum Forschungsgegenstand hatten. Natürlich waren die untersuchten Kategorien in anderer Hinsicht in der Lebenswelt der Akteurinnen durchaus relevant. Dafür sprach bspw. die Tatsache, dass die Interviewpartnerinnen besonders oft mit Mädchen befreundet waren, die den gleichen Hintergrund wie sie hatten. Auch bei der Beurteilung der Attraktivität wurde die Ethnie als wichtig angesehen. So bezeichnete sich ein dunkelhäutiges Mädchen aufgrund ihrer Hautfarbe als wenig attraktiv (ihre immer noch schwarze, aber hellhäutigere Freundin wurde dagegen von ihr und anderen Mädchen als besonders gutaussehend bezeichnet). Die für diese Arbeit wichtigen Diskurse über das Aussehen wurden von dieser Form von Sinngebungen letztendlich jedoch nicht berührt.

Ob Variablen wie die hier gewählten bei all ihrer strukturierenden Macht auch in bestimmten Kontexten Bedeutung haben, zeigt sich wie bei der Kategorie Geschlecht vielmehr erst in der Untersuchung selbst. Den Forschungsgegenstand betreffend, lässt dieses Ergebnis meiner Meinung nach bereits an diesem Punkt die Vermutung zu, dass der Diskurs über die Bedeutung von Schönheit die Gesamtheit der Gesellschaft betrifft. Die Regeln, nach denen der Diskurs operiert, scheinen weitestgehend dieselben, ein geschützter Raum existiert hier offensichtlich nicht.

6. Gut aussehen, alles richtig machen: Die Sinngebungen der Mädchen

Was bewegt Mädchen zwischen zehn und 13, wie ältere Jugendliche oder junge Frauen auszusehen? Wieso sind visuelle Codes idealisierter Weiblichkeit in diesem Alter schon interessant? Seit Langem ist zwar bekannt, dass ihr Äußeres auch für Kinder eine Rolle spielt. Warum frühadoleszente Mädchen sich aber seit einigen Jahren weiblich-attraktiv inszenieren, ist ungeklärt. Was versprechen sie sich von ihren Praktiken, auf welche Diskurse und damit welche Weltsicht verweist der Umgang mit ihrem Äußeren?

In Kapitel drei habe ich mich mit den Diskursen über das Aussehen von Mädchen beschäftigt. Hier habe ich deutlich gemacht, dass die Anforderungen an Frühadoleszente, wie sie auszusehen haben oder nicht auszusehen haben, widersprüchlich sind. Zwar sind auf Ebene der Erziehung und der Wissenschaften das Verbot eines erwachsenen Äußeren und die Sorge um die Unschuld der Mädchen vorherrschend. Dennoch wird der Stellenwert weiblicher Attraktivität bereits im Kindesalter von unterschiedlichen Seiten unterstützt. Das ist v.a. in den Medien und der Konsumgüterindustrie der Fall, jedoch ist auch die Erziehung zunehmend beteiligt.

Die Auseinandersetzung mit den Eigenschaften der Lebensphase Adoleszenz und den aktuellen Lebensbedingungen der Mädchen erfolgte im vierten Kapitel. Diese Einsichten sollten Auskunft über das Verhältnis der Heranwachsenden zu den in Kapitel drei geschilderten Diskursen über sie geben. Hier habe ich zwar festgestellt, dass Mädchen mit zwiespältigen Erwartungen an ein legitimes Äußeres in einer von starken Veränderungen geprägten Phase konfrontiert werden. Wie ich dargelegt habe, kann indes nicht eindeutig geschlussfolgert werden, dass der Umgang mit Fragen des Aussehens von Problemen oder Widerstand gekennzeichnet sein muss. So ist die heutige, weibliche Frühadoleszenz nicht allein von Krisen geprägt, mit ihr wird ebenso mentale Stärke und Eigenständigkeit assoziiert. Die Schönheitspraktiken der Mädchen können entsprechend ebenso Ausdruck eigener Ermächtigung sein.

In diesem Kapitel werde ich nun darstellen, was die Akteurinnen selbst zu ihrem Umgang mit Schönheit sagen. Anhand ihrer Diskurse lege ich dar, welche Bedeutungen frühadoleszente Mädchen mit dem Thema Aussehen verbinden und welche Ziele sie mit ihrer vermeintlichen, visuellen Sexualisierung verfolgen. Dafür wird in diesem Kapitel denjenigen Sinngebungen *der* Mädchen besondere Beachtung entgegengebracht, die im auffälligen Gegensatz zu der Rede *über* die Schönheitspraktiken der Mädchen stehen. Hier zeigen sich die ‚eigenen' Diskurse der Mädchen am deutlichsten, bspw. ihr Verhältnis zur Kindheit betreffend.

Zunächst noch einige Worte zum Aufbau des Kapitels. In Abschnitt 6.1 erläutere ich zunächst meine These, dass die Schönheitspraktiken der Mädchen im Kontext von Normalisierung stehen. Die Abschnitte 6.2, 6.3 und 6.4 beschäftigen sich dann nacheinander mit den Vorstellungen der Akteurinnen über das ‚richtige' Aussehen, den Motiven hinter ihrem Schönheitswunsch und den einhergehenden Konflikten. Am Ende der Abschnitte 6.2 bis 6.4 folgt jeweils ein Exkurs, der den Zusammenhang zwischen dem Diskurs der Mädchen und ihrer nicht-diskursiven Praxis nachzeichnet. Als Beispiele dienen dabei die Themen Figur, Kleidung und Schminken. Abschnitt 6.5 widmet sich einem zentralen Problem: Wie können die Mädchen Inszenierungen vornehmen, deren Aussagen dem Kindsein ausdrücklich widersprechen? Im letzen Abschnitt, 6.6, werde ich schließlich ihren Diskurs bilanzieren und mögliche Hintergründe des Phänomens benennen.

Auf folgenden, wichtigen Aspekt möchte ich noch hinweisen. Die herausgearbeiteten Ergebnisse werden mit Zitaten aus den Interviews illustriert und im Kontext ihrer Diskursproduktion interpretiert. Auf die jeweiligen Beweggründe der Mädchen gehe ich dabei nur wenig ein. Ich bin mir zwar des Vorwurfs bewusst, die Eigenarten des Individuums und seine biografischen Hintergründe würden zu wenig berücksichtigt. Allerdings ist der Wunsch, die Interviewpartnerinnen mit all ihren subjektiven Konstruktionsleistungen verstehen zu wollen, nicht mit den Zielen der Diskursanalyse vereinbar. Besonders in Anbetracht der Thematik kann ich den Wunsch eines stärkeren Einfühlens in die individuellen Lebenswelten der Mädchen aber nachvollziehen. Nicht nur zeichnet jede ein besonderes Aussehen aus, das auch nicht immer als visuell sexualisiert bezeichnet werden kann. Jede der Akteurinnen hat darüber hinaus unterschiedliche Erfahrungen mit den im Schönheitsdiskurs transportierten Bedeutungen. Ohne dass diese explizit Gegenstand der Analyse sind, will ich den Einblick in ihre Lebenswelt daher nicht vorenthalten. Entsprechend habe ich die Gesprächspartnerinnen in diesem Kapitel genauer beschrieben. Jedes der 15 Interviews und der daran beteiligten Mädchen wird in einem ‚Kasten' vorgestellt. Mit dieser grafischen Abgrenzung möchte ich noch einmal darauf hinweisen, dass diese Texte abseits der Diskursanalyse zu lesen sind. Ein Bezug wird allein durch die Setzung der Kästen am Ende derjenigen Abschnitte hergestellt, zu deren Thema sich die jeweilige Akteurin oder interviewte Gruppe im Besonderen geäußert hat. Letztendlich sind es aber die kollektiven Diskurse der Mädchen, die ihren Umgang mit dem Thema Aussehen erklären: Nämlich ob ihre Schönheitspraktiken Zeichen eines sexualisierten Lebensstils sind – oder, wie sich zeigen wird, im Gegenteil Ausdruck von Eigenverantwortung weitestgehend abseits sexueller Implikationen.

6.1 SCHÖNHEITSPRAKTIKEN IM ZEICHEN VON NORMALISIERUNG

Im Folgenden werde ich darlegen, warum die Inszenierungen der Mädchen einen nicht für ihre Altersgruppe gedachten Schönheitsdiskurs widerspiegeln, von ihnen aber gleichzeitig der Erhalt ihrer Kindheit im Sinne ihrer Erziehenden angestrebt wird. So beziehen sie sich auf den dominanten Diskurs, in dem zur Erlangung sozialer Anerkennung ein attraktives Äußeres notwendig ist (vgl. 2.3). Einhergehend ist die Annahme der Akteurinnen, ständig der Bewertung von außen ausgesetzt zu sein. Die Sicht der ‚Anderen', nicht etwa das subjektive Empfinden, wird von ihnen als konstitutiv für die eigene Person betrachtet. Dem stehen, wie in Kapitel drei und vier argumentiert, in der Regel Werte aus der Erziehung entgegen. Wie sich in diesem Abschnitt zeigen wird, betrachten sich die Akteurinnen meistens aber selbst noch als Kinder und verteidigen auch diese Rolle. In der Verbindung der widersprüchlichen Zielsetzungen des Schönheitsdiskurses und der Erziehung erkenne ich bei den Mädchen den Versuch, unterschiedlichen, gesellschaftlichen Rollen gerecht zu werden. Das geschieht auch im eigenen Interesse: Sie profitieren sowohl von der Rückzugsmöglichkeit der Kindheit als auch von den sozialen Vorteilen guten Aussehens. Durch beide Diskurse passen sich die Mädchen ihrem Umfeld an und suchen in bereits bestehenden Bedeutungen, und nicht etwa im Widerstand dagegen, ihre Erfolgsmöglichkeiten.

Zur Erklärung des Schönheitsdiskurses der Mädchen verwende ich daher den Terminus der Normalisierung. Link definiert den Begriff als Versuch der „Produktion und Re-Produktion von Normalitäten" (Link 2006: 20). Bekanntermaßen lässt sich nur schwerlich beschreiben, was normal ist, zumal „die Normalität nicht als ahistorische, jederzeit parate, anthropologisch konstante Kategorie aufzufassen [ist]" (ebenda: 30). Normalitäten gelten vielmehr als dynamisch und an spezifische Umstände gebunden. Sie sind abhängig vom Betrachtenden und orientieren sich dabei nicht an Normen oder Durchschnittswerten, was ihre Bestimmung vereinfachen würde. Auf das Beispiel aus dem ersten Kapitel zurückgreifend, kann davon ausgegangen werden, dass der Mehrzahl an Erwachsenen eine geschminkte Elfjährige anormal, da unangemessen und übertrieben inszeniert, erscheint. Schließlich ist der Akt der Normalisierung oder auch die Benennung des Anormalen keinesfalls interesselos, wird damit doch auch die Absicht verfolgt, dass diese Bewertung geteilt wird. Auf der anderen Seite könnte ihre Peergroup die Aufmachung dieser Elfjährigen als normal befinden. Dabei muss das Styling des Mädchens kein Ideal darstellen oder überhaupt positiv bewertet werden. Entscheidend ist, dass ihr die ‚Erlaubnis' erteilt wird, so auszusehen. Was also als Normalität betrachtet wird, müsste demnach kontextuell untersucht werden.

Für die Akteurinnen existiert m.E. die Normalität des Schönheitsdiskurses mit dem Ziel der Anerkennung. Dessen Gültigkeit für ihre Altersgruppe verdeutlichen sie mit ihrer nicht-diskursiven Praxis. Wie ich belegen werde, behalten die Regeln des Kindseins in den Diskursen der Mädchen indes weitestgehend ihre Gültigkeit. Folgerichtig bemühen sie sich, ihre Handlungen als ‚normal' im Verständnis aller Beteiligten darzustellen. Zwar sind die Mädchen sich sicher, dass auch sie bereits vom Aussehen in seiner Funktion als sozialer Ungleichheitskategorie betroffen sind. Nur verstehen die Frühadoleszenten das nicht als Abkehr von der Rolle als Kind. Ihre Aussagen machen darüber hinaus deutlich, dass sie in ihrer Überzeugung sogar übertriebene oder unangebrachte Inszenierungen vermeiden. Ihre Schönheitspraktiken begreifen die Mädchen lediglich als Reaktion auf den alltäglichen, für sie normalen Mechanismus, in dem die besser Aussehende in bestimmten Anerkennungs-Zusammenhängen – keinesfalls in allen – der weniger Gutaussehenden überlegen ist.

Bei den frühadoleszenten Mädchen gilt es also als normal, attraktiv sein zu wollen. Ihr Äußeres ist kein Ausdruck von Protest, bspw. gegen die für sie geltenden Regeln zur Sexualität. Dass die Akteurinnen durch diese Einschränkungen den Diskurs der visuellen Sexualisierung zitieren, ist m.E. nicht nur ein Indiz für ihr großes Wissen. Auch ihr Beharren auf der Rolle des Kindes steht in Relation dazu und ist selbst gewählt. Auf ihre Informiertheit und ihren Willen, keine Opfer von Sexualisierung zu sein, deutet in meiner Interpretation außerdem ihr Umgang mit Medien hin.

6.1.1 Sie wissen, was ihnen das gute Aussehen bringt: Ein erwachsener Diskurs

Vor Beginn der Empirie war ich der Annahme, dass bestimmte alltags- und popkulturelle Themen für Mädchen in der Frühadoleszenz v.a. Vergnügen bedeuten. Diese Vermutung ergab sich nicht nur aus meinen eigenen Erfahrungen, sondern ist auch ein häufiges Ergebnis von Untersuchungen, die sich mit der aktiven, kulturellen Produktion von jungen Mädchen befassen (vgl. u.a. Harris 2005). Ebenso ging ich davon aus, dass die Ansichten der Akteurinnen über den Themenkomplex Aussehen aufgrund seiner Ausstrahlungskraft und Neuartigkeit in ihrer Lebenswelt noch wenig festgelegt sein würden. Ich erwartete bei den Interviews also zweierlei: Betonung des Spaßes am Gegenstand Schönheit sowie Emotionalität und Spontanität in den Ausführungen.

Die Gespräche stellten sich jedoch größtenteils anders dar. Das Vergnügen an Popkultur ist in den Antworten der Mädchen zwar zu entnehmen, jedoch nicht im vermuteten Umfang. Emotionalität zeigen die Mädchen dagegen oft bei Themenfeldern, die nicht im direkten Zusammenhang mit dem Sujet standen, bspw. bei der Familie. Die Rede über das gute Aussehen dagegen ist bei ihnen v.a. von Nüchternheit geprägt, dominant sind hier Wörter und Formulierungen wie „normal", „ist halt/eben/wohl so", „muss so sein" und „man macht das so". Ich interpretiere dieses Verhalten wie die Wortwahl letztendlich weniger als ein Zeichen von Indifferenz, denn als Ausdruck von Selbstverständlichkeit. So wurden Fragen zur Bedeutung des Aussehens meist mit großer Sicherheit beantwortet und hatten einen unbedingten Charakter, der andere Perspektiven ausschloss. Dass die Relevanz des Aussehens in Erfolg und Anerkennung liegt, betrachtet die Mehrheit der Mädchen als fraglos. Und obwohl es sich dabei um eine in Teilen auch für sie problembelastete Angelegenheit handelt, haben sie während unserer Gespräche meist ‚nicht mit der Wimper gezuckt'.

Ich führe das auf zwei Gründe zurück. Zum einen sehen die Mädchen ihren Diskurs als alltäglich und allseits bekannt an. Zum anderen versprechen sie sich vom Befolgen der Vorgabe, gut aussehen zu müssen, konkrete Vorteile. Wie sich zeigen wird, zählen dazu Popularität im Freundeskreis und bei möglichen Partnern, gesellschaftliche Anerkennung und auch bereits Erfolg im Beruf. Entsprechend folgen die Akteurinnen einem ‚erwachsenen' Diskurs. Mit ihren Aussagen bewegen sie sich damit in einem Sinnsystem, das zwar noch nicht für sie gelten sollte, aber den Stellenwert elementaren Wissens im Alltag hat.

Anhand der folgenden Zitate möchte ich zeigen, dass die Mädchen die Überzeugung, dass das Äußere über Erfolg entscheidet, weitestgehend teilen. Dieses erwachsene Denken ist von ihnen – trotz ihres Alters – weitestgehend akzeptiert und verinnerlicht, was ihre größtenteils nüchterne Sprache und Haltung illustriert. Die Aussagen der Mädchen verdeutlichen außerdem, aufgrund welcher Überlegungen sie Attraktivität und Erfolg oder weniger gutes Aussehen und Misserfolg gleichsetzen. So ist Jay eine der wenigen Interviewpartnerinnen, die weibliche Codes für sich als unpassend empfindet und der Bedeutung von Schönheit kritisch gegenüber steht. Jedoch gibt sie zu, an anderen mehr Interesse zu haben, wenn sie gutaussehend seien. Diese Perspektive ist in ihren Augen hegemonial („man denkt es"):

JAY: [...] Ja, bei Leuten, die schön sind...die findet man sympathisch, meistens jedenfalls...und bei Leuten, die nicht so schön sind...ja, pfff, ja...die sind halt eher unsympathisch [...]
I: Ist da denn überhaupt was Wahres dran, sind die denn sympathischer?
JAY: Ja, nicht immer *(lacht)*, muss nicht sein, wenn man schön ist, ist man gleich viel netter. Das ist auf keinen Fall so. Aber man denkt es. (I4: 73-81)

Shaney begründet den hohen Stellenwert des Äußeren empirisch. Sie ist der Überzeugung, dass es allein mit ihrem guten Aussehen und nicht etwa mit anderen, persönlichen Eigenschaften zusammenhängt, dass sie beliebt ist. Fast einem natürlichen, unbewussten Prinzip folgend, werde einer attraktiven Person „Aufmerksamkeit geschenkt". Folgerichtig sind die, die nicht gut aussehen, sozial ausgeschlossen. In einem so wichtigen Raum wie der Schule, in der in der Frühadoleszenz ein Großteil der Zeit verbracht wird, entscheidet also primär das Äußere über den Wert einer Person. Für Shaney ist das Zusammenwirken von Erfolg und gutem Aussehen auch in ihrem Alter bereits eine Tatsache:

SHANEY: Und ja, einem wird mehr Aufmerksamkeit geschenkt, hab ich gemerkt, so, also ich will jetzt nicht gerade sagen, dass ich top aussehe, aber als ich auf die Schule gekommen bin, neu, da haben sich alle voll um mich gekümmert, haben mich angeguckt, haben mit mir geredet, jetzt haben wir noch so ne Neue bekommen, die sieht ganz langweilig aus, mit kurzen Haaren und Brille und so, und die anderen lächeln sie so an, aber in echt, die mögen sie gar nicht und die beachten sie gar nicht...oder auch bei anderen Leuten, wenn andere finden, dass die gut aussehen, dann kommen sie auf die zu und reden mit denen und die anderen, die interessieren sie gar nicht so. (I9: 266-273)

Auch von Valeria wird in unserem Gespräch immer wieder der Zusammenhang zwischen dem Äußeren und Anerkennung betont. Valeria begründet die Bedeutung der Popularität umfassend, diene diese doch nicht nur temporärer Aufmerksamkeit, sondern habe auch lebenspraktische Vorteile. So könne man auf die Hilfe von Freunden in schwierigen Situationen nicht verzichten und wertvolle

Freunde würden andere, das sieht sie als gegeben an, auch zu einem großen Teil nach ihrem Aussehen beurteilen. Laut Valeria würden hier lediglich die Außenseiter eine Ausnahme machen, weil sie nicht wählerisch sein dürften. Freundschaften sind aus der Sicht Valerias neben tatkräftiger Unterstützung bei Krisen darüber hinaus für das „Spaß haben" wichtig. In der Romantik ist Schönheit für sie sogar das alleinige Kriterium. Wie sie sagt, „glaubt" Valeria „einfach" an diese Gesetzmäßigkeiten. Weil sie selbstverständlich sind, erkennt Valeria auch keine Notwendigkeit zur Kritik. Daran ändert auch der Umstand nichts, dass in ihrer Argumentation weniger Gutaussehende meist von hochbewerteten, sozialen Beziehungen nahezu ausgeschlossen sind.

VALERIA: Ja, ich glaube einfach, dass, wenn man jetzt nicht gut aussieht, hat man auch weniger Freunde, oder halt nur diese Freunde, und das ist einfach so, doof für die [...]
I: Aber warum muss man das...wozu braucht man diese Freunde?
VALERIA: *(lacht)* Naja, weil man einfach Freunde braucht, ist doch klar!
I: [...] Aber warum meinst Du, dass man die gerne haben will
VALERIA: Naja, wenn man sich jetzt mit irgendjemandem streitet, dann braucht man die, um drüber zu reden, und wenn man jetzt irgendwas mit den Eltern macht, dann müssen die das sagen, oder wenn man jetzt irgendjemand irgendwas sagen möchte, dann sagt man das den Freunden...oder wenn man sich mit jemand treffen möchte, oder einfach nur so, also man braucht sie halt, damit man auch Spaß hat [...]
I: [...] Okay...welche Rolle spielen denn so Jungs im Zusammenhang, ob man jetzt gut aussieht oder nicht?
VALERIA: Ah, ich glaub, Jungs machen mehr mit denen, die gut aussehen, als mit den hässlich Aussehenden...oder besser gesagt, mit den hässlich Aussehenden machen sie gar nix. *(lacht)* (I15: 428-448)

Paula dagegen widerspricht der These, dass man als attraktiver Mensch die besseren Freunde bekommt. Die Ideologie, dass das Aussehen prinzipiell über Popularität entscheidet, teilt jedoch auch sie. Mit der Nennung der Arbeitswelt weitet Paula die Wirkungsmacht der Schönheit darüber hinaus auf ein Gebiet aus, dass, anders als Freundschaften und romantische Fantasien, noch nichts mit der realen Lebenswelt der Mädchen zu tun hat. Durch die Integration dieses Themenfeldes macht Paula auf die Omnipräsenz der Kategorie Aussehen im Lebensverlauf aufmerksam. Das attraktive Äußere ist in ihren Augen sogar so wichtig, dass ein wenig gutaussehender Mensch zur Verbesserung des eigenen Status über andere, gewinnbringende Kompetenzen verfügen muss:

PAULA: Wenn man nicht so gut aussieht, kriegt man nicht ganz so viele Freunde, aber vielleicht bessere. Man kriegt vielleicht eine nicht ganz so gute Arbeit, aber wenn man schlau ist, kann man sich hocharbeiten. (I12: 177-179)

In dem Diskurs der Mädchen spiegelt sich ein Denken wider, in dem das Feld des Individuellen, Privaten und Kollektiven, Öffentlichen ineinander über gehen. Dass Frühadoleszente eine solche Haltung verinnerlicht haben, ist, wie gezeigt, aus wissenschaftlicher Perspektive ungewöhnlich. Allerdings kommt auch Bloustien (2003: 123f.) in ihrer Studie zu adoleszenten Mädchen zu dem Ergebnis, dass es für viele keine privaten Räume mehr gibt. So würden junge Mädchen ihr eigenes Zimmer, dass bislang und besonders in diesem Alter als Hort der Individualität und Privatheit gilt, zunehmend als Ort öffentlicher Beurteilung begreifen. Hier wie anderswo muss in der Überzeugung vieler Heranwachsender glaubhaft eine Rolle gespielt werden. Analog dazu ist das Aussehen bei den Akteurinnen eine Strategie zur Erlangung öffentlicher Anerkennung. Somit besteht in der Regel die Berechtigung, die individuellen Eigenarten einer Person auf den zweiten Rang zu verweisen. Für die Mädchen steht außer Frage, dass sie in allen sozial relevanten Situationen Gegenstand von Bewertungen sind. Weil der gekonnte Umgang mit dem Äußeren erfolgsversprechend ist, wird die damit einhergehende, mögliche Abwertung des Persönlichen und Privaten also meist in Kauf genommen.

Entsprechend können folgende Charakteristika des Schönheitsdiskurses frühadoleszenter Mädchen festgehalten werden. Dass gutes Aussehen über sozialen Erfolg entscheidet, wird als Tatsache angesehen. Der sich daran anschließende Bewertungsmechanismus, der jede Person zu einer öffentlichen Person macht, ist auch von ihnen verinnerlicht. Sozialer Erfolg bedeutet Anerkennung, die in den Augen der Mädchen hilfreich für Freundschaften, Romantik und im Berufsleben ist. Das Subjekt ihres Diskurses strebt genau das an, fügt sich damit den Regeln sozialer Beurteilung und sorgt dafür, dass es attraktiv für andere ist. Gutes Aussehen ist für die Frühadoleszenten jedoch nicht nur wichtig, um Chancen auf Erfolg zu haben. So wie die Hübschen in den Augen der Mädchen diejenigen sind, die positiv auffallen, hat ein weniger ansprechendes Äußeres auch negative Konsequenzen. Die Regeln zur Gestaltung des Aussehens nicht einzuhalten, kann soziale Ausgeschlossenheit nach sich ziehen. Natascha greift daher mit dem Bild des „Penners auf der Straße" zu einem deutlichen Beispiel für die von ihr vermuteten Auswirkungen auf gesellschaftliche Hierarchien:

NATASCHA: [...] weil man eigentlich normal auch schön aussehen will, egal, ob ein Mann da ist oder nicht.

I: Und warum will man das?
NATASCHA: Weil, man will nicht als Penner auf der Straße landen. (I11: 151-154)

Tatsächlich verfolgen die Akteurinnen mit der Nennung der Worte „Penner" oder „Straße" eine bestimmte Absicht. So argumentieren sie mit Hilfe dieser Wortwahl in der Regel, dass gutes Aussehen neben den genannten Vorteilen eben auch zur Vermeidung sozialen Misserfolgs unerlässlich ist. Die „Straße" symbolisiert die Öffentlichkeit, die das Äußere überprüft, während der „Penner" versinnbildlicht, dass man den Vorschriften zur Erlangung von Anerkennung nicht folgt und damit auch nicht „normal" ist. Deshalb antwortet auch Elisabeth auf die Frage, warum Schönheit wichtig ist, mit der Metapher der „Straße". Jeglicher Widerspruch wird bei ihr durch die Feststellung, „es müsse einfach sein", im Keim erstickt.

ELISABETH: Ja, es ist einfach nicht gut, wenn man schlampig auf der Straße rumläuft. Es muss einfach sein, dass man gut aussieht. (I2: 312-314)

Auch Jade sieht die Vermeidung sozialer Missachtung als alternativlos an. „Nie" würde sie „wie ein Penner" die Erwartung an die richtige Optik ignorieren:

I: Wie wichtig ist denn Aussehen, so insgesamt?
JADE: Also, ich würde nie wie ein Penner auf die Straße gehen. (I4: 381-382)

Einerseits ist die Bedeutung der Schönheit in ihrem Alter offensichtlich alltäglich, andererseits sind sich die Mädchen aber auch der Absurdität der hohen Relevanz solcher Oberflächlichkeit bewusst. Sie fühlen sich also selbst nicht als Opfer, wie auch die Äußerung Beverlys zeigt. Diese ironisiert die Tatsache, dass sich ihr achtjähriger Bruder schon für sein Aussehen interessiert, mit dem Kommentar, bei ihr habe das „erst mit zehn" angefangen. Dennoch deutet Beverlys Bekenntnis, „immer in den Spiegel gucken zu müssen", gleichzeitig auf die Verinnerlichung des Schönheitsdiskurses hin.

BEVERLY: [...] mein Bruder, der steht immer so, bin ich cool, vor dem Spiegel *(tut so, als würde sie affektiert in einen Spiegel gucken)*. Oh ey, das regt mich immer voll auf, hier mit seinen Haaren dann so hoch, das ist voll der Angeber, find ich. Dabei ist der erst acht Jahre alt. Bei mir fing das erst mit zehn an. *(lautes Lachen)* [...] Ja aber, es ist nicht nur wegen der Jungs, man muss auch selber, persönlich was von sich halten, finde ich. Wenn man so doof aussieht...also ich muss immer in den Spiegel gucken, ob meine Haare richtig sitzen, also ganz ehrlich. Egal, wo einer ist, ich muss immer reingucken, ich kann nicht anders. (I2: 210-224)

Zusammenfassend ist gutes Aussehen für die Mädchen daher normal im Sinn einer verbindlichen Anforderung, die alle Personen und unterschiedliche Wirkungsfelder umfasst. Ihr Schönheitsdiskurs ist also nicht allein als Ausdruck eigener, neuartiger Werte zu begreifen. Er steht vielmehr im Kontext von Normalisierung und der damit einhergehenden Akzeptanz bestehender Bedeutungen. Die in Kapitel vier geschilderte, im Alltag vorherrschende Überzeugung, Kinder oder Jugendliche seien anders als Erwachsene, kann anhand der Aussagen der Mädchen daher nicht bestätigt werden. Mehr noch geht in meinem Empfinden das, was ich hier als Kontrast zur Kinderrolle als erwachsenen Diskurs betrachte, in seiner Unbedingtheit und Direktheit über die möglichen Antworten der – in der Selbstdarstellung geübteren – Erwachsenen hinaus. Die Diskurse selbst unterscheiden sich letztendlich kaum, was abermals fragen lässt, ob die problematischen Folgen visueller Sexualisierung tatsächlich zutreffend sind. Zu bezweifeln ist das m.E. umso mehr, als die Mädchen gleichermaßen auf ihrem Status als Kind bestehen. Hierzu im nächsten Abschnitt mehr.

Shaney, 12 Jahre, Latisha, 13 Jahre, und Jade, 12 Jahre

Für Shaney, Latisha und Jade bedeutet Schönheitskonsum Glück. Diese Erwartung zeigt sich auch in ihren Aussagen unmittelbar und wird nur selten durch Relativierungen begrenzt. Die drei Freundinnen, die sich seit dem Kindergarten kennen, sprechen allerdings nicht nur eloquent und detailreich über die Bedeutung des Aussehens. Sie handeln auch danach. Shaney, deren Eltern aus Togo und Portugal stammen, ist die Wortführerin der Gruppe und das Idol vieler gleichaltriger Mädchen. So hatte mir eine Mitschülerin im Vorfeld erzählt, Shaney sehe aus wie Beyoncé, eine populäre und sehr attraktive R&B-Sängerin. Als ich sie kennenlerne, scheint mir dieser Vergleich passend. Shaney hat lange, gelockte, rotbraun gefärbte Haare, hellbraune Haut, ein wohlproportioniertes Gesicht mit großen Augen und eine Model-Figur. Darüber hinaus ist sie sehr sorgfältig gestylt: Bei unserem Gespräch trägt sie eine schwarze, enge Hose, eine knappe, beigefarbene Weste, eine kurze, dunkle Strickjacke, Stiefeletten mit einem kleinen Absatz und wirkt in jeder Hinsicht ‚perfekt'. Latisha ist mit ihrer engen, schwarzen Kleidung ebenfalls sehr modisch angezogen. Sie wirkt aber weniger auffällig, was vermutlich an ihren streng zum Zopf gebundenen Haaren und ihrer Brille liegt. Ihre Eltern stammen aus Ghana. Latisha hat dunkelbraune Haut, schwarze Haare und ist sehr dünn. In Sachen Schlagfertigkeit steht sie Shaney in nichts nach, provoziert gerne und hat ein extrovertiertes Naturell. Jade ist die Ruhigste und Nachdenklichste in der Gruppe. Sie hat halblange, dunkelbraune Haare, eine schlanke, schon vglw. feminine Figur und trägt beim Interview eine Hüftjeans, Turnschuhe und ein rosa Longsleeve. Ihre Eltern stammen aus Portugal, mit dessen Landeskultur sie sich identifizieren kann, wie sie immer wieder anmerkt. Auch Shaney und Latisha äußern sich ähnlich zu den Herkunftsländern ihrer Eltern. Jade und Shaney gehen gemeinsam auf ein Gymnasium, Latisha besucht eine Integrierte Real- und Hauptschule. Die drei leben, jeweils mit ihren Eltern und Geschwistern, in einem sozial schwachen Randstadtteil einer Großstadt. Unser Gespräch findet in einem Mädchentreff statt, den die Freundinnen regelmäßig besuchen. Sie nehmen hier auch an verschiedenen Aktivitäten teil. So spielt Shaney Theater und bekommt Gesangsunterricht im Treff. Jedes der Mädchen tanzt außerdem in der dortigen Hip-Hop- und R&B-Gruppe. Davon abgesehen verbringen die Mädchen viel Zeit in einem nahe gelegenen Einkaufszentrum. In unserem Gespräch präsentieren sie sich als ausgewiesene Konsum-Expertinnen. Besonders Shaney und Latisha sind mit zahlreichen Marken, Preisen und Stilfragen vertraut. Beide sind stolz, in Musikvideos und TV-Serien genau benennen zu können, welche Kleidermarken von den Darstellern getragen werden. Ihre Kenntnis geht sogar so weit, dass sie darüber nachdenken, welche Kombinationen noch wenig getragen wurden und welche Shops aufgrund zu hoher Massenaffinität gemieden werden sollten. Von ihren Eltern werden Shaney und Latisha die meisten Konsumwünsche erfüllt. Wie beide betonen, bekommen sie außerdem von Verwandten in London auch regelmäßig exklusive Kleidungsstücke zugeschickt, manchmal sogar von „teuren Designermarken". Hand in Hand mit ihrem Interesse an Konsum geht das Popkultur-Wissen der Mädchen. Alle drei sind Musikfans, sehen sich selbst aber nicht in allzu großer Distanz zu ihren Stars. So kommentieren sie deren Aussehen kenntnisreich, kopieren ihre Looks und ‚lästern' über optische Fehltritte. Shaney, Latisha und Jade wissen nach eigenen Angaben immer, was zu tun, was richtig und was falsch ist. Von einigen Uneinigkeiten abgesehen, befinden sie sich im Konsens miteinander und mit den Sinngebungen ihrer Peergroup. Auch hier ist das gute Aussehen ‚alles', und das finden die drei

Freundinnen selbstverständlich. Schönheit ist in ihren Augen der Inbegriff von Selbstwert, die Voraussetzung, für Jungen interessant zu sein, der Garant für Glamour wie soziale Sicherheit und außerdem eine spannende Freizeitbeschäftigung. Diesen starken Sinngebunden sind ihre Zweifel über moralische Gerechtigkeit und Political Correctness – die Shaney und Latisha mit Vorliebe ironisieren – letztendlich unterlegen.

6.1.2 Den Rückzugsort möchten sie erhalten: Bedeutung der Kindheit

Die gesellschaftlich bedingte Übernahme weiblich-idealisierter Schönheitsvorstellungen durch junge Mädchen geht meistens mit einer Distanz zu ihrer Rolle als Kind einher, argumentiert Pipher (1996: 23f.). Ein Resultat sei bei vielen eine Pubertätskrise, die einen langen Konflikt mit den Eltern und die schlussendliche Lösung von den Werten der Kindheit nach sich ziehe. Problematisch sei der immer frühere Beginn dieser Krise: „Der geschützte Bereich, den wir einst Kindheit nannten, ist räumlich und zeitlich enger geworden." (Ebenda: 32)

Diese Deutung lassen die Gespräche mit den Akteurinnen nicht zu. Was ihre Haltung zu den Diskursen über sie angeht, fällt auf, dass die Mädchen die Sichtweise ihrer Erziehenden weitestgehend bejahen. Eine Gegenposition zur Kinder-Rolle ist ihren Äußerungen zufolge kein Hintergrund ihrer Praktiken. Vielmehr stellen sie heraus, dass ihnen die Übereinstimmung mit den Diskursen ihrer Eltern wichtig ist. Die Interviewpartnerinnen widersprechen eher ihren vorherigen Äußerungen, bevor sie eine gegensätzliche Meinung zu ihren Erziehenden vertreten[1]. Im Zweifelsfall entscheiden sie sich also meist für den Erhalt ihres Status als Kind. So ergibt sich folgendes Bild: Zwar deutet die nicht-diskursive Praxis der Mädchen, nämlich ihr auffälliges Äußeres, auf einen Ausbruch aus den Sinngebungen der Erziehung hin. Ihre Aussagen gehen jedoch häufig mit dem bürgerlichen Kindheitsdiskurs konform. Dabei finden sich die Akteurinnen mühelos in den von der Erziehung vermittelten Werten zurecht. Gleichzeitig weisen jedoch Äußerungen wie „ich fühl mich wohl in meinem Alter" oder die Nennung von „Peter Pan" auf eine Distanz zur eigenen Rolle als Kind hin. Deshalb bin ich der Ansicht, dass es strategische Gründe hat, dass sich die Mädchen wiederholt auf das eingeschränkte Wirkungsfeld der Kindheit berufen.

---

1 Allein bei der Schönheitstechnik des Schminkens haben sich die Mädchen häufig absichtlich den Vorstellungen ihrer Eltern widersetzt. Worauf das zurückzuführen ist, erläutere ich im Exkurs des Abschnitts 6.4.

Anhand der Aussagen der Mädchen lassen sich m.E. mehrere Beweggründe ausmachen, warum sie sich noch nicht von der Kindheit distanzieren wollen. Ein erster und naheliegender Grund ist zunächst die soziale Erwünschtheit (vgl. 5.3), in Folge derer sie vor mir als ‚Autoritätsperson' ihre Harmlosigkeit unter Beweis stellen. Weiterhin spricht aus vielen Äußerungen der Akteurinnen ein hohes Maß an Verbundenheit mit ihrer Familie, was ebenfalls die Selbstpräsentation als Tochter/Kind und damit nicht vollends eigenständige Person begünstigt. Überhaupt scheint die ‚heile' Familie vielen Mädchen sehr wichtig zu sein, wie in ihren Wünschen für die Zukunft sichtbar wird[2]. Womöglich ist dieses Ideal durch das Wissen um die Gefahr von Trennungen und Scheidungen – einige leben in Patchwork-Familien – und die in ihren Augen offensichtlich geringe Verlässlichkeit dauerhafter Beziehungen zu erklären. Der dritte und m.E. wichtigste Grund, die Kindheit erhalten zu wollen, ist eng mit dem zuvor Genannten verbunden. So möchten sich die Mädchen in meiner Interpretation einen Rückzugsort erhalten. Wenn die Notwendigkeit des Erzielens von Anerkennung verinnerlicht ist, ist es schließlich verständlich, dass die Akteurinnen sich Möglichkeiten offen halten, sich der beständigen Präsentation des Selbst zu entziehen. Auf diese Weise kann dann glaubhaft begründet werden, warum bestimmte Handlungen und Denkweisen in der eigenen Lebenswelt noch keine Geltung haben. Außerdem bietet das Argument Kindheit den Mädchen die Option, Unzufriedenheit mit dem Schönheitsdiskurs zum Ausdruck zu bringen.

Die Strategie des Beharrens auf der Kindheit trotz Distanz zu dieser ist meiner Ansicht nach auch im Zusammenhang mit dem Wunsch nach Normalisierung nachvollziehbar: Durch ihre Inszenierungen streben die Mädchen nach sozialem Erfolg, begrenzen aber gleichzeitig die im Diskurs der visuellen Sexualisierung transportierten Gefahren. So bemühen sich die Akteurinnen um gesellschaftliche Macht, verhalten sich aber dennoch legitim.[3] Das Festhalten der

---

2   Ich vermute, dass sich an dieser Stelle ein Wandel ereignet hat. So bin ich der Überzeugung, dass vor ca. 20 Jahren nur wenige Mädchen im Alter zwischen zehn und 13 Jahren als größten Wunsch für die Zukunft „eine Familie, ein netter Mann und Kinder" angegeben hätten. Auf diesen Punkt werde ich später (6.5) noch näher eingehen, da er mir bedeutsam für die Herkunft der Diskurse der Mädchen erscheint.

3   Eine ähnliche These vertreten auch Mitchell/Reid-Walsh (2005: 3f.). So seien Produkte für Tweens oft widersprüchlich und Ausdruck eines Status des „in between". Als Beispiel nennen die Forscherinnen die *Bratz*-Puppen, die das Erwachsensein durch ihre Comic-Körper und -Gesichter parodieren. Hier werde daher nicht wie im Fall von *Barbie* das Erwachsenenleben ernsthaft nachgespielt, sondern die spaßorientierte Teenager-Kultur imitiert.

Frühadoleszenten an ihrer Kinder-Rolle führe ich insgesamt darauf zurück, dass sie sich bereits in das ‚erwachsene' Leben einfühlen können. Durch die selbst verordnete Identität als Kind wird jedoch die Verantwortung für ungewollte Aspekte des Schönheitsdiskurses abgegeben. Darüber hinaus ermöglichen die Werte der Kindheit die Kontrolle der eigenen Normalität.

Ich möchte nun die Erkenntnis, dass der Erhalt des Rückzugsorts der Kern des affirmativen Kindheitsdiskurses der Mädchen ist, an ihren Aussagen darstellen. So kann sich Jay nur schwerlich mit dem weiblichen Stil identifizieren. Gleichzeitig ist sie der Ansicht, dass das Äußere bei der Beurteilung anderer eine entscheidende Rolle spielt. Als ich von ihr wissen will, ob bestimmte Kleidungsstücke von ihren Mitschülern gerne getragen werden, sagt sie jedoch:

JAY: Ich krieg das nicht mit, also nee. Wir sind in der fünften Klasse, da spielt das doch noch keine Rolle, oder? (I9: 148-149)

Indem sie auf ihr Alter verweist, normalisiert Jay also ihr Unwohlsein, wissend, dass sie sich mit dieser Begründung in einer allgemein anerkannten Position befindet. Was ihr selbst nicht gefällt, ist hier kein rein persönliches Urteil mehr, sondern eine probate Haltung im Diskurs. Die Antworten vieler Mädchen suggerieren aber nicht nur ein hohes Maß an Konformität mit den Überzeugungen der Erziehung. Mehr noch bemühen sich die Interviewten häufig, ihre Kenntnisse über den legitimen Umgang mit dem Äußeren, gemäß der Erwartungen an sie, unter Beweis zu stellen. Dazu zählt auch das Wissen, dass ein sexualisiertes Styling nicht akzeptabel ist.

I: Okay. Wenn Du so hörst, es geht um das Thema Aussehen, was fällt Dir dazu ein?
SUNIESHA: Also, ich würde mich nicht so viel schminken, ich würde höchstens Lipgloss und nen bisschen Nagellack nehmen, ich finde das reicht. Das ist alles.
I: Und wie findest Du das, wenn sich andere so doll schminken?
SUNIESHA: Find ich bescheuert. Ich find, das sind doofe Mädchen. Wollen unbedingt angeben, guckt her, so, sie sind die Schönsten.
I: Was glaubst Du denn, warum die das machen?
SUNIESHA: Vielleicht...weil die mehr Jungs haben wollen als Freunde...ja
I: Glaubst Du, dass das funktioniert?
SUNIESHA: Nö. Hmm [...] Ich find das doof, weil, ähm, es kommt nicht darauf an, wie man aussieht. Die meisten Menschen, die achten ja nur auf ihr Aussehen und wie viel Geld sie haben, und das ist voll bescheuert. Weil man sich wahre Freundschaft nicht kaufen kann...Und andere sollten nicht immer nur daran denken, wie sie aussehen, sondern auch, dass sie nett sind. (I14: 43-57)

Wie diese Eingangssequenz des Gesprächs mit Suniesha zeigt, macht sie bereits mit der ersten Antwort deutlich, wo die Grenzen der Schönheitspraktiken liegen müssen. Sie bekennt sich zwar mit ihrer Äußerung zum Schminken zu ihrem Interesse an einer eindeutig weiblichen, in ihrem Alter vermeintlich unangebrachten Praxis. Im Kontext dessen weist Suniesha aber gleich darauf hin, dass sie ein übertriebenes Make-up ablehnt. Auf diese Weise gelingt es ihr, dass, was als Indiz eines sexualisierten Schönheitshandelns verstanden werden kann und ihr eigentlich auch gefällt, in das Feld des in ihrem Alter erlaubten Diskurses zu überführen. Mit diesem stimmt Suniesha überein, wenn sie bekräftigt, dass alles Übertriebene, Unpassende und Unangebrachte sanktioniert werden muss. Die Gründe ihrer Ablehnung intensiver Schönheitspraktiken entnimmt Suniesha dabei den Diskursen aus der Erziehung. Das zeigt nicht zuletzt ihr Verweis auf den Mythos, dass „man sich wahre Freundschaft nicht kaufen kann". Suniesha benennt außerdem einige allgemein anerkannte Überzeugungen, warum viele Mädchen gut aussehen möchten, und weshalb eine hohe Relevanz des Äußeren abzulehnen ist. Sie steckt damit nicht nur das Feld des Sag- und Denkbaren ab. Suniesha liefert auch einen eindrücklichen Nachweis, dass sie sich ‚auskennt' und nicht auf die Versprechungen des guten Aussehens ‚hereinfällt'. Diesen Drang zur Rede und Rechtfertigung beschreibt Foucault als ein wesentliches Merkmal von Diskursen. Das Subjekt will sich als wissendes, rechtmäßiges und normales Mitglied der Gesellschaft präsentieren. Je mehr der Einzelne an den Diskursen partizipiere, desto stärker wirke letztendlich seine Normalisierung (vgl. Bublitz 2003).

In Kapitel vier habe ich mich mit den spezifischen Erfahrungen in der Frühadoleszenz beschäftigt. Dabei habe ich herausgestellt, dass im Alter der interviewten Mädchen häufig der Widerspruch zwischen familiären und gesellschaftlichen Werten wahrgenommen wird. Während die Ablehnung der Kinder-Rolle *eine* mögliche Auswirkung ist, kann ebenso durch Affirmation dieser ein Ausgleich zum Empfinden der bedrohten Identität hergestellt werden. Dass sie den, die Schönheitspraktiken junger Mädchen verurteilenden Diskurs kennt, zeigt die folgende Äußerung Kikkis. Weil sie sich selbst durch die hohen Anforderungen an das Äußere angegriffen fühlt, bietet ihr die populäre Kritik an den Schönheitspraktiken Heranwachsender Schutz. Kikki äußert zwar dieselbe Ablehnung („dass es sich fast nur noch darum dreht, wie man aussieht") wie Suniesha, greift aber nicht auf die gleiche Begründung zurück, nach der auf das Aussehen fixierte Menschen negative Charaktereigenschaften entwickeln. Stattdessen versucht sie, den äußeren Zwang zu einem bestimmten Styling mit einem inneren Unwohlsein der Handelnden zu entkräften. Mit Hilfe der Position der Erziehung, die einem hohen Stellenwert von Schönheit negativ gegenüber steht, gelingt es Kikki also, sich von den Anforderungen zu befreien:

I: […] Das Thema Aussehen, was fällt Dir dazu spontan ein?
KIKKI: Na, dass sich halt Leute, also Mädchen in meinem Alter irgendwas, na, immer noch kaufen müssen, damit sie eben gut aussehen, irgendwelche Schminke oder irgendwelche anderen Accessoires, irgendwelche Broschen oder so was, ähm, und dass es sich eben fast nur noch darum dreht, wie man aussieht. Ähm, und das halt eigentlich gar nicht mehr darauf geachtet wird, ähm, ob man, also, ob einem selber, ob man sich darin wohl fühlt, und… ja, ob's einem selber auch gefällt, denn meistens, meistens gibt's ja dann ja so Firmen, und wenn man was von denen hat, dann ist es cool, ja und wenn man das jetzt nicht hat, dann ist es uncool […]. Aber eigentlich, ich kenn auch welche, denen gefällt das gar nicht richtig, was…Die würden sich jetzt auch, also die würden, also denen gefällt das gar nicht wirklich, was sie da anhaben, denen, also denen kommt es nur auf Marken […] an. (I10: 35-47)

Aus unterschiedlichen Gründen – Suniesha will ihre Normalität unter Beweis stellen, Kikki sich dem Schönheitsdiskurs entziehen – schließen sich beide Mädchen der anerkannten Argumentationen aus der Erziehung an. Beiden kann also keine sie ‚schädigende' Haltung zum Thema Aussehen vorgeworfen werden. Wie Kikkis folgende Äußerung m.E. zeigt, ist die Ablehnung der Anforderung, möglichst gut aussehen zu müssen, indes nicht ihr wesentliches Interesse. Stattdessen wünscht sie sich generell, den Rückzugsort Kindheit zu behalten und distanziert sich damit von Gleichaltrigen, die, dem Klischee über Teenager entsprechend, größere Autonomie herbeisehnen. Während andere älter sein möchten, „weil sie dann viel mehr dürfen", will Kikki offensichtlich noch nicht jugendlich sein, weil sie dann auch vieles noch nicht ‚muss'.

KIKKI: […] ich wär jetzt nicht gerne 17, also ich fühl mich in meinem Alter wohl. Viele haben ja immer den Traum, 16 zu sein, weil sie dann viel mehr dürfen, also das ist bei mir nicht so. (I10: 357-359)

Eddie hat andere Gründe, warum sie das Problem ihrer Altersgruppe mit dem Thema Schönheit explizit anspricht. So kann sie sich zwar für eine intensive Schönheitspraxis begeistern. Gleichzeitig will Eddie aber nicht in Gefahr geraten, die ‚Grenzen' des adäquaten Äußeren zu überschreiten. Vermutlich ihrer Erziehung entsprechend, verweist sie auf die positiven Seiten des Kindseins.

I: Gibt es denn auch Situationen, in denen Du Dich schön machst?
EDDIE: Ja, also zur Schule, ganz oft...oder für hier...oder wenn ich shoppen gehe, dann denke ich immer ich sollte gut aussehen und so...ja. [...]
I: Und machst Du dann noch was anderes, schminkst Dich vielleicht
EDDIE: Nee! Schminken tu ich mich noch nicht, da bin ich viel zu jung für! Nee. Eine aus meiner Klasse, die ist auch schon zweimal sitzen geblieben, die tut schon so wie ne erwachsene Frau und so...
I: Das gefällt Dir nicht...
EDDIE: Nee, man muss ja schließlich die Kindheit ausleben. Hm [...] Peter Pan...fällt mir da so ein. *(lacht)* (I7: 120-135)

Eddies Begründung, warum sie sich noch nicht schminkt, bezieht sich auf den Diskurs der Kindheit als Ort der Unschuld. Die Empfehlung oder auch Aufforderung, die Kindheit „auszuleben", stammt jedoch mit hoher Wahrscheinlichkeit von Erwachsenen. Als Zitat von Eddie wird es zu einem Paradoxon: Wer von sich behauptet, die Kindheit auszuleben, kennt bereits die Voraussetzungen der ‚richtigen' Kindheit. Eddie ist damit also auch nicht mehr unwissend und gleichgültig im Sinn der kindlichen Unschuld. Noch Kind zu sein, hat in ihrer Argumentation darüber hinaus noch eine weitere, wichtige Bedeutung. So sind bei Eddie diejenigen, die sich nicht mehr um Übereinstimmung mit der Kinder-Rolle bemühen, Außenseiter oder Versager. Das zeigt das Beispiel des Mädchens aus ihrer Klasse, die „auch schon zweimal sitzen geblieben" ist. Dass die Mitschülerin „schon so wie ne erwachsene Frau" auftritt, scheint also trotz ihres Vorsprungs von zwei Jahren noch nicht gerechtfertigt. Sie dient Eddie, für die gutes Aussehen insgesamt eine große Rolle spielt, als Vorbild zur Abschreckung. Schließlich soll Schönheitshandeln in Eddies Augen zu Erfolg führen, den ihre Mitschülerin durch ihre übertriebene Inszenierung jedoch verspielt. Dass die Akteurinnen insgesamt Wert darauf legen, ihr Wissen über den richtigen, also normalen Umgang mit Fragen des Aussehens unter Beweis zu stellen, belegt auch der folgende Abschnitt zu ihrer Haltung gegenüber den Medien.

Kikki, 13 Jahre
„Ich fühl mich in meinem Alter wohl. Viele haben ja immer den Traum, 16 zu sein, weil sie dann viel mehr dürfen, also das ist bei mir nicht so", sagt Kikki. Ausgehen interessiert Kikki noch nicht, und Aufmerksamkeit über ihr Aussehen zu erlangen, wäre ihr unangenehm. Dass Kikki noch nicht älter sein möchte, liegt m.E. in ihrem Leiden an der Komplexität der sie umgebenen Anforderungen begründet. Sie wünscht sich dagegen Aufrichtigkeit, Natürlichkeit und Ruhe. Kikki träumt von einem Le-

ben auf dem Land mit ihren als Paar wiedervereinigten Eltern und deren heutigen Lebenspartnern als Freunden der Familie. Derzeit wohnt sie abwechselnd bei ihrer Mutter und ihrem Vater, die nur wenige Straßen voneinander entfernt leben. Unser Gespräch findet bei ihrem Vater statt, der gemeinsam mit seiner Lebensgefährtin in einer großen Altbauwohnung in einem bei Studierenden und Künstlern sehr beliebten Stadtteil lebt. Kikkis Eltern sind im Medien- und Kulturbereich tätig und legen viel Wert auf kulturelle Bildung. Beide nehmen ihre Tochter oft zu Pop-Konzerten mit und geben ihr viele Freiheiten, sie aber ist, wie ihr Vater erzählt, „doch eher eine Ruhige". Kikkis größtes Hobby ist Lesen. Sie geht zwar gerne zur Schule (sie besucht das Gymnasium) und hat auch Freundinnen, Gruppenaktivitäten und die Anerkennung durch Gleichaltrige spielen aber offenbar keine besondere Rolle für sie. Kikki ist ein nachdenklicher Mensch mit einem oft ernsten Ausdruck. Sie hat ein auffällig hübsches Gesicht, lange, blonde Haare und ist groß und schlank. Während des Gesprächs hat sie die Haare zu einem Zopf geflochten, trägt eine knielangen, braunen, mit Enten bedruckten Rock, der von einer Freundin ihrer Mutter entworfen worden ist, und eine hellblaue Bluse. Sowohl aufgrund ihres Aussehens als auch ihrer Ernsthaftigkeit und Fähigkeit, sich auszudrücken, könnte Kikki für älter gehalten werden, als sie ist. Kikki selbst möchte aber noch nicht zu den Jugendlichen gehören. Hier liegt auch ihr Problem mit der Bedeutung des Aussehens. Zwar findet sie es gut, „wenn man viel aus sich macht", ihr gefällt ein weibliches Äußeres, und sie ist der Ansicht, dass ein hohes Maß an Pflege, bspw. regelmäßig geschnittene Haare, selbstverständlich sein sollte. Intensive Schönheitspraktiken, wie umfangreiches Schminken und modisches Styling, sind für sie jedoch negativ behaftet. Solche Stilisierungen sind in Kikkis Augen künstlich und mindern die Bedeutung des Charakters: Wer das mache, wolle nur gut ankommen, egal um welchen Preis. Dieses Streben, das sich nach außen richtet, ist noch nicht interessant für Kikki, wie sie deutlich macht. Sie möchte stattdessen noch möglichst lange in der Welt des ‚Inneren' bleiben. Dabei zeigen Kikkis Reflexionen nicht nur die Kenntnis des dominanten Schönheitsdiskurses, sondern auch eine große Reife im Umgang damit. Dennoch hat sie sich für den Verbleib in ihrer beschützten Welt entschieden, in dem die Authentizität der Persönlichkeit bewahrt scheint. Für die Romantik würde sie jedoch eine Ausnahme machen: „wenn ich jetzt verliebt bin oder so [...], also dann versuch ich halt, dass ich dem

Jungen immer gefalle, und versuch mich dann halt zu schminken oder sonst irgendwas."

6.1.3 Naiv wollen sie nicht sein: Umgang mit Medienbildern

Wenn die Mädchen stark von ihrer Erziehung beeinflusst sind, welche Rolle spielt dann eine andere Ebene der Bedeutungsproduktion, die Medien[4]? Ohne Zweifel befördern die Medien und die Konsumgüterindustrie die Vermittlung der Normalität guten Aussehens im Alltag. Beide sind hier schließlich, neben der Peergroup und ihren Regeln für die Gestaltung des Äußeren, die dominanten Bildgeber für Heranwachsende. In Kapitel drei habe ich anhand von Bildanalysen gezeigt, dass Medien und Ökonomie an der Vermittlung von Schönheit als Wert für junge Mädchen beteiligt sind. Wie ebenfalls an dieser Stelle thematisiert, warnen zahlreiche Publikationen vor dem Einfluss der Medien auf das Schönheitshandeln Kinder und Jugendlicher (vgl. u.a. Durham 2008). Dabei würden die perfekten Medienbilder insbesondere von jungen Mädchen als Vorgabe für die eigene Optik verstanden.

Die Antworten der von mir interviewten Mädchen legen indes ein anderes Verhältnis zu den Medien nahe. So ist die dominante Perspektive der Akteurinnen auf ihren Umgang mit Medien die der relativen Unabhängigkeit. Zum einen wurden die Medien und ihre Produkte insgesamt wenig durch die Mädchen angesprochen. Obwohl im Zusammenhang mit Repräsentationen attraktiver Menschen bedeutsam, machen die Interviewpartnerinnen die Medien nur selten von sich aus zum Thema. Zum anderen deutet die von den Mädchen genutzte Sprache auf ihren Willen hin, den Medien keinen großen Stellenwert einräumen zu wollen. Auffällig sind hier stattdessen die Tendenz zur Relativierung und der Anspruch, sagen zu wollen, ‚wie es wirklich ist'. Tatsächlich haben sich fast alle Mädchen bemüht, ihr Wissen um die Konstruktion der Bilder explizit attraktiver Personen in den Medien herauszustellen. Die Mechanismen der Herstellung idealer Schönheit sind den Akteurinnen also größtenteils bekannt und werden auch zu Sprache gebracht.

Ihr Diskurs zu den Medienbildern lässt sich m.E. insgesamt am treffendsten mit der Aufforderung, ‚drüber zu stehen', zusammenfassen. So sind die Mädchen der Ansicht, dass gutes Aussehen in den Medien normal ist, dieser Fakt sie

---

4 Unter Medien verstehe ich hier die Inhalte der Massenmedien (TV, Internet usw.), die Mädchen dieser Altersgruppe erreichen, und auch ausschließlich massenmedial verbreitetes Wissen, z.B. über Prominente.

selbst aber weder einschüchtern noch attraktive Medienpersonen zu einem Vorbild werden sollten. Schließlich repräsentierten schöne Menschen in den Medien eine Form der Professionalität, in der Schönheit notwendig ist und unter großem Aufwand hergestellt wird. Hier zeigt sich erneut die Überzeugung der Akteurinnen, zu den ‚Aufgeklärten' zu gehören. Ihrer Ideologie zufolge ist das schöne Äußere ein Instrument zur Erlangung von Aufmerksamkeit. Auch die Haltung der Mädchen dazu ist von Pragmatismus gekennzeichnet: So wie es in ihren Augen an ihnen selbst liegt, die Regeln des richtigen Äußeren zu befolgen und so möglichst erfolgreich zu sein, so wird dieser Mechanismus in den Medien ihrer Meinung nach lediglich im Extrem angewandt. Meiner Ansicht nach fördert diese gelassene Aufgeklärtheit jedoch noch etwas anderes zutage, nämlich eine Art Distanzlosigkeit der Akteurinnen gegenüber den Medien. Schließlich kann die Überzeugung, dass für die Konstruktion von Medienbildern die gleichen Regeln gelten wie für sie selbst, sowohl Ermächtigung als auch den problematischen Vergleich mit Medienpersonen bedeuten. Susan Bordo hat sich mit dem Medieneinfluss auf Schönheitsideale Heranwachsender Anfang der 1990er und Anfang des neuen Jahrtausends beschäftigt. Sie stellt in diesem Sinn fest: „Generations raised in the empire of images are both vulnerable and savvy." (Bordo 2003: xxvii)

Die Mädchen selbst sind jedoch von ihrer Autonomie überzeugt. Sie sind zwar an die Omnipräsenz schöner Medienpersonen gewöhnt, aber eben auch daran, deren Attraktivität zu dekonstruieren. Zu ihrem Schönheitsdiskurs zählen entsprechend das Wissen über die Funktionsweisen der Medien und der Anspruch, sich von ihnen nicht vereinnahmen zu lassen. So hält Kikki die Schönheit von Medienpersonen für unrealistisch: Diese würden ja sogar eine Schönheits-OP in Kauf nehmen, um gut auszusehen. Würden alle diese Taktiken anwenden – was sie selbst als „unnatürlich" ablehnt – dann würde jeder, allgemeinen Kriterien entsprechend, schön sein. Für Kikki sind Personen in den Medien daher kein Vorbild.

KIKKI: Also, ich finde die Prominenten, ähm, eigentlich ziemlich unnatürlich, weil, ähm, dann seh, dann soll jeder schön aussehen, der sich operieren lassen würde und sich so viel Schminke drauf machen würde, und diss und diss und dies und jenes […]. (I10: 93-96)

Auch Katinka weiß, dass zu der Herstellung des perfekten Aussehens ein hohes Maß an Können gehört. Daran hat sie im Gegensatz zu Kikki zwar nichts auszusetzen. Aber Katinka macht deutlich, dass sie aus diesem Grund Prominente keinesfalls glorifiziert, sondern sie vielmehr als gelungene Produkte betrachtet („was heißt das schon"):

KATINKA: *(über einen Popstar)* Ihre Klamotten sind schon gut, doch, die sind meistens eigentlich ziemlich schön...Aber was heißt das schon, das sucht die ja auch nicht immer unbedingt selber aus, da hat sie ja Leute, die das machen. [...] Ja, doch, das haben die alle, so Stylisten. (I3: 38-42)

Valeria findet es ebenfalls normal, dass Prominente gut aussehen, und hat dafür ihre eigene Bezeichnung, „Standard". Das Äußere derjenigen, die darunter fallen, lösen bei ihr also keine Begeisterung oder Identifikation aus, sie sind ihrer Ansicht nach vielmehr kaum der Rede wert. Valerias Äußerung verdeutlicht die Gewöhnung an Attraktivität in den Medien („normal halt"). Auffallend ist hier nicht mehr das gute Aussehen, sondern nur das Gegenteil („hässlich"), was die hohe Relevanz von Schönheit bei Medienpersonen abermals belegt.

VALERIA: *(nach ihrem Kommentar über die Frisur einer Popsängerin).* Sonst ist sie normal. Also ich würd jetzt nicht extra sagen, die sieht gut aus, ich würd jetzt sagen, ja, okay, alle Popstars sehen gut aus. [...] *(Über eine andere Popsängerin)* Ja, die find ich auch, die ist einfach Standard *(lacht)*...klar, die sieht hübsch aus.
I: *(lacht)* Standard, okay, was heißt denn das?
VALERIA: Na, dass sie durchschnittlich hübsch ist, nicht hässlich aussieht, normal halt, für, für nen Popstar. (I15: 158-167)

Auch Jay hält das Aussehen von Medienpersonen für nicht repräsentativ. Attraktivität ist in ihrer Wahrnehmung eine zwingende Voraussetzung, wenn man berühmt werden will. Diese Tatsache erscheint Jay selbstverständlich.

JAY: [...] Hast Du vielleicht schon mal berühmte Leute gesehen, die schlecht aussehen? (I9: 207-208)

Wenn eine notwendige Relation von Medienpersonen und gutem Aussehen besteht, muss man sich selbst auch nicht mit Medienpersonen vergleichen und erreicht so Unabhängigkeit. Diese reklamieren auch Shaney und Latisha für sich, schließlich durchschauen auch sie ihrer Meinung nach die Herstellung der Medienbilder. Jedoch legen sie im Vergleich zu den meisten anderen Interviewpartnerinnen keinen Wert auf Distanz zu den Medien, im Gegenteil. So begründen Shaney und Latisha ihr Wissen über die Produktion von Medienbildern mit der Ähnlichkeit zu Praktiken in ihrer eigenen Lebenswelt. Die beiden Mädchen sind stolz darauf, beurteilen zu können, auf welche Weise das Aussehen von Pop- und Soapstars hergestellt wurde. Shaney benutzt die empfundene Nähe der Medienbilder zum eigenen Alltag sogar als Rechtfertigung, warum sie kaum Kleidung von einer großen Kleiderkette trägt. Viele Stars haben in den Augen der beiden Freundinnen entsprechend den Status von Massenprodukten mit einem Massenaussehen – sie werden interessiert zur Kenntnis genommen, da sie in den Medien sind, aber keinesfalls überhöht. Ihre Kenntnisse fungieren bei Shaney und Latisha m.E. als Weg der Ermächtigung, befinden sie sich so doch auf einer Ebene mit den Prominenten.

SHANEY: [...] Ich sitz mit meiner Schwester zuhause, wir gucken einen Videoclip, 50 Cent oder so, jemand kommt, R&B-Lieder, und die trägt Ohrringe, und sie *(ihre Schwester)* sagt, die hat sie von H&M, weil das jeder weiß, und deswegen...ich hab nicht so viel von H&M, ich glaub nur ein Kleid oder so.
LATISHA: Oder in einer Serie. Ich kauf ja oft Sachen von Orsay. Sie hatte das Gleiche, hab ich gesagt: Orsay. Hatte sie noch was an, das hatte ich auch. Hab ich wieder gesagt: Orsay. Und das ging immer so weiter. (I4: 158-164)

Dass sie weit davon entfernt sind, Prominente auf ein Podest zu stellen, macht auch der nächste Dialog von Latisha, Shaney und Jade deutlich. Der gegenwärtigen People-Kultur entsprechend, scheinen Prominente so nah und vertraut, dass man auch ‚schlecht' über sie reden, sich amüsieren und auf diese Weise selbst aufwerten kann.

I: Was meint ihr, diese schönen Prominenten, machen die viel für ihr Aussehen? [...]
LATISHA: Ja, zum Beispiel Hilary Duff, die hat voll abgenommen, das ist jetzt alles richtig eingefallen bei ihr, so wie wenn man aus den Simpsons-Figuren die Luft rausläßt
SHANEY: Oder Nicole Ritchie
LATISHA: Nä, die ist pummelig, ist doch die, die immer mit Paris Hilton abhängt
SHANEY: Aber jetzt nicht mehr, die hat voll abgenommen
JADE: Oh, die ist so hässlich
LATISHA: Ja, diese Beine. Und ne hohle Fritte isse, schreibt die Bild-Zeitung immer, voll gemein, aber die ist auch echt nicht die Hellste [...]. (I4: 369-373)

Wie lässt sich der Mediendiskurs der Mädchen also bewerten? Bedeutet die Darstellung von Autonomie durch Wissen, dass die Medien im Schönheitsdiskurs tatsächlich nicht die vermutete, große Rolle spielen? Dazu lässt sich feststellen, dass die Akteurinnen zwar die Medienbilder, jedoch weniger die Medienbotschaften (‚du kannst es auch'/ ‚mach was aus dir') dekonstruieren. Ungeachtet dessen, dass das aufgrund der immensen Schwierigkeit auch kaum erwartet werden kann, liegt in diesen Botschaften sicherlich der größte Einfluss der

Medien auf den Schönheitsdiskurs der Mädchen: denn darin spiegelt sich m.E. ihre Weltsicht wider, wie ich später noch deutlicher ausführen werde.

Die Tatsache, dass die Frühadoleszenten die Medien und Medienpersonen insgesamt auffällig selten zitieren, bleibt meiner Ansicht nach dennoch bemerkenswert. Es kann natürlich eingewendet werden, dass die Medien ein Thema sind, von dem sich absichtlich distanziert wird. Die Kenntnisse über die Herstellungsmechanismen sind schließlich weit verbreitet, und wer ernst genommen werden will, sollte sich entsprechend auch wissend geben. In diesem Fall hätten die Akteurinnen aber auch sagen können, dass sie das, was in den Medien gezeigt wird, ablehnen. Dagegen haben sie sich zu diesem Thema – im Gegensatz zu anderen – aber überhaupt meist nur dann geäußert, wenn ich sie explizit danach gefragt habe. So bleibt bei mir die Überzeugung bestehen, dass bei Mädchen in der Frühadoleszenz die Medien zumindest bewusst nicht als Sinngeber fungieren. Dieses Ergebnis ist im Speziellen im Zusammenhang mit dem Schönheitsdiskurs überraschend. Aber es bedeutet nicht, dass die Medien insgesamt nicht ein wichtiges Freizeitvergnügen für sie wären. So gucken fast alle Mädchen gern fern, einige sind intensive Nutzer von Musikmedien und fast alle lesen Mädchenzeitschriften. Aber diese Beschäftigungen verbleiben in ihren Sinngebungen insofern auch im Feld der reinen Unterhaltung, als sie deren Inhalte nicht als hochgradig bedeutsam wahrnehmen wollen. Insgesamt sollte zwar m.E. der Einfluss der Medien auf die Inszenierungen der Mädchen nicht überschätzt werden. Gleichwohl bin ich der Ansicht, dass sich die im Zusammenhang mit den Medien geäußerte Fähigkeit zur Reflexion und Kritik, die Frühadoleszenten meist nicht zugetraut wird, gut in den Schönheitsdiskurs der Mädchen einfügt. So demonstrieren sie immer wieder, dass sie sich auskennen, dass sie wissen, wie man Erfolg hat, und dass an ihrer Haltung wie auch an ihrem Äußeren nichts naturgegeben, zufällig oder ungewöhnlich ist.

Zu den Sinngebungen der Mädchen und ihrem Verhältnis zu den Anforderungen aus Erziehung und Medien kann also Folgendes festgehalten werden. Die Akteurinnen identifizieren sich stark mit ihrer Rolle als Kind und erfüllen damit die Vorgaben der Erziehung. Gleichzeitig besitzt der allgemeine Schönheitsdiskurs, der ein erfolgreiches Einfügen in die Gesellschaft bedeutet, eine hohe Relevanz für sie. In beiden Fällen bemühen sie sich um Normalität und darum, gut anzukommen. Nicht zuletzt durch ihre kritische Position den Medien gegenüber machen sie ihr großes Wissen und ihre Fähigkeit zur Reflexivität deutlich. Darin erkenne ich ein weiteres Indiz für meine These, dass die Normalisierung der Mädchen keine Folge ihrer Opferrolle ist. Indes sind, wie gezeigt, die gängigen Annahmen über sie in der Erziehung und auch den Wissenschaften andere. Bei visuell sexualisierten Mädchen wird in der Regel auch von deviantem Verhalten ausgegangen. Wenn die Akteurinnen in ihrer eigenen Perspektive ihre Schönheitspraktiken dagegen am ‚Normalen' ausrichten, ist ihre Zivilisierung unnötig. Unangemessen scheint jedoch ebenso die Schlussfolgerung einer eigenen, widerständigen Kultur. Der Erklärungsansatz der Andersartigkeit, gleich ob als Verurteilung oder Unterstützung der Inszenierungen der Mädchen gedacht, versagt an dieser Stelle.

6.2 WIE SIE AUSSEHEN MÖCHTEN: DAS ÄUSSERE ALS AUSDRUCK EINHEITLICHER IDENTITÄTEN

Um zu erklären, warum junge Mädchen sich heute sexualisiert inszenieren, müssen auch ihre Vorstellungen, was Attraktivität überhaupt ist, zum Thema gemacht werden. Andernfalls ist nur schwerlich nachvollziehbar, wie der Eindruck weiblich-idealisierter Stilisierungen überhaupt zustande kommt. Warum möchten die Mädchen so und nicht anders aussehen? Dabei vorrangig auf das Angebot der Konsumgüterindustrie zu verweisen, wie bei Linn (2004) geschehen, ist m.E. nicht ausreichend. Von vielfältigen Beweggründen der Akteurinnen ausgehend, möchte ich mich im folgenden Abschnitt mit ihren Schönheitsnormen beschäftigen. Den Begriff ‚Normen' verwende ich hier mit Absicht. So orientiert sich das Schönheitshandeln der Mädchen, wie ich belegen werde, meist an verbindlichen Handlungsvorgaben.

Dabei geht es v.a. um die klar erkennbare Repräsentation der Kategorien Geschlecht und Alter. Die Akteurinnen passen sich jedoch nicht nur der Geschlechter- und Altersordnung an. Ihrem erfolgsorientierten Schönheitsdiskurs entsprechend, ist auch an dieser Stelle die soziale Bewertung ausschlaggebend. So ordnen sich die Mädchen durch die Gestaltung ihres Äußeren in einer durch die Differenz des guten oder einfach nur normalen Aussehens markierten Hierarchie ein. Beide Handlungen, das optische Darstellen von Geschlecht und Alter wie das eines sozialen Status über das Äußere, haben, wie ich denke, eine Vereinheitlichung der Identitäten zum Ziel. In beiden Fällen sind schließlich nur wenige identitäre Zugehörigkeiten in den Augen der Frühadoleszenten zulässig. Bevor ich diese Annahmen anhand ihrer Aussagen verdeutliche, möchte ich zunächst das zugrunde liegende Konzept ‚einheitlicher' Identitäten erläutern.

Dass Diskurse bei der Hervorbringung, Verhandlung und Festigung von Identitäten eine wichtige Rolle spielen, ist unbestritten. Aus sozialkonstruktivistischer Sicht besteht sogar Konsens darüber, dass Identitäten abseits von Diskursen nicht existieren und erst durch diese hervorgebracht werden (vgl. Hall 1996). Identitäten sind damit nicht etwa individuelle, sondern kollektive Produkte, und in diesem Sinn auch nicht vorab gegeben. Stattdessen ist die Identitätsproduktion ein Prozess, der sich in spezifischen Interaktionen ereignet und widersprüchliche Ergebnisse haben kann, bzw. in nicht nur einer Identität resultieren muss. Aufgrund ihrer Instabilität und Uneindeutigkeit wird von Identitäten daher bevorzugt im Plural gesprochen.

Im Gegensatz zu früheren Theorien, die noch von der Annahme des Dauerhaften und Authentischen in Identitäten geprägt waren, wird ihnen inzwischen ein essentieller Kern abgesprochen[5]. Zu dieser Einsicht hat insbesondere Butler (1993) beigetragen. Sie hat sich mit der Frage befasst, wie durch Identitäten ein vermeintlich in sich geschlossenes Subjekt hervorgebracht wird. So werden Subjekte nach Butler gerade durch die Voraussetzung geschaffen, wir seien in uns kohärent und eindeutig. Problematisch daran ist ihrer Ansicht nach nicht nur, dass jede Person dann jeweils nur eine Identität haben kann. Auch die Tatsache, dass Erfahrungen von Personen von vermeintlich gleicher Identität unterschiedlich sind, bliebe in diesem Fall unberücksichtigt.

Butler betont, dass jede Subjektproduktion durch Macht gesteuert ist, an der sich in Anschluss an Foucault auch das Individuum selbst beteiligt. Dieses würde schließlich nicht nur von außen mit Identitäten versehen, sondern sie sich auch selbst auferlegen. Da Diskurse jedoch immer nur temporär wären, könne es auch das Subjekt selbst nur sein, was eine stabile Identität unmöglich mache. Butler kritisiert die Bedeutung des einheitlichen Subjekts auch noch aus einen anderem Grund. Die im Alltag angenommene Existenz von nur einer Geschlechtsidentität produziere den Ausschluss anderer, „illegitimer" Geschlechteridentitäten. Inzwischen wird nicht jedoch nicht nur seitens Butler davon ausgegangen, dass Zugehörigkeiten erst durch Differenzen zu anderen konstruiert werden und grundsätzlich kein Zeichen einer natürlichen Einheit sind.

Aber sind diese Erkenntnisse auch anschlussfähig an die Bedeutungsproduktion der Mädchen? In der Überzeugung der Akteurinnen sind ihre durch Geschlecht und Alter sowie über den sozialen Status hergestellten Identitäten einheitlich, kohärent und für die Ordnung ihrer Lebenswelten unerlässlich. M.E. trägt ihr stark empfundener Wunsch nach Zugehörigkeit zur Notwendigkeit ständiger Entscheidungen und Einordnungen bei. Die Gestaltung ihres Äußeren ist dabei ein wesentlicher Faktor, und die gekonnte Inszenierung gilt als Indiz einer positiv bewerteten Identität. Je besser sie aussehen, desto mehr Hoffnungen können sich in der Perspektive der Mädchen auch für sie erfüllen. Hier wird deutlich, dass die Akteurinnen in ihrem Wunsch nach Attraktivität auch in zu-

---

5 Eine Übersicht über die Entwicklung der unterschiedlichen Identitäts-Konzepte und ihrer Bedeutung für die Gender Studies liefert Breger (2005).

künftige Identitäten investieren. Es geht entsprechend weniger darum, ein bestimmtes Sein darzustellen, als vielmehr die Identifikation mit etwas, das begehrt wird. Auf diese Weise beschreibt auch Hall die Relevanz von Identitäten: „[...] actually identities are about [...] becoming rather than being: not ‚who we are' or ‚where we came from', so much as what we might become [...]." (Hall 1996a: 4)

Die Regeln, nach denen die richtige Identität und damit auch das richtige Äußere hergestellt werden, sind bei den Akteurinnen kollektiver Natur. Entscheidend sind auch hier die Differenzen zu dem, was die Interviewpartnerinnen nicht sein wollen. So ist ein Mädchen das, was ein Junge nicht ist, und die Zeichen guten Aussehens daher alles, was als feminin gilt, bspw. High Heels, Make-up und lange Haare. Synonym wird die Darstellung des richtigen Alters von den Mädchen durch die Vermeidung von Indizien des falschen definiert. Auch der soziale Status ergibt sich zunächst durch die Tatsache, eben kein Außenseiter zu sein. Entsprechend produzieren die Akteurinnen mit ihren Schönheitsvorstellungen auch Ausschlüsse, Individualität ist also abseits legitimer Identitäten nicht erstrebenswert. Der Schönheitsdiskurs der frühadoleszenten Mädchen verlangt bereits Einheitlichkeit und klar definierte Erfolgsregeln. ‚Vielfalt' ist nur eine Option bei gleichzeitiger Einhaltung der Vorgaben, was nicht zuletzt die Fixierung auf ein mädchenhaftes Aussehen zeigt.

6.2.1 Ordnungskategorien der Inszenierung: Geschlecht und Alter

Kategorisierungen spielen bei der Untersuchung von Identitäten eine entscheidende Rolle. So gehen „identfication categories" oder „identity claims"[6] (vgl. Butler 1993) oft mit der Konstruktion von Identitäten einher. Problematisch ist nach Butler hier die normative Komponente: Der Einzelne wird auch gegen seinen Willen in eine bestimmte Identität gedrängt, während alle anderen Identitäten temporär unsichtbar erscheinen. Allerdings ist das Individuum laut Butler dann keinesfalls machtlos, schließlich kann eine Identität auch abgelehnt werden. Wenn sie jedoch angenommen werde, begrenze sich das Individuum einerseits selbst, würde andererseits aber auch eine legitime, erkennbare Zugehörigkeit erhalten. Eine solche wollen die Mädchen m.E. über ihre optische Repräsentation von Geschlecht und Alter darstellen. Dafür müssen beide Kategorien

---

6   Abseits ihrer Geschlechts- und Altersidentität benutzen die Akteurinnen auch noch andere „identity claims". Dazu zählen die Selbstbeschreibung als „Zicke", was in diesem Fall einen selbstbewussten und eigensinnigen Charakter bedeutet, oder „Styler" und „Player" für gutaussehende bzw. aufgrund ihrer Coolness begehrte Jungen in der Peergroup.

eindeutig sein, empfinden die Akteurinnen doch allein die Identifikation als Mädchen und als Angehörige einer bestimmten Altersgruppe für sich und ihre Peergroup als zulässig. Dass Geschlecht und Alter keine verlässlichen ‚Wir'-Identitäten sind, sondern durchaus auf disparate Identitäten verweisen können, ist für die Frühadoleszenten offenbar sekundär. Entscheidend ist die Repräsentation des Verlässlichen und positiv Bewerteten. Beide Kategorien zusammen ermöglichen die Darstellung der ‚einen', richtigen Identität als frühadoleszentes Mädchen. Sie ist die Grundvoraussetzung für das Erlangen von Erfolg sowohl im gesellschaftlichen Umfeld wie in der Peergroup und somit auch die wichtigste Regel für die gekonnte Inszenierung.

In Kapitel zwei bin ich bereits auf den Zwang zur Herstellung von Geschlecht in heteronormativen Verhältnissen eingegangen. Gerade im Kontext der visuellen Wahrnehmbarkeit einer Person, habe ich hier festgestellt, scheint das Erkennen des Geschlechts und der Altersgruppe unerlässlich. Tatsächlich erlauben Geschlecht und Alter auf ‚den ersten Blick' die Möglichkeit zur Einordnung. Im Gegensatz dazu können andere Kategorien der sozialen Ungleichheit, wie bspw. Milieu, Ethnizität, sexuelle oder religiöse Orientierung weniger zuverlässig oder gar nicht am Äußeren festgemacht werden[7]. Wenn die Mädchen sich also die mit Geschlecht und Alter verbundenen Regeln verordnen, verhalten sie sich dem Alltagshandeln konform.

Eindeutig ein Mädchen sein: Geschlecht darstellen

Keine andere Vorstellung scheint den Umgang mit den Äußeren so sehr zu strukturieren wie das Geschlecht. Degele (2004) weist darauf hin, dass Schönheitshandeln auch immer Geschlechterhandeln ist. Wie früh sich auch bei Kindern die Einstellung durchsetzt, nur ein Geschlecht zu haben, und dieses in Folge darstellen zu müssen, ist u.a. von Hagemann-White (1984) dargestellt worden. Wie ich in diesem Abschnitt zeigen werde, verweisen auch die Akteurinnen, angefangen vom Umgang mit dem Körper, über Verschönerungstechniken, Kleidung, bis hin zu den Motiven des Schönheitshandelns immer auf ihre Geschlechtszugehörigkeit. Das ist nicht ungewöhnlich, sind Vorstellungen von Identitäten doch generell eng mit Körperbildern verbunden. Dass Mädchen be-

---

7   Tatsächlich hatten andere Identitäts-Kategorien wie eben Ethnizität oder Milieu keinen signifikanten Einfluss auf den Schönheitsdiskurs der Mädchen (vgl. 5.4). Allein Latisha hat ihre Dunkelhäutigkeit im Kontext ihrer Attraktivität bewertet. Sie und ihre Freundinnen Shaney und Jade beurteilen das Äußere von Jungen auch als einzige im Zusammenhang mit ihrer Ethnizität, so gefallen ihnen, ihrer eigenen Herkunft entsprechend, „Mischlinge" bzw. „Latinos".

reits in der Frühadoleszenz allein ein eindeutig weibliches Aussehen akzeptabel erscheint, wird jedoch nicht nur im Zusammenhang mit ihrer vermeintlichen Sexualisierung kritisiert. So ist Harris (2005: 220f.) zwar der Ansicht, dass die Bedeutung von Weiblichkeit in aktuellen Mädchen-Kulturen die Möglichkeit zum Etablieren einer starken Identität bietet. Problematisiert werden müsse jedoch, wenn das Befolgen von optischen Geschlechternormen eine Voraussetzung für den Aufbau einer erfolgreichen Identität sei.

Das ist bei den Interviewpartnerinnen ohne Zweifel der Fall. So kann ihre Fokussierung auf die Darstellung von Weiblichkeit nur insofern als spielerische Handlung begriffen werden, als die Mädchen sie strategisch einsetzen. An die Zurschaustellung einer eindeutig weiblichen Geschlechtsidentität ist viel gebunden. Nicht nur mangelt es an Diskursen, die die Mädchen von einer anderen Perspektive überzeugen könnten. So gibt es weder in der Erziehung noch im Bereich Medien/Ökonomie zahlreiche Alternativen zum Diskurs der eindeutigen Repräsentation von Geschlecht, gleich ob auf erwachsene oder kindliche Inszenierungen bezogen. Sich als Mädchen zu zeigen, bedeutet für die Akteurinnen deshalb eine Form von Sicherheit. Auch positive Erwartungen, wie bspw. romantische Erfahrungen, sind an die Identifikation als Mädchen gebunden (vgl. 6.3). Entsprechend ist es nicht verwunderlich, dass sich fast alle Akteurinnen zu der Notwendigkeit einer geschlechtergerechten Inszenierung geäußert haben. Reden über das Äußere scheint ohne den Kontext des eigenen Geschlechts, also ohne das Einordnen in die identitätsstiftende und über sozialen Erfolg entscheidende Ordnung, kaum möglich.

Wie stark der Zusammenhang zwischen dem richtigen Äußeren und dem Geschlecht ist, möchte ich anhand der folgenden Zitate zeigen. So reagieren die Frühadoleszenten nicht nur empfindlich auf die Gefahr, ihre eigene Geschlechtsidentität nicht gut genug darzustellen, sondern bestrafen diese Fehler auch bei anderen. Der Grundsatz des attraktiven Äußeren ist ihres Erachtens eindeutig: Die Differenz zum anderen Geschlecht muss unmittelbar zu erkennen sein. So habe ich zu Beginn der Interviews jeweils gefragt, was sich die Mädchen unter dem Aussehen vorstellen. Häufig nutzten sie bereits hier die Gelegenheit, das Feld des für ihre Identität Bedeutsamen abzustecken. Ein Beispiel dafür sind die ausschließlich weiblichen Schönheitspraktiken, die Elisabeths und Beverlys erste Assoziationen mit dem Interview-Gegenstand sind.

I: [...] Wenn ihr so hört, es geht so ganz breit um das Thema Aussehen...Was stellt Ihr Euch da vor, was fällt Euch dazu ein?
ELISABETH: Schminken. Frisuren machen.

BEVERLY: BH tragen! *(beide lachen laut)* Nein, das gehört einfach so dazu, so unter Mädchen! (I2: 39-43)

Auch Katinka begrenzt den Bereich der richtigen Identität auf das richtige Geschlecht. Ihre Vorstellung von „schön", also dem, was sie sich für sich wünscht, ist Weiblichkeit. Entsprechend nennt sie mit langen Haaren, figurbetonter Kleidung, der Farbe rosa und Schminken ausschließlich Merkmale, die im Alltagswissen Mädchen oder Frauen zugeordnet werden können.

I: […] Was ist denn schön? Was fällt Dir dazu ein…
KATINKA: Ähm…Schön finde ich lange Haare […]…so richtig lang, nicht so Schulter… Ähm, und naja, Sachen, die so nen bisschen enger sind, also wo man die Figur auch sehen kann…Na und ich trag halt gern rosa, klar *(lacht)*. Und auch geschminkt find ich schön… (I3: 74-77)

Zwar kommentiert Katinka ihre Vorliebe für rosa ironisch und zeigt damit, dass sie sich der Klischeehaftigkeit ihrer Schönheitspraktiken bewusst ist. Auch Beverlys halb ernsthafte Äußerung zu BHs deutet auf die Kenntnis weiblicher Stereotype und damit auf eine ironische Distanz hin. Trotz dieses Wissens sind weibliche Schönheitsmerkmale für die drei die Essenz guten Aussehens. Die gewünschte, eindeutige Identität als Mädchen wird durch die Kenntnis der Konstruiertheit dieser Kategorie also nicht zunichte gemacht.

Wie die folgenden Beispiele zeigen, ist die optische Zurschaustellung von Geschlechtszugehörigkeit für nahezu alle Mädchen gängige Praxis. Auf die Notwendigkeit der Differenz verweist der Kommentar von Eddie. Die Existenz einer zweigeschlechtlichen Schönheitsordnung empfindet sie als selbstverständlich. Nach dieser haben sich in Eddies Augen Mädchen wie Jungen zu richten, um das Überschreiten der Grenzen zu vermeiden:

EDDIE: Hm, also, ich mag's nicht so gern wenn Mädchen kurze Haare haben oder irgendwie ne Glatze oder so *(lacht)*, oder so ne Jungs-Frisur, das finde ich irgendwie, das können Jungs haben, aber nicht Mädchen, das finde ich nicht so toll, oder wenn Mädchen sich so anziehen wie Jungs oder so, dafür gibt's ja extra Mädchen-Sachen, so was mag ich nicht. […] Es gibt Sachen für Jungs, und es gibt Sachen für Mädchen. So ist das. Das ist ja auch extra so. (I7: 103-110)

Da die Anforderung der geschlechtskonformen Inszenierung einverleibt ist, werden Grenzüberschreitungen von den meisten Mädchen und ihren Mitschülern sofort erkannt. Zeichen einer uneindeutigen Identität werden als unpassend oder unangenehm wahrgenommen. So antwortet Anouk, als ich von ihr wissen will, was ihr an dem Aussehen anderer als erstes auffällt:

ANOUK: Da ist einer bei uns, bei dem kann man gar nicht sehen, ob das ein Junge oder ein Mädchen ist, das ist schon komisch.

Auf Nachfrage kann Anouk ihr Unwohlsein nicht begründen, empfindet dieses ‚Gender-Blending' aber trotzdem als störend („schlimm"). Zwar ist sie sich der moralischen Problematik dieser Wahrnehmung bewusst. Dennoch ist Anouk nicht in der Lage, sich von ihrem Bedürfnis nach einer eindeutigen Ordnung zu befreien.

ANOUK: Also, ich find's schlimm, wenn man das *(Geschlecht)* nicht *(erkennen)* kann, ich würd da was gegen machen [...]. Also, bei Freundinnen finde ich das nicht schlimm, aber bei anderen...finde ich es auch nicht schlimm, aber... (I1: 356-367)

Auch Natascha hat die Notwendigkeit weiblicher oder männlicher Inszenierungen verinnerlicht. Obwohl ihre Mitschüler sie als Mädchen kennen, ist sie überzeugt davon, diese Identität abgesprochen zu bekommen, sobald ihre Kleidung den Eindruck von „Jungs-Klamotten" erweckt. In Folge dieser Beurteilung empfindet Natascha sich selbst nicht mehr als attraktiv, da auch für sie die einzig richtige, äußerliche Identität die eines Mädchens ist.

I: Und würdest Du sagen, Dir gefällt das, wie Du aussiehst?
NATASCHA: Manchmal nicht, manchmal doch.
I: Wovon hängt das denn ab?
NATASCHA: Manchmal bin ich mir nicht sicher, das sieht ja immer so aus, als trag ich Jungs-Klamotten, die aus der Klasse sagen schon, ich bin ein halber Junge. (I11: 47-51)

Ihre eindeutige Erkennbarkeit als Mädchen schätzen die Akteurinnen also auch deshalb als relevant ein, weil sie fest mit kritischen Reaktionen rechnen. Dafür ist Valerias Kommentar ein Beleg. Während sie über die Kriterien, nach denen Jungen ein Mädchen als gutaussehend bewerten, nachdenkt, reflektiert sie auch ihre eigene Haltung gegenüber Personen mit vermeintlich nicht geschlechtergerechtem Aussehen. So würde ein Mädchen mit kurzen Haaren und jungenhafter Kleidung zunächst Vorbehalte bei ihr auslösen.

VALERIA: Keine Ahnung, glaub, dass es Jungs schon immer gut finden, wenn man sich jetzt schminkt [...]

I: Und die Frisur ist denen aber egal
VALERIA: Na, ich glaub schon lange Haare, die meisten haben ja lange Haare, also bei mir gibt's kein Mädchen, das kurze Haare hat, in der Klasse [...]
I: Und wenn eine jetzt kurze Haare hat und so weite Klamotten trägt, wie wäre das?
VALERIA: Na, das ist dann halt so, am Anfang würde ich jetzt nicht so viel mit der machen, aber wenn man die besser kennenlernt, schon... kann ich mir schon vorstellen. (I15: 464-476)

Die Kategorie Geschlecht wird allerdings nicht nur in den Diskursen über das Aussehen angesprochen. Auch ihre Wirkungsmächtigkeit in anderen Alltagszusammenhängen verdeutlichen die Aussagen der Mädchen. Hier verweisen das Geschlecht betreffende Diskurse und Praktiken gegenseitig aufeinander. So geht für die Akteurinnen die optische Wahrnehmbarkeit als Mädchen, also das wichtigste und sichtbarste Zeichen einer Geschlechtsidentität, auch mit einer bestimmten Geschlechterrolle einher. In diesem Sinn berichtet Chris von Auswirkungen der Geschlechtszugehörigkeit auf soziale Strukturen in der Schule und im Freundeskreis. Da Mädchen und Jungen in ihren Augen im Sozialverhalten essentiell unterschiedlich sind, aber gleichzeitig jede der beiden Geschlechterrollen Chris zufolge positive Eigenschaften hat, empfindet sie ihr absichtliches Wechseln zwischen Jungen- und Mädchen-Styling als vorteilhaft:

CHRIS: Ja, also wenn ich, kommt drauf an, also wenn ich so Mädchensachen anhabe, dann spiel ich auch mehr mit den Mädchen, also *(die)* lassen mich dann, und wenn ich Jungssachen anhabe, dann spielen die nicht mit mir, und dann fragen die Jungs mich schon mal, ob ich nicht mit denen spielen will, und das ist dann auch ganz gut [...]. *(Auf die Frage, ob sie sich in einer Gruppe wohler fühle)* Mit Jungs isses angenehmer, denn da gibt's keinen Zickenterror [...]. (I6: 214-215)

Die Bereitschaft der Interviewpartnerinnen, sich mit ihrem Aussehen ausschließlich und wiederholt die Identität als Mädchen anzuzeigen, ist jedoch insgesamt in der Überzahl. Auf die Gründe, warum die Mädchen visuelle Zeichen idealisierter Weiblichkeit generell für erstrebenswert halten, gibt eine Diskussion um die Ablehnung kurzer Haare einen Hinweis. So äußern sich fast alle Interviewpartnerinnen vehement negativ über kurze Haare bei Frauen und Mädchen. Der Aufhänger war hier oft die Frisur einer Popsängerin, die, unverständlich für die meisten, für einige Monate kurze Haare getragen hat.

I: Du hast vorhin gesagt, dass Du die *(Popsängerin)* auch magst. Findest Du die auch hübsch?

KATINKA: Jein...Also jetzt schon wieder mehr als vorher. Ich find kurze Haare bei Frauen...die hat ja jetzt die Haare wieder länger, die hat sie sich anknüpfen lassen...so auf einmal sind sie wieder lang, ha. Ihren Punk-Schnitt vorher fand ich überhaupt nicht toll. Ich glaube mal, sie hat jetzt wieder längere Haare wegen der Hochzeit, hier, in ihrer Sendung. So heiraten mit Kleid und all dem und dann so ne Frisur, das geht ja auch nicht, das ist ja echt bescheuert, ja deswegen, glaub ich. (I3: 30-36)

Indem Katinka auf die Notwendigkeit langer Haare bei einer traditionellen Hochzeit verweist, spricht sie der Haarlänge die Bedeutung als rein ästhetisches Merkmal ab. Stattdessen macht die weibliche Frisur hier eine Aussage, die auf eine romantisierte Glücksvorstellung verweist (vgl. 6.3.1). So ist eine Hochzeit im weißen Kleid ein Symbol für Erfüllung und ‚wahre' Liebe und damit ein, auch in Statusfragen, hochrelevantes Ereignis. Das Einhalten der optischen Vorgaben der Geschlechtsidentität ist in der Überzeugung der Mädchen für das Erreichen einiger Stationen des Lebensglücks entscheidend. Dass die Haarlänge auf eine Wunschidentität hindeutet, beweist auch Nicos Kommentar. Im Gegensatz zu Katinka bewertet sie die kurzen Haare der Popsängerin zwar als positiv, greift zur Begründung aber auf dieselbe Symbolik zurück:

NICO: *(Sie)* ist wirklich cool. Und ich fand die kurzen Haare gut, das war viel rockiger. Das passt heute besser zu ihr. Bei Balladen sind lange Haare besser. (I5: 72-73)

Einhergehend mit Katinka, sind für Nico lange Haare im Zusammenhang mit dem ebenfalls von romantischen Idealen gekennzeichneten Balladen-Genre angebracht. Kurze Haare verweisen, der männlichen Geschlechterrolle entsprechend, in ihren Augen dagegen eher auf Stärke. Weil kurze Haare laut Nico mit einem aggressiveren Musikstil harmonieren, drückt auch die Trägerin Toughness aus. Dabei handelt es sich um Eigenschaften, mit denen sich Nico offensichtlich in diesem Moment mehr identifizieren kann als mit dem romantischen Image von Sanftheit. Allerdings weist ihr Kommentar nicht auf eine Ablehnung des weiblichen Äußeren per se hin. Sie und die anderen Interviewpartnerinnen verstehen ein nicht-mädchenhaftes Merkmal nur dann als Option, wenn der weibliche Eindruck bzw. der soziale Erfolg insgesamt gesichert sind. So dürfen die Regeln erst dann gebrochen werden, wenn man sich der Anerkennung der eigenen Person sicher sein kann. Dauerhaft scheint jedoch keine andere Identität als die eindeutig-mädchenhafte für die Akteurinnen denkbar. Deshalb werden auch jegliche visuelle Inszenierungen des Weiblichen als schön empfunden.

Chris, 12 Jahre
Chris ist stolz auf ihren Eigensinn und ihren Mut. Sich beschreibend, sagt sie: „Ich bin nicht so ganz der ruhige Typ, also nicht der Typ ‚setz mich in die Ecke und mach immer meine Hausaufgaben, bin immer ordentlich', eher so nen bisschen...manchmal bin ich so ein bisschen durchgeknallt." Als andersartig empfindet sie v.a. ihren Umgang mit visuellen Geschlechterrollen. So sei sie, je nach Laune, mal als Junge und mal als Mädchen gekleidet. Chris kann beiden Welten etwas abgewinnen und findet es praktisch, dass sie je nach Inszenierung von der einen oder der anderen Seite akzeptiert wird. Sie interessiert sich für Mode und mag alles, was „cool" oder „verrückt" ist. Abseits der Kleidung bewertet Chris ihr Aussehen als „so mittelmäßig". Sie hat kurze blonde Haare mit einem sehr langen Pony und wirkt durch ihre schlanke Figur und ihre auslandenden Bewegungen sehr sportlich. Bei unserem Gespräch trägt sie eines ihrer „Jungs"-Outfits: Baggy-Hosen, ein fast knielanges Trikot einer Basketball-Mannschaft und ein übergroßes Sweatshirt. Abgesehen von der „Kicker"-Stecktabelle wirkt Chris' Zimmer jedoch eher mädchenhaft. An den Wänden hängen Poster von Boybands und ein Adventskalender, bei dem sich hinter den Türchen u.a. Haarspangen, Plastikschmuck, Parfümproben, Kuscheltiere und kleine Bilderrahmen befinden. Chris versteht nicht, warum sie nicht mal Junge, mal Mädchen sein kann. Sie glaubt, dass so etwas in der Erziehung nicht erlaubt sei. Tatsächlich sagt ihre Mutter zu mir, dass sie nicht begreift, wie gerade sie (die ein Kosmetikstudio betreibt) „zu so einer Tochter gekommen [...] [ist]. Aber wenn es ihr Spaß macht". Chris besucht eine Gesamtschule und lebt mit ihren Eltern und ihrem Bruder in einem großen Einfamilienhaus in einer Neubausiedlung. Ihre Freundinnen wohnen in direkter Nachbarschaft und werden von Chris oft zu sportlichen Aktivitäten wie Fußball spielen oder Ski fahren motiviert. Sie sprechen dann auch über den „süßen" Sportlehrer, lästern über andere Mädchen oder machen sich gegenseitig schön, flechten sich Zöpfe oder tauschen Kleidung. Das gefällt Chris, nur möchte sie nicht immer „so fein" und „so...tüülüü" sein. Man solle auch ein bestimmtes Äußeres nicht mit einem bestimmten Verhalten gleichsetzen: „Manchmal sehe ich wirklich so aus...also wenn ich echt total lieb bin...Und auch wenn ich so wirke, bin ich innerlich total wütend". Bei anderen Mädchen stört Chris sich weniger an femininer Kleidung, die sie ja manchmal auch gerne trägt. Ein Problem ist für sie vielmehr die affektierte, zickige Art

vieler „sexy" Mädchen, die zu Chris' Bedauern an ihrer Schule in der Überzahl sind. So sehr sie das Mädchen-Stereotyp verachtet, so sehr erinnern ihre Vorstellungen über das adäquate Verhalten von Jungen m.E. jedoch ebenfalls an ein Klischee. Chris mag keine „Milchbubis" und Jungen, „die heulen". Ihr erster Freund habe versucht „cool" zu sein, sei es aber eigentlich gar nicht gewesen, so Chris. Ihrer eigenen Aufmachung entsprechend, findet sie Mädchen in jungenhafter Kleidung gut. Ein Junge dürfe auf der anderen Seite aber nie die Kleidung von Mädchen tragen. Trotz ihrer genauen Vorstellungen über das richtige Styling betont Chris die Relevanz des Charakters. Leider ginge es aber immer nur um das Aussehen, und die weniger Hübschen hätten keine Chance. Dennoch unterstützt Chris auch selbst oft diese Ordnung. So sollten sich Mädchen, zu denen das aufgrund ihres wenig attraktiven Äußeren und ihrer Außenseiterrolle nicht passe, nicht schminken. Und wenn sie selbst ein Junge wäre, dann würde Chris ein feminines Mädchen als Freundin haben wollen, mit engem Top und hohen Schuhen. Chris ist damit also sowohl Fürsprecherin als auch Gegnerin der sexualisierten Schönheitspraxis. Ihre Perspektive ist entsprechend von Gegensätzen gekennzeichnet, denn einerseits zeigt sie Widerstand gegen die Geschlechterzuschreibungen, andererseits praktiziert sie sie selbst. Chris ist damit ein Beispiel für die Wechselhaftigkeit von Identitäten. Diese Unentschiedenheit rührt aus ihrer Überzeugung, dass es kein ‚dazwischen' geben kann, weil man letztendlich immer nur das eine oder das andere sei. So ist Chris ihren Äußerungen zufolge auch nicht sowohl Junge als auch Mädchen, sondern an einem Tag dieses, am nächsten das. Auch ihre jeweils eindeutigen Inszenierungen sind ein Indiz dafür. Deshalb wünscht sich Chris keine Abkehr vom Geschlechtersystem, sondern einen anerkannten Diskurs innerhalb der Ordnung für sich. Dieser würde dann die Erlaubnis beinhalten, sich nicht ein für alle Mal entscheiden zu müssen. Chris möchte also das Beste aus allen Welten: Mal Romantik erfahren als die Auserwählte eines ‚starken' Jungen. Und mal selbst cool wie ein Junge, und nicht sanft und herausgeputzt wie ein Mädchen sein.

Kein Kind mehr, zumindest kein kleines: Alter darstellen

Neben der Kategorie Geschlecht werden die Schönheitspraktiken der Mädchen auch durch das Alter strukturiert. Während es beim Geschlecht nur eines geben darf und Zuwiderhandlungen meist drastische Reaktionen anderer zur Folge haben, ist die Frage der Altersidentität im Zusammenhang mit dem Äußeren komplexer. Zwar wird in der Sexualisierungs-Kritik immer auf das zu erwachsene Äußere junger Mädchen verwiesen (vgl. u.a. Levin/Kilbourne 2008: 30f.). Im Gegensatz zu den Merkmalen von Weiblichkeit ist jedoch schwer zu definieren, wie genau eine Frühadoleszente aussieht oder auszusehen hat. Dessen sind sich auch die Akteurinnen bewusst und konstruieren die Identität ihres Alters daher allein über Abgrenzungen zu dem, was sie nicht sind, kein Kind mehr und noch nicht erwachsen[8].

Das möchte ich genauer ausführen. Wie Driscoll (2002: 284f.) argumentiert, besitzt der globale Markt für Mädchen-Produkte seine eigene Demografie, die neben dem Geschlecht zunächst nur durch das Alter beschrieben wird. Für letztere Kategorie scheint im Fall frühadoleszenter Mädchen Autonomie, also relative Unabhängigkeit von den Eltern, eine Zugangsvoraussetzung. Ein weitestgehend von Verpflichtungen befreiter Lebensstil ist ein weiteres Kriterium. M.E. wollen die Akteurinnen genau diese Differenzen mit ihrem altersadäquaten Aussehen ausdrücken. Um jeden Preis soll der Eindruck vermieden werden, kindlich oder kindisch zu wirken. Die Mädchen möchten stattdessen als eigenständige Persönlichkeiten wahrgenommen werden. Weil die Kindheit als Rückzugsmöglichkeit erhalten bleiben soll, wollen sie jedoch ebenso noch nicht wie Erwachsene wirken.

Entsprechend bewegen sich die Mädchen mit ihren Vorstellungen, wie sie in ihrem Alter auszusehen haben, zwischen diesen beiden Polen. Dieser Balanceakt scheint für die Akteurinnen eine große Rolle zu spielen, da nahezu alle betonen, nicht jünger aussehen zu wollen, als sie sind. Denn auch wenn die Kindheit für die Mädchen positiv besetzt ist, bedeutet Kindlichkeit in ihren Augen offenbar genau das Gegenteil. Deshalb äußern die meisten den Wunsch, sich mit ihrer Kleidung von Jüngeren abgrenzen zu wollen. Gleichzeitig möchten die Interviewpartnerinnen aber auch vermeiden, erwachsen auszusehen. Diese Positionierung ist zwar einerseits widersprüchlich, andererseits aber wiederum mit ihren Normalisierungs-Bestrebungen vereinbar. So wollen die Mädchen zwar Erfolg, aber nur im Rahmen der Konformität[9].

---

8 Auch in der Popkultur existiert dieser Leitsatz, bspw. im bekannten Song „Not a girl, not yet a woman" (2002) von Britney Spears.

9 Zu vergleichen ist dieser Diskurs mit der Konstruktion der *Disney*-Stars, wie Miley Cyrus oder Selena Gomez, die zwar sexy, aber dennoch ‚clean' und in der Teenie-Kultur verhaftet sein sollen (vgl. 3.3.1).

Anhand einiger Aussagen möchte ich diese Erkenntnisse belegen. Sandy und ihre Mitschüler sind zwischen acht und neun Jahren und versuchen, sich durch ihre Kleiderwahl von jüngeren Kindern distanzieren:

SANDY: [...] manche aus meiner Klasse, die tragen auch so Röcke mit Dekorationen drauf, Blumen und so, die gefallen mir auch nicht, das find ich kindisch [...]. Ja, weil, wir sind ja alle älter, wie sind ja fast alle neun, und das ist dumm, weil das tragen Vierjährige. (I13: 121-125)

Offenbar ist hier jedes gewonnene Jahr entscheidend – wie die Zitate zeigen, wird ein akzeptabler, reifer Status immer durch das Lebensjahr repräsentiert, in dem sich die Sprecherin befindet. Für Frida, zehn, sind es die Achtjährigen, von denen „man" sich in ihrem Alter abgrenzen muss:

FRIDA: [...] manche in meiner Klasse...äh...die tragen schon blöde Sachen, so für Achtjährige, mit Clowns...Ich mein, wir sind jetzt in der Vierten, da zieht man so was doch nicht mehr an. (I3: 90-93)

Und Eddie hat mit ihren fast zwölf Jahren nichts mehr für den Stil Zehnjähriger übrig. Nach dem Aussehen ihrer Klassenkameraden gefragt, sagt sie:

EDDIE: Total unterschiedlich eigentlich. Viele Jungs, die sehen schon richtig aus wie Jugendliche und viele Mädchen, naja, noch wie in der vierten Klasse, also mit Blümchen drauf und so... und so Turnschuhen, die sind dann nicht von Marken...finde ich doof. (17: 194-197)

Die Kleidung, die keines der Mädchen tragen möchte, wird, wie dargestellt, jedoch von allen gleich beschrieben (zu vermeiden sind Blumen und sonstige, auf Kinderwelten verweisende Applikationen) und auf dieselbe Weise bewertet („dumm", „blöde", „doof"). Stattdessen ist das Ziel der Akteurinnen das Aussehen von Jugendlichen. Die Aussagen der Interviewpartnerinnen über kindliche Kleidung lassen sich daher m.E. so interpretieren, dass sie sich von der behüteten Welt ihrer Kindheit im Sinn einer fehlenden Mündigkeit befreien wollen. Damit fühlen sie sich durchaus im Recht: Sich wie ein ‚Kleinkind' zu kleiden, scheint unangemessen, spiegelt es doch eine bereits abgelegte Identität wider. Dennoch muss betont werden, dass die Mädchen gleichzeitig aber auch keine Unzufriedenheit mit ihrem Alter äußern. Sie können sich mit ihrem Status also identifizieren, wollen aber ernst genommen werden. Das probate Mittel dafür scheint das Vermeiden eines kindlichen Äußeren durch das Tragen ‚coolerer', also reiferer, Kleidung. Wie Eddies Äußerung zu Marken-Turnschuhen zeigt, hält sie es ab einem bestimmten Alter für angemessen, den eigenen ‚Wert' darzustellen. Grundsätzlich einen erwachsenen Stil zu präsentieren, könnte sich jedoch als Fehler herausstellen. So ist das Erlaubte immer noch durch das noch nicht erreichte, vollständig selbstbestimmte Erwachsenenalter reguliert. Die Kunst besteht offensichtlich also darin, Reife und Coolness exakt dem eigenen Alter entsprechend darzustellen.

Im gleichen Maß, wie die Akteurinnen aufgrund ihres Alters nicht wie Kinder behandelt werden wollen, möchten sie aber auch nicht denselben Anforderungen wie Erwachsene ausgesetzt sein. Jade ist zwölf und Mode-Fan. Obwohl sie sich gern mit Schönheitsfragen beschäftigt, ist sie der Überzeugung, dass für ihr Alter auch noch Verbote bezüglich der Kleiderwahl existieren. Das Einhalten dieser Regeln unterstützt sie nachdrücklich. So antwortet Jade auf die Frage, ob sie und ihre Freundinnen anziehen dürfen, was sie wollen:

JADE: Ich nicht. Will ich aber auch nicht, ich mein mit zwölf, diese ganz ganz hohen Hackenschuhe, und diese kurzen Röcke. (14: 397-398)

Das Aussehen der Mädchen wird durch ihr Lebensalter daher auf zwei verschiedene Weisen strukturiert: auf der einen Seite durch die Distanz von allem Kindlichen mit dem Ziel des Verschaffens von Respekt. Auf der anderen Seite steht die Vermeidung alles Erwachsenen. Letztendlich ist der gewünschte Effekt die Zugehörigkeit zur eigenen Gruppe, den Frühadoleszenten, deren Identitätsanspruch dann einen deutlichen Gegensatz zur Kindheit bildet. Exakt ihrem Alter gemäß wahrgenommen zu werden, ist für die Akteurinnen offensichtlich sehr wichtig.

Zusammenfassend kann also Folgendes festgehalten werden. Von den Akteurinnen muss sowohl die Geschlechter- als auch die Altersordnung hergestellt und damit die Wahrnehmung als frühadoleszentes Mädchen erreicht werden. Die gekonnte, gleichzeitige Präsentation beider Kategorien ist hierfür unerlässlich. So zeigen Nataschas Überlegungen zum Thema Aussehen, dass dieser Gegenstand überhaupt erst durch die Berücksichtigung des Geschlechts (keine „Jungssachen") und des Alters („so richtig Anziehosen für Frauen, zum Weggehen") vollständig ist:

I: Okay...Es geht ja so ganz breit um das Thema Aussehen, was fällt Dir denn dazu ein?
NATASCHA: Ähm...meine Mutter. Ich denke immer, die kauft mir Jungssachen. Wenn ich mir jetzt immer selbst Klamotten raussuchen könnte, dann würde ich nur noch Röcke tragen, oder meine beste Hose und mein bestes Oberteil [...]

I: Also Du trägst gern Röcke?
NATASCHA: Und schöne Hosen, [...] so richtig Anziehhosen für Frauen, so richtig zum Weggehen. (I11: 24-36)

Auch Katinka definiert ein unattraktives Äußeres als den fehlerhaften Umgang mit Geschlecht („keine Figur") und Alter („Kinderklamotten"). Beide Inszenierungen widersprechen schließlich der gewünschten Identität als frühadoleszentes Mädchen.

I: Und was ist nicht schön?
KATINKA: [...] Ja eben Sachen die nicht sitzen, wo man gar keine Figur drin hat...Und so Kinder-Klamotten halt. (14: 78-81)

Wie sich gezeigt hat, ist die Haltung der Mädchen zu den Diskursen aus der Erziehung komplex. Denn während sie sich mit ihrer Abkehr vom Kindlichen nicht direkt gegen die Vorgabe der Altersangemessenheit stellen – sie ‚erheben' sich in ihrer Sicht schließlich nicht über ihr tatsächliches Alter – passen sie sich durch die gleichzeitige Ablehnung übertrieben erwachsener Inszenierungen wieder ihrer Erziehung an. Tatsächlich gehen die Mädchen in beiden Fällen davon aus, die natürliche Ordnung zu befolgen und sich nicht etwa zu sexualisieren. Gleichwohl ist dieser Eindruck möglich, da sowohl die von ihnen empfundenen Regeln der Weiblichkeit als auch des altersgerechten, ‚coolen' Stylings zur Auffälligkeit der Akteurinnen beitragen. Entsprechend ist das, was die frühadoleszenten Mädchen als normal, alltäglich und ihrem Alter adäquat wahrnehmen, in der Interpretation anderer bereits ein sexualisiertes Styling und damit ein Ausdruck von Devianz. Abseits der Ordnungskategorien Geschlecht und Alter wirken jedoch noch weitere Regeln auf das Schönheitshandeln der Mädchen, die wieder im Kontext der Vereinheitlichung von Identitäten zu verstehen sind. Hier geht es um die Darstellung eines bestimmten sozialen Status über das Äußere. Im Folgenden werde ich beschreiben, was die Akteurinnen darunter verstehen und welche Rückschlüsse sich daraus ziehen lassen.

Sandy, 9 Jahre
Umgeben von Barbies, „Diddl"-Mäusen, Pferdefiguren und -postern findet unser Gespräch in Sandys Zimmer statt. Sandy macht immer wieder deutlich, dass sie sich über das Interview freut. Sie ist sehr kommunikativ, fröhlich und witzig. Ihr Äußeres wirkt dagegen eher unauffällig: Sandy ist mittelgroß, hat lange braune Haare, braune Augen,

6. GUT AUSSEHEN, ALLES RICHTIG MACHEN: DIE SINNGEBUNGEN DER MÄDCHEN

trägt eine modische Hüftjeans und ein T-Shirt in schwarz-orange mit dem Aufdruck „Angel". Sandys Eltern sind deutsch-türkisch, sie lebt mit ihrer Mutter und ihrem Stiefvater in einer Drei-Zimmer-Wohnung in einem Wohnblock in einem ruhigen, eher bürgerlichen Stadtteil. In der Wohnung sind, mit einer türkischen Flagge einerseits und dem Poster der deutschen Fußball-Nationalmannschaft andererseits, beide Nationen präsent. Sandy geht in die Grundschule und reitet gerne. Ihre Einstellung zum Thema Aussehen entspricht genau der, die gemeinhin von einem Kind erwartet werden würde. So möchte sie nicht, dass Personen nach ihrem Äußeren beurteilt werden. Dass das abseits ihrer Lebenswelt dennoch passiert, glaubt Sandy jedoch fest. Aufgrund ihrer Ablehnung solcher Bewertungen ist Schönheit in ihren Augen nicht besonders wichtig. Sie legt v.a. Wert auf Pflege und es gefällt ihr nicht, wenn jemand sein Styling „übertreibt". Für Sandy geht letzteres mit Verstellung und Künstlichkeit einher, und beides empfindet sie offensichtlich als verwirrend. Zwar würde Sandy sich gerne ab und an schminken oder die Haare tönen, was sie wegen des Verbots ihrer Mutter aber nur heimlich mit ihren Freundinnen macht. Diese Praktiken bedeuten für Sandy Spaß und dienen dem Ausleben von Fantasien über ‚Glamour'. So sagt sie: „Wenn [man] jetzt mal wegfliegt in ein anderes Land, vielleicht macht man sich dann trotzdem ein bisschen schöner, weil dann kommt man ja auch unter ganz viele Menschen und beim Einkaufen ja nicht so. Am Flughafen kann man ja dann auch schon mal zeigen, so seh ich aus, wenn ich geschminkt bin". Eine Bedeutung in ihrem Alltag haben diese Handlungen jedoch noch nicht. Sandy wünscht sich stattdessen Gleichheit und Harmonie. Entsprechend erzählt sie mit Begeisterung, dass sie und ihre Freundinnen alle denselben Jungen gut finden. Offenbar fühlt sie sich gerade durch die Übereinstimmung mit anderen bestätigt, nicht durch das Abheben von ihnen. Trotzdem ist es aber auch in Sandys Lebenswelt nicht belanglos, wie man aussieht. Sie reagiert sehr kritisch auf Kleidung und Frisuren, die ihrer Meinung nach nicht dem Geschlecht oder dem Alter der jeweiligen Person angemessen sind. Diese Kategorien haben für Sandy umfassende Wirkungsmacht und strukturieren ihre Vorstellungen vom guten/richtigen und schlechten/falschen Äußeren. ‚Regelverstöße' werden von ihr ohne Anzeichen von Toleranz verurteilt. Sandys Schönheitsdiskurs ist damit in erster Linie vom Herstellungszwang von Geschlecht und Alter bestimmt. Mädchenhaftigkeit ist Sandys absolutes

Ideal, davon abgesehen lehnt sie aber eine umfangreiche Schönheitspraxis ab.

6.2.2 Soziale Rollen als optische Leitmotive: Das beliebte und das normale Mädchen

Degele (2004: 90ff.) hat nachgewiesen, dass typische Begründungen des eigenen Schönheitshandelns, wie „ich fühle mich wohler so", „ich mache es für mich" oder „es muss mir gefallen", über den eigentlichen Beweggrund, das Ziel der Anerkennung, hinwegtäuschen sollen. Ähnliche Strategien, die die freie Entscheidung pro intensiver Schönheitspraxis glaubhaft erscheinen lassen sollen, wenden auch die Mädchen an. Tatsächlich aber werden von ihnen in der Mehrzahl ‚harte Fakten' benannt, die sich innerhalb eines Regelsystems anordnen lassen. Insgesamt lassen sich die Schönheitskriterien der Akteurinnen mit Hilfe von zwei, trotz aller Ähnlichkeiten verschiedenen Typologien darstellen, die hier von mir das ‚beliebte' und das ‚normale'[10] Mädchen genannt werden. Zwar stammen diese Bezeichnungen nicht von den Interviewpartnerinnen selbst[11]. Stattdessen habe ich die Begriffe ‚normal' und ‚beliebt' deshalb ausgewählt, weil sie sich auf eine Hierarchie beziehen, die die Mädchen beim Thema Schönheit immer mitdenken: Mit ihrem Äußeren verschaffen sie sich innerhalb ihrer Peergroup einen identitären Status als beliebt oder normal. Neben Geschlecht und Alter bietet ihnen diese Einordnung Identifikationspotential. So ist abseits der Zuschreibungen beliebt und normal keine weitere für die Frühadoleszenten denkbar, entspräche doch alles andere einer Außenseiter-Position.

Ihr Wunsch nach klarer Identifizierung gründet auf dem Ideal der Wesenseinheit. Komplexitäten lassen die Mädchen kaum gelten und berufen sich stattdessen meist auf verbindliche Grundregeln. Dass die Identität als Mädchen oder als Angehörige einer bestimmten Gruppe (‚kein Kind mehr, nicht ganz erwachsen') überhaupt derart wichtig ist, hängt zum Teil mit der Frühadoleszenz als Phase des ‚Suchens' zusammen. Über ihr Aussehen möchten die Akteurinnen

---

10 ‚Normal' beschreibt hier eine von den Mädchen empfundene Mindestanforderung an das Aussehen.

11 In Anlehnung an Bauman verstehe ich Idealtypen entsprechend auch nicht als Abbild der Wirklichkeit, sondern als Konstrukte, die das zur Erklärung Notwendige repräsentieren sollen: „Ideal types are not descriptions of social reality but the tools of [...] its comprehension. Their purpose is to force our picture of the society we inhabit to make sense [...]." (Bauman 2008: 23)

Eindeutigkeit und Zugehörigkeit symbolisieren. Wie ich denke, harmonieren diese Versuche der Ordnung mit dem Ziel der Anerkennung, gelten die Regeln doch für alle, sind allen bekannt und können also auch von allen befolgt werden. Ohne dass die beiden Typen ‚beliebt' und ‚normal' von ihnen benannt worden sind, haben alle Akteurinnen schließlich Übereinstimmung mit mindestens einem der beiden gezeigt. Mal wünschen sich die Interviewpartnerinnen den Status als ‚beliebtes' Mädchen, mal versuchen sie, den Anforderungen an das ‚normale' Mädchen zu genügen. Je nach Situation und Diskurs werden bestimmte Aspekte einer der beiden erlaubten Identitäten gezeigt, angenommen oder unsichtbar gemacht. Dabei scheinen sowohl ‚beliebt' als auch ‚normal' nicht nur Beschreibungen eines Status zu sein, sondern im gleichen Maß Leitmotive für deren Herstellung.

Perfekt aussehen: Das beliebte Mädchen als Ideal

Die Idealvorstellung der meisten Mädchen zeichnet sich durch diejenigen diskursiven Merkmale aus, die auf etwas Hochbewertetes und Überdurchschnittliches verweisen. Dazu zählen Ausdrücke wie „in", „cool", „gestylt", „modisch", „sehr schlank" und zahlreiche Wörter, die auf idealisierte Weiblichkeit hindeuten, wie „geschminkt" und „Accessoires". Die Äußerungen der Interviewpartnerinnen zugrunde legend, kann das Bild des beliebten Mädchens zusammengefasst wie folgt beschrieben werden: Sie ist mädchenhaft, hat lange Haare, eine gut proportionierte, eher zierliche Figur, und ist schlank. Ihr Gesicht ist feminin und ebenmäßig. Das beliebte Mädchen hat glänzende Haare, reine Haut und ist dezent geschminkt. Ihre Kleidung ist eher weiblich und erwachsen, je nach Anlass auch sexy. Trotzdem ‚übertreibt' sie es nicht, und ist immer ‚natürlich'. Sie zieht sich den Trends entsprechend an, trägt körperbetonte Kleidung und gerne Röcke und Kleider. Die beliebten Mädchen kennen sich gut mit Mode aus und legen Wert auf Qualität. Sie wissen, was zusammen passt und welches Outfit wann gewählt werden sollte. Beliebte Mädchen tragen außerdem oft weibliche Accessoires wie Ohrringe, Handtaschen und High Heels.

Diese Skizze repräsentiert in den Augen der meisten Frühadoleszenten Perfektion. Das beliebte Mädchen besitzt ein ihrer Meinung nach ideales Aussehen, was ihr ein hohes Maß an sozialer Anerkennung verspricht. Wie die Interviewpartnerinnen im Gespräch deutlich machen, wird ihr Status aber nicht allein durch ihr Äußeres beschrieben. An die Identität ‚beliebt' sind auch bestimmte Erwartungen an die Persönlichkeit und den Lebensstil geknüpft. Zu den beliebten Mädchen zu gehören, bedeutet bspw., möglichst viel Spaß zu wollen und Freude an der Selbstinszenierung zu haben. Ich bin der Überzeugung, dass dieser Identitätswunsch auf Fantasien über ein besonderes Leben und auf dem Begehren nach Anerkennung gründet. Wer von diesem Aussehen träumt, möchte auffallen und sich positiv von der Masse abheben. Das perfekt inszenierte Äußere ist dabei aus mehreren Gründen wichtig: Als Möglichkeit, dem Alltag zu entfliehen und sich in ein glamouröseres Selbst zu verwandeln, als Zeichen von Eigenständigkeit und Selbstwert und nicht zuletzt für eine hohe Position bei den Peers. Die Annahme der Identität des schönen, also beliebten Mädchens ist ein bewusster und gewollter Akt. Wie ich denke, kann er entsprechend auch als Weg der Ermächtigung verstanden werden.

Ich möchte den Typus des beliebten Mädchens kurz anhand einiger Aussagen darstellen. Wie Valerias Kommentar zu den „Hübschen" zeigt, zeichnen sich diese eben nicht nur durch das Befolgen der Regeln des guten Aussehens aus. Sie haben darüber hinaus auch bestimmte, positiv bewertete Eigenschaften („eher lebhaft"):

VALERIA: [...] Ja, also die sind halt dünn, haben halt auch hübsche Anziehsachen an, und die sind jetzt...jetzt nicht so ganz besonders auffällig, also schon eher lebhaft und sind halt auch nicht so ganz still [...], schminken sich halt, machen ihre Sachen hübsch und ihre Haare und so. (I15: 74-78)

Auch Shaney ist der Ansicht, dass Schönheit mehr als nur bestimmte äußere Merkmale bedeutet. So ist sie von der Relevanz des „Auftritts" überzeugt, also der Notwendigkeit von Kompetenz in der Selbstdarstellung.

I: Was muss denn stimmen, damit jemand schön genannt werden kann?
SHANEY: Aussehen! Auftritt! Haare! Style! (I4: 46-47)

In Chris' Beschreibung streben an ihrer Schule (nahezu) alle nach dem Ideal des beliebten Mädchens, was an den modischen Outfits und dem aufwendigen Make-up sichtbar wird. Hier scheint nicht nur viel Trendbewusstsein notwendig, sondern offensichtlich auch der Wille, selbst bei widrigen Bedingungen („bauchfrei, selbst im Winter") sexy aussehen zu wollen.

CHRIS: Ja, an unserer Schule da laufen sie alle mit diesen Puschelschuhen mit den Bommeln dran und stecken die Hose rein, mach ich ja auch mal, und dann eben bauchfrei, selbst im Winter [...]. Und hier geschminkt und da geschminkt, und dann so Schuhe, die immer klackern [...]. (I6: 100-104)

Im Vergleich zu Chris' kritischer Wahrnehmung der beliebten Mädchen empfinden es Beverly und Elisabeth als erstrebenswert, immer möglichst gut auszusehen. So ist die Beschreibung ihres Idealbilds von Begeisterung geprägt. Gleichzeitig deuten die Äußerungen der beiden Mädchen auf ein Regelsystem hin („gehört einfach dazu", „müssen"), in dem das ‚Gute' – Codes idealisierter Weiblichkeit – klar definiert ist:

BEVERLY: Ja! Coole Haare, coole Schminke, coole Figur, ja. [...] Ja und viel Wimperntusche gehört einfach dazu.
ELISABETH: Ja und Lipgloss.
BEVERLY: Genau, rosa Lipgloss!
ELISABETH: Und die Ohrringe müssen total auffällig sein. (I2: 66-76)

Valeria, 13 Jahre
Valeria ist in ihren Äußerungen wie auch optisch die Verkörperung des beliebten Mädchens. Popularität und Spaß bedeuten ihr viel. An der Schule – sie geht auf das Gymnasium – interessieren Valeria in erster Linie ihre Freundinnen und Freunde, mit denen sie auch einen großen Teil ihrer Freizeit verbringt. Sie selbst bezeichnet ihr Aussehen als „okay", in meinen Augen ist sie jedoch hübsch: Valeria hat ein ausdrucksstarkes, sehr ebenmäßiges Gesicht, lange, blonde Haare und ist groß und schlank. Bei unserem Gespräch ist sie an den Augen und Lippen geschminkt, trägt eine Hüftjeans, ein enges, türkisfarbenes Oberteil, silbernen Modeschmuck mit Kreuz-Motiven und auffällige, mit Strass-Steinen besetzte Sandalen. Valeria lebt mit ihren Eltern und Geschwistern in einem sehr gepflegten Zweifamilienhaus in einem bürgerlichen Randbezirk einer Großstadt. Ihre Mutter, die in feministischen Kontexten arbeitet, legt Wert auf die Selbstbestimmtheit ihrer Kinder und beschreibt Valeria im Vorfeld als „ein bisschen schüchtern". Während unseres Gesprächs zeigt sich Valeria allerdings von einer anderen Seite und überrascht mich mit ihrer Souveränität und Abgeklärtheit. Sie ist freundlich, aber sehr bestimmt, und das Sprechen über die Bedeutung des attraktiven Äußeren bereitet ihr keinerlei Probleme. Valeria ist überzeugt, dass gutes Aussehen aufgrund der Anerkennung anderer wichtig ist. Die ‚Anderen' sind sowohl Mädchen als auch Jungs. Offensichtlich schätzt sie Aufmerksamkeit von Freundinnen und Mitschülerinnen als ebenso relevant wie die von möglichen Partnern ein. Auch aus diesem Grund achtet „man" in den Augen Valerias immer auf sein Äußeres: „Man macht sich hübsch zur Schule, aber man macht sich auch [zum Weggehen, Anm.] hübsch. Was halt so der Unterschied ist, man

trägt, also ich trag zur Schule keine Miniröcke oder so was". Mehrmals erklärt Valeria, welche Auswirkungen das Aussehen auf Freundschaften und Klassenhierarchien hat. So seien diejenigen, die nicht der Norm entsprechen, sich z.B. nicht schminken, die „Außenseiter" oder die „Streberkinder". Diese Art von Selektion ist zwar in der Sicht Valerias nicht immer gerechtfertigt, ändert aber nichts an ihrer Akzeptanz der Spielregeln. Denn ohne Freunde, so Valeria, hat man nicht nur in schwierigen Momenten niemanden, der einem hilft, sondern auch im Allgemeinen wenig Spaß. Valerias Schönheitsdiskurs ist m.E. entsprechend ein Diskurs über soziales Ansehen, was ihr selbst jedoch wenig Probleme bereitet. Mehr noch, ist ihre Sichtweise für sie eine Selbstverständlichkeit. Zwar empfindet auch Valeria die Anpassung an die Regeln manchmal als anstrengend. So erwähnt sie, dass es sie große Überwindung kostet, etwas anzuziehen, von dem sie weiß, dass die anderen es ungewöhnlich finden. Dennoch ist Valeria mit ihrer Schönheitsideologie im Reinen, ermöglicht sie ihr doch, sozial integriert zu sein, Spaß zu haben und Romantik zu erleben.

In Ordnung sein: Das normale Mädchen als Mindestanforderung

‚Normal' auszusehen, gilt bei den Mädchen als Mindestanforderung an das Äußere. Deshalb fallen unter diese Typologie Begriffe, die zum Thema Körperpflege gehören und außerdem Wörter wie „unauffällig", „passend", und eben „normal". Darüber hinaus wird das normale Mädchen durch die Vermeidung des Negativen beschrieben, wie bspw. „nicht dick" oder „nicht billig". Ihren Äußerungen zufolge, sieht ein normales Mädchen in den Augen der Akteurinnen in etwa so aus: Auch sie ist eher mädchenhaft. Sie hat zwar nicht immer lange Haare, aber kurze trägt sie so gut wie nie. Das normale Mädchen ist ebenfalls schlank, davon abgesehen hat sie eine durchschnittliche Figur. Sie achtet sehr auf Körperpflege und darauf, dass ihre Haut nicht unrein ist. Selbstverständlich duscht sie regelmäßig, sie passt auch auf, dass ihre Haare gesund aussehen und regelmäßig geschnitten werden. Make-up benutzt sie entweder gar nicht oder sie schminkt sich eher unauffällig. Dem normalen Mädchen kommt es ihr bei ihrer Kleidung weniger auf die Mode als darauf an, dass sie für Mädchen und auch für ihre Altersgruppe geeignet ist. Daher bevorzugt sie figurbetonte Kleidung und verzichtet auf alles Kindliche. Wichtig ist zudem, dass die Kleidung nicht von Billiganbietern ist. Wenn sie sich anzieht, achtet das normale Mädchen immer darauf, dass ihre Kleidung nicht schmutzig, nicht außergewöhnlich und der Situation angemessen ist.

6. GUT AUSSEHEN, ALLES RICHTIG MACHEN: DIE SINNGEBUNGEN DER MÄDCHEN

Mit dieser kurzen Beschreibung möchte ich zeigen, dass es bei der Klassifizierung als normal nicht darum geht, ‚besser' oder ‚schöner' zu sein als andere. M.E. ist es hier vielmehr von Belang, insgesamt ‚in Ordnung zu sein' und auszusehen. Normal zu sein, verspricht damit zwar keine besonders hohe Position in der Hierarchie der Peergroup. Eine legitime Identität ist jedoch gesichert. Allerdings ist auch mit dem Äußeren des normalen Mädchens ein großer Aufwand verbunden, bedeutet es doch v.a., nicht aufzufallen. Leitend ist dabei der Gedanke, ja keinen Fehler zu machen, weil die Optik in der Sicht der Akteurinnen über die Oberfläche hinaus wirkt. So wie das gutaussehende Mädchen positive Eigenschaften verkörpert, könnte, wer sich die Mühe der Pflege nicht macht, auch sonst für nicht normal gehalten werden. Dass das Aussehen und die soziale Identität in den Augen der Mädchen einer gehen, gilt deshalb also nicht nur für anerkannte Repräsentationen, sondern auch für deren Gegenteil. Gleichermaßen wird das normale Mädchen erst zu einem solchen, weil sie alles Anormale vermeidet. Zwar werden dieser Zusammenhang und die Praxis des Ausschlusses von den Interviewpartnerinnen selbst nicht direkt benannt. Das ist vermutlich v.a. darauf zurückzuführen, weil sie aus moralischen Gründen nicht ‚sagbar' sind (vgl. 6.4). Dennoch wird auf diese Weise die Ausgrenzung aus Gründen der Attraktivität erklärt und durchgeführt.

Ich werde nun das ‚normale' Mädchen anhand der Aussagen der Mädchen skizzieren. So beschreibt Valeria das normale Aussehen mit Unscheinbarkeit. Das gilt sowohl in Hinblick auf das Äußere wie auf das Verhalten, analog zu den spezifischen Charaktereigenschaften des beliebten Mädchens. Die Normalen erreichen in Valerias Augen genau das, was sie anstreben: Sie sind nicht der Gegenstand von Aufmerksamkeit.

I: Würdest Du denn sagen, dass es so was wie...also so nen normales Aussehen, wie jemand auszusehen hat, gibt?
VALERIA: Jo, also ich würd sagen, normal ist, wenn man jetzt leicht geschminkt ist, oder...Also, ich find, man muss ja nicht geschminkt sein [...]. Doch, ich würd schon sagen, dass es normal auch gibt. Also meistens halt die Stillen, die sehen halt immer so normal aus, also die tragen dann nichts besonders Hübsches, aber auch nichts besonders Auffallendes, und deshalb wird auch meistens über die nicht so sehr viel geredet, weil die halt nix Übertriebenes anziehen. (I15: 384-394)

Auch für Jenny existiert ein „normales" Aussehen, welches sie jedoch an der durchschnittlichen Figur festmacht. „Normal" zu sein, bedeutet entsprechend, keine Model-Figur zu haben, aber eben auch nicht, dick zu sein und damit negativ aufzufallen:

JENNY: Normal aussehen ist nicht zu dick, nicht zu dünn (I5: 116)

Während im Zusammenhang mit dem Aussehen des beliebten Mädchens v.a. auf verschönernde, dekorative Techniken verwiesen wurde, steht bei der Schönheitsroutine des normalen Mädchens das Gepflegtsein im Vordergrund. Auf die Frage, was sie alles für ihr Äußeres machen, benennen Maria und Jenny v.a. Tätigkeiten, die den Eindruck der Nachlässigkeit vermeiden sollen.

MARIA: Gesichtspflege, duschen, waschen, Zähne putzen, alles eigentlich. Saubere Klamotten, Haare kämmen.
JENNY: […] Tolle Schuhe anziehen, so moderne, nicht dreckig, nicht abgelaufen. (I5: 14-20)

Abseits der „tollen Schuhe" ist das hier Benannte meiner Meinung nach jedoch kaum etwas, was die Akteurinnen mit Schönheit verbinden. Zwar geht es um die Voraussetzungen, die erfüllt werden müssen, um überhaupt als attraktiv gelten zu können. Mit wahrnehmbar ‚gutem' Aussehen haben diese allerdings wenig gemein. Stattdessen werden die Maßnahmen offenbar als Bestandteil einer Art Zivilisiertheit verstanden. Aus diesem Grund bereitet auch Eddie ihr seit Pubertätsbeginn veränderter Körper Probleme. So hat sie das Gefühl, viel für ihr Äußeres tun zu müssen, um nicht negativ aufzufallen:

EDDIE: Naja, ich krieg jetzt voll Pickel. Ich mach jetzt immer Gesichtspflege, jeden Morgen, jeden Mittag, jeden Abend und so. Und kauf mir Gesichtswasser und Peeling und viele Cremes, so mit allem Drum und Dran und so. Und ich muss jetzt jeden Tag duschen, nicht jeden zweiten, weil meine Haare jeden Tag gewaschen werden müssen […]. (I7: 212-215)

Wie der Kommentar von Beverly und Elisabeth zeigt, ist das ‚falsche' Äußere aufgrund der dadurch sichtbaren Ignoranz oder Unkenntnis der Regeln fast immer auch ein Hinweis auf ein geringes soziales Ansehen. Der Begriff „Streberbrille" suggeriert bei den beiden Interviewpartnerinnen Verschrobenheit und eine niedrige Position in der Hierarchie. „Verkrauste Haare" stehen bei den beiden wahrscheinlich für einen ‚krausen Kopf', zumindest aber für einen Mangel an Körperpflege. Und ein „Schwabbelbauch" ist nicht nur ein ästhetischer Affront, sondern möglicherweise auch ein Indiz für Disziplin- und Maßlosigkeit, die als genuin negative Eigenschaften gelten.

I: [...] Und so das Gegenteil von total gut aussehend...was stellt Ihr Euch da vor?
BEVERLY: Also auf jeden Fall so ne Streberbrille! *(beide lachen)* Irgendwie so ne Hornbrille oder so, das find ich gar nicht schön.
ELISABETH: Oder wenn man so verkrauste Haare hat und so... [...]. Oder wenn man so ganz lockere Jeans trägt, und dann so geht, oing, oing, oing
BEVERLY: Oder eben so kurze Hosen, eigentlich sieht das ja cool aus, aber wenn man so einen Schwabbelbauch hat
ELISABETH: Das geht einfach echt gar nicht! (I2: 99-107)

Damit also das Aussehen nicht der der sozialen Anerkennung im Weg steht, müssen bestimmte Grundanforderungen erfüllt und Fehler vermieden werden. Anhand dieser Parameter lässt sich letztendlich das Äußere des normalen Mädchens bestimmen. So empfindet das auch Valeria, die gegen Personen mit ihrer Meinung nach anormalen Aussehen den „identity claim" des „Strebers" oder „Außenseiters" richtet. Gefragt nach möglichen Unterschieden im Äußeren ihrer Mitschüler sagt sie:

VALERIA: Ja, also man sieht halt irgendwie...so, bei den Mädchen, alle schminken sich und bei den Jungs, da gelen sich alle die Haare. [...] Und deshalb, aber man sieht halt, einige machen das nicht und das sind halt Streber...oder irgendwelche Außenseiter. (I15: 25-29)

Ziel des normalen Mädchens ist es daher also, nicht negativ aufzufallen und das richtige in Relation zum falschen Aussehen zu haben. Abgesehen von der angemessenen Darstellung von Alter und Geschlecht sind aber auch diese Bedingungen nicht leicht zu erfüllen und verlangen Wissen und Kompetenz. So ist auch ‚normal' scheinbar kein Status, den die Mädchen einfach so besitzen, sondern der hergestellt wird. Während jedoch die Identität des beliebten Mädchens einen Wunsch darstellt und für die Akteurinnen Spaß und Ermächtigung bedeutet, ist die des normalen Mädchens eine Notwendigkeit, die Sicherheit und Akzeptanz, aber wenig Vergnügen verspricht.

Trotz der genannten Gegensätze zwischen den beiden Typen existieren aber auch einige Gemeinsamkeiten, die in Bezug auf ihre visuelle Sexualisierung relevant sind und m.E. als die Regeln des in den Augen der Akteurinnen richtigen Aussehens bezeichnet werden können. Nicht nur erfüllen sowohl das beliebte als auch das normale Mädchen die Vorgaben der Kategorien Geschlecht und Alter. Ihrem Diskurs sind auch weitere Anforderungen gemein. Dazu zählt als erstes das Schlanksein, dass für Mädchen und Frauen v.a. in der westlichen Welt ein kultureller Imperativ ist. Die dünne Figur sorgt für Bestätigung, während

Dicksein fatale soziale Folgen haben kann. Darüber hinaus ist Dünnsein ein Zeichen für Selbstkontrolle, Dicksein für ihren Gegensatz. Eine weitere Gemeinsamkeit ist die Betonung des Gepflegtseins. Die Mädchen scheinen auch in ihrem Alter bereits davon überzeugt, dass für gutes Aussehen ‚etwas getan werden muss'. Sie nehmen Körperpflege sehr ernst und haben diese zivilisatorische Praxis scheinbar verinnerlicht. Während ein hohes Maß an Pflege für gut situierte Lebensverhältnisse steht, ist ein Mangel daran ein Indiz für das Gegenteil und außerdem für negativ konnotierte, persönliche Eigenschaften. Was das Thema Kleidung betrifft, so würden alle Interviewpartnerinnen übereinstimmend Discounter-Ware vermeiden. Weder als beliebtes noch als normales Mädchen ist billige Kleidung denkbar. Begründet wird diese Abneigung zwar mit dem Argument der Qualität. Der eigentliche Grund ist aber vermutlich die Angst, den Eindruck zu erwecken, aus einer ärmlichen Familie zu entstammen. Markenkleidung dagegen kann dem Prestigegewinn dienen. Als einen weiteren, gemeinsamen Aspekt empfinden die Mädchen es als relevant, sich passend zu kleiden. Dass sich mit einem Mangel an Anpassung an spezifische Situationen oder Orte auch die Abwertung der eigenen Person vollzieht, haben sie sich einverleibt. Auf der anderen Seite bedeuten gekonnte Inszenierungen für die Mädchen Anerkennung.

Beiden Typologien, die des normalen und die des beliebten Mädchens, ist also die Sorge um das Aussehen immanent. Alle Akteurinnen erklären, auf Pflege, Kleidung und Aufmachung zu achten. Mädchenhaftigkeit/Weiblichkeit, Vermeidung von Kindlichkeit, eine schlanke Figur, modische Kleidung, eine gepflegte Erscheinung und ein, an die jeweilige Situation angepasstes Styling werden als zwingend angesehen. Stellt man sich nun ein Mädchen in der Frühadoleszenz vor, das sich dementsprechend inszeniert, also bspw. enge, erwachsene Kleidung trägt, zeigt sich m.E. ein deutlicher Gegensatz zwischen der Sichtweise der Interviewpartnerinnen und der Bewertung von außen. Was andere als sexualisiert empfinden würden, ist für die Akteurinnen oft nur die Erfüllung der von ihnen wahrgenommen Anforderungen.

Als Abschluss dieses Abschnitts möchte ich mich einer jener Regeln widmen, die auch in der Frühadoleszenz bereits als wesentliches Kriterium des guten Aussehens verstanden wird. Dabei handelt es sich um die schlanke Figur, ein bei Weitem nicht neues Thema. Die Gefahr, die dieses auf die Gesundheit Heranwachsender darstellen kann, ist in dieser Arbeit jedoch nur von geringem Interesse. Wichtiger im Zusammenhang mit der Frage, warum junge Mädchen sich auf eine bestimmte Weise inszenieren, ist die Unbedingtheit, mit der viele der Interviewpartnerinnen Dünnsein als Anforderung proklamieren und der

Ansicht sind, dass in der Befolgung dieses Ideals – ihrem Alter zum Trotz – auch für sie keine Ausnahmen gelten.

Maria, 12 Jahre, Nico, 12 Jahre und Jenny, 14 Jahre

Ich begegne Maria, Nico und Jenny im Jugendtreff ihres Dorfes. Hier ist ein Nachmittag in der Woche nur für Mädchen reserviert, sie schauen dann gemeinsam fern, chatten im Internet, basteln oder hören Musik. Als ich da bin, sind sechs Mädchen anwesend. Am besten besucht ist der Treff aber immer dann, wenn trotz des Mädchen-Nachmittags auch Jungs vorbeikommen: „Dann ist es einfach interessanter für die Mädchen", erzählt mir die Leiterin. Maria, Nico und Jenny gehen alle drei im Dorf zur Schule, die ersten beiden auf die Real-, letztere auf die Hauptschule. Alle drei stammen aus sozial schwachen Verhältnissen und leben mit ihren Familien in Wohnungen, was in einem Dorf, das fast ausschließlich mit Einfamilienhäusern bebaut ist, die Ausnahme ist. Die Freundinnen sind zwischen zwölf und 14 Jahren, sehen aber älter aus. Maria ist schlank, hat braune, halblange Haare, und trägt bei unserem Gespräch ein bauchfreies Spaghettiträger-Top und eine Baggy-Jeans. Wie Nico, die groß und etwas rundlich ist, lange blonde Haare und eine Brille hat, sind ihre Augen mit schwarzem Kajal betont und ihre Lippen mit rosa Gloss geschminkt. Nico trägt ebenfalls eine Baggy-Hose und ein schlichtes, lilafarbenes T-Shirt. Die Älteste in der Gruppe, Jenny, ist gleichzeitig die Kleinste. Sie trägt eine enge Jeans und ein schwarzes Trägertop, ist nicht geschminkt und hat lange, rotblonde Haare. Nach der Beschreibung ihres Äußeren gefragt, erwähnt sie stolz ihre Piercings in Nase und Bauchnabel. Jenny freut sich auf das Älterwerden, weil sie sich dann tätowieren lassen kann. Sie wolle sich „später entweder ein Arschgeweih machen lassen oder ne Elfe, so wie Britney Spears". Dass Jenny ironisch von einem „Arschgeweih" spricht, sorgt bei den anderen beiden für Gelächter. Jennys Leidenschaft für Tattoos teilen Maria und Nico zwar nicht, würden es ihre Eltern erlauben, würden sie sich aber evtl. auch piercen lassen. Auf diese Weise werden unterschiedliche Schönheitspraktiken von den Freundinnen sowohl ernsthaft als auch humorvoll kommentiert. Schnell wird dabei deutlich, dass sie gutes Aussehen für wichtig halten. Gleichzeitig reflektieren Maria, Nico und Jenny jedoch auch die Hintergründe der Notwendigkeit zur Attraktivität und nehmen selbst ihre eigenen Handlungen davon nicht aus. So ist ein schönes Äußeres in ihren Augen zwar ein Glückslieferant, dessen Ermangelung aber gleichzeitig ein Garant für sozialen Misserfolg. Die Lösung liegt für die drei im Mittelweg der ‚Normalität': Nichts falsch machen, gut aussehen, aber auch nicht vergessen, auf was für einem sandigen Grund die Anerkennung anderer gebaut ist. Aus ihrem Schulalltag kennen Maria, Nico und Jenny zahlreiche Beispiele für die Beliebtheit der Gutaussehenden. Genauso erzählen sie detailreich von der schwierigen Situation derjenigen mit der falschen Figur, dem nicht vorhandenen, übertrieben oder unprofessionell aufgetragenem Make-up oder der unmodischen Kleidung. So gehörte Nico in der Grundschule ihres Äußeren wegen zu den Außenseitern, kann das aber trotz ihrem Leiden daran nachvollziehen, schließlich sei sie damals auch „komisch" gekleidet gewesen. „Das war schon nicht toll", sagt sie, „aber ich sah eben auch doof aus. Seitdem pass ich auf." Sie macht damit deutlich, was auch die anderen Mädchen denken: Letztendlich muss man sich arrangieren. Zwar hinterfragen Maria, Nico und Jenny diesen Diskurs kritisch und stehen seiner ausschließenden Ideologie auch nicht gleichgültig gegenüber. Sie sehen aber auch keine Alternativen. Eine Hoffnung wäre, über den Diskurs, seine Regeln und unangenehmen Mechanismen erhaben zu sein, was in Nicos Augen durch „schön sein" symbolisiert wird: „Schön ist was anderes als hübsch. Hübsch ist so, wie soll ich sagen, nur ein hübsches Gesicht. Jeder will lieber schön als hübsch sein, wer hübsch ist, kann auch ungepflegt sein, stinken, wer schön ist, nicht."

Exkurs: Die Regeln gelten auch für sie – Schlanksein als Akt der Selbstkontrolle

Zu kaum einem anderen Gesprächsgegenstand haben sich die Akteurinnen so umfangreich geäußert wie zum Schlanksein. Dazu hatte fast jedes der Mädchen etwas zu erzählen, mal über sich selbst, oft jedoch auch über andere, was im Kontext der „Selbstnormalisierung der Subjekte" (Link 2006: 352) interpretiert werden kann. Link schreibt hierzu, dass

„das eigentliche ‚Thema Nummer eins' aller Alltagsgespräche im Normalismus die Frage [ist], ob das, was X oder Y gemacht haben bzw. machen, noch normal ist, ggf. gefolgt von impliziten oder expliziten *Distanzierungen*." (Ebenda, Hervorhebungen Link)

Ohne Zweifel fühlten sich die Interviewpartnerinnen durch Fragen zur Figur zu einer Art Bekenntnis herausgefordert. M.E. ist das diskursive Netz, das die Mädchen umgibt und durch das sie sich selbst kontrollieren, bei diesem Thema im Besonderen sichtbar. Eine Vielzahl von Diskursen produziert Wissen über die normale Figur. Da unterschiedliche Institutionen von der Angst vor dem dicken Körper profitieren, haben auch sie zur Konstruktion des Warnbilds beigetragen[12]. Wie sich zeigen wird, sind die Mädchen v.a. auch durch die Debatte über übergewichtige Kinder für das Thema Dicksein sensibilisiert[13]. Dass Dicksein schlecht ist, empfinden sie als Wahrheit, und gleichsam wird das Schlanksein als alternativlos angesehen. Von den Akteurinnen werden daher verschiedene Strategien gegen die unerwünschte Figur angewandt und im besten Fall als Spaß verklärt.

Dass ihnen die schlanke Figur derart wichtig erscheint, ist nachvollziehbar. So ist in unserer Kultur das Dicksein v.a. bei Frauen und Mädchen hochgradig negativ besetzt[14]. Abbildungen erfolgreicher Frauen, die nicht schlank sind, sind selten. Aber auch über die Geschlechtergrenzen hinaus führt kaum eine andere Eigenschaft mit solcher Sicherheit ins soziale Abseits. Das wissen bereits Kinder und belegen Dicke mit negativen Eigenschaften (vgl. Thiel et al. 2008). Es verwundert daher meiner Meinung nach auch nicht, dass sich die Interviewpartnerinnen vor „Schwabbel", „Fett" und „Bäuchen" richtiggehend ekeln. Dicksein wird in einer Kultur der Selbstdisziplinierung einerseits und des Überflusses andererseits offensichtlich als Zeichen eines schwachen Charakters wahrgenommen. Kipnis (1995) weist außerdem darauf hin, dass die bekannte Tatsache, dass Abnehmen schwierig, keine Frage des Willens und der weibliche Schlankheitskult krankhaft ist, nichts daran ändert, das Dicksein als unerträglich empfunden wird. Häufig hat das Dicksein den Status einer Perversion.

Wie Brumberg (1997: 102/121) feststellt, verbinden gerade junge Mädchen mit der schlanken Figur oft die Hoffnung auf Lösung all ihrer Probleme. Entsprechend sei die Frage, wann, was und wie viel gegessen werden dürfe, für

---

12 So waren es die Krankenkassen, die zu Beginn des letzten Jahrhunderts mit dem Body-Mass-Index einen immer noch gültigen Richtwert des schlanken oder schon dicken Körpers einführten und damit die Aufmerksamkeit für das ‚Problem' erst generierten.

13 Mit der diskursiven Herstellung des Gewichts- und Fitnessproblems bei Kindern beschäftigt sich Körner (2008).

14 Welche Formen der „Hass" auf das Dicksein annehmen kann, verdeutlicht Morgan (2008: 153f.) anhand unterschiedlicher Mikro- und Makromechanismen der Gouvernmentalität. Dazu zählt die Aberkennung von Sexualität, ökonomische Diskriminierung (ein Beispiel ist das Berufsleben), feindliches Anstarren, öffentliches Anprangern oder auch die sozialen Exklusion stark Übergewichtiger.

viele Mädchen ständig präsent. Abgesehen von der reinen Versorgung, ist Essen jedoch auch für Heranwachsende nicht nur im Kontext des Schlankseins relevant. So vertritt Probyn (2000) in Bezug auf seine kulturelle Bedeutung die These, dass an den Umgang mit Nahrung heute nicht nur jegliche Erwartungen an körperliche, sinnliche und sexuelle Glücksgefühle gebunden seien, wozu auch die Zufriedenheit mit der Figur zähle. Essen würde inzwischen auch als Ausdruck von Identitäten verstanden und vom Individuum auf diese Weise eingesetzt (ebenda: 21). Vor diesem Hintergrund scheint auch erklärbar, warum für die Kontrolle über die Figur ein eigenes, diskursives Ritual existiert, dass Nichter (2000) als „Fat Talk" beschreibt. Der „Fat Talk", so Nichter, wird fast ausschließlich von Frauen praktiziert. Er dient der Vergewisserung, sich dem Gebot des Schlankseins und damit einer wichtigen Bedingung legitimer weiblicher Identität immer bewusst zu sein. Neben anderen Kontroll-Mechanismen bedienen sich auch viele der Interviewpartnerinnen diesem Ritual.

Anhand der Zitate der Akteurinnen möchte ich deutlich machen, dass die Mädchen auch in ihrem Alter bereits intensiv an den Diskursen über das Schlank- und Dicksein teilnehmen und mittels dessen sich und andere beständig kontrollieren. Mögen andere Regeln des guten Aussehens verhandelbar sein, für die Anforderung, schlank zu sein, gilt das offenbar nicht. Wie Kikkis Kommentar zeigt, sind Kinder und Jugendliche auch durch die Diskurse aus den Medien und der Erziehung mit dem Problem übergewichtiger Kindern vertraut.

KIKKI: […] das ist ja jetzt auch sehr schlimm in Amerika, dass die Kinder halt so dick sind, und das finde ich auch überhaupt nicht schön, ähm...*(Nachfrage zu ihrer Klasse).* Ja, ähm, wir haben nen Mädchen in der Klasse, die ist etwas pummeliger, dann haben wir ein Mädchen in der Klasse, die ist dick, und insgesamt sind in der Schule schon ziemlich viele Kinder dick, aber...es ist jetzt nicht so, dass jedes zweite Kind so richtig fett ist *(lacht).* (I10: 317-324)

Shaney ist der Meinung, dass es von jedem selbst abhängt, ob man gut aussieht. Sie und ihre Freundinnen Latisha und Jade äußern sich gerne zum Thema Figur und verfügen über ein großes Repertoire an Vorschlägen zur Gewichtsabnahme. Mit ihrer Erzählung von einer dicken Frau und dem Bezug zu medizinischen ‚Tatsachen' steckt Shaney das Feld des Legitimen ab. In ihrer Argumentation kommt sie meiner Ansicht nach den Gesundheitsdiskursen der öffentlichen Institutionen nah. Hier *kann* Dicksein unabhängig von der Einschätzung der Betroffenen gar nicht gut sein, weil es unweigerlich zu gesundheitlichen Problemen führt.

SHANEY: [...] Manche, die sind so fett, und sagen, sie finden das gut, ich würde mich nicht wohlfühlen, ich könnt ja gar nicht atmen! *(lautes Lachen, dann Simulation von Schnauf-Geräuschen)* „Und, wie fühlste Dich?", „Ich fühl mich wohl", hat mir dann so ne Frau gesagt, „ich bin auch kerngesund, außer, dass ich Gicht habe, und Asthma, sonst bin ich kerngesund", so, und Rückschmerzen hatte die, alles hat die aufgezählt, aber echt. (I4: 215-230)

Sie und Latisha ‚wissen' dagegen, wie man abnehmen kann. Ihre Äußerungen zeigen, wie stark Diskurse um Gewichtsreduktion mit der Fitness-Industrie verknüpft sind und wie die Rhetorik der Werbung („vertrauen") ihre eigene Rede beeinflusst.

LATISHA: Manche vertrauen ja auf so was wie Weight Watchers oder so [...]
SHANEY: Fit for fun. (I4: 208-211)

Das Thema Diäten ist für die Akteurinnen jedoch nicht nur abstrakt. Die Freundinnen erzählen, dass fast alle Mädchen an ihrer Schule darauf achten, nicht zuzunehmen. Obwohl beide sehr schlank sind, gilt das auch für Shaney und Latisha. Sie freuen sie sich, an den Diskursen über das Abnehmen teilzunehmen, obwohl ihnen klar ist, dass beide mit ihren sehr dünnen Figuren ‚weit im Soll' sind. Wie sich zeigt, ist Normalität nicht nur eine Kategorie, der sich ständig versichert werden muss. Ihre Erfüllung kann auch im positiven Sinn Macht-Gefühle hervorrufen. Aus diesem Grund begeistern sich Shaney und Latisha für das Thema, was sich nicht zuletzt an ihren kreativen Vorschlägen zur Selbstkontrolle zeigt:

SHANEY: [...] ich esse, was ich nicht mag, was ich überhaupt nicht mag, was nicht so dick ist. Und wenn ich was esse, was ich mag, dann aber nicht so viel! [...]
LATISHA: Fürs Abnehmen? Man muss mit 2,50 in den Supermarkt gehen, sich alles angucken, was man mag, aber nur für 2,50 was kaufen. Da nimmt man auch ab.
SHANEY: Oder von allem immer nur die Hälfte nehmen. Um am nächsten Tag noch weniger. [...] Man muss halt langsam anfangen. Erst das eine weglassen, dann immer mehr. So wie bei der Zigarette auch. Erst zehn am Tag, dann am nächsten Tag neun, dann acht, dann sieben, dann sechs, dann keine mehr. (I4: 240-260)

Katinka ist der Ansicht, dass die Herstellung einer schlanken Figur kein Problem darstellt. Auch ist sie ganz im Sinn des Gesundheitsdiskurses der Meinung, dass man auf ausreichend Bewegung achten solle. Aber nicht nur das, man müsse auch Spaß daran haben. Der Aufwand, den man betreibt, um normal zu sein, wird von Katinka damit als Vergnügen naturalisiert. Die Selbstkontrolle ist also kein von außen auferlegter Zwang, wenn sie nicht schon einem natürlichen Bedürfnis folgt, sondern im eigenen Interesse.

KATINKA: Naja, was, ist eigentlich egal, muss ja nicht gleich das Fitness-Studio sein... also Hauptsache Sport, Bewegung...Ich find's ja wichtig dass das Spaß macht, dass man das gerne tut...und nicht immer so rumjammert...so wie Joggen, das macht ja schon Spaß. (I3: 194-197)

Eddie, die eine eher durchschnittliche und keinesfalls auffällig dicke Figur hat, ‚arbeitet' dagegen an sich. So ist sie inzwischen auf unterschiedlichen Wissensfeldern rund um das Thema Dicksein bewandert. Sie weiß nicht nur über die medizinischen Vorschläge zu Ernährung und Bewegung und die Abnehmhilfen der Fitness-Bewegung Bescheid. Eddie hat auch erfahren, dass Dicksein eine psychische Komponente hat und sich psychologisch begründen lässt. Sie gibt sich daher große Mühe, ihrem Problem ‚auf den Grund zu gehen' und es zu beheben. Entsprechend berichtet sie stolz von ihren Fortschritten auf dem Weg zum Schlanksein.

EDDIE: Ja also ich mach Sport, wir haben so nen Ministepper und so nen, na, so nen Ruder-Ding...Und dann beweg ich mich auch eigentlich viel...also ich fahre jetzt jeden Tag Fahrrad...und ernähr mich jetzt auch eigentlich gesund...und ich hab auch schon abgenommen! [...]
I: Ist das von Dir selbst gekommen, dass Du gedacht hast, ich würde gerne abnehmen?
EDDIE: Äh... hmm...ja. Also, das war so, meine Mutter, die hatte früher nen Imbiss und da konnte sie ja eben nicht so richtig auf uns aufpassen und ich...ich esse eben gerne Süßigkeiten *(lacht)*, die ziehen mich magisch an...das nervt zwar...aber ich liebe Süßigkeiten. Meine Freundin [...] isst auch immer voll viele, aber die nimmt nicht zu...wie mein Papa. (I7: 219-231)

Beverly, die selbst sehr schlank ist, behauptet von sich, dicke Oberschenkel zu haben. Sie begibt sich damit freiwillig auf ein Terrain des Anormalen, um ihre eigene Normalität zu überprüfen. Der positive Ausgang des Dialogs ist ihr allerdings nicht zuletzt aufgrund ihrer engen Freundschaft zu Elisabeth gewiss. Beverlys Startsignal für den Fat Talk sind die vermeintlich dicken Oberschenkel. Nun ist ihre Freundin Elisabeth an der Reihe, dem zu widersprechen und ihrerseits von sich zu sagen, sie sei zu dick, was dann wiederum von Beverly zurückgewiesen werden muss:

BEVERLY: [...] Also, wenn ich jetzt 54 oder 55 wiegen würde, dann würde ich sterben. Also, Hauptsache man sieht es nicht. Wie meine fetten Oberschenkel.
ELISABETH: Hast Du doch gar nicht!
BEVERLY: Ey klar!
ELISABETH: Nä! Ich hab voll die fetten Beine! *(beide lachen)*
BEVERLY: Die ist doch voll verrückt! (I2: 218-234)

Im folgenden Zitat hinterfrage ich als Interviewende Latishas und Shaneys Definition einer normalen Figur, was Shaney in einen „Fat Talk" umwandelt:

LATISHA: Und ich seh es immer bei meiner Schwester, bei der sieht alles so perfekt aus [...]. Also, sie ist auch sehr dünn, ganz dünn für ihr Alter, sie ist 17, viele sagen, sie ist zu dünn, aber sie ist eigentlich normal.
SHANEY: So wie ich. Normal eben.
I: Du bist aber auch dünn [...].
SHANEY: Ich hab bloß keine Hüften, aber ich bin gar nicht so dünn, ich bin voll dick! Das liegt daran, dass ich alles verstecke, in schwarz geht das ja immer. (I4: 172-180)

Bei der sprachlichen Überprüfung der eigenen Normalität kommt es entsprechend nicht darauf an, ob man tatsächlich von der richtigen Figur abweicht. Vielmehr scheint oft eher das Gegenteil der Fall zu sein, und die Akteurinnen zeigen, dass sie noch normaler als normal sind – nicht dick, sondern schlank. Wie Nichter (2000) deutlich macht, ist der Fat Talk sowohl für die Selbstvergewisserung als auch für das soziale Miteinander unter Frauen wichtig. Dadurch, dass über das vermeintliche Problem geredet werde, entstehe oft bereits der Eindruck einer Handlung. Konkrete Maßnahmen des Abnehmens könnten also obsolet werden, so Nichter. Die Fokussierung von Frauen und Mädchen auf ihr Gewicht müsste daher, anders als im Alltagsdiskurs, nicht immer als krankhaft oder gefährlich interpretiert werden. Dieser Perspektive kann man m.E. auch mit Blick auf die Akteurinnen zustimmen. Aber auch ohne problematische Folgen gehört die schlanke Figur, trotz aller Veränderungen im Mädchen- und Frauenbild, zu den „culturally sanctioned ways of being an adolesecent girl today." (Bettis/Adams 2005: 12)

6.3 WARUM SIE GUT AUSSEHEN WOLLEN: ERFOLG ALS MOTIV IHRER SCHÖNHEITSPRAKTIKEN

Im vorangegangenen Abschnitt habe ich mich mit der Frage beschäftigt, warum die Akteurinnen auch in ihrem Alter bereits weiblich-idealisierte Inszenierungen bevorzugen. Ich habe festgestellt, dass das vermeintlich sexualisierte Äußere eng mit der Notwendigkeit, Geschlecht und Alter eindeutig darzustellen, verbunden ist. Wie ich gezeigt habe, stehen diese Regeln für die Gestaltung des attraktiven Äußeren im Zusammenhang mit ihrem Wunsch nach einheitlichen, sicheren Identitäten. In diesem Abschnitt soll es nun darum gehen, welche Motive sich hinter der hohen Bedeutung von Schönheit verbergen. Welche Erwartungen knüpfen die Akteurinnen daran? In welchen Situationen ist das Aussehen wichtig, welchen Stellenwert hat es in ihrer Lebenswelt? Es ist bereits mehrfach darauf hingewiesen worden, dass die Hoffnung auf ‚Erfolg' die Reflexionen der Mädchen über das Äußere bestimmt. Darauf möchte ich zunächst eingehen.

Unter Erfolg verstehe ich hier das Erreichen persönlicher Ziele, die meist in sozialer Anerkennung resultieren. Wie ich in diesem Kapitel demonstrieren werde, ist Erfolg auf Basis des Aussehens im Fall der Interviewpartnerinnen mit bestimmten Werterfahrungen wie Liebe (Romantik), ‚besonderen' Erlebnissen (Glamour), Normalität (Unbescholtenheit) und Professionalität (Anpassung) verbunden. Diese gehen wiederum mit konkreten Erwartungen einher: So steigert die Erfahrung von Romantik den Selbstwert. Glamour und die Fähigkeit zur Anpassung werden als möglicher Zugang zu hochbewerteten Lebensverhältnissen verstanden, während die Unbescholtenheit den Umgang mit unliebsamen Bedingungen erleichtern soll. Ich argumentiere, dass das Erlangen dieser Werte in der Wahrnehmung der Mädchen in erster Linie auf ihre eigene ‚Leistung' zurückzuführen ist. Dazu zählt auch das Schönheitshandeln. In dieser Form des Leistungsdenkens, das aus Sicht der Akteurinnen eine Voraussetzung für die Erfüllung zentraler Lebenswünsche ist, liegt meiner Ansicht nach einer der Schlüssel zu ihren neuartigen Schönheitspraktiken.

Entscheidend sowohl in Bezug auf ihr Verständnis von Erfolg wie auf sein Erreichen ist dabei, wie ich überzeugt bin, die von den Mädchen verinnerlichte Subjektvorstellung. Zwar ist heutzutage von keiner homogenen Subjektstruktur auszugehen (Reckwitz 2006: 14f.). Dennoch ist m.E. eine spezifische Subjektform im Zusammenhang mit den weiblich-idealisierten Inszenierungen der Mädchen konstituierend, die ich das ‚eigenverantwortliche Subjekt' nenne. Hier steht die Verantwortung für den eigenen Erfolg im Mittelpunkt des Denkens und Handelns. Aus Sicht der Mädchen stellt ihr Aussehen ein wichtiges Projekt dar, denn von ihrer Attraktivität ist für sie, wie erwähnt, viel abhängig. Die Gewissheit, allumfassend eigenverantwortlich zu sein, verstehe ich als kulturell geprägt. So wird sich bei der Beschäftigung mit Subjekttypen auch nur sekundär auf das Individuum konzentriert:

„Wenn die [...] Subjektanalyse nach dem ‚Subjekt' fragt, dann fragt sie nach der spezifischen kulturellen Form, welche die Einzelnen in einem bestimmten [...] Kontext annehmen, um zu einem [...] vorbildlichen Wesen zu werden." (Reckwitz 2008a: 9)

Dafür ist die Auseinandersetzung mit den Lebensbedingungen und dem gesellschaftlichen Status quo erforderlich. Auf mögliche Einflüsse des Schönheitshandelns der Mädchen bin ich bereits und werde ich auch im Folgenden immer wieder eingehen. So ist meiner Ansicht nach bspw. zu thematisieren, dass frühadoleszente Mädchen schon ‚Erfolg', meist im Rahmen der Anerkennung durch andere, als Lebensziel begreifen. Zwar klingen temporär auch andere Wertvorstellungen an. Diese werden vom Schönheitsdiskurs der Mädchen letztendlich jedoch weitestgehend ausgeschlossen. Dennoch ist ihre Subjektivierung von den Mädchen m.E. im entscheidenden Maß selbst gewählt. So verkörpert sie für die Akteurinnen in erster Linie Positives, beginnend mit der Partizipation an gesellschaftlicher Macht durch ein bestimmtes Äußeres.

Wie ich zeigen werde, wird Schönheitshandeln von den meisten als Weg zu persönlichem Glück und sozialer Sicherheit begriffen. In meinem Verständnis von Subjektivierung schließe ich mich daher den Gouvernmentality-Studies nach Foucault an, einer Wortschöpfung aus „Gouvernment" und „Mentality". Subjektivierung wird bei Foucault als ein Prozess verstanden, in dem das Individuum in Einklang mit den rationalen Anforderungen des Regierens einen bestimmten Bezug zu der eignen Person und anderen entwickelt (vgl. Bührmann 2006: 110f.). Mit Hilfe der „Technologien des Selbst" wird die Disziplinierung durch das Individuum selbst übernommen. Im Zentrum steht bei Foucault das so genannte „unternehmerische Selbst", dessen Handeln von Effizienzkriterien bestimmt wird und das im Zuge neoliberaler Tendenzen als hegemoniale Subjektivierungsweise gilt. Für ein lebenswertes Leben besteht der Zwang zur beständigen Optimierung des Selbst und aller Lebensbereiche, weshalb auch der Konsum eine große Rolle spielt. Die Anforderungen an dieses Subjekt sind jedoch nicht allein traditionell-ökonomischer Art: Das Individuum muss sich vielmehr selbst verkaufen und sich seinem Effizienzanspruch folgend ständig neu hervorbringen (vgl. ebenda: 111). Körperliche Fitness und gutes Aussehen können m.E. als ein sichtbarer Beweis für den Willen zum Erfolg des unternehmerischen Selbst verstanden werden. Indem sie der Aufforderung zur Gestaltung ihres Körpers folgen, verkörpern die Mädchen also das ideale Subjekt, das sich nach Abwägung sozialer Vor- und Nachteile selbst reguliert.

Wenngleich das Selbstverständnis der Mädchen auch durch den Begriff des Unternehmerischen beschrieben werden könnte, halte ich den Fokus auf Eigenverantwortung für passender. Zum einen betonen die Akteurinnen immer wieder die individuelle Verantwortung für Erfolg und Misserfolg. Erst durch aktive Eigen-Produktion erlangt das Selbst seinen wahren Wert. Die Selbst-Produktion ist der Kern ihres Handelns, der Hintergrund sind die Konsequenzen, genauer die Verantwortung dafür. Zum anderen scheint es mir v.a. in Anbetracht ihres Alters und des Diskurses der Sexualisierung besonders bemerkenswert, dass die Frühadoleszenten sich selbst für ihr Wohl in der Verantwortung sehen. Hier wird ein Denken und Handeln sichtbar, das vermeintlich in Disharmonie zu ihrem Lebensalter steht. So deutet ihre Subjektivierung auf weit in die Zukunft reichende Projekte und auf einen vermeintlich unveränderbaren, fest verinnerlichten Diskurs hin.

Der Bildausschnitt, den der Umgang frühadoleszenter Mädchen mit ihrem Aussehen liefert, enthüllt m.E. eine aktuelle Subjektivierung westlicher Kultur. Diese ist für die Heranwachsenden bereits von Interesse, weil sie ein hohes Maß an Eigenmächtigkeit, Anerkennung, Vergnügen und Erfolgsaussichten verspricht. Die Akteurinnen verschaffen sich Macht aus dem Umstand, dass sie sich bereits gekonnt in der Gesellschaft bewegen. So wird im auffälligen Schönheitshandeln die Adaptionsfähigkeit der Mädchen an die Gegenwartskultur deutlich.

6.3.1 Wunsch nach Glück: Romantik und Glamour

Gutes Aussehen ist für die meisten Interviewpartnerinnen mit persönlichem Glück verknüpft. Nun lässt sich zwar schwerlich definieren, was Glück ist, so wie auch Schönheit nicht umfassend und allgemeingültig beschrieben werden kann. Schließlich sind beides spezifische, temporäre und kulturell-variable Gebilde. Zumindest kann m.E. aber eine häufige Bedingung für Glück in unserer Kultur benannt werden, nämlich ein hoher Selbstwert. Wer sich selbst als wertvoll empfindet, hat der populären Meinung zufolge gute Voraussetzungen, um glücklich zu sein. Das Selbstbild ist in der Regel jedoch stark von der Bewertung anderer, also vom Fremdbild abhängig. Und ein wichtiges Faktum der Beurteilung der eigenen und anderer Personen ist das Äußere.

Das trifft ohne Zweifel auch auf die Bedeutung der Schönheit für frühadoleszente Mädchen bereits zu. Was die Sinngebungen der Akteurinnen betrifft, ist es, wie deutlich werden wird, mit der Bestätigung des eigenen, guten Aussehens jedoch noch nicht getan. Die Mädchen sind offenbar nicht glücklich allein in der Überzeugung, andere hätten ihnen ihre Attraktivität attestiert. Vielmehr scheint das schöne Äußere Mittel zum Zweck und verweist auf ungleich bedeutsamere Hoffnungen als einfach nur Bestätigung. So antworten die meisten Mädchen auf die Frage, warum das Aussehen wichtig ist, „für Jungs", „für Dates", „für die Disco" oder „für Feste". Der Hintergrund der ersten beiden Begriffe ist fraglos das Feld der Romantik, das auf den vermutlich höchsten Wert, die Liebe, verweist. Die anderen beiden Begriffe beschreiben m.E. ein glamouröses Leben, also den Wunsch nach herausragenden Erfahrungen. Beides sind Glücks-Hoffnungen, und beide werden nicht allein über Schönheit erfüllt, aber in den Augen der Mädchen plausibler gemacht. So fungiert das gute Aussehen mehr als Projektion des Glücks, als dass es selbst Gegenstand des Begehrens der Mädchen wäre. Das möchte ich auf den nächsten Seiten genauer erläutern.

Natascha, 10 Jahre
Fantasie gibt Natascha Trost und Hoffnung. Sie zeichnet und schreibt Bildergeschichten, die von Mädchen mit besonderen Fähigkeiten und ihrer Freundschaft zueinander handeln. Auf das Aussehen ihrer Charaktere legt Natascha dabei großen Wert. Alle haben lange Haare, tragen kurze Röcke, bauchfreie Oberteile und hohe Stiefel, bis auf ein türkisches Mädchen, „denn die dürfen ja kein bauchfrei". Als Meerjungfrau „Pria" spielt Natascha selbst in ihren Geschichten mit. Sie ist hier die Jüngste, um die sich alle kümmern, und die Hübscheste. Hinter Natascha liegen unangenehme Erfahrungen: In ihrer alten Klasse war sie eine Außenseiterin und wurde gemobbt. Jetzt, nach dem dadurch bedingten Wechsel in ihre neue Klasse, hat sie Freundschaften geschlossen und ist akzeptiert. Das macht sie glücklich, immer wieder erzählt sie von ihren Freundinnen und von einem Jungen in ihrer Klasse, der verliebt in sie sei. Ein beliebtes Mädchen zu sein, ist ihr größter Wunsch, deshalb möchte sie auch so gut wie möglich aussehen. Natascha hat lange, dunkelblonde Haare und mit ihren großen, braunen Augen ein hübsches, freundliches Gesicht. Sie ist nach eigenen Angaben „leicht pummelig", was sie aber durch tägliche Laufeinheiten um den Schulhof zu verändern versucht. Bei unserem Gespräch trägt sie ihren „liebsten Markenpullover" und Jeans. Auffällig ist ihr Schmuck, kleine Goldohrringe und eine, bunte, glitzernde Kette. Natascha lebt gemeinsam mit ihrer Mutter und deren Lebensgefährten in einer sorgfältig eingerichteten und sehr gepflegten Drei-Zimmer-Wohnung. Im selben Wohnblock lebt auch Sandy, mit der ich mich ebenfalls treffe. Dass sie als Einzige in ihrer Klasse keine Geschwister hat, bedauert Nata-

scha. Nataschas Mutter war es sehr wichtig, dass ihre Tochter an dem Interview teilnimmt. Unser Gespräch findet im Wohnzimmer an einem von ihr eigens dafür hergerichteten „Interview-Tisch" statt. Natascha ist während des ganzen Gesprächs sehr offen und redegewandt. Ihr gefällt alles, was mit perfekter, weiblicher Schönheit zu tun hat, sich auch selbst so inszenieren zu können, beflügelt ihre Fantasie. Natascha wünscht sich, so auszusehen wie Barbie. Neben der Hoffnung auf Glück (Jungen, die einem hinterher gucken) ist in ihrem Streben nach Schönheit aber auch der rationale Gedanke an Sicherheit („man möchte ja nicht als Penner auf der Straße landen") ausschlaggebend. Letztendlich läuft für Natascha alles auf Zuwendung und Anerkennung hinaus. Auf die Frage, wen sie selbst für gutaussehend hält, nennt Natascha Personen, die ihr Bestätigung geben: „Mein Vater. Meine Mutter, meine Oma, mein Onkel, ich selbst, und der Junge, der in mich verliebt ist." Als ich sie bitte, ihre Mitschüler zu beschreiben, antwortet sie stolz, dass alle unterschiedlich aussehen, dafür aber „gleich denken" würden. Für die Zukunft, so Natascha, wünscht sie sich neben dem Aussehen von Barbie einen netten Mann und Kinder. So spielt nicht nur in ihrem Schönheitsdiskurs die soziale Anerkennung eine große Rolle, sondern in ihrer gesamten Gedankenwelt. Ihren Ängsten vor Ausgeschlossenheit wie ihrem Optimismus Folge leistend, steht für Natascha beim Aussehen die Hoffnung, ein beliebtes Mädchen zu sein, im Vordergrund. Ein attraktives Äußeres soll nach ihrem Willen jedoch gleichberechtigt für alle ein Glücksversprechen sein.

Romantik und der Wert der Liebe: „Jungs" und „Dates"

Seit Beginn des 20. Jahrhunderts werden Liebe und persönliches Glück miteinander gleichgesetzt, wie Illouz (2003) in ihrer Untersuchung über den Zusammenhang von Kapitalismus und Romantik feststellt. „Die Liebe galt nun nicht mehr als Wert an sich, sondern als wichtiges Motiv bei der Suche nach Glück." (Ebenda: 34) Nach Illouz hat die Liebe seitdem einen quasi-religiösen, rituellen Charakter, der v.a. am zyklischen Vollzug von Konsumritualen deutlich wird. Wie sie darstellt, ist auch die Sorge um das schöne Äußere davon betroffen. So seien Schönheit und Liebe spätestens seit dem amerikanischen Kino der 1920er eng miteinander verflochten. Romantische Beziehungen würden hier schließlich oft dadurch gerettet, dass sich der „schwächere" Partner den Attraktivitäts-Vorstellungen des anderen angleiche (vgl. May in Illouz 2003: 36).

Auch die Interviewpartnerinnen bestätigen, dass der Wunsch nach gutem Aussehen untrennbar mit dem heteronormativen Ideal der Romantik verbunden ist. Liebesbeziehungen beschäftigen nicht nur fast alle, sie regen auch ihre Fantasie über die Gestaltung ihres Äußeren an. Selbst diejenigen, die Schönheitsfragen wenig abgewinnen können, sind der Überzeugung, dass auch sie sich für ihr Aussehen interessieren würden, sobald Paarbeziehungen für sie ein Thema wären. Tatsächlich verorten fast alle Mädchen Romantik spontan im Kontext des Schönheitshandelns. Dabei ist meist die Rede von der Bedeutung von „Jungen", vom „Verliebtsein", dem „hinterher gucken" und von „Dates".

Dass dieser Gesprächsgegenstand bei einem Interview über die Bedeutung des Aussehens eine große Rolle spielt, ist indes nicht verwunderlich. Nicht selten ist der Zusammenhang von Liebe und Attraktivität aber auch Anlass von Kritik. So wurde von Feministinnen v.a. in den 1970ern auf den Machtverlust hingewiesen, den Mädchen und Frauen durch ihren Versuch erleiden, den unrealistischen Schönheitsidealen des anderen Geschlechts zu entsprechen (vgl. Bordo 1993). In der dominanten Meinung hat auch heute nur der Chancen auf Romantik, der attraktiv ist.

In meiner Auffassung kommt letztere Aussage auch den Diskursen der Mädchen nahe. Allerdings bleibt bei ihnen eben jene kritische Bewertung außen vor, die dem Thema sonst oft inhärent ist. Zwar waren fast alle Akteurinnen der Ansicht, dass man für „Jungs" gut aussehen wolle. Aber weder wurden die Bewertung einzelner Schönheitsattribute durch Jungen als problematisch, noch, und das ist m.E. das Entscheidende, die Bedeutung von Jungen bei dem Wunsch nach gutem Aussehen als negativ angesehen. Aus Liebesgründen gut aussehen zu wollen, fällt bei den Mädchen in die Kategorie der positiven Hoffnungen. Das dadurch motivierte Schönheitshandeln ist offenbar selten mit unangenehmem Druck verbunden. Wenn ich im Folgenden von den romantischen Vorstellungen der Akteurinnen spreche, meine ich damit also etwas ‚Erhabenes' und ‚Gutes'. Die Sorge um die Beurteilung des Äußeren durch das andere Geschlecht ist bei den frühadoleszenten Mädchen noch nicht sehr ausgeprägt. Jungen einfach nur aufzufallen, von ihnen gesehen werden, wird durch die meisten herbeigesehnt.

Auch wenn Paarbeziehungen auf der sexuellen Ebene oft noch angsteinflößend für Frühadoleszente sind, ist Romantik das Glücksversprechen schlechthin. Dabei spielt es keine entscheidende Rolle, ob die Mädchen selbst schon romantische Beziehungen erleben[15]. Stattdessen setzen sich die Akteurinnen durch die

---

15 Zwar gaben einige stolz an, schon einen „Freund" gehabt zu haben. Diese Beziehungen stellten sich dann jedoch in der Regel eher als ‚freundschaftlich' heraus. Wie sich zeigt, ist das Versuchsobjekt Freund für viele Mädchen einer der Jungen aus der

Beschäftigung mit der Romantik offenbar mit ihrem eigenen Begehren auseinander. Allein das Träumen von dem in unserer Kultur allseits präsentem Ideal ist hier wichtig, hilft es doch bei der Vorbereitung auf das später folgende Liebesleben. Wie sich aus ihren Äußerungen herauslesen lässt, dient ‚Liebe' den Mädchen darüber hinaus auch als Projektion der Hoffnungen für die eigene Person. So trägt das Interesse möglicher Partner auch zu Steigerung des eigenen Selbstbewusstseins bei. Das Träumen und Erfahren von Romantik hat damit auch eine wichtige Funktion für den Selbstwert.

Weil es sich hier aber noch größtenteils um romantische Gedankenspiele handelt, könnte man annehmen, dass die Mädchen dem Thema Liebe eher passiv und abwartend gegenüberstehen. So ist es jedoch nicht. Wenn es um das tatsächliche Schönheitshandeln mit dem Motiv Romantik geht, versuchen die Akteurinnen nicht nur, lediglich alles richtig zu machen und nicht aufzufallen. So wie die Liebe einen besonderen Wert hat, der über alltägliche Erfahrungen hinausreicht, so wollen die Interviewpartnerinnen für mögliche Partner vielmehr überdurchschnittlich schön und nicht nur ‚akzeptabel' sein. Ich möchte diese Beobachtung anhand des Bildes des ‚beliebten' Mädchens aus dem letzen Abschnitt verdeutlichen. Wie sich aus den Gesprächen mit den Akteurinnen entnehmen lässt, entspricht dieser Typus exakt ihrem romantischen Ideal.

Zum einen, weil sie, den Äußerungen der Frühadoleszenten zufolge, aufgrund ihres perfekten Aussehens Jungen positiv auffallen würde. Das ist allerdings nicht nur der Fall, weil sie mädchenhaft und hübsch ist. Das beliebte Mädchen erfüllt schließlich auch die Anforderungen an eine ernstzunehmende, also erwachsene Person. So ist sie in der Lage, sich immer der Situation entsprechend zu verhalten und zu kleiden. Romantik erfordert in den Augen vieler offensichtlich eine gewisse Ernsthaftigkeit. Ein unangebrachtes oder kindliches Verhalten verunsichert Mädchen dieses Alters und stimmt mit ihren Wunschvorstellungen nicht überein. Zum anderen spiegelt der Typus des beliebten Mädchens auch die Erwartungen der Akteurinnen an die richtigen ‚inneren' Eigenschaften wider, also die Art, wie sie in romantischen Kontexten sein möchten oder meinen, sich verhalten zu müssen.

Nachbarschaft. Beide bezeichnen sich dann einige Wochen als ‚Freund' und ‚Freundin', zu sexuellen Aktivitäten oder auch nur dem Küssen kommt es in dieser Zeit aber meist nicht. ‚Dates' hatten dagegen nur einige der älteren Mädchen um die 13, bei denen Beziehungen offenbar auch einen in Ansätzen sexuellen Charakter haben. Für die Mehrheit der Frühadoleszenten ist m.E. also die Welt der Romantik und des Dating nur in der Rede darüber bekanntes Gebiet.

Das Aussehen des beliebten Mädchens wäre dementsprechend kaum nach den Vorstellungen des Begehrten gestaltet, was m.E. einen bestimmten Grund hat. So steht im romantischen Ideal der Interviewpartnerinnen die Bestätigung des Jungen und die anschließende romantische Partnerschaft zwar einerseits das Ziel dar. Andererseits ist sie lediglich der Beweis, ‚rein' und ‚gut' im Sinn einer besonders wertgeschätzten Person zu sein. Der Entwurf des beliebten Mädchens bietet also diejenigen Charaktermerkmale, die im romantischen Ideal unerlässlich sind, aber nur indirekt über das Äußere wahrgenommen werden können. So schminkt sie sich „dezent", „übertreibt" ihre Outfits und Stylings nicht, sondern ist „natürlich". Das beliebte Mädchen ist also – wenn nötig – ernsthaft, ehrlich und authentisch und hat damit hat im Sinn der Akteurinnen auch Romantik und Liebe verdient. Eine zurückhaltende, aber gleichzeitig auffällige und begehrenswerte Weiblichkeit verkörpert in meiner Überzeugung damit das romantische Ideal frühadoleszenter Mädchen.

Umgekehrt spielt die Romantik im Kontext des Wunsches nach Schönheit bei den Heranwachsenden eine herausragende Rolle. So antworten fast alle Mädchen auf die Frage, wann das Aussehen relevant sein könnte, „bei Dates". Um einem Jungen aufzufallen, überhaupt also erst einmal ein Date zu bekommen, sollte man nach Meinung der Akteurinnen gut aussehen. Diese Sicht ist im Allgemeinen weit verbreitet, wenn sie auf die Tatsache reduziert wird, dass mögliche Partner zuvorderst anhand äußerlicher Kriterien ausgewählt werden. Wie die Mädchen denken, ist darüber hinaus auch bei Dates selbst die Attraktivität wichtig. Auch damit reproduzieren die Interviewpartnerinnen einen gängigen Diskurs, denn im Alltagsverständnis ist die Meinung vorherrschend, bei Verabredungen gut aussehen zu müssen. Der Hintergrund dieser Sichtweise der Mädchen ist jedoch, wie argumentiert, weniger die Überzeugung, Jungen würden ein bestimmtes Äußeres erwarten oder bevorzugen. Einige Interviewpartnerinnen sind sogar der Ansicht, dass Jungen bspw. die Kleidung gar nicht auffallen würde, höchstens dann, wenn sie erkennbar sexy wäre. Dass es im Zusammenhang von Liebe und Schönheit allein um die Interessen des Partners geht, hält auch Illouz (2003) für eine unzureichende Beobachtung. Sie beschreibt Schönheitsartikel daher mit dem Begriff der „Ich-expressiven" Produkte, die Verführung ist daher auch ein Mittel der „Selbstvergewisserung" (ebenda: 40f.).

Hinter der Annahme der Akteurinnen, das Aussehen sei im Kontext des Rituals des Dating relevant, verbergen sich noch weitere Hoffnungen. Das ist erstens die besondere Aufwertung des Treffens. Dadurch, dass die Mädchen sich selbst besonders schön machen, wird diese Erwartung auch auf den Verlauf des Dates übertragen. Zweites ist der romantische Mythos der Ergriffenheit und tiefen Gefühle von Belang. Hier ‚verfallen' Jungen Mädchen und sind von ihnen und ihrem Äußeren so eingenommen, dass sich ihre große Zuneigung gleichsam ‚automatisch' einstellt. Dass sich die Frühadoleszenten mit einem solchen Mythos identifizieren können, ist m.E. nachvollziehbar. Nicht nur ist dieser in den Jugendmedien omnipräsent. Durch den Mythos wird auch die Komplexität und Bedrohlichkeit von Paarbeziehungen abgemildert. So sind die Akteurinnen auf diese Weise in der Lage, allein durch ihr gutes Aussehen auf dem für sie ungewohnten Terrain der Sexualität Bestätigung zu erfahren. Entsprechend vollzieht sich das erste Erschließen dieses ja durchaus problematischen Gebiets in unverfänglicher, positiver Manier. Mit einem attraktiven Äußeren, von dem Jungen schnell ergriffen sein könnten, sehen die Mädchen wahrscheinlich die besten Chancen, eine vollends romantische Liebesbeziehung zu erfahren.

Diese Überlegungen möchte ich nun anhand einiger Aussagen der Akteurinnen darstellen. So sind Katinka und Paula überzeugt, dass das gute Aussehen entscheidend ist, um einen Partner zu finden – auch wider besseres Wissen und trotz moralischer Einwände.

KATINKA: Wenn man einen Freund hat, dann muss der einen so mögen, wie man ist, und darf nicht sagen, sieh so und so aus! Aber wenn man sich eben verliebt, dann weiß man ja erstmal nicht, wie der andere so ist, das kommt dann ja nur vom Aussehen her, ob jemand hübsch ist oder süß oder nicht und dass man sich dann kennen lernt...Also für den Anfang geht das eigentlich nicht ohne. Wenn man nicht gut aussieht, verlieben sich andere auch nicht in einen. (I3: 273-278)

PAULA: Schön machen macht man sich für den Freund oder die Freundin. Das spielt es schon am ehesten eine Rolle. Ich denke, das trägt dazu bei, die Beziehung zu festigen. Ich weiß nicht warum, aber...ich glaube, dass das so ist. [...] Schönheit ist schon wichtig, weil [...] wenn man sich verliebt, man findet schönere Menschen generell netter. (I12: 149-171)

Jay hat nur wenig für Fragen des Aussehens übrig. Im Gegensatz zu ihren Klassenkameraden gefallen ihr weder modische Kleidung, lange Haare noch Make-up. Dennoch ist sie der Ansicht, dass spätestens mit dem Aufkommen ernsthaften romantischen Interesses auch sie ihre Einstellung zum Thema Attraktivität ändern wird. Was Jay als Naturgesetzt begründet, deutet m.E. auf die kulturell enge Verbindung zwischen den Werten Schönheit und Liebe hin.

I: Glaubst Du, das ändert sich mal, und Du willst auch mal anderes tragen, oder nicht?
JAY: Bestimmt, das ändert sich mal.
I: Warum denkst Du das?

JAY: Ist halt so. Ist halt bei allen so. War bei meiner Mutter auch so. *(Nachfrage)* Weil sie verliebt war, und, was weiß ich, weil sie halt älter geworden ist.
I: Glaubst Du, das kommt automatisch?
JAY: Ja, natürlich. (I9: 129-135)

Die Kommentare von Chris und Natascha erklären den Wunsch nach gutem Aussehen ebenfalls primär mit der Aussicht auf Romantik. Insbesondere Natascha erfreut sich auch bereits mit ihren zehn Jahren am „hinterher gucken" der Jungen. Sie und Chris deuten beide an, dass das Interesse der Jungen und die Inszenierung des attraktiven Äußeren aber auch zum eigenen Selbstwert beitragen. Man nehme sich dann selbst wichtig und ernst – ein Umstand, den Chris kritisiert, Natascha hingegen als positiven Effekt eines subjektiv empfundenen, attraktiven Äußeren beurteilt.

CHRIS: Ich glaube, die tun das, weil...Ich glaube, die versuchen Jungs damit aufzureißen *(lacht)*...Die versuchen sich aber auch selbst schön zu finden, die sind dann so *(affektiert)* „geh mal weg da, ich bin hier die große Frau" und so. (I6: 346-348)

NATASCHA: Es gibt Vorteile, aber auf jeden Fall ist es ein Vorteil, dass Jungs hinterher gucken...Vorteile gibt's davon, dass...man sich wohl fühlt. Man muss sich auch wohlfühlen. Man muss nicht einfach denken, weil die anderen das schön finden, muss man das selber auch. (I11:115-118)

Auch Beverly und Elisabeth empfinden die Aufmerksamkeit von Jungen als angenehm. Beverly ist sich sicher, dass Jungen der Grund sind, warum alle Mädchen ihres Alters gut aussehen wollen („ist in unserem Alter eben so"). Elisabeths Geschichte über ein Missgeschick, das ihr passiert ist, weil sie sich ihre Freude über das offenkundige Interesse eines Jungen nicht anmerken lassen wollte, bewegt sich im Rahmen des Mythos des romantischen ‚Erwähltwerdens': Die Auswahl durch den Jungen und damit die Romantik ereignen sich vermeintlich ohne eigenes Zutun, allein aufgrund des Äußeren. Trotz der Bedeutung dieses Mythos für Elisabeth ist sie sich gleichzeitig aber auch der Ironie ihrer Erzählung bewusst[16]:

---

16 McRobbie bezeichnet dieses Paradoxon als feministisch geprägtes „doing gender": „Girls can even play this old-fashioned game of romance as long as they know it is all a bit of a joke." (McRobbie 1999: 127)

BEVERLY: Als Mädchen hat man Vorteile von gutem Aussehen, klar. Wenn einem die Jungs, wenn ein Junge *(pfeift)* eben so, wenn man besser aussieht, das ist eben so, dass einem die Jungs dann hinterher gucken, und dann fühlt man sich schon besser. Das ist in unserem Alter eben so.
ELISABETH: Einmal hat mir nen Junge hinterher geguckt, und ich so ganz cool weitergegangen *(reckt das Kinn)* und voll gegen nen Zaun. *(beide kreischen)* (I2: 215-220)

Für Kikki, die umfangreiches Schönheitshandeln in der Regel ablehnt, hat die Liebesbeziehung einen besonderen Wert. So würde auch sie sich in diesem Fall bemühen, „dem Jungen immer zu gefallen". In meiner Interpretation macht Kikki damit ihre Hoffnung auf eine von Respekt und Zuneigung geprägte Beziehung deutlich, wie sie der oben skizzierte, romantische Mythos vermittelt. Die Fantasie über das Besondere, das ist oder sein kann, ist für sie entscheidend:

KIKKI: Naja zum Beispiel...wenn ich jetzt verliebt bin oder so *(lacht)*, und dann ähm der Junge, dann muss ich, also dann versuch ich halt, dass ich dem Jungen immer gefalle, und versuch mich dann halt zu schminken oder sonst irgendwas oder...Oder wenn man halt auf Partys geht oder sonst irgendwas, ja also...damit man dann auch interessant aussieht *(lacht)*. (I10: 60-64)

Glamour und der Wert des „Besonderen": „Disco" und „Feste"

Die Bedeutung des guten Aussehens für die Mädchen basiert nicht nur auf dem Liebeswunsch. Auch die Hoffnung auf den Wert des ‚Besonderen' ist entscheidend, was ich im Folgenden als ‚Glamour' bezeichnen werde. So sind „Weggehen"/„Disco" und „Feste"/„besondere Anlässe" von vielen Mädchen als ein weiterer Beweggrund für ihre Schönheitspraktiken genannt worden. Dafür gibt es mehrere, oft nahe liegende, Gründe. *Erstens* ist das Ausgehen ohne Zweifel eine Tätigkeit, die Frühadoleszente meist zunehmend selbstpraktizieren oder mit Spannung erwarten. Damit geht oft auch ein Nachdenken über die verbundene Ästhetik, also Outfits und Stylings, einher. Die Akteurinnen sind neugierig auf unbekannte Lebenserfahrungen und wollen Orte und Situationen kennenlernen, von denen sie oft hören, die sie aber kaum beurteilen können. So haben nur sehr wenige Interviewpartnerinnen bereits eine Disco oder einen Club besucht, lediglich „Kinderdiscos" kennen schon viele. Ein *zweiter* Grund ist m.E. die Hoffnung der Mädchen auf noch mehr Kompetenz und Sicherheit in ihrer Geschlechterrolle. Zu letzterer zählt schließlich auch der Aspekt des Glamourösen, entspricht „sich schick machen" doch dem Bild idealisierter Weiblichkeit. Als *drittes* gilt die schöne Kleidung für besondere Anlässe, wie bspw. für Geburtstage, als kulturelle Norm, wenngleich als weitestgehend unverbindliche. *Viertens* ist eine Art Leitmotiv des ‚Feierns', und zwar etwas Besonderes zu sein oder aus sich zu machen, bei den Akteurinnen ebenfalls schon wahrnehmbar. Damit meine ich die Aussicht auf Spaß, außergewöhnliche Erfahrungen und einen interessanten Lebensstil.

Mit ihrem Wunsch nach Glamour signalisieren die Mädchen also ihre Hoffnung, ‚mitzumachen' und sozial erfolgreich zu sein. Ich erkenne darin eine positiv-besetzte Erwartung, die von den Interviewpartnerinnen herbeigesehnt wird, aber nicht auf konkrete Anforderungen an sie zurückzuführen ist. Für die „Disco" bspw. *können* sich die Mädchen schön machen, müssen es aber nicht. So gibt es schließlich keine Regel, die besagt, dass hier ein Repertoire an Schönheitstechniken über das normale Maß hinaus angewandt werden muss. Indes üben die Vorstellungen des ‚idealen' Lebens, wie sie v.a. durch Mediendiskurse und die Konsumkultur vermittelt werden, offenbar einen starken Einfluss auf die Frühadoleszenten aus. M.E. sind besondere Erfahrungen eine Voraussetzung einer von persönlicher Freiheit einerseits und der Anforderung erfolgreicher Selbst-Produktion andererseits gekennzeichneten Welt. Auch Driscoll ist der Ansicht, dass sich die heutige Bedeutung des Glamours nur durch veränderte Lebensverhältnisse manifestieren konnte. Sie schreibt: „[...] glamour was an industrialized response to new roles for femininity in response to changed work, marriage, and education patterns." (Driscoll 2002: 244)

In meiner Interpretation ist das ‚Besondere' für die Akteurinnen jedoch auch abseits der Sinngebung der herausragenden Erlebnisse ein Motiv, gut aussehen zu wollen. So verspricht die Anerkennung des Besonderen in der eigenen Person ebenfalls Glückserfüllung. Dabei geht es offensichtlich nicht einfach nur darum, bei anderen beliebt zu sein. Vielmehr spielt wiederum die Selbstliebe als glamouröses Mädchen eine entscheidende Rolle. Diese stellt sich zwar durch die Popularität der eigenen Person bei anderen ein, vorausgehend ist aber die Identifikation mit dem Ideal der Mädchenhaftigkeit. Über das Begehren gleichgeschlechtlicher Peers wird entsprechend auch Selbstliebe ermöglicht. Beim Schönheitshandeln der Akteurinnen wird m.E. also auch immer die Bestätigung anderer Mädchen mitgedacht. Unter Umständen ist die Rückmeldung der Mädchen meiner Ansicht nach sogar ebenso relevant wie die der Jungen. Daher möchte ich auch Bentley (1999: 213ff.) widersprechen, die davon ausgeht, dass sich die Bedeutung des guten Aussehens letztendlich immer am Erfolg beim anderen Geschlecht festmacht. Zwar darf nicht unerwähnt bleiben, dass die Aussage, man wolle für Freundinnen oder andere Mädchen attraktiv sein, von den Interviewpartnerinnen nicht direkt gemacht wurde. Ich führe das darauf zurück, dass die Hoffnung auf Anerkennung von Geschlechtsgenossinnen im gleichen Maße unerwähnt bleibt, wie in Alltag und den Wissenschaften das weibliche Schönheitshandeln meist in Bezug zum Einfluss der Männer betrachtet wird. Das mindert meiner Ansicht nach indes nicht die Gültigkeit des Wunsches, auch von der gleichgeschlechtlichen Peergroup Bestätigung für sein Aussehen zu bekommen.

Zusammengefasst dient gutes Aussehen im Kontext des Besonderen entsprechend der Projektion des Außergewöhnlichen in der eigenen Person und der Hoffnung auf hochbewertete Erlebnisse. So möchten die Mädchen attraktiv sein, weil Schönheit als ein Vorbote persönlichen Glücks gilt, das hier v.a. Selbstliebe, Spaß und Exklusivität bedeutet. Die folgenden Zitate geben einen Einblick in dieses Motiv. Chris zieht manchmal eine jungenhafte Inszenierung einer mädchenhaften vor. Ihre Äußerung zeigt allerdings, dass ihres Erachtens die glamouröse Welt der Partys geschlechtergerechte Stylings erfordert:

CHRIS: Also wenn ich jetzt nen Junge wär, dann müsste meine Freundin, also jetzt auch nicht so, nicht immer unbedingt so wie ich, also wenn wir jetzt zum Beispiel auf irgendne Party gehen, dann sollte sie so nen bisschen, also so mit hohen Schuhen und so, so Hose und Jeans und dann vielleicht nen Top [...]. (I6: 168-171)

Für Sandy sind besondere Anlässe wie Ausgehen oder Kinderdisco sogar der einzige Grund, sich große Mühe mit dem Aussehen zu geben. In ihrem Denken besteht ein Zusammenhang zwischen dem Außergewöhnlichen und dem Schönen. Sich für etwas Besonderes schön zu machen, empfindet Sandy daher offensichtlich auch nicht als unangenehme Verpflichtung.

SANDY: Ja, schon wenn wir jetzt irgendwo mal gut hingehen, wenn wir essen gehen, oder wir jetzt mal zur Kinderdisco oder so gehen, dann mach ich mich schon nen bisschen schöner, dann mach ich mir mal Lipgloss drauf oder so, oder mach mir die Haare schön, und creme mir das Gesicht ein, aber sonst mach ich mich eigentlich nicht so schön (I13: 127-131)

Die Kommentare von Paula, Beverly und Elisabeth machen deutlich, dass an das Glamouröse nicht nur besondere Erwartungen geknüpft sind. Überdies scheint bspw. für das Ausgehen auch ein bestimmtes Subjekt vonnöten, das auffallen, sich vergleichen und beweisen will. Glamour ist damit also gleichermaßen nichts für ‚durchschnittlich' Aussehende wie für Schüchterne. Beverly und Elisabeth weisen außerdem noch darauf hin, dass es eben nicht allein um das Interesse der Jungen geht. Auch die „anderen", also die Akzeptanz der weiblichen Peers, sind wichtig.

I: Und wann, meinst Du, gibt man sich denn überhaupt Mühe mit dem Aussehen?
PAULA: Beim Weggehen macht man das...um so die Ranghöhe zu zeigen. (I12: 152-153)

I: *(Nachdem die beiden erzählt haben, was sie alles kaufen würden, wenn sie könnten)* Warum wollt ihr denn solche Sachen haben?
BEVERLY: Na weil's geil ist. *(beide kichern)*
ELISABETH: Na ist wichtig...bei Disco und Partys ist es wichtig wie man aussieht. Damit man auffällt.
I: Auffallen?
ELISABETH: Ja auffällt eben. Bei den anderen, bei den Jungs (I2: 262-267)

Als ich Sandy am Ende unseres Gesprächs frage, wie wichtig denn insgesamt das Aussehen ist, antwortet sie, dass es nicht sehr bedeutsam ist. Wie ihr Zitat zeigt, bezieht sie sich damit jedoch v.a. auf den Alltag. Abseits dessen – für sie symbolisiert durch fremde Orte, wie Flughäfen oder das Ausland – hat das Thema Schönheit für Sandy eine ganz andere Qualität und steht für einen außergewöhnlichen Lebensstil. Gutes Aussehen ist für Sandy also in den Fantasien über besondere Erlebnisse und einen besonderen Status präsent.

SANDY: Also wenn man jetzt gut irgendwo hingeht, aber wenn man jetzt einkaufen geht, muss man sich nicht schön machen, aber wenn jetzt mal wegfliegt in ein anderes Land, vielleicht macht man sich dann trotzdem ein bisschen schöner, weil dann kommt man ja auch unter ganz viele Menschen und beim Einkaufen ja nicht so. Am Flughafen kann man ja dann auch schon mal zeigen, so seh ich aus, wenn ich geschminkt bin. (I13: 256-261)

Eddie, 11 Jahre
Eddie geht ganz in der Rolle des ‚Fans' auf. Zum Zeitpunkt unseres Interviews ist sie aufgeregt wegen des Besuchs eines Konzerts ihrer Lieblingsband „Tokio Hotel" am folgenden Tag. Ihre Begeisterungsfähigkeit ist kennzeichnend für das gesamte Gespräch. So sind Eddies Reflexionen über das Thema Aussehen häufig emotional, sie ist oft restlos von etwas überzeugt und lehnt anderes vehement ab. Schönheitskonsum ist für Eddie ein absolutes Glücksversprechen. Während fast alle Akteurinnen eine sexualisierte, also übertriebene Schönheitspraxis als unpassend empfinden, ist Eddie anderer Meinung: „Ich find das eigentlich toll, dass sich jemand extra so schön macht, wie er kann...viel aus sich macht". Das versucht auch Eddie, wie sie erzählt.

Bei unserem Interview trägt sie eine weiße Jeans, ein enges schwarzes Longsleeve mit einem weißen, kurzen Pullover darüber, einen silbernen Gürtel und viel Schmuck. Eddie ist zwar nicht geschminkt – davon distanziert sie sich unter Verweis auf ihr Alter auch nachdrücklich – wirkt aber aufgrund ihrer etwas kräftigen Statur und ihrer erwachsenen, ‚gestylten' Frisur auf mich deutlich älter als elf. Obwohl sie sich mit ihrem Kindsein identifiziert, gefällt sich Eddie auch in jugendlichen Freizeitaktivitäten. So geht sie gerne ins Kino, spielt Theater (sie möchte Schauspielerin werden) und freut sich darauf, demnächst zum ersten Mal allein mit ihrer besten Freundin Kleidung einkaufen zu gehen. Eddie, die Deutsch-Italienerin ist, besucht die Grundschule und lebt gemeinsam mit ihrer Mutter und ihrem Bruder in einem urbanen Viertel einer Großstadt. Ihre Mutter ist ganztägig berufstätig. Sie spart bei ihrem offensichtlich geringen Einkommen an eigenen Ausgaben, um ihren Kindern Konsumwünsche zu erfüllen. Diese Tatsache erfüllt Eddie, wie sie sagt, oft mit schlechtem Gewissen. Sie mindert jedoch nicht ihre Begeisterung für die Möglichkeiten des Einkaufens, v.a. Mode betreffend. Für Eddie ist gutes Aussehen einerseits ein Mittel der Erfüllung von Träumen („da fühlt man sich bestimmt gut [...]. Ich glaub das ist schön [...], wenn jemand anders über einen sagt, du bist ja hübsch") und der Inbegriff einer positiven Einstellung („[man] sollte eigentlich auch gepflegt sein...und lächeln und so...das sieht dann auch hübsch aus"). Sie genießt es, Anlässen entsprechend „cool" gestylt zu sein. Mit Stolz beschreibt sie ihr Konzert-Outfit aus schwarzer Kleidung und Netz-Handschuhen. Andererseits stellt die Sorge um das Äußere auch für sie manchmal eine weniger erfreuliche Notwendigkeit dar. So ist das Lästern über das Aussehen anderer in ihrer Schule an der Tagesordnung, und auch Eddie beteiligt sich daran aktiv. Entsprechend steckt sie auch selbst viel Energie in ihr Aussehen. Eddie versucht abzunehmen und, wie sie betont, sich das Essen von Süßigkeiten als Mittel gegen Langeweile abzugewöhnen. Sie macht Fitness auf einem Mini-Stepper und absolviert ein Pflegeprogramm für eine reine Haut. In Eddies Lebenswelt ist das Ziel, gut auszusehen, dennoch nicht ihr einziges Bestreben. Für die Zukunft erhofft sie sich eine gute Bildung und einen sozial abgesicherten Status. Der Gedanke an Schönheit schafft es jedoch, Eddie auch abseits dieser Gegebenheiten Glück zu versprechen.

6.3.2 Wunsch nach Sicherheit: Unbescholtenheit und Anpassung

Während ‚Glück' ein weiter Begriff ist und die Hoffnungen auf Romantik und Glamour von vielen Fantasien begleitet sind, ist der Wunsch der Mädchen nach Sicherheit leicht zu konkretisieren. Das ist nicht verwunderlich, hat er für die Akteurinnen doch eine alltägliche, lebenspraktische Dimension. So signalisieren die Mädchen mit ihren Motiven ‚Normalität' und ‚Professionalität', dass sie sozial bestehen möchten. Sicherheit stellt sich auch für sie erst dann ein, wenn sie gesellschaftlich akzeptiert sind und ihren Platz gefunden haben.

Ihr Wunsch nach Normalität basiert auf eigenen Erfahrungen der Interviewpartnerinnen. Zwar hat sich offenbar kaum eine von ihnen bisher in einer Außenseiterrolle befunden. Aber fast alle reagieren empathisch auf dieses Thema und können Personen aus ihrem nächsten Umfeld nennen, die Angriffen anderer ausgesetzt sind oder waren. Viele der Mädchen geben darüber hinaus zu verstehen, dass sie wüssten, was Ausschluss bedeutet, da sie ihn selbst praktizierten. Die Professionalität betreffend, mit der sich die Akteurinnen in erster Linie auf Erfolg in beruflichen Zusammenhängen beziehen, stützen sich ihre Äußerungen natürlich weniger auf eigene Erlebnisse. Dennoch scheint ein Mangel an sozialem Erfolg im selben Maß eine Schreckensvorstellung für sie zu sein, wie die Hoffnung auf Romantik und Glamour Wunschvorstellungen sind. In dem Motiv, über das richtige Aussehen den eigenen Ausschluss zu vermeiden und für die eigene, soziale Sicherheit zu sorgen, finden sich daher alle Mädchen wieder.

Ihr Alter vor Augen haltend, wird dieser Beweggrund ihren Erziehenden unangebracht erscheinen müssen. Dagegen sind die Motive Romantik und Glamour leicht nachvollziehbar und werden seitens der Erziehung, wie in Kapitel drei gezeigt, ja auch zum Teil positiv bewertet. Der Ideologie des erzieherischen Diskurses folgend, dürften aber Normalität und v.a. Professionalität in der Frühadoleszenz keine große Rolle spielen. Demnach sollen die Mädchen, soweit möglich, mit keinen ‚unangenehmen' Tatsachen in Berührung kommen. Ihnen wird auch nur im geringen Maß zugestanden, aktiv und strategisch ihre Interessen zu verfolgen. Das Motiv der Sicherheit belegt meiner Ansicht nach allerdings auf eindringliche Weise, dass die Mädchen sich erwachsener Herausforderungen durchaus schon bewusst sind. Die Aufgabe, sich unbescholten in der Gesellschaft zu bewegen, stellt sich auch den Frühadoleszenten schon. M.E. ist der Drang, normal zu sein, in ihrer von Veränderungen und begrenzter, individueller Gestaltungsmacht gekennzeichneten Lebensphase leicht zu erklären. Dass auch ‚Professionalität' im Job in diesem Alter schon als relevant wahrgenommen wird, kann dagegen mit Hilfe der Werte-Diskussion aus Kapitel vier erläutert werden. So ist der Stellenwert der Professionalität sicherlich zum einen auf

Erfahrungen sozialen Abstiegs in ihrem eigenen Umfeld und die Präsenz von Berufsthemen im Schulunterricht oder in den Medien zurückzuführen. Zum anderen spiegelt sich hier die Rhetorik der People-Kultur wider: Nur wer etwas aus sich macht, wird es zu etwas bringen.

Paula, 13 Jahre

Paula wünscht sich Sicherheit. Gleich ob in der Schule, später im Beruf oder bei Partnerschaften, sie hofft, überall zu bestehen. Ihre Perspektive ist nüchtern: Dass sie selbst aufgrund ihrer unscheinbaren und wenig modischen Optik „eher so an der Grenze der Hackordnung" steht, hat Paula akzeptiert. Wie sie deutlich macht, erwartet sie auch keine Veränderung ihres Sozialprestiges. Unser Gespräch findet in Paulas Zimmer statt. Notenständer, Musiknoten und Tierposter machen schnell deutlich, wo Paulas Interessen liegen. Befragt nach ihrem Äußeren, sagt sie, dass sie ihre langen Finger gerne möge – sicherlich auch ein Hinweis auf deren Nutzen beim Musizieren. Davon abgesehen beschreibt Paula sich als „eher unauffällig". Beim Interview hat sie ihre Haare zu einem langen Zopf zusammen gebunden und trägt einen dunkelblauen Nicki-Pullover, eine Hose in demselben Farbton und ein rot-kariertes Halstuch. Paula lebt gemeinsam mit ihrer Mutter und ihrem Bruder in einer kleinen Vier-Zimmer-Wohnung in einem bürgerlichen Stadtteil. Sie besucht eine Gesamtschule mit einem alternativen Lernkonzept. Hier spielt der respektvolle Umgang miteinander eine zentrale Rolle. Darüber macht sie sich jedoch keine Illusionen. Wer gut aussieht, sei „oben" in der Hierarchie, so Paula, wer das nicht tue, „unten". Mit der Tatsache, dass sie selbst nicht zu den Populären gehört, hat sie nicht nur ihren Frieden gemacht. Paula sieht darin sogar Vorteile. Die Freundschaften zwischen den weniger Beliebten, findet sie, seien schließlich verlässlicher. Insgesamt kann Paulas Perspektive auf das Thema Aussehen m.E. mit dem Wunsch, ‚das Beste daraus zu machen', umrissen werden. Den Einfluss des Äußeren auf sozialen Erfolg sieht sie als gegeben an, dass sie davon wenig profitiert, ebenfalls. Trotzdem rebelliert Paula weder gegen den Diskurs, noch resigniert sie. Ihre Macht sieht sie in der Fähigkeit, hinter die Mechanismen zu blicken. V.a. aber hofft Paula auf ‚Schlupflöcher': So ist sie der Ansicht, dass auch durchschnittlich aussehende Menschen gute Jobs bekommen können, wenn sie sich „hocharbeiten". Paula träumt offenbar nicht vom perfekten Äußeren, obwohl die meisten Mädchen in ihrem Umfeld darauf setzen. Sie konzentriert sich m.E. vielmehr auf die möglichst realistische Wahrnehmung ihrer eigenen Person. In Paulas Augen muss sie dabei selbst nicht zu den Schönen gehören, solange die Aussicht auf Chancengleichheit oder andere Formen der Kompensation erhalten bleiben. Wenn der leitende Schönheitsdiskurs also trotz allem auch demokratisch ist, kann Paula sich mit ihm arrangieren. Ihre Wunscherfüllung, da ist sie überzeugt, wird auf andere Weise und anderswo stattfinden. Was das Aussehen betrifft, wird Paula sich lediglich weiterhin bemühen, keine Fehler zu machen.

Unbescholtenheit und der Wert der „Normalität": Kein „Geläster"

Normalität hat in einer Phase des Suchens nach Identitäten wie der Frühadoleszenz fraglos einen besonderen Wert. Abwertungen untereinander vollziehen sich in Kindheit und Jugend überdies oft wenig subtil und haben direkte Konsequenzen. Wer in diesem Alter von seiner Peergroup ausgeschlossen wird, dem stehen auch aufgrund fehlender Mobilität wenig Alternativen offen. Im schlimmsten Fall muss die Klasse oder die Schule gewechselt werden, was einer der Interviewpartnerinnen widerfahren ist. Zwar war das Aussehen hier offenbar nicht der Grund für das Mobbing. Das Äußere ist auch sonst ‚eigentlich' als harmlos zu bewerten, weil es für niemanden außer für die eigene Person ein konkretes Problem darstellen sollte. Dennoch ist es zweifelsohne das beliebteste ‚Läster'-Thema.

Schließlich gelten für das Äußere klare Regeln, die entweder allgemeinverbindlich sind (wie das Schlanksein) oder im Speziellen innerhalb der Peergroup Relevanz haben (wie bestimmte modische Vorlieben). Was richtiges oder falsches Aussehen ist, ist zwar nach Herkunft und Alter variabel. Wie sich gezeigt hat, erkennen die Angehörigen einer Gruppe Abweichungen trotz dieser offensichtlichen Komplexität jedoch sofort: dann ist das Gerede über das Äußere ein einfaches, weil unverfängliches Mittel der Abwertung oder des Spaßmachens. Wenn Geläster der Vergewisserung der Gruppenidentität dient, stellt das Aussehen aufgrund seiner unmittelbaren Wahrnehmung sicherlich ein geeignetes Thema dar. Jemanden seine Unattraktivität vorzuwerfen, ist außerdem eine einfache, weil weitestgehend subjektive, aber dennoch wirkungsvolle Beleidigung. Selbstverständlich wird zwar nicht jede Form des Gelästers über das Äußere problematisch für die sein, um die es geht. Vieles ist vermutlich eher Spaß für beide Seiten. Aber obwohl die meisten Interviewpartnerinnen sagen, dass es ihnen egal sei, ob ihr Aussehen gefalle, fürchten sich doch viele vor den Urteilen anderer bei einem klaren Regelverstoß. Sie wissen offenbar, wie unangenehm die Konsequenzen dessen sind, was sie mit „lästern/hänseln", „darüber sprechen" und „komisch/hässlich sein" meinen. Das belegen ihre Äußerungen. Zur Erläuterung des Aussehens, das bei den Akteurinnen als Gegenstand von Geläster gilt, möchte ich an dieser Stelle auf den Typus des normalen Mädchens zurückgreifen. Analog zum Idealbild des beliebten Mädchens, auf dem sich die Glückshoffnungen vereinen, ist das normale Mädchen symptomatisch für den Wunsch nach Sicherheit. Dieser Typus wird durch den Ausschluss des Negativen definiert. ‚Falsch' am Äußeren kann Uneindeutigkeit des Geschlechts, Dicksein, Ungepflegtheit, Nachlässigkeit, unpassendes Styling oder Kleidung aus einem Discounter sein. Wer normal sein möchte, entwirft sein Bild deshalb exakt anhand der Umkehrungen dieser Beschreibungen. Nicht das gute Aussehen ist hier entscheidend, sondern ein Aussehen zu haben, das überhaupt als legitim bezeichnet werden kann. Dabei ist nicht nur die Vermeidung ungewollter Aufmerksamkeit in der Peergroup bedeutend. Auch die Sicherheit in allgemeinen, sozialen Kontexten, also „auf der Straße", spielt eine Rolle.

Die Kommentare der Akteurinnen über Außenseiter sind oft von Abwertung gekennzeichnet. Insbesondere beim Aspekt der Pflege wird selten relativiert. Nicht genug auf die Körperpflege zu achten, ist, im Gegensatz bspw. zum Tragen von Billigtextil, in den Augen der Mädchen selbstverschuldet. Dass dieses Vergehen als so elementar angesehen wird, dass sogar die moralische Kategorie der Schuld in die Argumentation einfließt, ist verwunderlich. Welchen Grund können die Frühadoleszenten haben, so drastisch über andere zu urteilen, besonders angesichts eines Umfelds – meist dem schulischen – in dem akkurate Gepflegtheit noch nicht wichtig sollte? Möglicherweise tragen die Eltern zu dieser Geringschätzung bei, versuchen diese doch, ihren Töchtern den Wert der Normalität nahezubringen[17]. Entscheidend ist aber vermutlich, worauf ich früher in diesem Kapitel schon hingewiesen habe. So führt nicht das Aussehen ‚an sich' zu der negativen Einschätzung, sondern die daran geknüpften Schlussfolgerung. Basierend auf der Vorstellung, dass ‚komisch' aussehende Menschen auch ‚komisch sind', das Äußere also Rückschlüsse auf Charakter und Herkunft zulässt, muss optische Nachlässigkeit vermieden werden. Die Mädchen haben offensichtlich Angst, einen schlechten Eindruck zu erwecken: Den, dass sie aus einem

---

17 Bemerkenswert ist, dass die Haltung gegenüber der Körperpflege eine der wenigen zu sein scheint, in dem Unterschiede häufig auf die soziale Herkunft zurückgeführt werden können. Das wurde in den Gesprächen mit den Mädchen deutlich. Je einkommensschwächer der Hintergrund, desto stärker betonten Eltern die Notwendigkeit eines gepflegten Äußeren, und desto mehr prägten sie ihren Töchtern ein, „keine dreckigen Sachen anzuziehen".

‚schlechten' Elternhaus stammen, dass sie die Regeln der Gesellschaft nicht kennen, dass sie ‚anders' sein könnten. All das definiert in ihren Augen das Gegenteil von ‚normal'. Wer fleckige Kleidung trägt, wird deshalb zum Objekt von Gerede. Auf diese Weise thematisieren die Akteurinnen m.E. die eigene Angst vor dem Anormalen. Der Grund für das Geläster über billige Sachen dagegen ist wahrscheinlich ein anderer. Kleidung vom Textil-Discounter, die als solche erkannt wird, hat in meiner Interpretation keine symbolische Dimension, die auf den Charakter oder ähnliches verweist. Ihre Aussage scheint für die Mädchen eindeutig. So kauft hier nur, wer wirklich kein Geld hat. Zwar distanzieren sich die Interviewpartnerinnen meist moralisch von abwertenden Äußerungen zu günstiger Kleidung. Wie ihre Aussagen nahe legen, möchten sie jedoch gleichzeitig nicht in Verdacht geraten, diese jemals selbst zu tragen. Trotz allem Gleichheitsdenken wollen sie den eigenen Status beschützen. An dieser Stelle zeigt sich, dass die soziale Herkunft von den Mädchen selbst als Ungleichheits-Merkmal verstanden wird. Es lässt sich außerdem erahnen, wie stark Kinder und Jugendliche aus sozial schwachen Familien allein aus Gründen der Bekleidung zu leiden haben.

Zum Thema Geläster als Motiv für den Wunsch nach gutem Aussehen haben sich tatsächlich fast alle Akteurinnen geäußert. Wie Anouk erzählt, würde über „komische" Kleidung und andere äußere Merkmale oft hergezogen. Das von ihr benannte Beispiel des Mädchens, das ein Kleidungsstück ihres Vaters trägt, beweist, dass für die Interviewpartnerinnen ein ungewöhnliches Verhalten mit einem wenig normalen Äußeren oft Hand in Hand geht. Die betreffende Person wird m.E. damit auch in ihrer Außenseiter-Rolle bestätigt. Wenn jemand, wie in Anouks Kommentar, trotz seiner „Hässlichkeit" Anerkennung verdient („die ist trotzdem voll nett"), wird diese Tatsache offenbar extra erwähnt: vermutlich, weil sie ungewöhnlich ist, oder auch weil man sich moralisch verpflichtet fühlt. Anouk ist der Überzeugung, dass der größte Vorteil der Sorge um das Aussehen die Unbescholtenheit ist. Nicht wahrgenommen zu werden und so auch nicht das Ziel von Angriffen zu sein, erscheint ihr als größter Wert der Schönheit.

I: Gibt's denn so Sachen, über die man immer lästert?
ANOUK: Komische Schuhe, und komische Frisuren. [...] Eine aus meiner Klasse, die trägt immer so ganz komische Sachen, zum Beispiel ne Bluse von ihrem Vater. Aber dann sagt man auch nicht so viel. Und ne andere, die hat so richtig wuschelige Haare und hier nen Pickel, die ist richtig hässlich...aber die ist trotzdem voll nett (I1: 424-434)
I: Also, ganz knapp, was sind die Vorteile *(von gutem Aussehen)*?
ANOUK: Dass man nicht so den Blicken ausgesetzt ist, dass die einen nicht hänseln. (I1: 454-455)

Dass zur Abwertung anderer generell auf das Aussehen Bezug genommen wird, ist die Meinung von Jade. Diese Überzeugung trägt vermutlich auch dazu bei, dass die Mädchen, das eigene Äußere betreffend, oft unsicher sind.

JADE: Ja, und wenn man Streit hat, dann geht's auch immer gleich ums Aussehen, so „guck dich doch mal an". (I4: 306-307)

Gefragt nach der Problematik eines „peinlichen Outfits" (ein solches wäre gegeben, wenn ihre Eltern ausgesprochen jugendliche Kleidung tragen würden), argumentiert Chris mit den möglichen, negativen Reaktionen anderer. Hier sieht sie sich durch ihre Erziehung bestätigt, weisen ihre Eltern doch selbst, offensichtlich routiniert, auf optische Fehltritte anderer hin:

CHRIS: Also, andere Leute denken, *(angewidert)* „wie sieht die denn aus, so kann man doch nicht auf die Straße gehen", sagen meine Eltern auch, wenn wir irgendwo hinfahren, und da sitzt dann da so eine, *(affektiert)* „ah", und die putzt sich dann ganz doll auf, dann sagen meine Eltern auch schon mal, so geht man doch nicht auf die Straße. (I6: 413-417)

Valeria und Paula vermeiden, ausgefallene Kleidung zu tragen, um nicht das Ziel von Geläster zu werden. Jedoch sind beide auch überzeugt, dass man sich vor dem Gerede über das Aussehen nicht schützen kann. So würde man es oft nicht mitbekommen, könne aber trotzdem immer davon ausgehen, dass das eigene Äußere von anderen beurteilt werde.

I: [...] Ähm, wie ist das denn, wenn jemand so Sachen trägt, der oder die nicht so ne optimale Figur hat...ist das okay?
VALERIA: Na, dann wird halt über den gelästert *(lacht)*
I: [...] Und was wird dann gesagt?
VALERIA: Ja, dass das halt hässlich aussieht, steht dir nicht, sieht dumm aus und so.
I: [...] Wenn Du aber so ganz normale Klamotten trägst und Dich nicht schminkst, dann nicht.
VALERIA: Ja. Oder es wird eben auch dann schon was gesagt, aber eben mir nicht. Und es wird schon viel gelästert. Aber das bekommt man ja nicht mit, wenn jemand über mich lästert *(lacht)*. [...] *(Nachfrage, ob ihr die Reaktion anderer deshalb egal sei)* Na, es ist jetzt nicht so, dass man jetzt denkt, was könnte den anderen gefallen, sondern schon, was gefällt mir, aber...es ist schon ne Überwindung, so was ganz anderes zu tragen (I15: 232-251)

6. GUT AUSSEHEN, ALLES RICHTIG MACHEN: DIE SINNGEBUNGEN DER MÄDCHEN | 249

PAULA: Man spricht eigentlich nur darüber, wenn jemand so was ganz Ausgefallenes trägt. Aber man weiß natürlich trotzdem, dass es eine Rolle spielt, auch wenn man nicht darüber spricht. (I12: 117-118)

Erst wenn Normalität grundsätzlich ausgeschlossen ist – in diesem Fall durch das Tragen von Discounter-Kleidung – scheint das Äußere im Alltag relevant. So lange Normalität gegeben ist, hat das Aussehen dagegen eine geringeren Stellenwert. Dafür steht die Äußerung von Hilka. So lässt sich das Tragen von Billigtextil, wie sie etwas widerstrebend erläutert, offenbar durch nichts relativieren. Ihre Oma würde entsprechend nur alle paar Jahre derartige Kleidung kaufen, und dann auch lediglich für eher unwichtige Anlässe („Sport"):

I: Und was glaubst Du, allgemein, was spielt das für ne Rolle im Leben, wie man aussieht, ist das wichtig?
HILKA: Ich würde sagen…eigentlich eher nicht, es kommt drauf an, welchen Beruf und was […]
I: Wie meinst Du denn, wie ist das, wenn jemand nicht so viel Geld hat, zum Beispiel nur Kik oder so tragen kann?
HILKA: Also, ich weiß jetzt selber, also, ich sag so…Kik…so Sachen, okay, ich hab auch nicht alles Markenklamotten oder so, aber von Kik ist schon so ein bisschen heftiger, ich mein, ich kann verstehen, wenn man nicht so viel Geld hat oder so, aber ich glaub, ich würd nicht mit Kik-Sachen oder so, ich meine zum Sport, das ist okay, meine Oma hat so ne Karte bei Kik, weil sie sich da alle drei Jahre…keine Ahnung…ne neue Sporthose kauft oder so, und da krieg ich dann auch mal eine, wenn ich denn eine brauche…ähm… aber…so richtig Klamotten…(I8: 227-239)

Dass sich am Aussehen Hierarchien festmachen, die die Nicht-Normalen ausschließen, zeigt auch der von Paula genutzte Begriff der „Rangordnung". So besteht in den Augen vieler Mädchen zwischen der Position innerhalb der Peergroup und dem Äußeren ein kausaler Zusammenhang. Die Ideologie, das Aussehen sage nichts über eine Person oder auf die Optik käme es nicht an, ist m.E. wirkungslos angesichts solcher Überzeugungen. Weil die Sanktionen gegenüber den Außenseitern trotz der Betonung vieler Mädchen, sie für falsch zu halten, für die Betroffenen schmerzhaft sind, ist die Wichtigkeit guten Aussehens für die soziale Sicherheit also nicht zu unterschätzen.

PAULA: Es spielt schon ne Rolle…wegen der Rangordnung halt…wer total behämmert aussieht, der rutscht dann eher nach unten ab, wer gut aussieht, ist dann eher im oberen

Bereich [...]. Ja, wer halt gut aussieht...und die Anziehsachen so der Mode entsprechend hat...der findet halt mehr Freunde (I12: 67-72)

Anouk, 12 Jahre
„Man achtet sofort auf den äußeren Eindruck von Menschen, man kennt die inneren Sachen ja noch nicht" erklärt Anouk die Bedeutung des Aussehens. In dieser Äußerung zeigt sich auch ihre eigene Position. So hält sie die Persönlichkeit für wichtiger als die Optik. Gleichzeitig ist Anouk der Ansicht, dass man sich der Tatsache, dass man immer zuerst anhand des Äußeren beurteilt werde, wohl oder übel fügen müsse. Hier ist sie selbst keine Ausnahme. Das Regelwerk ist ihr vertraut, die Fehltritte anderer bewertet Anouk kritisch oder sogar hämisch. Obwohl im klaren Widerspruch, wird ihr Glaubenssatz davon nicht tangiert: Nicht das Aussehen, sondern ‚innere' Qualitäten entscheiden über den Wert eines Menschen. Was Anouk betrifft, so spielen in ihrer Lebenswelt v.a. schöpferische Fähigkeiten eine wichtige Rolle. Sie besucht eine Gesamtschule mit künstlerischem Schwerpunkt und ist eine ehrgeizige, von ihren Klassenkameraden respektierte Schülerin. Mit ihrem Instrument, der Querflöte, war Anouk bereits bei mehreren überregionalen Wettbewerben erfolgreich. Ihr musikalisches Talent erfüllt sie sichtbar mit Stolz und Begeisterung. Sonst ist sie in unserem Gespräch von einem eher störrischen und nüchternen Naturell. Ihre fünfzehnjährige Schwester, die beim Interview dabei ist, erzählt mehrmals von Anouks oft unbefangenem und absichtlich unhöflichem Verhalten in Situationen mit fremden Menschen. Anouk gegenüber sitzend, scheint sie indes eher, als könne sie „kein Wässerchen trüben". Sie ist für ihre zwölf Jahre vglw. klein und schmal und trägt ihre langen, braunen Haare in einem ordentlich geflochtenen, mit Haarspangen fixierten Zopf. Der Eindruck des Braven und Kindlichen wird trotz ihrer modischen Hüftjeans und ihre roten, engen „Adidas"-Trainingsjacke nicht gestört. Mit ihren Eltern, der älteren Schwester, zwei jüngeren Brüdern und zwei Hunden lebt Anouk in einem Reihenhaus in einem wohlhabenden Randbezirk. Beide Eltern sind Akademiker, ihr größerer Verwandtschaftskreis zählt darüber hinaus zu den alteingesessenen Familien der Stadt. Für das Thema soziale Unterschiede ist Anouk sensibilisiert. So sind sie und ihre Schwester der Ansicht, dass man anhand der Kleidung auf den Herkunfts-Stadtteil schließen könnte. „Versnobtes" Aussehen bewerten beide kritisch, ihr Ideal sind Originalität und Eigenständigkeit. Im Ge-

gensatz zu ihrer eher ‚alternativ' gekleideten Schwester ist Anouk sich allerdings sicher, dass diese beiden Merkmale nur begrenzt erlaubt sind. Nach ihrer Auffassung sind gewisse Regeln unumgänglich. So solle man sich nicht nur eindeutig dem Geschlecht und dem Alter entsprechend inszenieren. Man müsse auch für seine eigene Sicherheit jede Form des „Komischen" („komische Frisuren", „komische Schuhe", „komische Sachen") oder der Disziplinlosigkeit (Dicksein, mangelnde Pflege) vermeiden. Diese Anforderungen hält Anouk für selbstverständlich, sie findet auch nichts dabei, andere „hässlich" zu nennen. Entsprechend zeigt sie auch kein Mitleid für die aufgrund ihres Aussehens von sozialer Zurückweisung Betroffenen. Trotz dieser kühlen Sichtweise beharrt Anouk im Gespräch letztendlich auf der Vorherrschaft anderer Qualitäten. Denn „eigentlich", so die Zwölfjährige, spiele das Äußere keine Rolle. Daher schminkt Anouk sich auch nur selten und hat an den umfangreichen Schönheitspraktiken ihrer Schwester nur ein geringes Interesse. Anouk empfindet ihre eigene Perspektive als differenziert, nicht als unentschieden. Es gibt für sie zwar andere Prioritäten als ihr Aussehen, wie bspw. ihr musisches Können. Aber sie beurteilt andere nach ihrer Optik und findet diese Härte auch gerechtfertigt. Wichtig ist Anouk, dass von ihr keine intensivere Schönheitspraxis über das jetzige Maß hinaus verlangt wird. Dann kann für sie der Schönheitsdiskurs auch der bleiben, der er ist.

**Anpassung und der Wert der „Professionalität":
Im Beruf und an situative Umstände**

Wie kann Professionalität ein Motiv der Mädchen für die Sorge um ihr Aussehen sein? Mit dem Begriff verbinde ich in erster Linie eine professionelle Rollenerwartung. Darunter fällt ein Repertoire an Wissen und Verhaltensweisen, die im Beruf und in anderen, dem Privatleben entgegen stehenden, Situationen vonnöten sind. Wie sich herausstellen wird, gehört für die frühadoleszenten Mädchen gutes Aussehen hier zwingend dazu. Ihre Aussagen zum Berufsleben und anderen, öffentlichen Situationen habe ich daher als Professionalitätsdiskurs zusammen gefasst.

Charakteristisch dafür ist, dass die Akteurinnen das Berufsleben im Kontext eines Regelwerks betrachten. Wieder einmal ist die Kenntnis eines ‚Anforderungskatalogs' für den Erfolg entscheidend. Wer im Beruf oder anderen professionellen Zusammenhängen etwas werden möchte, sollte sich ihrer Meinung nach auf eine bestimmte Weise inszenieren. An dieser Stelle wird damit erneut bestätigt, dass der Schönheitswunsch der Interviewpartnerinnen innerhalb eines Leistungsethos zu lesen ist. Dennoch ist es nach meiner Auffassung überraschend, dass das Berufsleben in der Frühadoleszenz bereits als ein wichtiges Motiv für Schönheitshandeln genannt wird. Zwischen zehn und 13 Jahren sollte daran noch kein ausgeprägtes Interesse bestehen. Eher wäre zu erwarten, dass solche Überlegungen noch in weiter Ferne liegen und Professionalität etwas ist, von dem man sich in diesem Alter distanziert. Romantik und Glamour sind positive Erwartungen und machen Spaß, die Vermeidung von Geläster ist eine Notwendigkeit, will man bei den Peergroup gut ankommen. Woher aber kommt dieser, vermeintlich in keinem Zusammenhang mit den Erfahrungen der Mädchen stehende Diskurs?

Offensichtlich haben die Akteurinnen verinnerlicht, dass sie sich auch außerhalb ihres Mikrokosmos beweisen müssen und jede Fehlerhaftigkeit negativ ausgelegt werden kann. Wie dargestellt, möchten die Mädchen in ihrer Umwelt bestehen, für sie hat jedes Aussehen eine Aussage und jede Situation ihre Anforderungen. Überdies sind sie scheinbar der Ansicht, dass sie die ‚Weichen' sich jetzt schon für sich stellen müssen und keine Zeit zum Aushandeln der Regeln bleibt. Auf die Erziehung ist dieses Denken m.E. nur bedingt zurückzuführen, wäre dann doch ein deutlicher Gegensatz zum Ideal der Kindheit gegeben. Zu vermuten ist stattdessen, dass die Mädchen vom neoliberalen Denken bzw. der ‚Casting-Show-Rhetorik' beeinflusst sind: Wenn Du nicht genug Leistung bringst, wirst Du versagen und bist selbst schuld. Wie Thomas (2004) ausführt, gäbe es bei Casting Shows schließlich keine Schonzeit für das Individuum, leitend sei vielmehr der „Wettbewerb als Inkarnation der Subjektwerdung". Dass auch die Mädchen sich in ihrer eigenen Auffassung bereits in Konkurrenz um die besten Chancen befinden, kann daher als ein Motiv für ihren Wunsch nach gutem Aussehen gelten. Den Schlussfolgerungen aus dem vierten Kapitel folgend, hat auch ihre ‚professionelle Zukunft' bereits begonnen.

Im Folgenden möchte ich einen Einblick in die Aussagen der Akteurinnen zum Zusammenhang von Schönheit und Professionalität geben. Dass das Aussehen direkt zum ökonomischen Erfolg beiträgt, behauptet Jay. Hier folgt sie einem wissenschaftlichen Diskurs, der offensichtlich nicht hinterfragbar ist.

JAY: [...] das war halt auch gestern in dieser komischen Serie da...ähm...ich hab gesehen, wenn man hübsch, also wenn man schöner aussieht...dann macht man mehr Profit oder so was [...]. (I9: 68-70)

Auch Elisabeth und Sandy sind der Ansicht, dass gutes Aussehen für das berufliche Fortkommen relevant ist. Elisabeth glaubt, dass weniger Hübsche im Berufsleben generell weniger Chancen haben. Sandy ist dagegen der Überzeugung, dass die Notwendigkeit zur Attraktivität vom beruflichen Status abhängt und also keine Allgemeingültigkeit hat. Bestimmte, hochangesehene Berufe würden aber ein schönes, professionell hergestelltes Äußeres erfordern (bspw. ein sorgfältiges, kein verschmiertes Make-up).

ELISABETH: Also wenn ich jetzt „Verliebt in Berlin" *(eine Telenovela)* oder so gucke, dann denke ich mir, man wird im Beruf meistens übersehen, wenn man nicht so gut aussieht. So wie Plenske *(die Hauptfigur)*. (I2: 236-237)

SANDY: Also, wenn man Schauspielerin ist, wär das schon nen bisschen besser, wenn man gut aussieht, also hier nen bisschen mehr Make-up, da nen bisschen weniger, hier da und da geschminkt, dann sieht das schon nicht so gut aus, aber wenn man jetzt Putzfrau oder so ist, dann spielt das ja kaum ne Rolle. (I13: 46-49)

Dass der Person, als die man wahrgenommen werden möchte, bestimmte Gestaltungsmechanismen zugrunde liegen müssen, denkt auch Chris. In für sie stark mit Öffentlichkeit, Professionalität und Wichtigkeit assoziierten Situationen wie einer „Pressekonferenz" oder einem „Vorlesewettbewerb" muss man ihrer Meinung nach „toll" aussehen, um gut anzukommen. Dagegen ist für Chris diese Anforderung in privaten Kontexten wie einem „Hip-Rock-Konzert" nicht gegeben. Hier seien die „Leute" schließlich auch „komisch" – was Chris offenbar als Erlaubnis versteht, sich von den strengen Regeln des guten Aussehens zu emanzipieren.

CHRIS: Ja, also manchmal, da zieh ich mich schon ganz toll an, so als ob ich jetzt ins Büro gehen würde oder arbeiten würde, zu so ner Pressekonferenz oder so was. *(lacht)* Und manchmal sehe ich halt so aus, als würd ich zu so nem Hip-Rock-Konzert gehen, wo ganz viele komische Leute *[sind]* [...]. Oder mal zieh ich auch meine beste Hose an, so zum Beispiel beim Vorlesewettbewerb, da hab ich mich auch ganz toll angezogen...Da bin ich nicht so wäääh, schlabber schlabber. *(lacht)* (I6: 78-85)

Wie Paulas Äußerung zeigt, ist sie sich fester Vorgaben an das Äußere in bestimmten, hochbewerteten Jobs sicher. Ähnlich Sandy glaubt sie, dass, je höher man beruflich aufsteigt, auch die Attraktivität immer wichtiger wird.

PAULA: Im Berufsleben spielt es schon ein bisschen ne Rolle. Wenn man sich schon ein bisschen hochgearbeitet hat, Chefsekretärin oder so ist, und dann mit dem Chef irgendwo hingeht, da ist es schon wichtig. Da muss man halt so Regeln beim Anziehen und so erfüllen. (I12: 156-158)

Ich möchte nun den gesamten Abschnitt kurz rekapitulieren, angefangen vom Streben der Mädchen nach Glück bis zum gerade thematisierten Versuch, Sicherheit herzustellen. Insgesamt lässt sich festhalten, dass an Schönheit viele Fantasien über besondere Erlebnisse, aber auch die Hoffnung auf besseres Bestehen im Alltag gebunden sind. Die von den Akteurinnen geäußerten, zugrunde liegenden Motive wie Romantik, Glamour, Unbescholtenheit und Anpassung verweisen dabei allesamt auf kulturell wichtige Werte. Das große Interesse bereits frühadoleszenter Mädchen an Attraktivität ist meiner Meinung nach deshalb schon einmal in seinen Grundlagen nachvollziehbar. Während aber Werte wie Liebe seit Langem eng mit dem Wunsch von Mädchen nach gutem Aussehen verbunden sind[18], ist die Erwartung des ‚Besonderen' oder der Professionalität m.E. in dieser Altersgruppe bisher noch kaum von Belang gewesen. Ich bin der Überzeugung, dass der Diskurs, außergewöhnliche Erlebnisse gehörten zum erfüllten Leben, bei Frühadoleszenten vglw. neu ist. Wichtig ist dabei, dass hier, analog zu aktuellen Bedeutungen aus Erziehung, Medien und Ökonomie, schon die Aufforderung der beständigen Selbst-Produktion erkennbar ist. Diesen Aspekt sehe ich im Wert der Professionalität in beruflichen Kontexten bestätigt, der noch wenig Präsenz in der Lebenswelt frühadoleszenter Mädchen haben sollte. Für einflussreich halte ich hier eine Ideologie, die suggeriert, dass die ‚Arbeit am Selbst' permanent ist, ‚Versagen' bestraft wird und Erfolg in der Verantwortung des Subjekts liegt.

Ich vermute daher, dass die Bedeutung des guten Aussehens für frühadoleszente Mädchen tatsächlich zugenommen hat. Darauf weisen ihre vielfältigen Motive zur Sorge um das Äußere hin. Es ist denkbar, dass die genannten Hintergründe auch den Eindruck der visuellen Sexualisierung junger Mädchen begünstigen, decken sie doch ein breites Spektrum typischer Situationen im Alltag ab. Damit möchte ich zwar nicht behaupten, dass das Vorhandensein der Motive grundsätzlich dazu führt, die Schönheitsnormen auch in die Praxis umzusetzen. Aber sie können meiner Ansicht nach ein Hinweis auf Schönheitshandeln sein – zumal der Diskurs, der Romantik, Glamour, Unbescholtenheit und erfolgsversprechende Anpassung an ein bestimmtes (mädchenhaftes, jugendliches) Aussehen knüpft, weniger Attraktive von elementaren Werterfahrungen ausschließt. Dass der Radius, in dem das Äußere für frühadoleszente Mädchen eine Rolle

---

18 So belegen zahlreiche Publikationen über Mädchen-Zeitschriften die dortige Verbindung von Liebe und Schönheit (vgl. u.a. McRobbie 1991).

spielt, so groß und der Diskurs des Legitimen bei ihnen so begrenzt ist, muss in meiner Überzeugung demnach auch kritisch betrachtet werden (vgl. 7.3). Als Abschluss dieses Abschnitts werde ich mich im folgenden Exkurs mit der nichtdiskursiven Praxis beschäftigen, an der die Interviewpartnerinnen ihr Argument von Erfolg durch Schönheit am häufigsten konkretisiert haben: der Kleidung.

Exkurs: Es liegt an ihnen, wie sie gesehen werden – Kleidung als Bedeutungsträger

Beim Thema Aussehen ist Bekleidung oft eine der ersten Assoziationen, so auch seitens der Akteurinnen. Kleidung ist ein hochrelevantes, kulturelles Zeichensystem und umfangreich erforscht worden. Hebdiges „Subculture. The meaning of style" (1979) begründete den Anfang vieler Abhandlungen, die sich seitdem explizit mit Mode in Jugend- und Subkulturen befasst und mit Fokus auf das Individuum bewertet haben (vgl. z.B. Baacke 1988). Wenn ich auf den nächsten Seiten von Kleidung als Bedeutungsträger spreche, folge ich indes einer anderen Einsicht. So bin ich wie König (2007) der Überzeugung, dass sich das Bekleidungsverhalten Jugendlicher nicht mit den „Patchwork-Identitäten" der Individualisierungstheoretiker erklären lässt. Ich gehe stattdessen davon aus, dass dem Mode-Verständnis frühadoleszenter Mädchen eher Konformität zugrunde liegt. Wie weithin bekannt, nimmt zwar die Tendenz zur einheitlichen Mode seit Jahrzehnten ab und weicht einer Pluralität an Lebensstilen. Das bedeutet m.E. jedoch nicht, dass der individuelle Ausdruck generell der Hintergrund strategischer Überlegungen zur eigenen Gestaltung ist. In jedem Fall aber ist Individualität eine in Alltag, Erziehung und den Wissenschaften beliebte Sichtweise, geht sie doch mit (kreativem) Eigensinn und der Befreiung von ungeliebten Zwängen einher. Konformität bzw. Uniformität in der Mode sind, m.E. aufgrund ihrer Unpopularität im heutigen Zeitgeist, dagegen wissenschaftlich bisher kaum thematisiert worden (vgl. Richard/Mentges 2005). Im Folgenden möchte ich unter Rückgriff auf die jeweiligen Vorstellungen von Individualität und Konformität zeigen, inwiefern die Mädchen Kleidung im Zusammenhang mit ihrem Ziel des gesellschaftlichen Erfolgs bewerten.

Wie ihre Kommentare deutlich machen, sehen die Akteurinnen trotz aller Freude an Mode Bekleidung nicht primär im Kontext des individuellen Ausdrucks. Sie dient vielmehr der Präsentation legitimer Zugehörigkeiten, verdeutlicht u.a. durch das Wort „passen". Zweifelsohne gilt Individualität auch bei den Mädchen viel, sie ist aber bei der Reflexion über die Bedeutung des Aussehens kein entscheidender Teil ihres Diskurses. Hier scheint das positive Erscheinungsbild nur durch die *richtige* Kleidung steuerbar. Das Subjekt ist in der Ideologie der Akteurinnen damit wieder einmal allein für Reaktionen anderer verantwortlich und muss seine Kleidung im Sinn der Regeln überprüfen.

Im Abschnitt zuvor habe ich nachgezeichnet, dass bei einigen Mädchen die Hoffnung besteht, über ihr Aussehen eine Aura der Professionalität herstellen zu können. So sind sie der Ansicht, dass die Kompetenz für bestimmte Berufe an der Kleiderwahl ablesbar ist. Entsprechend erwarten die Akteurinnen auch, mit ihrer Kleidung den Interessen und dem Status ihrer Person Ausdruck zu verleihen. Gerade Individualität scheint dabei jedoch nicht gewollt. Das zeigt nicht zuletzt die Tatsache, dass das, worüber eigentlich aus Gründen der Moral nicht abwertend geredet werden sollte – der Stil, also das ‚Aufführen' von Persönlichkeit – ein bevorzugtes Gesprächsthema der Mädchen ist. Das gilt insbesondere dann, wenn es um einen ‚komischen' Bekleidungsstil geht. Damit existiert Stil für die Interviewpartnerinnen also erst, wenn damit breite Anerkennung erzielt werden kann. Auf der anderen Seite sind in den Augen der Mädchen diejenigen inakzeptabel, „die nichts aus sich machen": Nichts auszudrücken, ‚niemand' sein zu wollen, ist in ihrem Schönheitsdiskurs offenbar nicht vorgesehen. Auch geht es bei den Akteurinnen nur selten darum, mit ihrer Kleidung eine „quere" Perspektive zu repräsentieren und Identitäts-Erwartungen zu brechen. Wie ich dargestellt habe, ist die weibliche Geschlechtsidentität und die Identität ihres Alters, ‚kein Kleinkind mehr, noch nicht jugendlich', verpflichtend. Diese Verkörperungen haben spezifische Kleiderordnungen, wie Enges und Figurbetontes zum Ausdruck von Weiblichkeit oder das Tragen erwachsener Kleidungsstücke als Zeichen ihres Alters. Auch auf andere, temporär stärker wandelbare Identitäten und deren Bekleidung habe ich hingewiesen. So ist das Outfit des beliebten Mädchens trendsicher und perfekt aufeinander abgestimmt, während das normale Mädchen sich eher unauffällig, gleichwohl immer noch modisch kleidet. Alle anderen Identitäten sind für die Interviewpartnerinnen lediglich situationsabhängige Optionen, z.B. das aufgestylte ‚Glamour-Girl' beim Weggehen, der coole Popmusik-Fan beim Konzert oder die akkurat gekleidete, gute Schülerin beim Vorlesewettbewerb.

Sich modisch auf eine andere, vermeintlich feste Identität abseits des frühadoleszenten bzw. beliebten oder normalen Mädchens festzulegen, ist hingegen nichts, was für die Akteurinnen in Frage kommt. So bekennt sich bspw. keine mittels ihrer Kleidung zu einer Subkultur oder einer anderen Form des einzigartigen Ausdrucks[19]. Dieser Umstand ist möglicherweise auf das Alter der Mäd-

---

19 Allerdings hat Thornton (1996) in ihrer Studie zu Club-Kulturen festgestellt, dass sich die Anhänger jugendlicher Subkulturen durch keine besonderen Merkmale von ande-

chen zurückzuführen, wird das ernsthafte Interesse an v.a. musikalischen Kulturen doch meist erst im tatsächlichen Jugendalter akut. Dennoch bin ich der Ansicht, dass die fehlende, optische Identifizierung als Angehörige einer bestimmten Minderheit auch mit den oben beschriebenen, leitenden Identitäten der Frühadoleszenten zu tun hat. So sind viele Sub- und Jugendkulturen nicht mit dem Ideal der Mädchenhaftigkeit oder Weiblichkeit vereinbar und ein Angriff auf die wichtigen Identitäten zu riskant. Jenkins (in Bloustien 2003: ix ff.) äußert sogar die Vermutung, dass sich junge Mädchen heute bereits in der Zurschaustellung ihrer Interessen der herrschenden Norm anpassen würden. Demzufolge sei u.a. ihr visueller Auftritt in der Öffentlichkeit meist von Konformität, Unauffälligkeit und Durchschnittlichkeit geprägt. Ihr Wunsch nach subkultureller Zugehörigkeit würde dann in das private, weitestgehend unsichtbare Leben verlagert.

Wenn bei den Mädchen kaum Individualität in der Kleiderwahl festzustellen ist, will ich damit jedoch nicht sagen, dass es für die Akteurinnen nur einige wenige, erlaubte Kleidungsstücke geben würde. Vielmehr scheint ihre Konformität vielfältig zu sein. Des Weiteren werden Mädchen in der Frühadoleszenz immer mehr als selbstbestimmte Konsumentinnen und eigene Zielgruppe angesprochen. Mode ist den Akteurinnen sehr wichtig, abgesehen von ihrem Äußeren haben sie schließlich auch noch nicht viele andere Ausdrucksmöglichkeiten. V.a. die Selbstpräsentation in der Peergroup ist entscheidend, mit der die Mädchen durch die Schule den größten Teil ihrer Zeit verbringen[20]. Der Stellenwert der Peers zeigt sich auch in den Interviews. So werden Argumente, was gutes Aussehen ist, fast ausschließlich mit Beispielen aus dem Freundeskreis oder der Schule belegt. Was einerseits für Sicherheit und Identifikation sorgt und zum Erschließen sozialer Funktionsweisen in diesem Alter unerlässlich ist, kann auf der anderen Seite jedoch auch ein Problem darstellen (vgl. 4.2.2). Auf die Anerkennung der Peergroup sind die Mädchen angewiesen, denn noch gibt es in der Regel – neben der Familie, deren Bedeutung sich aber in diesem Alter wandelt – keine anderen Personen, die stattdessen Bestätigung geben können. Das wird auch daran deutlich, dass die Akteurinnen sich in diesem Alter Modetrends nur

---

ren Jugendlichen unterscheiden. Die Differenz „subkulturell" sei vielmehr eine Selbstzuschreibung und als solche für die Gruppe zentral zur Identifikation.

20 In der Frühadoleszenz ist es nicht üblich, den eigenen Stadtteil oder Wohnort zu verlassen. Bedingt durch spezielle Interessen, Schulwechsel oder Ausgehen kommen ältere Jugendliche dagegen öfter in Kontakt mit unterschiedlichen Gleichaltrigen. Obwohl Mobilität auch immer eine Frage des sozialen und kulturellen Hintergrunds ist, lässt sich dennoch festhalten, dass in diesem Alter die Orientierung an der direkten Peergroup größer denn je ist.

dann aneignen, wenn sie in ihr direktes Umfeld ‚passen'. Entsprechend sind die Fashion-Strecken in Mädchenzeitschriften, die Outfits der Schauspielerinnen in den Vorabend-Serien oder die der Lieblings-Popstars viel weniger wichtig als der Kleidungsstil der Freundinnen. Was gutes Aussehen ist, wird unter Gleichaltrigen der sozialen Nahwelt ausgehandelt.

Wie aus den Gesprächen mit den Mädchen deutlich wird, sind ihre Vorstellungen, was Kleidung betrifft, insgesamt ähnlich. Anders als bei Bourdieu (1987) ist die Kleidung in ihrem Diskurs auch kein erkennbarer Ausdruck von Milieu-Zugehörigkeit. Abseits des Leitbilds des ‚frühadoleszenten Mädchens', das eine verbindliche, andere Differenzen unsichtbar machende Gruppenidentität darstellt, wird diese Grenze nicht durch verschiedene Stile beschrieben. Entscheidend sind eher unterschiedliche Geschäfte (Hochpreis-Kategorie vs. Discounter) und der Besitz vieler (häufiger vs. seltener Konsum) oder besonders teurer Kleidungsstücke (Marken vs. No-name).

Ich möchte nun zeigen, wie sich die Akteurinnen zum Thema Kleidung geäußert haben. Shaney ist der Überzeugung, dass es keinen individuellen Stil gibt, sondern nur angemessene und unangemessene Kleidung. Dafür zitiert sie den bekannten Stereotyp des ‚schlechten' Geschmacks, die Kombination von Sandalen und Socken.

I: Wie ist das denn, wenn man eine gute Figur hat, aber so komische Klamotten trägt?
SHANEY: Das wär schrecklich! Ich würde es anderen Leuten auch ins Gesicht sagen, das mach ich jeden Tag im B.-Center
LATISHA: Auch bei ihren eigenen Freunden
SHANEY: „Zieh die Sachen aus, und geh nackig!" Und dann sagen die: „Aber das ist mein Style, lass mich!" Und dann tragen die im Sommer Sandalen und dann Socken dazu! (I4: 57-62)

Für Shaney macht sich gutes Aussehen an der Fähigkeit zur Zusammenstellung fest. Das betrifft die Vermeidung einer seltsamen Kleiderwahl und damit ungewollter Aufmerksamkeit. Shaneys Ideal ist entsprechend das perfekte Outfit, bei dem alles aufeinander abgestimmt ist.

I: Und die, die nicht so gut aussehen?
SHANEY: Ich weiß nicht...die können keine Farben kombinieren, [...] da sieht das komisch aus, bei manchen Leuten, da stechen die Farben richtig, die ziehen pink mit rosa an und achten gar nicht drauf, wie es aussieht, das tut echt in den Augen weh. (I4: 96-100)
SHANEY: Ich würde mir ein Outfit kaufen, wo alles zusammen gehört, also Tasche, Gürtel, Oberteil, alles zusammen [...]. (I4: 146-148)

Dass über Kleidung eine legitime Zugehörigkeit symbolisiert wird, findet Katinka. Für sie gibt es in ihrer Klasse nur zwei Gruppen: Alle anderen und die „Streber", die nicht nur wegen ihrer Kleidung, sondern auch aufgrund ihrer Interessen einen Außenseiter-Status einnehmen. Entsprechend ist in Katinkas Sicht konforme Kleidung ein Indiz für Zugehörigkeit über das Aussehen hinaus:

I: Also sehen die Leute in euren Klassen schon sehr gleich aus?
KATINKA: Nä! Da gibt's auch nen paar Streber!
I: Streber, ah? Und wie sehen die aus?
KATINKA: Na total komisch eben, hässliche Klamotten und so
I: Und wer sind das, die Streber?
KATINKA: So welche die eben komisch sind. Die hören nich so Sachen wie wir sondern so klassische Musik! *(lacht)*
I: *(lacht)* Aber Du machst doch selber auch welche, Du spielst doch Querflöte
KATINKA: Ja, find ich ja auch schön, ist okay, aber das ist was anderes. Ich setz mich doch nicht hin und hör mir so was an, nä.
I: Also würdest Du sagen, dass es da einen Zusammenhang gibt, wie man sich anzieht und was man sonst gerne mag
KATINKA: Ja, voll. Klamotten sagen total viel über den Charakter. (I3: 115-127)

Eddie erzählt, dass in ihrer Schule viel über die Kleidung anderer geredet werde. Normalität bzw. Konformität garantieren nach ihrer Meinung und der ihrer Mitschüler bestimmte Läden, die sich eigens an junge Mädchen richten.

EDDIE: Ja, also da wird schon gelästert. Dann sagt man [...] „ey, wie sieht die denn aus" und...„die soll mal zu Pimkie" [...]. Weil Pimkie ist so auch voll der coole Laden, der ist so für junge...Mädchen...und Colosseum ist auch voll cool. (I7: 204-206)

Auch Hilka beschäftigt die Bedeutung des Konsums, v.a. in Bezug auf die finanziellen Möglichkeiten der Eltern und die Fixierung auf Markenkleidung. Letztere kritisiert sie, jedoch bedeutet Normalität auch bei ihr, dass man qualitativ hochwertige Kleidung trägt. Die Gruppe der Normalen verlässt die aus einer sehr vermögenden Familie stammende Klassenkameradin Hilkas ihrer Ansicht nach dadurch, dass sie sich absichtlich vom Gros der anderen abhebt.

HILKA: Ähm, bei uns ist es so...Die meisten ziehen normale Sachen an. Dann haben wir eine bei uns in der Klasse, die ist Griechin, die haben ein Restaurant und sie kriegt 100 Euro Taschengeld im Monat, total toll und so, meinetwegen, die hat auch was weiß ich wie viele Miss-Sixty-Hosen und so, aber ich finde nicht, dass man immer Miss-Sixty-Hosen tragen muss, es gibt andere Hosen, und die sind auch gut. Ich hab jetzt so einen Schal gekriegt zu Weihnachten, und der ist ganz nett, so ganz durchgeflochten aus teurerer Wolle, und sie so, ja, ist das ein Markenschal, und ich, nee, und sie, ja, dann ist es ja nicht toll. Und sie meint auch, sie kriegt einen Mantel für 4000 Euro [...]. Das nervt halt, sie meint halt, die wär die ganz Tollste. (I8: 88-98)

Kikki ist der Meinung, dass unattraktiv ist, wer „nichts aus sich macht", also auf die Meinung anderer keinen Wert legt. Einen individuellen Geschmack, wie das Tragen vermeintlich unpassender Farben, empfindet sie als störend.

KIKKI: Also, ich finde das irgendwie nicht schön, wenn man nichts aus sich macht. Wenn das einem ganz, ganz egal ist, was man anzieht, und dann was anzieht, was wirklich überhaupt nicht zueinander passt, also zum Beispiel ein Mädchen aus meiner Klasse, dass hatte jetzt ne rot-grüne Blumenhose mit nem blau-weiß geringeltem Hemd an, also das finde ich schon...Dass man da eben guckt, wie man kombiniert [...]. (I10: 312-317)

Wie m.E. gezeigt wurde, ist Individualität in der Kleidung im Diskurs der Mädchen kein Wert an sich. Vielmehr ist es wieder einmal wichtig, sich den legitimen Identitäten entsprechend zu stilisieren. Im Kontext der vermeintlichen Sexualisierung der Mädchen durch ihre Kleidung lässt sich daher vermuten, dass die Akteurinnen aufgrund des kollektiven Charakters ihrer Mode ihre gerade ‚angesagte' Kleidung als normalen und alltäglichen Ausdruck betrachten.

Hilka, 12 Jahre

Für Hilka ist die Sache klar. Der Umgang mit dem Thema Schönheit muss ausgewogen sein. So sei das attraktive Äußere zwar vielen wichtig und verschaffe Popularität. Den Gedanken, das Interesse der Jungen und Aufmerksamkeit allein über das Aussehen zu bekommen, hält Hilka jedoch für falsch. Letztendlich entscheide doch der Charakter. So hat sie beobachtet, dass Jungen immer nur über „geile Ärsche" sprechen, und dann doch mit Mädchen „ohne Arsch in der Hose" zusammen sind. Das richtige Aussehen betreffend, ist Hilka der Ansicht, dass man es nicht übertreiben, jedoch immer gepflegt und passend gekleidet sein sollte. Auch Dicksein sei nicht so schlimm, wenn man sich richtig anziehe. Diejenigen ihrer Freundinnen, da ist Hilka sich sicher, die dennoch immer die neueste und teuerste Kleidung tragen und damit prahlen, haben keine Werte und an anderer Stelle ein Defizit. Darunter versteht sie bspw. ein schwieriges, wenig stabiles Familienleben. Hilka wirkt selbstbewusst, eloquent und offen und mag es, zu analysieren. Sie geht auf das Gymnasium und lebt mit ihren Eltern und Geschwistern auf einem umgebauten Bauernhof am ländlichen Rand einer Großstadt. Hilka bewohnt einen Teil des ehemaligen Dachbodens. Abgesehen von einem Sofa und zwei lilafarbenen Sitzsäcken ist der gesamte Raum mit Antiquitäten eingerichtet. Das ist auch ihr Geschmack, wie Hilka sagt, denn was „von Natur aus schön" ist, soll man nicht „verunstalten". So hört sie zwar auch gerne mal Popmusik, würde sich aber nie Poster von Popstars oder Schauspielern aufhängen. Ihr großes Hobby sind Tiere. Neben einem Hund besitzt Hilka auch zwei Pferde und fährt an Wochenenden oft zu Turnieren. Hilka hat halblange, dunkelblonde Haare und ist groß und schlank. Bei unserem Gespräch trägt sie einen dunkelgrünen Wollpullover, ein Tuch und eine beigefarbene Cordhose. Ihr käme es bei ihrer Kleidung auf Qualität an, nicht auf Marken, betont Hilka. Sie wirkt in ihren Relativierungen vernünftig und in ihren Handlungen logisch und reif. Es lässt sich vermuten, dass Hilka die Bedeutung von Leistung, Natürlichkeit, Toleranz und Tradition vermittelt wurde und diese Sinngebungen ihr wichtig sind. Doch an ihrem auf Chancengleichheit und Bescheidenheit aufgebauten Weltbild hat Hilka auch manchmal Zweifel. So lehnt sie das auffällige Styling ihrer Freundinnen zwar ab, hält es aber letztendlich auch nicht für entscheidend. Wer jedoch Kleidung aus dem Textil-Discounter tragen muss, so Hilka, hat wirklich einen Nachteil: nur „wenn man gute Freunde hat, die zu einem halten, dann geht das". So sind ökonomische Bedingungen offenbar ein Konflikt, der durch das Aussehen ausgelöst werden kann und zu dessen Entkräftung Hilka, obwohl sie es gerne wäre, nicht in der Lage ist. So möchte sie zwar Übertreibungen vermeiden und frei entscheiden, wann sie sich schön macht. Insgesamt will Hilka aber dennoch nicht den Schönheitsdiskurs angreifen, der ihr selbst Sicherheit und Status ermöglicht.

6.4 WAS IHNEN PROBLEME BEREITET: KONFLIKTE MIT DEM SCHÖNHEITSDISKURS

In den letzten beiden Abschnitten habe ich gezeigt, dass das weiblich-idealisierte Aussehen der Mädchen in ihren Augen eine normale Erfolgsstrategie ist. Auch wenn die meisten von dieser Sichtweise überzeugt sind, ist ihr Schönheitsdiskurs dennoch nicht frei von Konflikten für die Akteurinnen. Im folgenden Abschnitt soll es daher um die Zweifel der Mädchen an ihrer Ideologie von Aussehen und Erfolg gehen. Zwar geben diese Gegendiskurse nur begrenzt Hinweise auf das ‚Warum' ihres veränderten, vermeintlich sexualisierten Schönheitshandelns. Trotzdem halte ich den Einblick in die Konflikte der Frühadoleszenten für wichtig. Zum einen wird hier deutlich, dass ihr Schönheitsdiskurs, trotz seiner offensichtlichen Vormachtstellung, nicht abseits anderer Positionen existiert. Zum anderen sind die Gegenargumente der Interviewpartnerinnen wichtig, weil sie letztendlich auch ihre dominante Schönheitsideologie beeinflussen.

V.a. aber betrachte ich die Zweifel der Mädchen als spezifischen Ausdruck ihrer Lebensphase. So bin ich der Ansicht, dass neben der erwachsenen Nüchternheit und Abgeklärtheit ihres Schönheitsdiskurses auch bestimmte Erfahrungen ihrer Altersgruppe in den Äußerungen der Akteurinnen vorhanden sind. Relevant ist hier weniger, inwieweit diese Konflikte im Zusammenhang mit ihren erwachsenen Stilisierungen stehen. Stattdessen möchte ich zeigen, dass das Alter der Mädchen einen Einfluss auf ihren Umgang mit Diskursen über das Aussehen hat. So bereitet das rationale, zielgerichtete Erfolgsdenken vielen Schwierigkeiten. In den Gesprächen wird dabei folgender Konflikt deutlich. Wenn dem Äußeren die Rechtmäßigkeit zur Beurteilung von Personen und zur Erlangung von Erfolg beigemessen wird, wird dem christlich-bürgerlich geprägten Moraldiskurs widersprochen. Diesem zufolge muss ein ‚guter' Charakter gewürdigt, einer ‚schlechter', der innerhalb dieser Moral besonders oft bei attraktiven Menschen auftritt, verurteilt werden. Darüber hinaus sollen alle Menschen als gleichwertig angesehen werden. Jeder Person sollen dieselben Möglichkeiten offen stehen – ein Versprechen, dass der Schönheitsdiskurs der Mädchen, wie sie selbst wissen, trotz aller Betonung der Eigenverantwortung nicht einhalten kann.

Angesichts der Tatsache, dass nie von nur einem, in einem abgegrenzten Themenfeld wirkenden Diskurs ausgegangen werden kann, ist es also nicht verwunderlich, dass für viele Akteurinnen die Hoffnung auf Schönheit einen Gewissenskonflikt nach sich zieht. Im Speziellen ‚Gerechtigkeit' ist als Wert tief im christlich-bürgerlichen Verhaltenskodex verankert und muss bei nahezu jedem Thema ‚zur Sprache' gebracht werden. Außerdem wird der uneingeschränkte Schönheitsdiskurs von den Interviewpartnerinnen manchmal auch als Nachteil für sie selbst wahrgenommen, ist seine Botschaft doch nicht nur sozialer Erfolg, sondern ebenso Ausschluss. An dieser Stelle kann m.E. der Moraldiskurs im gleichen Maß wie das Beharren auf der Rolle des Kindes nützlich sein. Er hilft den Mädchen, ihr Unwohlsein über die ihrem Schönheitsdiskurs oft innewohnende Ungleichheit und den Eindruck sozialer Kälte zu legitimieren. Die Akteurinnen empfinden ihre Schönheitsideologie also aus zwei verschiedenen Gründen als problematisch: Die von ihnen als hochgradig relevant verstandene Bedeutung des guten Aussehens ist moralisch nicht zu rechtfertigen. Und die ihrem Schönheitsdiskurs immanente Ungleichheit kann auch für sie selbst Benachteiligungen nach sich ziehen.

In welchen Zusammenhang steht das nun mit dem Alter der Mädchen? Ich bin zwar der Ansicht, dass die von den Akteurinnen ausgedrückten Zweifel nicht in Relation zu den Diskursen *über* ihre Altersgruppe stehen. Entsprechend sind sie auch abseits des Vorwurfs der visuellen Sexualisierung zu verorten. Wie ich denke, handelt es sich dabei vielmehr um Probleme, die dem Gegenstand Attraktivität generell innewohnen. So sind Diskurse über den Umgang mit Schönheit oft paradox: Einerseits wünschen sich die meisten Menschen ein attraktives Äußeres, andererseits sind die ‚Schönen' oft die ‚Bösen'. Auf der einen Seite gilt das gute Aussehen als herstellbar, was es zu einem Gegenstand der freien Entscheidung für das Individuum macht. Auf der anderen existiert im Alltagsdiskurs ebenso ‚natürliche', ‚angeborene' Attraktivität, wie auch ihr Gegenteil. Darüber hinaus gehört die Einheit von gutem Aussehen und Anerkennung zum Alltagswissen, trotzdem wird dieses Prinzip grundsätzlich in Frage gestellt und auf die Persönlichkeit verwiesen. M.E. sind das alles alte Konflikte, die nicht lösbar sind, und sich im Rahmen der universellen Gegensatzpaare wie Kultur/Natur, öffentlich/privat und Körper/Geist bewegen. Insgesamt ist daher der Impuls, die Bedeutung des guten Aussehens zu kritisieren, nachvollziehbar, schadet dieser doch unter Umständen dem Einzelnen. Wenn Schönheit sozialen Erfolg begünstigt, führt ein Mangel daran schließlich evtl. zum Misserfolg.

Wie ich überzeugt bin, ist es dennoch ein Ausdruck ihres Alters, dass diese Konflikte von den Mädchen zum Thema gemacht werden. So gehe ich davon aus, dass mit zunehmender Lebenserfahrung die Auseinandersetzung mit derart elementaren, unüberwindbaren Widersprüchen weitaus weniger stattfindet. Auch Gilligan (1998: 198) argumentiert, dass insbesondere für Jugendliche Moral und Gerechtigkeit wichtige Themen seien. Im Erwachsenenalter wird meiner Ansicht nach stattdessen meist dazu übergegangen, diese Konflikte, die schließlich in Relation zum eigenen Handeln stehen sollten, aus Pragmatismus auszublenden. Fraglos entsteht mit der Zeit durch zunehmende Kenntnis der Widersprüche einerseits und Übersättigung mit anderen Informationen andererseits häufig auch Indifferenz gegenüber den Paradoxien. Für die Mädchen in der Frühadoleszenz sind diese Konflikte jedoch noch neu. Sie befinden sich in einem Alter, in dem die unterschiedlichen Welten von Familie und Gesellschaft aufeinandertreffen und Schwierigkeiten in der Vereinbarkeit beider Sphären erstmals und daher besonders intensiv wahrgenommen werden (vgl. 4.2). Gleichzeitig wünschen sich die Akteurinnen einheitliche, sichere Identitäten und streben nach Normalität. Dass, was an gesellschaftlichen Widersprüchen wahrgenommen, von Älteren aber meist übergangen wird, ist in dieser Lebensphase m.E. häufig ein Thema.

Dass die Interviewpartnerinnen das Negative, Problematische innerhalb ihres Schönheitsdiskurses ansprechen, ist auch noch aus einem anderen Grund im Kontext ihres Alters verständlich. So wird die fehlende Moral von Schönheit auf der einen Seite von ihren Erziehenden kritisiert, auf der anderen Seite aber auch oft von diesen hervorgebracht (vgl. auch 3.1). Bspw. berichten einige Mädchen von Äußerungen ihrer Eltern, man gehe „nicht wie ein Penner auf die Straße", weil man sonst auch irgendwann dort lande. Die Ambivalenz, dass das Aussehen zwar keine Rolle spielen sollte, es aber offensichtlich doch tut, kann nicht ohne Folge auf frühadoleszente Mädchen bleiben. Im ihrem Alter wird der Bedeutung der Attraktivität ohnehin an mehreren Stellen entgegen getreten, was nicht zuletzt der Diskurs um die visuelle Sexualisierung verdeutlicht.

Aber auch abseits dieser offensiven Problematisierung gibt es Einwände: Seitens der Familien wird intensives Schönheitshandeln oft aus pädagogischen Gründen missbilligt. Die Kinder sollen andere Werte und Selbstbewusstsein unabhängig von der Beurteilung anderer entwickeln. Im Schulsystem ist ein eingeschränkter Gleichheitsdiskurs vorherrschend (,niemand ist hier besser oder schlechter', aber: ,auf die Leistung und das Benehmen kommt es an'), in dem das Äußere keine Rolle spielen darf. Selbst die Peergroup kann zu einer kritischen Perspektive beitragen, wenn zu offensichtliches Schönheitshandeln, wie von einigen Akteurinnen, als „uncool" oder „tussig", die Bezeichneten selbst als „arrogant" oder „zickig" beschrieben werden.

Es ist damit also naheliegend, dass die Mädchen, im Speziellen aufgrund ihres Alters, ihren Schönheitsdiskurs als nicht als frei von Schwierigkeiten und Widersprüchen begreifen. Zeichen dieses Konflikts sind Relativierungen, die sich in Argumenten für die Relevanz des Charakters und der Gerechtigkeit niederschlagen. In der Diskurstheorie werden solche Handlungen als „Strategien, mit denen das Feld des Sagbaren ausgeweitet oder auch eingeengt wird", bewertet (Jäger 2001: 83f.). Besonders wichtig sind diese Strategien, wenn etwas „nicht mehr" oder „noch nicht" gesagt werden darf. So nehmen viele Akteurinnen die Unvereinbarkeit ihres moralischen Empfindens mit dem Schönheitsdiskurs wahr. Wird dem Erfolgsprinzip mit Unbedingtheit gefolgt, ist der Charakter einer Person oder die Gerechtigkeit von Bewertungen schließlich irrelevant. Beide Gegenargumente sind an dieser Stelle nicht vorgesehen, aber in der Alltagsrede nun einmal unverzichtbar. Zur Lösung dieses Konflikts gehen die Mädchen auf zwei unterschiedliche Arten vor: Je nachdem, wie sie selbst zum

Schönheitsdiskurs stehen, kann ihre Äußerung sowohl als Gegendiskurs oder als Unterstützung des hohen Stellenwerts guten Aussehens gemeint sein. Die Gegenrede kritisiert, dass Entwürfe gesellschaftlicher Akzeptanz ohne das attraktive Äußeren nicht (mehr) sagbar sind. Dagegen versuchen die Fürsprecherinnen, die Bedeutung von Charakter und Gerechtigkeit in den dominanten Schönheitsdiskurs zu integrieren.

6.4.1 Das Wahre und Gute soll zählen: Persönlichkeit als Gegenargument

Dass es schwierig ist, über das Aussehen moralfrei zu urteilen, darauf deutet bereits eine bestimmte Formulierung hin. Denn wer über das Äußere, also vermeintlich Oberflächliche, redet, fühlt sich oft angehalten, auch das essentielle Gegenteil, die Persönlichkeit, zu erwähnen. Das zeigt die Formulierung „innere Werte", die losgelöst vom Themenfeld Schönheit inexistent scheint. Die Unterscheidung von äußerer, wandelbarer Hülle und innerem, unveränderbaren Kern bzw. die Anforderung, das Innen bei der Rede über das Außen nicht zu vergessen, scheint so wichtig, dass mit den „inneren Werten" ein eigener Terminus geschaffen wurde. Der Grund hierfür ist vermutlich nicht allein die cartesianische Trennung von Körper und Geist. Wie Tseëlon (1995: 33) deutlich macht, sind weibliche Schönheit und die Praktiken ihrer Herstellung an die Vorstellung eines unehrlichen Charakters gebunden. Davon sind auch einige Interviewpartnerinnen überzeugt. Wenn sie von inneren Werten oder Charakter sprechen, ist die Ursache indes meist eine andere. So wird der Versuch unternommen, das Selbst vor der Vereinnahmung durch gesellschaftliche Anforderungen, repräsentiert durch den Schönheitsdiskurs, zu schützen. Als der ‚wahre' Wert gilt stattdessen der Charakter, entsprechend muss auch die ‚innere Schönheit' eines Menschen berücksichtigt werden.

Den Stellenwert des guten Charakters zu bewahren, ist vielen Akteurinnen also ein Anliegen. Die in diesem Zusammenhang von ihnen gewählte Sprache ist meist überlegt und ernsthaft. Mit ihren Relativierungen des Schönheitsdiskurses wollen sie offenbar an das Gewissen und das moralische Empfinden appellieren. Vorausgesetzt wird dabei die Annahme, dass es eine klare Unterscheidung von gutem und schlechtem Charakter gibt, und nur eine der beiden Ausprägungen von einer Person verkörpert werden kann. Des Weiteren gehen die Mädchen oft davon aus, dass die Attraktiven eher einen schlechten Charakter haben und umgekehrt. Was man getrost als universelles Wissen bezeichnen kann, ist bei näherer Analyse jedoch fragwürdig: Warum sollten gerade diejenigen, die gut aussehen und Anerkennung genießen, einen unfreundlichen Charakter haben? Offenbar basiert die Setzung von ‚schön' gleich ‚böse' nicht nur auf der Vermutung von Unehrlichkeit bei bewusster Maskierung des Selbst, sondern auch auf dem Gerechtigkeitsdrang. So sind die beiden unterschiedlichen Argumente Charakter und Gerechtigkeit m.E. oft Mittel desselben Ziels, nämlich der Stärkung des Einzelnen durch Vermeidung von Ungleichheit.

Ich werde diese Ergebnisse nun mit Beispielen aus den Gesprächen illustrieren. Nico ist der Ansicht, dass Mädchen nur auf diejenigen Jungen aufmerksam werden, die gut aussehen. Sie kritisiert diesen Umstand, sollte es doch um das „Innere", also um ‚echte' Werte gehen:

NICO: Die meisten gucken nicht nach dem Inneren, sondern wie er angezogen ist, wie er aussieht, eigentlich die meisten. (I5: 59-60)

Auch Chris ist sich sicher, dass die aus dem Schönheitsdiskurs resultierenden Ausschlüsse problematisch sind. Laut Chris folgt auf ein wenig attraktives Aussehen die Position des sozialen Außenseiters.

CHRIS: Ja, manchen geht es halt schon immer ums Aussehen und einfach nicht ums Innere, die sagen einfach, „du bist hässlich, mit dir will ich nicht befreundet sein". (I6: 283-284)

Diese Ungerechtigkeit wird von ihr mehrmals erwähnt. Dass die Ausschlüsse nicht nur moralisch, sondern auch rational falsch sind, belegt Chris anhand ihrer eigenen Person. So lasse ihr – wandelbares – Aussehen eben keine verlässlichen Rückschlüsse auf ihr Inneres zu. Damit verweist sie auf die Unehrlichkeit des inszenierten Äußeren. Auf diese Weise will Chris jedoch Verständnis für andere generieren, und sie eben nicht aufgrund ihres Aussehens verurteilen.

CHRIS: Ähm, zum Beispiel, wenn jetzt irgendjemand sagt, „du siehst aber komisch aus, mit dir wollen wir nichts zu tun haben", wenn mich jemand so ansprechen würde, dann würde ich gleich antworten, „geht's denn immer nur ums Aussehen?", dann muss es echt ums Innere gehen, ich meine, manchmal sehe ich wirklich so aus…also wenn ich echt total lieb bin…Und auch wenn ich so wirke, bin ich innerlich total wütend, könnte platzen, das ist dann auch oft bei Streit in meiner Klasse so, dass ich sage „ja, ist okay" und innerlich bin so „uhmmm", und könnte die so würgen [...]. (I6: 235-241)

Generell möchte keine der Akteurinnen der Relevanz der Persönlichkeit widersprechen. Das würde schließlich auch bedeuten, dass man selbst nicht um seiner gesamten Person willen anerkannt wird. Valeria stimmt mit dem Schönheitsdiskurs weitestgehend überein. Aber auch sie nutzt das Beispiel des Charakters, um innerhalb des Diskurses Differenzierungen zu ermöglichen. Jeder soll ihrer Meinung nach die Option haben, sich seine Anerkennung zu verdienen.

I: Das heißt, eine, [...], die sich schminkt, die ist dann in der Regel keine Streberin
VALERIA: Naja...Also nee, das kommt jetzt also auch noch vom Charakter her... (I15: 33-36)

Kikki ist der Ansicht, dass sich die Persönlichkeit und damit die ‚Wahrheit' über einen Menschen naturgegeben durchsetzt. Die Berücksichtigung des Charakters zu fordern, ist in ihren Augen entsprechend unnötig. So würden Attraktive in Sachen Romantik zwar zunächst im Vorteil sein. Nach besserem Kennenlernen entscheidet aber die Persönlichkeit, ist sich Kikki sicher. Über die Vorteile der Hübschen sagt sie:

KIKKI: [...] Vielleicht auf den ersten Blick, wenn ich sie jetzt sehe. Und ein Junge kommt und denkt sich, oh, die ist ja schön, und setzt sich dann zu der und redet mit der und merkt dann aber, dass die vom Charakter her total anders ist, ich glaube, dann würde der auch nichts mehr mit der zu tun haben wollen. (I10: 337-340)

Suniesha geht noch einen Schritt weiter. Nicht nur würden die schlechten Charaktere überführt und deren gutes Aussehen in Folge irrelevant werden. Allein die Tatsache, dass Personen ihr eigenes Äußeres wichtig ist, führt ihrer Meinung nach zur Entwicklung negativer, charakterlicher Eigenschaften. In Snieshas Augen gehen das gute Aussehen und der unehrliche Charakter daher Hand in Hand:

I: [...] Man kann anderen nichts vormachen?
SUNIESHA: Nee. Man merkt den Charakter, wenn die anfangen zu sprechen.
I: Glaubst Du denn, dass Schönheit für viele wichtig ist?
SUNIESHA: Ja. Die werden eingebildet und geben an, das passiert. (I14: 62-66)

Dass letztendlich der Charakter ausschlaggebend sein soll, dem stimmt auch Maria zu. Jedoch ist sie, anders als Kikki und Sunieshsa, nicht der Meinung, dass sich das ‚Gute' im Menschen immer durchsetzt. Maria weist darauf hin, dass bei gutem Aussehen der Wert einer Person bereits so hoch sei, dass die Qualität der Persönlichkeit sekundäre Bedeutung habe. Relevant sei der gute Charakter aber, wenn jemand nicht attraktiv sei.

MARIA: Manche gehen halt nicht so nach dem Inneren. Es kann sein, dass ein Junge total gut aussieht aber sonst total scheiße ist. Andersrum kann das natürlich auch sein. Dass jemand nicht so wirklich gut aussieht, aber ganz nett ist. (I5: 40-42)

Dass Maria die Möglichkeit, jemand könne wenig attraktiv und überdies auch noch unfreundlich sein, auslässt, deutet auf die hohe Bedeutung des Äußeren hin. So müssen diejenigen, die nicht gut aussehen, dieses Manko immer durch eine angenehme Persönlichkeit kompensieren. Darauf zielt auch Jays Kommentar ab. Die Tatsache, dass letztendlich der gute Charakter zählt, ist in ihren Augen jedoch eine Form der Chancengleichheit. Ein guter Charakter definiert sich bei Jay durch die Sorge um das Wohlergehen Anderer. Und während man diesen ihrer Meinung nach zum Positiven verändern kann, liegt die Attraktivität nicht in der eigenen Macht. Damit argumentiert Jay konträr zum Schönheitsdiskurs der meisten Mädchen: Sie geht von einer naturgegebenen Ungleichheit durch das Aussehen aus.

JAY: Ja, eigentlich kommt es doch gar nicht auf das Aussehen an. Sondern auf den Charakter. Man kann da doch nichts für, wie man aussieht!
I: Aber kann man denn was für seinen Charakter?
JAY: Ja, das kann man schon. Man kann sich ja ändern, wenn man möchte.
I: Was ist denn ein guter Charakter, wie würdest Du den denn beschreiben?
JAY: Fröhlich...und...ähm...wenn man oft lacht oder so, so lange man nicht andere auslacht...ja...eigentlich halt nett, könnte man sagen.
I: Und ein schlechter?
JAY: Wenn man sich gleich immer so voll aufregt und immer gleich andere verhauen will, oder...ja... halt so...nicht gut...halt kein guter Charakter...aber, das ist die Frage. (I9: 221-230)

Eddie kann sich mit dem Schönheitsdiskurs dagegen größtenteils stark identifizieren. Dennoch leidet auch sie an den innewohnenden, negativen Aspekten. So beschleicht sie ein Unbehagen, während sie deutlich macht, warum die Verurteilung anderer aufgrund ihres Äußeren gerechtfertigt ist. Auch sie möchte schließlich nicht schlecht behandelt werden und verweist deshalb auf den Wert des guten Charakters. In Eddies Beispiel zeigt sich, dass das Charakter-Argument dasselbe wie der Wunsch nach Gerechtigkeit bedeutet, nämlich das Vermeiden des unverdienten Ausschlusses.

EDDIE: Keine gepflegten Haare, überhaupt gar nicht gepflegt...vielleicht...Naja, eigentlich geht's oft nicht ums Aussehen, sondern wie man innen so ist, und wenn der oder die hässlich ist kann man sich ja trotzdem mit denen anfreunden, ähm, Hauptsache, der ist, ja...nett oder so *(lacht)*...Und hässlich ist eigentlich auch, wenn man immer so Ausdrücke benutzt und so...so zu gar keinem Grund. Ja. (I7: 40-44)

Die Hoffnung auf das Gute und die Gleichheit aller, darf, wie Natascha findet, nur im Extremfall nicht zählen, muss sonst aber immer Priorität haben. Befragt nach einer Situation, in der das Aussehen wichtig ist, sagt sie aber:

NATASCHA: Ja, wenn er jetzt ein netter Kerl ist, aber Fliegen um ihn rum fliegen würden, dann würde es ne Rolle spielen. (I11: 129-130)

Suniesha, 10 Jahre
In Sunieshas Weltbild spielen die Persönlichkeit von Menschen und der respektvolle Umgang miteinander eine große Rolle. Entsprechend ist das Gegenteil von „schön" in ihren Augen „böse". Suniesha hat lange, dunkle Haare und trägt bei unserem Gespräch ein Spaghettiträger-Top und eine enge, dreiviertellange Jeans. Ihre Eltern stammen aus Thailand, sie selbst interessiert sich sehr für die buddhistische Kultur. Suniesha geht in die Grundschule und gibt Singen als ihr größtes Hobby an. Sie hört mit Vorliebe thailändische Lieder, weil die „beruhigen", westliche Popmusik gefällt ihr aber auch sehr. Suniesha wünscht sich eine Gitarre und möchte dann anfangen, eigene Lieder zu schreiben. Für später erhofft sich Suniesha, „dass mein Traum in Erfüllung geht, also dass ich dann Sängerin werde...Und ich hätte gerne ganz viel Geld, und ich würde mir viele Klamotten kaufen". Sie lebt gemeinsam mit ihrem Bruder bei den Großeltern. Ihre Eltern arbeiten außerhalb und sind nur an Wochenenden in der Stadt. Suniesha beeindruckt mich durch ihre selbstbewusste, extrovertierte und direkte Art. Souverän erklärt sie ihre von Gegensätzen geprägte Position zum Thema Aussehen. So erkennt sie einen Zusammenhang zwischen aufwendigem Styling und Arroganz, und die Bewertung des Äußeren als ein Problem: Suniesha erzählt empört von einem Mädchen, das einen Jungen aus ihrer Klasse geärgert habe, „weil der nicht hübsch ist und auch nicht süß und nicht so wie alle anderen Jungs und sich auch immer anders verhält". Letztendlich, so Suniesha, zähle das Aussehen und auch die damit verbundenen Gemeinheiten nicht, denn „man merkt den Charakter, wenn die anfangen zu sprechen." Im gleichen Maß, wie sie eine hohe Bedeutung des Äußeren verurteilt, so sehr regen Schönheitsprak-

tiken jedoch auch ihre Fantasie an. Sie hat klare Vorstellungen davon, wie sie aussehen möchte: „Ne coole Jeans, so nen bisschen eng. Dann coole Schuhe, die vorne und hinten nen bisschen höher sind, aber nicht so viel (...). Und dann so nen enges Oberteil". Auch Situationen, in den Attraktivität wichtig sein könnte, stehen ihr bereits vor Augen: „meistens bei Dates, da möchte man dem Mann gut gefallen und vielleicht auch bei Party...in der Disco...und vielleicht bei Geburtstagen". Suniesha nimmt ihre Schönheitsideologie nicht als widersprüchlich wahr. In ihrem Diskurs hat das Streben nach gutem Aussehen sowohl eine moralisch verurteilungswürdige Seite wie, aufgrund der Hoffnung auf Glamour und Romantik, auch eine glücksversprechende. Für Suniesha ist das Äußere im Kontext sozialer Sicherheit nicht entscheidend. Menschen haben nur aufgrund ihres Charakters Erfolg oder Misserfolg, die Schönheit ist in der Perspektive Suniesjas dagegen nur für ‚Schönes' da.

6.4.2 Gleiche Chancen für alle: Gerechtigkeit als Gegenargument

Wie ihre Äußerungen zeigen, ist für die Mädchen indes nicht nur der Erhalt des guten Charakters wichtig. Auch ihre Vorstellung von Gerechtigkeit, eine der zentralen moralischen Kategorien des modernen Subjekts, sehen sie offensichtlich bedroht. Für die Akteurinnen stellt sich die Frage, ob sie akzeptieren wollen, dass Hierarchien auf Basis der Bewertung des Äußeren geschaffen werden.

Während unsere Sprache durch die Wortschöpfung der „inneren Schönheit" auf die notwendige Berücksichtigung des Charakters hinweist, offenbart sich die moralische Anforderung an Gerechtigkeit im Schönheitsdiskurs auf eine andere Weise. So ist es zwar ohne Probleme möglich, über Attraktivität und schöne Menschen zu sprechen. Im Gegensatz dazu muss aber über das weniger gute Aussehen in der Alltagsmoral geschwiegen werden. Wenn jemand „schlecht aussieht", bedeutet das im erlaubten Diskurs eher, dass diese Person krank oder unglücklich sein könnte, und nicht etwa, dass sie unattraktiv ist. Das gilt auch für die Aussagen der Akteurinnen. Zwar äußern sich die meisten mit Selbstverständlichkeit kritisch oder sogar abfällig über andere. Allerdings haben sich die Interviewpartnerinnen kaum darauf eingelassen, das Wort „hässlich" zu benutzen – auch dann nicht, wenn sie explizit nach dem Gegenteil von „schön" gefragt worden sind. Im Gegensatz zur ‚gerechtfertigten', negativen Rede über andere gilt diese Bezeichnung in meiner Interpretation als ungerecht, weil sie ein nicht plausibel begründbares Urteil darstellt. Jemanden hässlich zu nennen, heißt hier offenbar, ihn oder sie von vornherein von allen Möglichkeiten der Anerkennung auszuschließen. Zu sagen, dass eine Person „fett" ist, deutet meiner Meinung nach dagegen auf ihr eigenes Versagen hin und scheint den Interviewpartnerinnen als Kommentar daher angemessen.

M.E. ist es ein Gebot des Elementardiskurses, dass jede Person die gleichen Chancen hat. Gerechtigkeit wäre damit also eine Grundvoraussetzung in der Alltagsinteraktion. Wie ich denke, gilt das in den Augen der Mädchen auch für den Umgang mit dem Aussehen. Gleichzeitig widerspricht dieser aber oft ihrer Vorstellung von Gerechtigkeit. Egal, wie sie selbst zum Schönheitsdiskurs stehen, fühlen sich scheinbar alle Akteurinnen verpflichtet, Gerechtigkeit zu befürworten, alles andere ist offensichtlich nicht ‚sagbar'. Zur Lösung dieses Problems verfolgen die Frühadoleszenten eine Strategie, die beweisen soll, dass es Ungerechtigkeit eigentlich gar nicht gibt. In ihrer Ideologie muss es schließlich für jede Ungleichheit eine Erklärung geben. Falls das einmal nicht der Fall ist, bemühen sie sich, sich von der Ungerechtigkeit zu distanzieren.

Die Zitate der Mädchen verdeutlichen diese Haltung. So erzählt Shaney von der Serienfigur Lisa Plenske, um anhand ihres Beispiels die Notwendigkeit des guten Aussehens zu illustrieren. Dass die charakterlich vorbildliche, aber unattraktive Serienheldin aufgrund ihres Äußeren übergangen wird, findet Shaney im Kontext des Settings in einem Modeunternehmen nachvollziehbar. Aber sie vergisst dennoch nicht, diesen Mechanismus moralisch zu verurteilen.

SHANEY: So wie bei Lisa Plenske, das ist ein gutes Beispiel, als sie gekommen ist, sie hat, also sie hat zum Beispiel David Seidel aus dem Pool gerettet, aber, er wollte dann wissen wer das war, und die Presse war da, und die haben sie anguckt, und haben dann ganz schnell Sabrina genommen, weil die eben ein bisschen, ja, schöner wirkt als Lisa Plenske, mit der haben sie dann gleich Fotos gemacht, und das geht ja dann nicht in ner Modefirma, mit Lisa als grauer Maus oder wie sie sie immer nennen, ihn zu retten, das geht nicht. Aber das war gemein. (I4: 299-305)

Dass sie Gerechtigkeit nicht nur für eine Pflicht, sondern auch als vereinbar mit dem ausschließendem Schönheitsdiskurs hält, verdeutlicht Shaney später. So widerspricht sie der Möglichkeit, dass ein Gegenteil von Attraktivität existieren könnte. Im übertragenden Sinn passt für Shaney ‚auf jeden Topf ein Deckel'. Auch wenn manche offenbar ‚gleicher' sind, haben im Prinzip also dennoch alle dieselben Chancen.

SHANEY: Nein, es gibt kein Gegenteil *(von Schönheit)*! Selbst wenn Du nicht so gut aussiehst, gibt es trotzdem immer noch welche, die dich schön finden (I4: 291-292)

Auch Jay gehört zu den Mädchen, die ein Gegenteil von Attraktivität, und damit das Eingeständnis von Ungleichheit und Ungerechtigkeit, nicht gelten lassen wollen.

I: Gibt es denn auch ein Gegenteil von hübsch?
JAY: Also, ich hab so was Extremes noch nicht gesehen, will ich eigentlich auch gar nicht...Ich kann mir darunter echt nichts vorstellen...Man kann ja auch nichts dafür, wie man aussieht! (I9: 62-65)

Jay ist es derart wichtig, dass alle gleich sind, dass sie an anderer Stelle beweisen will, dass gutes Aussehen auch negative Konsequenzen haben kann. Zwar lehnt sie den Schönheitsdiskurs, also die Erlangung sozialen Erfolgs durch ein attraktives Äußeres, prinzipiell ab. Offenheit und Unparteilichkeit sind für Jay jedoch Grundvoraussetzungen für Gerechtigkeit. Indem sie auch Verständnis für die Schwierigkeiten der Gutaussehenden aufbringt, dekonstruiert Jay also die Ungerechtigkeit des Schönheitsdiskurses:

I: Was hat man denn für einen Vorteil vom guten Aussehen?
JAY: [...] Die Gutaussehenden, die haben ja auch meistens mehr Geld... jedenfalls durch so was...Aber dafür haben die auch nen Nachteil, die werden dann immer so gesehen, dass sie nicht entscheidungsfähig sind
I: Inwiefern?
JAY: Nicht...Die können keine harten Entscheidungen treffen, oder so nen Zeug. Das sind voll die Vorurteile.
I: Gilt das für Männer und für Frauen?
JAY: Das gilt eigentlich für beide, oder? Ich find das aber voll die Vorurteile. (I9: 204-217)

Auch Paula hat manchmal Schwierigkeiten mit der Akzeptanz des Schönheitsdiskurses. Wie Jay macht sie jedoch Ungerechtigkeiten obsolet, indem sie einen Nachteil in einen Vorteil umdeutet. Auf diese Weise kann Paula sich offenbar mit dem Diskurs arrangieren und sich selbst von dem Verdacht der Benachteiligung ausnehmen. Im Zusammenhang mit meiner Frage, woran sich das zuvor von ihr beschriebene soziale Gefüge in der Schule festmacht, sagt sie:

PAULA: *(lacht)* Ja also, fast alle tragen Jeans...enganliegende...und auch eher so enganliegende Oberteile...und Kapuzen und so
I: Und gibt's denn viele, die davon abweichen?
PAULA: Nen paar schon.

I: Und das sind dann die Außenseiter?
PAULA: Ja
I: Die dann nicht so viele Freunde haben?
PAULA: Ja, aber die bilden dann noch mal so nen anderen Freundeskreis […]. Und das ist auch gar nicht so schlimm, ich meine, ich gehöre da auch zu, also ich bin so an der Grenze...Ich find die aus der unteren Gruppe sozusagen fast netter...Weil die oben, die haben so viele Freunde, dass sie sich fast aussuchen können, mit wem sie befreundet sein wollen, und das ist irgendwie...Und die im unteren Bereich, die haben halt nicht so viele und da ist das dann anders. (I12: 85-98)

Was Ungleichheit betrifft, vertritt Katinka dagegen eine radikale Position. Sie ist der Ansicht, dass weniger gutaussehende Personen oft auf Romantik, Freundschaften und Spaß verzichten müssen. Das findet sie jedoch nicht ungerecht, durch ihre Betonung der Herstellbarkeit des richtigen Äußeren naturalisiert Katinka mögliche Ausschlüsse. Diese resultieren ihrer Meinung nach schließlich nicht aus dem gegebenen, angeborenen Aussehen. Entscheidend sei, dass man das Beste aus sich mache und das könne jede Person. Damit beweist Katinka, dass die Ideologie des eigenverantwortlichen Subjekts eine gerechte ist.

I: Also ist man benachteiligt, wenn man nicht hübsch ist?
KATINKA: Na, da kann man ja was gegen tun.
I: Was denn?
KATINKA: Halt gucken wie die anderen aussehen. Ist ja nicht so schwierig.
I: Erklär mal
KATINKA: Na, es kommt bei gutem Aussehen ja auch darauf an, dass man Geschmack hat und dass man sich auskennt. Also wenn jemand jetzt nicht so hübsch ist, dann macht das nicht viel, wenn die so sieht was die anderen in ihrer Klasse anhaben, wie die sich schminken und so...Da kann man dann eine Menge machen...hängt halt so von einem selbst ab was man aus sich macht. (I3: 213-222)

Dieser Abschnitt hat gezeigt, dass die Adaption des Schönheitsdiskurses den Mädchen trotz ihres Wunsches nach sozialem Erfolg oft nicht leicht fällt. So ist die Hoffnung auf das Gute, ‚Wahre' und die Überzeugung einer Essenz eines jedes Menschen bei vielen ausgeprägt. Die Einsicht, dass Gerechtigkeit nur begrenzt möglich ist, wollen die frühadoleszenten Mädchen dagegen nicht gelten lassen. Stattdessen versuchen sie, die Ideologie des guten Charakters und der Gerechtigkeit in ihren Schönheitsdiskurs zu übernehmen, der sonst vom Streben nach persönlichem, ‚unsolidarischem' Erfolg geprägt ist. Diese Versuche sehe ich im Speziellen im Alter der Mädchen begründet. Auf den nächsten Seiten beschäftige ich mich mit dem Thema Schminken mit einer anderen Form des Konflikts, der ebenfalls in enger Relation zu ihrer Altersgruppe steht.

Jay, 11 Jahre
Mitmenschlichkeit und Verantwortung sind Werte, die Jay wichtig sind. Als ihre größten Wünsche gibt sie Gesundheit für die Welt und einen Stopp der Erderwärmung an. Jay ist eine kritische Denkerin. Die Annahme, dass das attraktive Äußere eine soziale Relevanz hat, teilt sie zwar, möchte sie aber andererseits nicht gelten lassen. Ihre Haltung zu Fragen des Aussehens ist m.E. von oft unfreiwilliger Distanz geprägt. So ist Jay der Ansicht, dass ein mädchenhaftes Äußeres und Röcke und Kleider sehr schön sind, aber nicht zu ihr passen. Sie selbst trägt bei unserem Gespräch eine dunkelbraune Kordhose und einen grünen Kapuzenpullover. Jay hat ein ausdrucksstarkes Gesicht, kurze, braune Haare und ist für ihr Alter noch relativ klein. Sie geht auf ein Gymnasium und ist eine ehrgeizige Schülerin. Weil ihre Mutter keinen akademischen Abschluss hat, sich aber immer einen gewünscht hat, wird Jay in ihren schulischen Ambitionen sehr unterstützt. Gemeinsam mit ihrer Mutter lebt sie in einer kleinen Wohnung ist einem alternativ geprägten Stadtteil. In ihrer Freizeit liest Jay Fantasy-Romane, chattet oder spielt draußen. Ihre Haltung zum Thema Aussehen ist sowohl von Wissen wie von Zweifeln geprägt. Jay ist ein Mensch, dem das ‚Verstehen' wichtig ist und der sich dafür unterschiedliche Kenntnisse aneignet. So ist sie überzeugt, dass das Äußere bei der Beurteilung anderer eine erhebliche Rolle spielt und diese Tatsache auch ihren eigenen Blick beeinflusst. Denn es sei bewiesen, sagt Jay, dass man attraktive Menschen sympathischer fände. Das sei aber nicht immer ein Vorteil, findet sie, denn gleichzeitig halte man gutaussehende Menschen ja auch für weniger kompetent. Aus Gründen der Moral und der Vernunft verurteilt Jay die Bedeutung der Schönheit. Sie lehnt Künstlichkeit und Übertreibung ab, weil auf diese Weise ein falsches Bild von der Person dahinter entstehen würde. Aussehen ist ihrer Ansicht nach überdies eine ungerechte Kategorie, letztendlich aber nur eine Oberfläche und daher anderen Eigenschaften weit untergeordnet. Dessen ist Jay sich zwar sicher, trotzdem lösen ihre eigenen Überzeugungen einen Konflikt bei ihr aus. So möchte sich Jay gerne mit ihren Freundinnen und Mitschülerinnen identifizieren. Die Zugehörigkeit zu der Gruppe der Mädchen bedeutet ihr viel, dieser sind aber Gespräche über das Aussehen sehr wichtig.

Zwar stellt das anscheinend kein Problem innerhalb der Freundschaften dar. Jay fühlt sich aber offenbar von einem sinnstiftenden Thema der anderen Mädchen ausgeschlossen. Das gibt ihr zu denken, und Jay löst dieses Problem, in dem sie an eine spätere Veränderung ihrer Haltung glaubt: Ihre Mutter habe ihr erzählt, dass einem das Äußere wichtig werde, sobald man sich verliebe. Man fange dann z.B. auch an, sich zu schminken. Einerseits möchte Jay also nicht von ihrem Standpunkt, Attraktivität spiele keine Rolle und aufwendige Inszenierungen seien unschön, abweichen. Andererseits hofft sie, die Freude am Schönheitshandeln später besser zu verstehen, um sich die für sie wichtige Gruppenidentität der Mädchen anzueignen.

**Exkurs: Dass man mitspielt, kann man zeigen –
Schminken als Initiationsritus**

Bei der Kritik an der visuellen Sexualisierung von Mädchen darf das Schminken nicht außer Acht gelassen werden. So wird innerhalb der Schönheitspraktiken Frühadoleszenter m.E. insbesondere diese Handlung von Erziehenden als problematisch angesehen. Das ist nicht verwunderlich, da dem Schminken in westlichen Kulturen immer noch eine negative Konnotierung innewohnt. Im Zusammenhang mit der Pathologisierung weiblicher Attraktivität wurde schließlich die genuin weibliche Schönheitstechnik lange als Ausdruck eines ‚liederlichen' Charakters verstanden. Diese Annahme existiert aus verschiedenen Gründen zum Teil auch heute noch. Durch das Schminken sehen viele erstens die ‚natürliche' Schönheit gefährdet. Darüber hinaus wird zweitens auch die Authentizität der Persönlichkeit der sich schminkenden Person infrage gestellt. Bekannt ist drittens außerdem der Vorwurf, dass das Schminken, wie auch das Abnehmen und andere zeit- und kostenintensive Schönheitsmaßnahmen, freiheitsberaubend auf Frauen wirkt. Viertens hält sich nicht zuletzt auch die Bewertung von stark geschminkten Frauen und Mädchen als ‚billig', minderwertig sowohl in ästhetischer wie charakterlicher Hinsicht.

Im Besonderen, wenn junge Mädchen sich regelmäßig schminken, werden m.E. diese und noch weitere Sorgen akut. Im schlimmsten Fall haben die Erziehenden Angst, die Heranwachsenden seien nun Objekt der Begierde anderer und könnten sich dagegen noch nicht wehren. Am häufigsten wird wahrscheinlich jedoch eine Abkehr von den Werten der Erziehung bedauert (vgl. 3.1). Auch wenn sich diese These in der Regel als falsch herausstellt, weil den Frühadoleszenten am Erhalt der erprobten, familiären Rollen gelegen ist, so ist sie im Fall des Schminkens scheinbar tatsächlich zutreffend. Wie ihre Antworten belegen, signalisieren die Akteurinnen durch das Schminken absichtlich Distanz zu ihrer Erziehung. In meiner Deutung wollen die Mädchen stattdessen ‚mitspielen', also von den Vorteilen guten Aussehens, wie Romantik und Glamour, profitieren. In ihrer Untersuchung zum Umgang adoleszenter Mädchen mit der Norm der Heterosexualität äußert Hackmann (2003) einen ähnlichen Eindruck. Hackmann versteht Schminken als Akt zwischen Intimität und der Auseinandersetzung mit dem eigenen Begehren. Das gutaussehende Äußere steht dabei für den Zugang zu der, in der weiblichen Adoleszenz als erfüllend wahrgenommenen, heterosexuellen Welt (ebenda: 176f.). Ich bin darüber hinaus der Ansicht, dass das Schminken bei vielen Interviewpartnerinnen ein Zeichen ist, dass sie sich mit dem dominanten Schönheitsdiskurs arrangiert haben, allen im voran gegangenen Abschnitt dargestellten Konflikten zum Trotz. Daher behaupte ich, dass das Schminken von Mädchen in der Frühadoleszenz Ähnlichkeit zu einem Initiationsritus aufweist. Dafür möchte ich zunächst letzteres Konzept kurz erläutern.

Jugendliche Initiationsriten existieren v.a. in nicht-industrialisierten Kulturen und markieren hier den Eintritt in das Erwachsenenalter. Basierend auf der Theorie zur „rites de passage" von van Gennep (2005) dienen Initiationsriten der Kontrolle und Abwehr möglicher Gefahren für soziale Verbände. Der Ritus ermöglicht demnach die Erschaffung eines neuen, im gemeinschaftlichen Umfeld legitimen Status. Im Anschluss an die Erkenntnisse van Genneps hat sich auch Turner (2000) mit Initiationsriten beschäftigt. Er stellt fest, dass gerade in gesellschaftlich schwierigen Perioden des Wandels Symbole und Rituale angewendet werden, um Sicherheit herzustellen. Entsprechend sei der Initiationsritus auch zur Festigung von Identitäten wichtig. Turner spricht in diesem Zusammenhang vom „sozialen Drama": Beginnend mit der Abkehr von der herrschenden Norm, befindet sich das Individuum in einer von Kontroversen geprägten Phase. Das Ritual hat dabei die Aufgabe der Konfliktlösung, die entweder die Reintegration in die Gemeinschaft oder aber den Bruch mit dieser bedeutet.

Heute wird die Existenz von Initiationsriten oft kritisiert, suggerierten sie doch die ‚Unvollständigkeit' Jugendlicher, die erst zu etwas Respektablem, nämlich Erwachsenen werden müssen. Mit der Konsum- und Massenkultur sind allgemeinverbindliche Riten ohnehin selten geworden, was ebenfalls nicht nur positiv gesehen wird. Das gilt bspw. auch für die Körperriten frühadoleszenter Mädchen[21]. Im Folgenden möchte ich darlegen, warum ich eine Verbindung

---

21 So bedauert Brumberg (1997: 27ff.), dass es spätestens seit Mitte des 20. Jahrhunderts für Mädchen in den USA keinen rituellen Übergang vom Kindsein zum Frausein mehr gibt. Früher habe dieser anlässlich der ersten Menstruation stattgefunden. Heute aber, schreibt Brumberg, resultiert ein solches Ereignis lediglich in einer Art Konsumritual

zwischen Initiationsriten und der Bedeutung des Schminkens für die Akteurinnen erkenne.

Bei frühadoleszenten Mädchen ist das Schminken eine übliche Gruppenverhaltensweise, die aber nirgendwo festgeschrieben und auch nicht von außen diktiert ist. Wenn ich hier von einem Initiationsritus spreche, bedeutet das daher nicht, dass sich die Akteurinnen den Regeln des Erwachsenenalters anpassen. Das Schminken, begriffen als Ritus, ist eine eigene Entscheidung der Mädchen. Darauf legen die Interviewpartnerinnen großen Wert. So oft sie auch sonst mit ihren Erziehenden übereinstimmen, hier stellen sich die Mädchen offensiv gegen ein Verbot. Das ist bemerkenswert, ist diese Schönheitstechnik damit doch ein Akt der Widerstands – verglichen mit ihren sonstigen, eher von dem Wunsch nach Konformität mit der Erziehung geprägten Diskursen.

Wie ihre Äußerungen darlegen, hat das Schminken in der Lebenswelt der Mädchen eine sinnstiftende (ich mache mit, will Erfolg) und identitätsstiftende Funktion (als weibliches, eigenverantwortliches Subjekt). Der Ritus des Schminkens wird dabei auch als solcher von anderen wahrgenommen. Ein Ritual hat immer einen performativen Charakter, und da sich seine Aufführung in diesem Fall körperlich vollzieht, bekommt es durch seine Unmittelbarkeit und Gegenwärtigkeit besonderes Gewicht. So zeigt sich auch, dass weder die Erziehenden noch die Peergroup dem Schminken neutral gegenüber stehen. Wenn ein Mädchen beginnt, sich zu schminken, wird das – deutlich stärker als bei der Kleidung oder anderen Schönheitstechniken – von außen wahrgenommen und gedeutet. Das Schminken verstehe ich daher für die Handelnden wie für diejenigen, die zuschauen, als eine Art symbolischen Übergang. Weil darüber hinaus in Ritualen die, die nicht ‚mitspielen', ausgeschlossen werden (vgl. Wulf/Zirfas 2004: 9), werden m.E. mithilfe des Schminkens auch von den Akteurinnen Machtverhältnisse verdeutlicht.

Diese Einsichten möchte ich jetzt anhand der Aussagen der Mädchen illustrieren. Die Tatsache, dass mit dem Schminken oft eine Distanzierung zu den Werten der Eltern einhergeht, zeigt das Zitat Katinkas. So möchte ihre Mutter nicht, dass Katinka und ihre Schwester Frida Make-up benutzen. Katinka deutet die Ablehnung ihrer Mutter mit deren Versuch, ihre eigenen Werte durchzusetzen. Dieser Wunsch stößt bei der Tochter jedoch auf Gleichgültigkeit. In

---

von Mutter und Tochter. Beide würden dann gemeinsam Tampons und BHs kaufen, eine weitere Begleitung des Prozesses fände aber nicht statt. Dass psychisch bedeutsame Ereignisse aus dem Familienverband herausgelöst und in die Interessen der Konsumgüterindustrie überführt werden, kann nach Brumberg nicht im Interesse Heranwachsender sein.

Katinkas Augen sind ihre Eltern, Fragen des Aussehens betreffend, weit von ihrer eigenen Lebenswelt entfernt. Sie beharrt auf ihrer Eigenständigkeit und deutet damit den Übergang vom unmündigen Kind zum selbstbestimmten Individuum an.

KATINKA: [...] sie will auch nicht, dass wir uns schminken, wahrscheinlich, weil sie das nämlich auch nicht macht.
I: Und wie findet Ihr das?
KATINKA: Öh *(lacht)*...Eigentlich sind uns da unsere Eltern egal, wenn's mir gefällt, was sollen die denn sagen... (I3: 141-145)

Schminken bedeutet für die Mädchen, in Konflikt zu den Erziehenden zu treten und eigene Entscheidungen zu treffen. Der Diskurs der Eltern ist hier in der Regel konträr zu dem der Akteurinnen. Die Mädchen meiden die Konfrontation allerdings nicht, sondern treten für die Rechtmäßigkeit ihrer eigenen Bedeutungen ein, indem sie die Gegenreden der Erziehenden als gegenstandslos identifizieren. So ist Elisabeth der Ansicht, dass die Warnungen ihrer Mutter unwahr sind und nur dem Zweck dienen, sie vom Schminken abzuhalten. Für sie spielt die Position der Mutter aber offensichtlich schon seit längerer Zeit keine Rolle mehr, schminkt sie sich doch bereits seit der fünften Klasse. Und wie Elisabeth findet, mit Recht, da in ihrem Schulumfeld Schminken die Norm darstelle. Die Perspektive der Eltern büßt durch die eigene Norm-Setzung entsprechend an Relevanz ein. Sichtbar wird stattdessen die Ablösung von der Erziehung:

BEVERLY: Ach, meine Mutter merkt gar nicht, dass ich mich schminke. Aber die ist auf jeden Fall dagegen! Ich soll keine Schlampe aus mir machen, so was.
ELISABETH: Meine Mutter meinte, wenn wir uns jetzt schminken, dann sehen wir mit 16 aus wie 40. Meinte meine Mutter, wegen der ganzen Falten und so. Das macht sie nur, damit ich Angst kriege. Ich hab fünfte Klasse mit schminken angefangen.
I: Ach?
ELISABETH: Bei uns schminken sich alle, na, außer die Jungs. (I2: 200-206)

Für Elisabeth und Beverly ist diese Schönheitstechnik fester Bestandteil des attraktiven Äußeren. Auf die Frage, was sie für ihr Aussehen machen, ist „Schminken" ihre erste Antwort. Über die Zweifel, ob das für sie beide schon adäquat sein könnte, sind die beiden Freundinnen bereits hinaus („schminken auf jeden Fall"). Sie haben an Schönheitspraktiken Spaß und finden es selbstverständlich, so gut wie möglich aussehen zu wollen. Beverly geht sogar so weit, zu behaupten, Schminken sei eine alltägliche, notwendige und verinnerlichte Gewohnheit, indem sie das Tuschen der Wimpern mit dem Zähneputzen gleichsetzt. Sie bezeichnet diese Routine als normal und fordert damit die Akzeptanz der Tatsache, dass sie einem erwachsenen Schönheitsdiskurs folgt. Beverly erklärt ihren Wunsch nach gutem Aussehen als legitim. Das wird auch daran deutlich, dass sie im Folgenden – wohl wissend, dass das Schminken verurteilt wird – ihre Gleichgültigkeit gegenüber der Meinung ihrer Eltern zum Ausdruck bringt.

I: (...) Was macht man denn so alles für sein Aussehen, damit man gut aussieht, was fällt Euch denn da ein? [...]
ELISABETH: Schminken.
BEVERLY: Ja, schminken auf jeden Fall. [...]
I: Hm...Und schminken, was macht ihr da alles?
BEVERLY: Wimperntusche, Lipgloss, manchmal Make-up oder so
ELISABETH: Lidschatten
BEVERLY: Lidschatten auch, ja
I: Und könnt Ihr das denn gut, also ich find das gar nicht so einfach, gerade Lidschatten
BEVERLY: Das ist ganz einfach, also ich steh morgens auf, nehm mir die Wimperntusche und dann gleichzeitig die Zahnbürste in die Hand
ELISABETH: Hm...
BEVERLY: Nein ehrlich jetzt, das ist ganz normal für mich einfach, echt.
I: Aha?
BEVERLY: Ja, ganz normal. Meiner Mutter gefällt das zwar gar nicht, und mein Vater interessiert mich erst gar nicht [...]. (I2: 151-169)

Dass, wer sich schminkt, den Regeln des Rituals folgen muss, verdeutlicht Chris. So besteht sie darauf, dass das Schminken zu einer Person passen müsse. Damit kann also nicht jede an dem Ritual teilnehmen, vorab müssen auch einige Bedingungen erfüllt werden. Mit dem Begriff „passen" nimmt Chris aber nur zum Teil Bezug auf die richtige Optik. Wie sie indirekt mitteilt, ist an das Schminken zudem die Erwartung an eine bestimmte Identität gebunden. Wer sich schminkt, zeigt, dass er nicht nur beim Spiel um Anerkennung mitmachen will, sondern es auch kann. Das Mädchen in Chris' Beispiel verstößt in unterschiedlicher Hinsicht gegen die ungeschriebenen Regeln. Sie ist dick und erfüllt also ein wichtiges Kriterium der in den Augen der Mädchen legitimen Identitäten schon einmal nicht (vgl. 6.2). Der von Chris benutzte Ausdruck des „Pfannkuchengesichts" scheint tatsächlich mit dem Themenfeld Attraktivität unvereinbar. Darüber hinaus *versucht* das von Chris beschriebene Mädchen, sich zu schminken, was auf einen Mangel an Kompetenz im Umgang mit der Schönheitstechnik hindeutet.

Gravierend für Chris ist offenbar auch, dass das besagte Mädchen schüchtern ist. Wer gut ankommen will, darf das nicht sein, wie der Typus des beliebten Mädchens zeigt (vgl. 6.2.2). Dass sich das Mädchen aus ihrem Beispiel dennoch schminkt, würde Chris in meiner Interpretation vermutlich dennoch akzeptierten. Jedoch sieht die Besagte im Verständnis von Chris' Peergroup aber noch nicht einmal „normal" aus, trägt sie doch „schüchterne" Kinderkleidung, was keine tun würde, die Wert auf soziale Sicherheit legt. Der Kommentar von Chris macht damit zum wiederholten Mal deutlich, dass es im Schönheitsdiskurs nicht um persönlichen Geschmack geht. Eine haltbare Privatheitsideologie kann im Zusammenhang von gutem Aussehen und Erfolg nicht existieren. Wer dem Schönheitsdiskurs folgen will, worauf das Ritual des Schminkens in Chris' Sicht hinweist, muss den Übergang zum Erfolgsdenken auch mit einer hierfür legitimen Identität begründen können.

CHRIS: Schön finde ich das, wenn sich auch Mädchen schminken, zu denen das auch passt und... Es muss ja nicht immer sein, wenn...dass sich jemand der da so anders ist, so nen dickes Mädchen, so pummelig...schminkt, muss ja nicht sein, also so ein dickes Mädchen mit nem kleinem Pfannkuchengesicht, und das versucht sich dann zu schminken
I: Und warum findest Du das dann nicht gut?
CHRIS: Naja, wenn man schüchtern ist...und so ruhig in der Ecke sitzt...weiß ich nicht, ob das zu einem passt [...]
I: Also das ist generell nicht gut, wenn sich schüchterne oder dicke Leute schminken?
CHRIS: Naja, also das kommt immer darauf an...Das Mädchen in meiner Klasse, die kleidet sich auch immer so ganz schüchtern...schüchtern, das ist so
I: Genau, beschreib mal
CHRIS: Das ist so nen grün...das ist ähem...also...Pullover, die auch Kinder tragen können, so und um die sechs oder fünf Jahre anziehen, halt, so außen mit Blümchen drauf, ich find das nicht hässlich, aber wenn da so nen kleines Blümchen drauf ist oder ne Kuh, ich finde, und wenn dann hier so Rüschen um den Arm sind und da und hier so nen kleines Rüschchen...und sich dann schminken, also ich weiß nicht, ob das so zusammen passt. (I6: 250-267)

Wenn das Schminken ein Initiationsritus für den Schönheitsdiskurs ist, dann muss es jedoch auch einige geben, die es aus genau diesem Grund, also aus Distanz zu den dominanten Sinngebungen des Aussehens, ablehnen. Zu diesen Mädchen zählt m.E. Kikki. Ob und wie sich die anderen in ihrer Klasse schminken, nimmt sie sehr genau wahr. Schminken scheint schließlich ein Thema zu sein, das im Alter der Frühadoleszenten polarisiert und auch als gewollte Botschaft gedeutet wird. Zwar gefällt Kikki ein dezentes Make-up, wie sie an anderer Stelle sagt. Dennoch ist ihr das Schminken suspekt, weil sie darin eine Tendenz zur Vereinheitlichung erkennt („dann sehe ich so aus wie alle"). Wie ich denke, hat Kikki entsprechend Angst um ihre Individualität und Souveränität, sollte sie dem Schönheitsdiskurs folgen. Dort geht es ihrer Meinung nur noch darum, bei anderen möglichst gut anzukommen. Anhand ihrer Haltung zum Schminken zeigt Kikki also, dass sie diesen Diskurs nicht möchte.

KIKKI: Also, unsere Klasse ist recht unterschiedlich. Wir haben ein Mädchen, das schminkt sich ganz doll, also eher so schwarz um die Augen rum und ist eher…ist eher so auf Punk, und dann haben wir einige, die schminken sich ganz doll, und dann mit Miniröcken und rosa Lidschatten, und dann haben wir welche, die schminken sich gar nicht, dann welche, die schminken sich nen bisschen, aber ziemlich dezent, und ja, so.
I: Also schon sehr durchmischt.
KIKKI: Ja.
I: Und wie gefällt Dir das, wenn sich jemand doll schminkt, wie findest Du das?
KIKKI: Also nee, also…weiß nicht. Wenn ich den dann so angucken würde, dann würde ich denken, ja, also wenn ich mir jetzt Lidschatten, Lidschatten *(verschluckt sich)*, Lidschatten drauf machen würde *(lacht)*, dann würde doch, ja, das ist doch nichts Besonderes, wenn man sich Lidschatten drauf machen kann und…wenn ich das jetzt auch machen würde, dann wär ich ja eigentlich, weiß nicht *(lacht leise)*, dann sehe ich so wie alle aus…ja. (I10: 140-153)

Auch Sandy möchte nicht, dass der Schönheitsdiskurs eine entscheidende Rolle in ihrem Leben spielt. Bei ihr finden sich die zuvor beschrieben Konflikte um den Wert der Persönlichkeit und das Gebot der Gerechtigkeit. Wer sich schminkt, gefährdet in Sandys Augen diese Moral. So wird das Schminken von ihr zwar ästhetisch für gut befunden, aber dennoch negativ bewertet, verdeckt es doch das ‚wahre' Ich. Darüber hinaus widersprechen das Schminken und ein attraktives, aber nicht naturgegebenes Äußeres ihren Prinzipien von Gleichheit. Ganz wichtig ist es Sandy, sich zu zeigen, „wie man ist". So habe jede Person eine „eigene Schönheit" und, auf den für sie wichtigen Sozialraum Schule bezogen, besondere Qualitäten, wie bspw. Lesekompetenz.

SANDY: Ich glaub, manche Leute finden das schon besser, wenn manche Leute sich so richtig dick schminken, ja, sieht die gut aus, aber manche finden das auch besser, wenn man nicht so geschminkt ist, weil man kann ja auch, weil es sieht ja auch schöner aus, wenn man selber einfach so ist, wie man ist, und nicht sich extra schön macht.
I: Warum gefällt Dir so was nicht?

SANDY: Ja, weil manche, die haben ja so ihre eigene Schönheit, und eigentlich sollte man das ja selber sehen, so akzeptieren, so seh ich aus, so soll ich auch sein, so sollen die anderen mich auch sehen, und nicht, oh, hier hab ich was, da hab ich was, das finde ich dann schon ein bisschen doof.
I: Und, wie ist das, wenn man nicht so gut aussieht, von Natur aus?
SANDY: Die müssen sich ja trotzdem nicht schminken, können den anderen ja trotzdem zeigen, so seh ich aus, so könnt ihr mich sehen, und wenn die einen dann trotzdem nicht gut finden, es gibt ja immer noch Menschen, die einen trotzdem noch mögen. Auch wenn die aus der Klasse die nicht mögen, aber vielleicht mögen die ja andere Menschen. Vielleicht haben die ja noch was anderes, die sehen nicht schön aus, sind aber klug, oder können gut lesen oder so was. (I13: 239-254)

6.5 Kein Zeichen von Devianz: Diskursive Umdeutungen statt Sexualisierung

Wie ich in diesem Kapitel gezeigt habe, tragen unterschiedliche Gründe zur Praxis der Mädchen bei, sich um ein idealisiert-weibliches Aussehen zu bemühen. Ich fasse zusammen: In ihrem Verständnis ist der Wunsch nach einem attraktiven Äußeren nahezu selbsterklärend. So ist Schönheit auch in ihrem Alter bereits ein wesentliches Instrument zur Erlangung von Erfolg. Dabei ist davon auszugehen, dass der Wunsch nach Attraktivität in enger Relation zu ihrer Subjektivierung der ‚Eigenverantwortung' steht (6.1, 6.3). Die für die Akteurinnen legitimen Identitäten, allen voran die des ‚frühadoleszenten Mädchens', sind ebenfalls an eine bestimmte optische Inszenierung gebunden (6.2). Was die von den Protagonistinnen benannten Motive für das attraktive Äußere betrifft, so fällt auf, dass diese einen großen Raum in ihrer Lebenswelt einnehmen. Mehrere, angesichts ihres Alters überraschende Hoffnungen auf Glück und Sicherheit sind für die Frühadoleszenten eng an ihr Aussehen gekoppelt (6.3). Obwohl sich dieser Schönheitsdiskurs nur schwerlich mit anderen, die Bedeutung des Individuums betonenden, Diskursen der Mädchen verbinden lässt, wird dennoch in der Regel an seiner Gültigkeit festgehalten (6.4). Die Diskurse des hohen Stellenwerts des Äußeren sind also in der Frühadoleszenz bereits verinnerlicht. Sie werden als Bestandteil allgemeiner, gesellschaftlicher Anforderungen betrachtet. Wird nun ein Bezug zu den Erkenntnissen aus Kapitel eins bis drei hergestellt, also zu den Diskursen über die Mädchen, wäre verkürzt dargestellt u.a. folgende Schlussfolgerung möglich: Weil die für ihr Alter unpassenden Schönheitspraktiken den Frühadoleszenten alltäglich erscheinen, wird damit auch die Kritik an ihrer visuellen Sexualisierung bestätigt.

Auf den nächsten Seiten möchte ich dieser Vermutung widersprechen. Bereits zu Beginn dieses Kapitels habe ich darauf hingewiesen, dass die Mädchen ihr Handeln nicht als Widerstand, sondern als einen Beitrag zur Normalität betrachten. An dieser Stelle möchte ich wieder ansetzen. Wie können sie ihre Praktiken als normal empfinden, wenn sie sie doch, mit ihrer Erziehung konform gehend, ablehnen müssten? An den Werten der Erziehung und ihrer Rolle als Kind halten die Akteurinnen schließlich fest. Im Folgenden werde ich deutlich machen, dass die Mädchen sich tatsächlich von möglicher Sexualisierung distanzieren. Das kann als Hinweis gewertet werden, dass dieser Diskurs nicht auf sie zutrifft. Im weiteren Verlauf werde ich zeigen, wie es den Akteurinnen gelingt, ihre vermeintlich sexualisierten Praktiken in die erlaubte Normalität zu überführen, nämlich durch die Umdeutung der Aussagen der von ihnen genutzten, visuellen Codes. Hier treten die Mädchen m.E. sichtbar als Produzentinnen ihrer eigenen Bedeutungen in Erscheinung. Mit der weiblich-idealisierten Inszenierung ihres Äußeren verfolgen sie scheinbar Praktiken, die ihnen noch nicht zugestanden werden. Sie drücken damit aber meiner Ansicht nach anderes aus, als die Kritiker ihrer visuellen Sexualisierung annehmen.

So lässt sich der Konflikt der Mädchen wie folgt erklären: Einerseits teilen sie die gesellschaftlichen Diskurse über Aussehen und Erfolg und möchten an diesen partizipieren. Ihr Schönheitshandeln ist eine Reaktion darauf. Aufgrund ihrer Rolle als Kind sind ihnen diese Praktiken andererseits noch nicht erlaubt. Gegen diesen Diskurs möchten sich die Akteurinnen indes nicht auflehnen, ist er doch für sie selbst sehr wichtig. Ihre Lösung ist, wie ich demonstrieren werde, eine andere. So übersetzen sie die Bedeutung ihrer Inszenierungen neu und ihrem Normalitäts-Verständnis entsprechend. Auf diese Weise sorgen die frühadoleszenten Mädchen selbst dafür, dass die Konsequenzen ihres Schönheitshandelns nicht außer Kontrolle geraten. Im Folgenden werde ich mich daher jenen Diskursen der Mädchen widmen, mit denen sie ihr weiblich-idealisiertes Äußeres als Gegensatz zur visuellen Sexualisierung konstruieren.

Dieses einleitend, möchte ich zunächst kurz darlegen, dass Sexualisierung generell etwas ist, von dem sich die Mädchen distanzieren wollen. Eine Form der Normalisierung im Sinn der Sexualisierungs-Kritik ist hier die Vermeidung von „Übertreibungen". So ist das, was die Mädchen für übertrieben halten m.E. synonym mit dem, was Erwachsene als solches bezeichnen würden (enge Kleidung trotz fülliger Figur, übermäßiges Make-up, Styling zu sexy usw.). Das ist bemerkenswert, werden den Mädchen, wie in Kapitel eins und drei gezeigt, doch selbst übertriebene Inszenierungen vorgeworfen. Es wird deutlich, dass die Akteurinnen mit den Erwachsenen zwar dieselben Diskurse teilen, den Mädchen diese aber nicht zugetraut werden. So kommt Chris' Beschreibung eines sexy

Mädchens dem nah, was auch Erwachsene, wenngleich vermutlich anders formuliert, kritisch sehen würden:

CHRIS: Na sexy ist...ähm...wenn sich...Also diese Mädchen an meiner Schule, die finden sich sexy, ich weiß jetzt nicht, warum die sich so sexy finden, die ziehen immer so...so gaaanz enge Hosen an, mit solchen Schuhen, Schuhen mit solchen Absätzen und so spitze, *(affektiert)* „ha", und auch so ganz viel Glitzer im Gesicht und sich so ganz toll aufgemotzt und...bauchfrei...bauchfrei, bauchfrei, bauchfrei. (I6: 322-326)

Auch Jay distanziert sich von Übertreibungen. Sie benutzt für ihre Ablehnung öffentlicher Zurschaustellung von Sexyness das Wort „freizügig".

I: So kurze Röcke, wird immer gesagt, ist sexy
JAY: Das find ich doof. Das ist so freizügig.
I: Glaubst Du, dass es schlecht ist, wenn man das anzieht?
JAY: In der Öffentlichkeit schon! (I9: 200-203)

Dagegen können sich Jade, Shaney und Latisha mit sexy Kleidung identifizieren. Dennoch sind sie sich der Grenzen des Erlaubten bzw. der Gefahr, eine negative Bewertung zu provozieren, bewusst. Um nicht „schlampig" zu wirken, verzichten die drei daher auch auf Kleidung, die ihnen eigentlich gefällt.

I: Und die Bikini-Oberteile *[in den Musikvideos, Anm.]*, wie findet ihr das?
JADE: Ich find die schön.
SHANEY: Se-xy! *(allgemeine Zustimmung)*
I: Würdet ihr denn solche Sachen, die so sexy sind, anziehen? (…)
JADE: Wenn's schlampig aussieht, nicht mehr. *(Nachfrage)* Wenn's zu kurz ist, zum Beispiel […]. Man muss es nicht übertreiben, nicht gleich so richtig kurz. (351-363)
LATISHA: Mich ärgert das manchmal, das ich nicht tragen kann, was ich will, aber dann versteh ich es auch, ich hab mir so einen schönen Minirock gekauft in London, aber jetzt will ich den gar nicht tragen, das find ich dann auch ein bisschen schlampig. (I4: 399-401)

Eine ähnliche Perspektive vertritt Valeria. Sie findet sexy Kleidung gut, weist aber darauf hin, dass man es nicht „übertreiben" solle und für den Eindruck von Sexyness außerdem auch die restliche Optik entscheidend sei.

I: Und was sind so sexy Klamotten?
VALERIA: Ja, wenn die halt nen weiten Ausschnitt haben oder ganz eng anliegen, so
I: Und wie findest Du das?

VALERIA: Ja, wenns jetzt nicht zu übertreiben ist, gut, also kommt jetzt auch an der Figur, also wenns jetzt so ne richtig dicke Person ist und die jetzt so was trägt, dann sieht das halt nicht gut aus, aber wenns jetzt auch ne Figur ist, die so was tragen kann, dann ist es halt gut.
I: Ähm, es gibt ja diese ganzen Musikvideos, in denen die so sexy rumlaufen, wie findest Du denn das?
VALERIA: Ich finds okay, aber ich würds jetzt nicht machen *(lacht)*, also, kommt halt drauf an, wie sie sind, also, manchmal find ich es auch einfach zu übertrieben, einfach. (I15: 340-350)

6.5.1 Enge Kleidung bedeutet keine Frühreife: Sexyness ohne Sex

In „So sexy, so soon. The new sexualized childhood and what parents can do to protect their kids" machen Levin/Kilbourne (2008) deutlich, wo die größte Angst vor der Sexualisierung liegt: Diese bewege Kinder zu einem immer früheren Eintritt in die sexuelle Aktivität[22], was in der Regel negative Folgen auf die physische und psychische Gesundheit habe. Zwar muss hier berücksichtigt werden, dass sich die genannte Publikation auf die US-amerikanische Gesellschaft bezieht. Dort herrscht schließlich eine striktere Sexualmoral und stärkere Verbote des jugendlichen Sex als in Deutschland, was nicht zuletzt der Gesetzesdiskurs belegt[23]. Dass das Einstiegsalter für Sex immer weiter sinkt, ist allerdings auch hier die Sorge vieler Erziehender[24]. Tatsächlich gibt es in Deutschland zwischen den letzten Jahrgängen keine gravierenden Unterschiede. Den Statistiken der Bundeszentrale für gesundheitliche Aufklärung folgend, sind seit 1998 nahezu unverändert etwas mehr als ein Drittel der vierzehn- bis siebzehnjährigen

---

22 Allerdings weist Brumberg (1997: 183) darauf hin, dass Sex seit den 1980ern Jahren in den USA auch schon für Dreizehnjährige ein Thema ist und das von den Eltern weitestgehend geduldet wird. Die Situation Mitte der 1990er beklagt sie wie folgt: „[...] adolescent sexuality is more dangerous than ever before, because the players are so young [...]" (ebenda: 200). Ich sehe an dieser Stelle daher abermals bestätigt, dass der Diskurs der visuellen Sexualisierung immer wieder ‚aktuell' ist.

23 So ist laut StGb in Deutschland einvernehmlicher Sex mit Minderjährigen ab 14 Jahren straffrei, in einigen amerikanischen Bundesstaaten dagegen erst ab 18.

24 Siehe bspw. die medial breit diskutierte Publikation über die Zunahme an frühreifem, gefühlsbefreitem Sex: „Deutschlands sexuelle Tragödie. Wenn Kinder nicht mehr lernen, was Liebe ist" (Siggelkow/Büscher 2008, Asslar, Gerth Medien).

Mädchen und Jungen sexuell aktiv. Der Zeitpunkt des ‚ersten Mals' hat sich im letzten Jahrzehnt ebenfalls nicht signifikant verschoben[25]. Dass sich diese Annahme trotzdem hält, hat m.E. mehrere, zum großen Teil nicht voneinander trennbare Gründe. Zum einen wird jugendlicher Sex aus Angst vor dem ‚Fremden' in der Adoleszenz häufig pathologisiert und die jeweils folgende Generation grundsätzlich als extremer in ihrem Lebensstil als die vorangegangene angesehen (vgl. 4.1). Zum anderen setzt die Menarche von Mädchen in postindustrialisierten Ländern immer früher ein, und Parallelen zum Eintritt in die aktive Sexualität werden auch hier schnell gezogen[26]. Aber es gibt noch weitere Anhaltspunkte, die Anlass zur der Vermutung geben, Kindern und Jugendlichen ginge es schon früh um Sex. Das ist bspw. die offensive und verstärkt tabubefreie Thematisierung des Sexuallebens Jugendlicher in den Medien und die daraus resultierende Angst vor „Verwahrlosung" (Schmidt 2004: 116f.). So beobachtet McRobbie (1999: 46ff., 122ff.) in den 1990er Jahren die Zunahme explizit sexueller Inhalte in britischen Mädchenzeitschriften und eine veränderte, die sexuellen Interessen der Mädchen in den Vordergrund rückende Sprache. In den britischen Medien und auch Teilen der Politik wurde die Entwicklung ebenfalls als zu früh beginnende Sexualität kritisiert.

Nicht zuletzt ist es schließlich das Äußere der Mädchen, das diese Wahrnehmung begünstigt. Neben Aufdrucken mit den Worten „Sexy" oder „Flirt" auf Kinder-Kleidung wird diese Annahme v.a. mit enger Kleidung, Hüftjosen, Miniröcken, High Heels und Make-up bei Frühadoleszenten begründet. Diese Codes gelten als verführerisch und als Signal, an Sex interessiert zu sein. Obwohl erwachsene Frauen sich vermutlich eine solche Gleichsetzung verbieten würden, ist die Differenzierung bei Heranwachsenden weniger ausgeprägt. Bei ihnen wird im Sinn ihrer vermeintlichen Unschuld offenbar von einem Unvermögen im Erfassen von Mehrdeutigkeiten ausgegangen. Weil die Interviewpartnerinnen häufig enge Kleidung, Hüftjosen und Make-up tragen, würde bei ihnen der Verdacht des sexuellen Interesses also nahe liegen.

Im Gespräch mit den Akteurinnen entsteht jedoch schnell ein anderer Eindruck. Nicht nur berichten wenige von Erfahrungen mit romantischen Beziehun-

---

25 Jugendsexualität 2006, Seite 7 und Jugendsexualität 2001, Seite 6.
26 Nach Seaton gilt die früh einsetzende Geschlechtsreife als Angriff auf die Altersordnung und daher grundsätzlich als gefährlich: „[Puberty] signals a girl's imminent entrance into the social and temporal spaces of adult life – and therefore her entry into the complex social, political, and economic relations of gender and sexuality. [...] Early maturing girls are not sticking to the temporal and spatial script." (Seaton 2005: 29f.)

gen oder sexuellen Aktivitäten. Die Mädchen äußern sich auch insgesamt selten zum Themenkomplex Sexualität und vermeiden die in diesem Alter geläufigen sexuellen Anspielungen und Witze. Das alles lässt sich selbstverständlich zu einem beträchtlichen Teil auf meine Rolle als Forscherin und Außenstehende zurückführen. Dennoch bin ich der Ansicht, dass Sexualität kein wesentlicher Bestandteil der Diskurse der Mädchen über das Thema Aussehen ist. Zwar gefallen fast allen Frühadoleszenten weiblich-idealisierte Inszenierungen und werden von ihnen praktiziert. Diese jedoch in Bezug zu Sexyness im Sinn sexueller Aktivität zu setzen – gleichsam als Zeichen, dass sie über Sex Bescheid wissen und daran interessiert sind –, davon distanzieren sich die Mädchen. Sexyness hat m.E. stattdessen eher die Funktion des Ausdrucks von Coolness und Spaß. Wer sexy ist, genießt das Leben, ist in der Peergroup anerkannt, aber ggf. von aktiver Sexualität noch weit entfernt. So sind die Akteurinnen auch der Ansicht, dass ein sexy Aussehen nicht unbedingt auf Jungen abzielt. In klarer Gegenposition zur Perspektive vieler Erwachsener auf das Aussehen junger Mädchen solle man vielmehr in der Lage sein, sich sexy zu stylen, ohne bedenken zu müssen, dass damit auch sexuelle Aktivität assoziiert werde.

Die Interviewpartnerinnen glauben also nicht, dass Sexyness im Kontext negativer Konsequenzen gesehen werden muss. Sie beanspruchen eine wertfreie Haltung gegenüber ihren sexy Stylings sowie die damit einher gehende Anerkennung der Normalität dieser Inszenierung. Zwar machen einige von ihnen auch Späße über Sex, weil das vermutlich in diesem Alter als ‚cool' gilt, stellen dann aber doch heraus, dass sie sich v.a. einen verlässlichen und netten Freund wünschen. Sexyness verstehen sie als Spaß, und werden ihre Stilisierungen dagegen ernsthaft mit sexuellem Interesse verwechselt, nehmen sie Abstand. Wie ihre Antworten deutlich machen, können sich die Wenigsten die Formen der Eigenständigkeit, Selbstbestimmtheit und Körperlichkeit vorstellen, die mit Sex assoziiert werden. So sind Beziehungen in diesem Alter, wie eines der Mädchen argumentiert, auch eher als Kinderfreundschaften zu begreifen. Die tatsächlichen Sex-Erfahrungen betreffend, verhalten sich die Akteurinnen ihrer Kinder-Rolle entsprechend. Was nicht dazu gehört, wird von den Mädchen selbst an den Rand gerückt, so z.B. die „Schlampen", also Mädchen, die nicht nur sexy aussehen, sondern offensichtlich auch schon sexuell aktiv sind. Ihrem eigenen Wunsch nach einem sexy Aussehen tut das jedoch keinen Abbruch, denn in ihrem Diskurs hat Sexyness nichts mit Sex zu tun. Viele Mädchen würden ihre Stylings schließlich auch nicht sexy nennen, sondern einfach nur bekräftigen, dass enge Kleidung normal ist.

Anders als im Sexualisierungsdiskurs angenommen, deutet das Aussehen der Mädchen also nicht auf die von ihnen vermeintlich angestrebte Rolle als frühreífe Verführerin oder ‚Boy-Toy' hin. Selbst wenn das innerhalb ihrer Peergroup anders sein sollte, den Eindruck nach außen, sexy im Sinn von sexuell aktiv zu sein, wollen die Mädchen nachdrücklich vermeiden. Im Kontext der bisherigen Erkenntnisse ist das nicht überraschend: Ein eigenverantwortliches, nach gesellschaftlichem Erfolg strebendes Subjekt würde sicherlich den Eindruck inadäquater Sexualität vermeiden. All das soll indes nicht heißen, dass die Mädchen in diesem Alter noch kein sexuelles Begehren haben. Natürlich gibt es in der Frühadoleszenz auch schon sexuelle Aktivitäten, jedoch denke ich, dass die Mehrzahl keine diesbezügliche Erfahrung hat. In jedem Fall erscheint mir das sexy Styling junger Mädchen nicht in erster Linie als Ausdruck sexueller Aktivität. Vielmehr entspricht es ‚einfach' ihrem Schönheitsideal, bloß gilt hier eben der erlaubte Diskurs rund um die Inszenierung attraktiver Weiblichkeit noch nicht. Die Akteurinnen wünschen sich aber, dass ihnen Sexyness zugestanden wird und deuten dafür den dominanten Diskurs über sie um.

Diese Annahmen möchte ich nun anhand der folgenden Zitate verdeutlichen. So äußert Suniesha Unverständnis gegenüber der Meinung ihrer Mutter, sie solle ihren Körper nicht betonen. In ihren Augen ist bspw. ein kurzes Top „normal", und wird also vermutlich von vielen in ihrer Altersgruppe getragen.

SUNIESHA: Nein, meine Mutter meint, meint auch, ich soll nicht so was kaufen was meinen Körper so sehr zeigt [...]
I: Verstehst Du das denn, dass deine Mutter manches nicht gerne mag?
SUNIESHA: Nee. Da waren wir mal zusammen einkaufen, da hab ich so nen kurzes Top gesehen, wollt ich mir holen und das durfte ich nicht, obwohl das total normal ist, so was.
(I14: 97-104)

Der folgende Dialog von Beverly und Elisabeth zeigt dagegen, dass die beiden Mädchen Sex durchaus bereits als Thema betrachten. Derartige Anspielungen sind für sie offenbar Ausdruck von Spaß und Abgrenzung und werden bspw. zur Provokation ihrer Mütter eingesetzt. V.a. aber ist Sexyness für Beverly und Elisabeth ein erstrebenswertes Schönheitsideal. Gefragt nach ihren Wünschen für die Zukunft, stehen Jungen bzw. ein Freund bei den beiden im Vordergrund. Wie sie sagen, soll der zukünftige Freund zwar attraktiv sein. Ebenso wichtig sind Elisabeth und Beverly jedoch Zuverlässigkeit, Nettigkeit und gute Manieren. Mit diesem eher spießigen Beziehungsideal schwächen die beiden Freundinnen ihre zuvor getroffenen Äußerungen zu Sex und gutem Aussehen. Stattdessen begeben sie sich wieder auf das Terrain des Erlaubten.

BEVERLY: Sexy, das ist ein geiler Arsch. Ja, und wenn man gut aussieht, das ist das Gleiche. Das Wort sexy ist aber out. Wir sagen das anders, voll pervers eben, oder Styler.
I: Okay! (...) Dann zum Abschluss...noch mal ein bisschen Fantasie...Wie wärt ihr denn gern mit 16?
BEVERLY: Voll pervers! *(beide lachen)*
I: Das heißt...
BEVERLY: Man muss einen geilen Arsch haben. Große Brüste, also zumindest Oberweite, so ohne geht gar nicht mit 16. Auf jeden Fall will ich dann einen Freund haben. Lange Haare, und so braune Haare, so lockige, das sieht immer hübsch aus. Und dann will ich im Bordell arbeiten *(lacht)*, habe ich meiner Mutter neulich auch gesagt, dass fand sie voll unverschämt *(beide kreischen)*.
I: Und Du?
ELISABETH: Weiß gar nicht. Klar, nen Freund.
I: Und wenn ihr drei Wünsche frei hättet, was wäre das?
ELISABETH: Jungs. Kohle. Und reich sein, äh... viele Klamotten und so.
BEVERLY: Ja, reich sein. Dann lange Haare. Und Jungs.
I: Jungs, Jungs... aha... egal welche?
BEIDE: Näää! Nur Styler!
I: Wie sehen die denn so aus?
BEVERLY: Also. Der perfekte Junge hat dunkelbraune Haare, so bisschen gegelt. Er muss Sixpack haben, Sixpack, Sixpack! Nen geilen Arsch. Blaue Augen, auf jeden Fall, oder grüne. Er soll kein Player sein. Er soll nett, zuverlässig sein und ich muss ihm nicht immer hinterher rufen, ey, mach deine Socken da weg. *(beide kichern)*
ELISABETH: Ja, genau. (I2: 316-340)

Dass zumindest Elisabeth sich trotz aller Vorliebe für Sexyness noch nicht mit dem Gedanken an sexuelle Aktivität anfreunden kann, zeigt auch ihre folgende Äußerung. So ist zwar das unten beschriebene Outfit für sie ein Beispiel für gutes Aussehen,

ELISABETH: Und die Hose, in solchen kleinen, in so Stiefel reingesteckt *(beide lachen)*, ja...auch eine coole Frisur! (I2: 71-72)

wird von ihr aber dennoch später mit drastischen Worten verurteilt. Hier äußert sich Elisabeths Angst vor Sexualität („Schlampe", „Nutte") als Implikation intensiver Schönheitspraktiken und einer Abkehr von der Kindheit.

ELISABETH: Eine aus meiner Klasse ist ne Schlampe, könnte man fast sagen. Ne Nutte eben. Also ehrlich, schon so, Stiefel in die Hose reinstecken, in unserem Alter, das geht nicht. (I2: 283-285)

Elisabeths Äußerung bewegt sich meiner Ansicht nach eindeutig im Diskurs der visuellen Sexualisierung. So werden hier die bekannten, auf Ebene der Erziehung transportierten Ängste aufgegriffen. Obwohl sie sich für Sexyness bezeichnende Stilmittel begeistern kann, dient Elisabeth ihr Alter offensichtlich als Barriere negativer, im Kontext der Sexualität verorteter Konsequenzen. In meiner Interpretation ist Elisabeths Argumentation ein Beispiel für temporäre Umdeutungen: Einerseits begeistert sie sich für Körperschönheit im Allgemeinen und Konsum im Sinn eines ‚du kannst alles aus dir machen' im Speziellen. Andererseits schränkt Elisabeth aber gleichzeitig die von ihr nicht intendierten Folgen durch den Verweis auf ihr Alter (‚Sex ist verboten') ein.

Dass ‚echte', also sexuelle, Liebesbeziehungen in ihrem Alter aber ohnehin noch nicht an der Tagesordnung sind, betont Hilka. Denn während sie selbst schon Erfahrung mit dem Küssen hat, gilt das ihrer Meinung nach für andere Frühadoleszente noch lange nicht. Als Paar zusammen zu sein, hat in ihrer Beobachtung daher in dieser Altersgruppe eher einen nominellen Wert.

HILKA: [...] aber zusammen sein kann man bei denen nicht nennen, die rennen sich hinterher, die schlagen sich, die prügeln sich
I: Also eher eine Freundschaft, bei Kindern
HILKA: Ja, also bei manchen ist das so, bei K., die war da mit einem zusammen, und dann ja, wir sind zusammen, und das war's, mehr machen die nicht [...] schicken sich mal ne SMS. Also, ich hatte auch mal nen Freund, aber das war ein bisschen anders, wir haben uns geküsst, und, keine Ahnung, weiß auch nicht, aber bei denen, ist das einfach nur so, ja, wir sind zusammen. (I8: 138-146)

Für Maria ist Attraktivität, die in ihren Augen eben auch Sexyness bedeutet, auch abseits bestimmter Gründe erstrebenswert („so will doch jeder aussehen"). Nico erklärt, dass Sexyness und das Interesse an Jungen tatsächlich nicht immer Hand in Hand gehen.

MARIA: Sexy ist so was wie Christina Aguilera. Gute Figur, kurze Röcke. Eben hübsch sein oder schön, das beides, und schöne Anziehsachen.
I: Und wie gefällt Euch das?
MARIA: Ich find das gut.
I: Würdest Du denn so aussehen wollen…viele sagen ja, die sieht viel zu sexy aus

MARIA: So will doch jeder aussehen, die sind doch nur neidisch
I: Weil man dann gut bei den Jungs ankommt, oder
NICO: Wenn man das will. Das heißt ja nicht, dass man dann immer so „oh-oh" vor den Jungs herläuft. (I5: 123-131)

Elisabeth, 12 Jahre, und Beverly, 13 Jahre
Tragen, was „in" ist, sich stylen, shoppen gehen, „Unsinn bauen" und mit Jungs rumhängen, das gefällt Elisabeth und Beverly. Die beiden besten Freundinnen sind selbstbewusst, für Spaß zu haben, und wenn nötig, auch eigensinnig und kämpferisch. „Ey, wir sind so beide die zickigsten Mädchen auf der ganzen Welt!" beschreibt Elisabeth sich und Beverly. Trotzdem setzen die beiden ihrem Spaß und ihrer Coolness auch Grenzen. Obwohl sie sich weiblich stylen und in sexuellen Anspielungen reden, wollen sie den Eindruck vermeiden, selbst schon sexuell aktiv zu sein. Denn auch wenn Elisabeth und Beverly sich erwachsen inszenieren und geben, betonen sie immer wieder, noch Kinder zu sein. Die beiden Mädchen sehen sich sehr ähnlich. Beide haben lange, hellbraune Haare, offene Gesichter mit einem wachen Blick, sind schlank und modisch mit Turnschuhen, Hüftjeans und engen Tops bekleidet. Beverly und Elisabeth besuchen die Realschule und leben mit ihren polnisch-stämmigen Familien in derselben Wohnblocksiedlung. In ihrem Stadtteil sind die Mädchen fest verankert. Sie verabreden sich täglich mit anderen und legen Wert auf Anerkennung in ihrem Freundes- und Bekanntenkreis. Die Peergroup ist ohne Zweifel ihr Haupt-Bezugspunkt. Hier wird festgelegt, wie man aussehen sollte, wie und worüber man spricht und welchen Status man hat. Beverly und Elisabeth sind sichtlich stolz darauf, die Regeln zu kennen und zu befolgen. Wie sie deutlich machen, genießen die beiden Respekt in ihrem Umfeld. Jeglicher Schönheitskonsum erfüllt Elisabeth und Beverly mit Begeisterung. Die Mädchen legen großen Wert auf ihr Äußeres, und dabei spielt Shopping für die beiden eine entscheidende Rolle. Wenn beim Thema Schönheit das Feld des weitestgehend verantwortungslosen Spaßes verlassen wird, zeigen sich die Mädchen jedoch von einer ungewohnten, weniger souveränen Seite. Dann wird offensichtlich, dass Elisabeth und Beverly noch stark an ihren Familien hängen. Beide wären offenbar gerne mehr ‚Kind', also beschützt, und erwähnen in unserem Gespräch entsprechend häufig ihre Eltern. Die Eltern dienen scheinbar oft als Grenze ihrer auf Eigenständigkeit fokussierten Selbst-Präsentation. Sie werden

von Elisabeth und Beverly immer wieder zur Sprache gebracht, um das gefürchtete Bild des ‚frühreifen Mädchens' zu relativieren. So möchten die beiden Freundinnen m.E. ausdrücken, dass ihr erwachsenes Aussehen ‚eigentlich' nichts über ihre Verhältnisse und ihr Verhalten sagt. Dasselbe gilt für das Thema Jungen. Auch wenn sich Beverly und Elisabeth wahrscheinlich zum anderen Geschlecht hingezogen fühlen und Jungen ein beliebtes Ziel sexistischer Bemerkungen sind, macht ihnen der Gedanke an eine Partnerschaft offensichtlich noch Angst. Sie stylen sich zwar gerne sexy, aber ihre Ideologie beinhaltet keinen ausgeprägten Wunsch nach sexueller Aktivität. Stattdessen stehen der Spaß und die Anerkennung durch die Peergroup im Vordergrund. Elisabeth und Beverly haben zwar zweifelsohne die Bedeutungen des dominanten Schönheitsdiskurses verinnerlicht. Wichtig ist aber, dass bei genauer Betrachtung einige Botschaften ganz andere sind, als vermutet werden könnte.

6.5.2 Weiblich und trotzdem gleichberechtigt: Ästhetische statt sozialer Geschlechterdifferenz

Die Sorge um das Aussehen ist spätestens seit der zweiten Frauenbewegung ein bekanntes Thema des Feminismus (vgl. Bordo 1993: 247ff.). Im Zentrum der Kritik stand hier, dass Frauen und Mädchen durch unrealistische Schönheitsideale von gesellschaftlicher Macht abgehalten werden würden. Die Aversion von Feministinnen gegen speziell weibliche Schönheitstechniken gilt seitdem als sicher. Heute argumentieren dagegen jüngere, sich mit dem ‚Alltags-Feminismus' auseinander setzende Autorinnen, dass sich das Interesse an Schönheit mit intellektuellen Ambitionen vereinbaren lässt[27]. In jedem Fall ist die Angst der Sexualisierungs-Kritiker vor dem ‚Rückfall' junger, auffällig weiblich inszenierter Mädchen in traditionelle Geschlechterrollen (vgl. Zurbriggen et al. 2007: 27) durch langjährige, akademische Diskussionen geprägt. Besonders einflussreich sind hier die Theorien von Wolf (1991) und Bordo (2003). Beide gehen davon aus, dass die zunehmende Bedeutung des attraktiven Äußeren und der daraus resultierende Druck gerade in den Errungenschaften des Feminismus begründet liegen. So sei die Tatsache, dass Frauen im Arbeitsleben immer mehr Chancen hätten, ursächlich für ihren Machtverlust an anderer Stelle, nämlich im Umgang mit ihrem Äußeren. Generell müssten Frauen mehr leisten

---

27 Vgl. Haaf, M., Klingner S., Streidl, B. (2008): „Wir Alphamädchen. Warum Feminismus das Leben schöner macht", Hamburg, Hoffmann & Campe.

als Männer, so Wolf und Bordo. Weil Schönheitspraktiken eine weitere Belastung und v.a. einen Quell der Unsicherheit darstellten, wäre allerdings, ganz im Interesse des Patriarchats, der erkämpfte Machtgewinn gefährdet. Entsprechend wird in der Sexualisierungs-Debatte vermutet, dass eine hohe Bedeutung des Aussehens zur Konjunktur alter Geschlechterrollen bei jungen Mädchen führt.

Wie sehen die Mädchen das selbst? Ihr Äußeres ist ihnen, wie gezeigt, sehr wichtig, aber wie bewerten sie ihre Geschlechterrolle? Zunächst kann zwar nicht behauptet werden, dass die Akteurinnen die Auflösung von Geschlechterdifferenzen anstreben. Vielmehr scheinen sie auch gerade in optischer Hinsicht an ihnen festzuhalten (vgl. 6.2.1). Dennoch denke ich, dass sie auch einen Gleichheitsdiskurs verinnerlicht haben. So verliert der Wunsch nach Selbstbestimmtheit und Unabhängigkeit für sie nicht an Wert durch eine verstärkte Konzentration auf ihr Aussehen. M.E. scheint hier sogar eine Korrelation zu existieren: Eben gerade weil die Geschlechterdualität sich an vielen Stellen auflöst, beharren die Mädchen auf zumindest äußerlich fixen Geschlechtsidentitäten.

Diese stehen jedoch offenbar in keinem Zusammenhang mit einem Interesse an traditionellen Rollen. Die Akteurinnen sind sichtlich selbstbewusst gegenüber Jungen und haben keine Scheu, sie kritisch zu beurteilen. Sie vertreten die Ansicht, dass Geschlechterrollen nicht naturgegeben sind und sind mit dem Anspruch, sich selbst zu behaupten, erzogen worden[28]. Gegenüber Rollenanforderungen reagieren die Mädchen entsprechend sensibel. So werden Stereotype auf beiden Seiten identifiziert, und wenn nötig, umgekehrt. Wenn Jungen bspw. Mädchen ausschließlich nach dem Aussehen beurteilen, praktizieren die Akteurinnen im Fall der Jungen dasselbe.

Dass die beiden Geschlechter dennoch unterschiedlich sein sollen, wünschen sie sich aus anderen Gründen. So zeigt sich z.B., dass auch Mädchen bestimmte Jungen-Klischees erhalten möchten (so ist eine der Akteurinnen der Ansicht, Jungen seien dann attraktiv, wenn sie nicht zu „anhänglich" seien). Ausschlaggebend ist hier m.E. besonders der Wunsch nach Romantik. Sie ist ein zentrales Glücksversprechen in der Frühadoleszenz und in den Augen der Interviewpartnerinnen an ein geschlechtlich eindeutiges Aussehen gebunden. Wenn die Mädchen- und Jungen-Rollen also nicht mehr genau voneinander zu unterscheiden sind, wird an den ‚positiven' Aspekten der Geschlechtertrennung verstärkt fest-

---

28 Wie Harris (2004) deutlich macht, geht diese Entwicklung paradoxerweise jedoch gleichzeitig oft mit einer Ablehnung feministischer Politiken einher. So würde der Feminismus von Mädchen und jungen Frauen in deren Wahrnehmung nicht mehr gebraucht, weil sie als „over-achievers" heute ohnehin bereits selbst über ihr Leben bestimmen könnten.

gehalten. Wie ein richtiges Mädchen auszusehen, ist zur Identitätskonstruktion in diesem Alter meist schließlich nicht nur eine Notwendigkeit. Die Vorgabe wird scheinbar auch als angenehm empfunden, weil die Regeln fest und der Erfolg sichtbar sind. Mädchen-Sein ist hier auch eine Art Hobby mit nahezu unbegrenzten Konsummöglichkeiten. Dazu passt Driscolls Beobachtung zur Konstruktion des „global girl", nämlich den universell gültigen Maßstäben und Waren zur Herstellung des Femininen (2002: 267f.).

Die Umdeutung der Akteurinnen gegenüber dem Diskurs der Sexualisierung lautet also, dass der Wunsch nach gutem Aussehen nicht die gleichzeitige Marginalisierung als Mädchen bedeutet. Eine Benachteiligung würden einige vermutlich schon aus dem Grund von sich weisen, weil sie sich auch zu anderen, der klassischen Mädchenrolle widersprechenden Identitäten bekennen[29]. Auch McRobbie (1999: 127) weist darauf hin, dass, nur weil die meisten Mädchen ein großes Interesse an Romantik hätten, ihre Weltsicht nicht anti-feministisch sein müsste. In ihrer Lebenswelt wollten sie ja gerade nicht die Vorstellungen ihrer Mütter, der Schule und anderer Autoritäten verkörpert sehen. Das Beharren auf romantischen Idealen sei daher auch eine Form ihrer Freiheit.

Zur Illustration dieser Erkenntnisse im Folgenden einige Zitate. So zählt Natascha zunächst die bekannten Klischees auf, die sie als Vorteile der Geschlechterrollen begreift:

I: Was hat das denn für einen Vorteil, ein Junge zu sein?
NATASCHA: Das hat Vorteile. Man wird nicht gehänselt, kann aber mit denen hänseln *(lacht)*. Man versteht die besser…und kann mit denen Faxen machen, und Fußball spielen […].
I: Und was hat das für einen Vorteil, ein Mädchen zu sein?
NATASCHA: Das hat ganz viele Vorteile. Im Sommer kann man auch Röcke tragen, das können die Jungs nicht *(lacht)*, das sehe ja komisch aus. Das ist wieder der Vorteil, und man kann auch Mädchensachen machen.
I: Was sind denn Mädchensachen?
NATASCHA: Zum Beispiel Diddl sammeln, aber ich hab auch schon einen Jungen gesehen, der Diddl sammelt. Und man will einem helfen, das wollen Jungs nicht so gerne, immer…und…ähm… man…man…man spielt gerne mit Puppen *(lacht)*, und die Mädchen sind eigentlich auch stärker als die Jungen.
I: Inwiefern?

---

29 So z.B. Chris, Elisabeth und Beverly als Fußballerin, Spaßmacherin oder eben auch als „nicht-typisches Mädchen".

NATASCHA: Wenn jemand weint, da geht man immer hin, das machen nur Mädchen, und die holen dann Hilfe. Die Jungs ziehen immer nur hoch und sagen, hör auf, du Heulsuse [...]
I: Was meinst Du, warum helfen die Jungs denn nicht gerne?
NATASCHA: Keine Ahnung...Eigentlich sind die Jungs genauso gleich wie wir Mädchen. (I11: 62-82)

Beeinflusst durch den Diskurs um die Gleichberechtigung, kann Natascha abseits optischer Fragen ihr Bild von der unterschiedlichen Bewertung von Jungen und Mädchen nicht vollständig aufrecht erhalten. Sie kommt daher zu dem Schluss, dass „eigentlich" beide gleich sind. Dass ihr eine positive Deutung weiblicher Verhaltensweisen vermittelt worden ist, zeigt m.E. ihre Interpretation der Hilfsbereitschaft von Mädchen als Ausdruck von Stärke. Zusätzlich beeinflusst durch eine Alltagsbeobachtung (auch Jungen sammeln „Diddl"-Gegenstände und Bilder), muss Natascha ihr Bild von den grundsätzlichen Gegensätzen der Geschlechter revidieren. Später noch einmal nach den Unterschieden zwischen Jungen und Mädchen befragt, sagt sie:

NATASCHA: [...] In einer Art und Weise haben wir eigentlich...genau das gleiche Denken. (I11: 143-146)

Auch Hilka ist der Ansicht, dass an vielen Klischees nur festgehalten wird, weil sie in altbekannten Rollen verortet sind. So würden Jungen nur an der Attitüde, Mädchen müssten gut aussehen, festhalten, weil das der Selbst- und/oder Fremderwartung entsprechen würde. Die Realität dagegen sieht laut Hilka anders aus.

HILKA: Ich war mal mit ner Freundin auf dem Sommerfest der Grundschule hier, mein Bruder geht da ja noch hin, und da waren halt auch Jungs aus meiner alten Klasse, und dann haben wir die mal gefragt, was findet ihr an Mädchen toll. [...] Dann haben sie erst ein bisschen rumgedruckst, und meinten dann, den Arsch, und wir so, warum bist Du dann mit N. zusammen, die hat doch gar keinen Arsch in der Hose. (I5: 131-138)

Bewusst oder unbewusst, ist das andere Geschlecht für Mädchen wie Suniesha auch aufgrund des attraktiven Äußeren interessant. Das zeigt ihr nachfolgendes Zitat. Offensichtlich bewerten also auch Mädchen die Jungen u.a. nach diesem Kriterium, das vermeintlich nur zur Beurteilung von Mädchen und Frauen relevant ist. Damit legitimieren sie wiederum die Bedeutung des Aussehens als Kategorie der Anerkennung.

I: [...] Kannst Du sagen, warum Du denkst, dass die [Jungen] gut aussehen?
SUNIESHA: Also, ich find N., der zieht sich auch gut an, und der ist auch witzig, und der traut sich auch, der traut sich auch so manche Dinge zu sagen [...]. Und...bei den anderen Jungs, die sind eigentlich auch nur witzig und sehen körperlich ganz gut aus, also mit T-Shirt und so. (I14: 120-126)

Für Shaney, Latisha und Jade hat die Bewertung von Jungen allein nach ihrem Äußeren offenbar die Funktion eines Rückgewinns von Macht. So sind sie zwar der Meinung, der Fokus von Jungen auf das Aussehen eines Mädchens sei ein Zeichen von Oberflächlichkeit. Gleichzeitig steht – neben der ethnisch-kulturellen Herkunft – aber auch in ihren Augen bei Jungen die Attraktivität im Vordergrund. Genauso, wie sie idealisierte Weiblichkeit schön finden und sich dieser anzugleichen versuchen, gefallen ihnen auch stereotype Darstellungen von Männlichkeit („sportlich", „Player"):

SHANEY: Die Jungs, ich muss noch was erzählen, heute bei Religion, Thema Liebe und Freundschaft, sollten die Jungs alle schreiben, wie sie sich ihre Partnerin vorstellen, und alle so haben geschrieben: Sie soll nicht fett sein. Sie soll schön sein, nicht zickig und nicht eingebildet, und das war's.
I: Und wie sollten die Jungs sein?
SHANEY: Wunderschön!
LATISHA: Ich will nen Mischling!
Alle: Ja!
SHANEY: Mischling, sportlich, sexy, Player
JADE: Latino, blaue Augen, Styler sein. *(Nachfrage)* Also, so modisch angezogen (I4: 441-450)

Trotz dieser Gleichheit sind die traditionellen Geschlechterrollen aber dennoch von Belang, wie die Äußerung von Chris zeigt. Vermutlich aufgrund des romantischen Mythos kommt für sie kein Freund in Frage, der Schwäche ausstrahlt. Attraktiv für das andere Geschlecht zu sein, bedeutet in diesem Alter dementsprechend auch, dass die vorgesehenen Rollen eingehalten werden:

CHRIS: [...] ich würde jetzt sagen, dass jemand so ganz toll aussieht, wenn...na, wenn der halt so nen bisschen verrückter ist [...] Aber so nen Milchbubi fänd ich jetzt gar nicht toll, wenn der so Mama-händig ist *(lacht)*. (I6: 147-152)

CHRIS: Also ich finde schön bedeutet...für mich...nicht zu...anhänglich. (I6: 174)

Allerdings scheint aber die Romantik ein Feld zu sein, das die soziale Realität der Akteurinnen nur partiell beeinflusst. Je mehr sich jedoch die Unterschiede in den Lebenswelten von Mädchen und Jungen insgesamt auflösen, desto wichtiger ist den Interviewpartnerinnen die ästhetische Herstellung von Differenz. Ihr Beharren auf der optischen Zweigeschlechtlichkeit, was ja auch eine intensive Schönheitspflege beinhaltet, unterliegt m.E. einer diskursiven Umdeutung der Vereinbarkeit von Schönheitshandeln und Gleichberechtigung. Denn dass die Mädchen nicht davon ausgehen, sich später einmal in einer untergeordneten Rolle zu befinden, zeigt auch der nächste Abschnitt.

6.5.3 Auf Leistung kommt es an: Wunsch nach gutem Aussehen, aber andere Prioritäten

Die Kritik an der visuellen Sexualisierung wird meiner Ansicht nach durch eine Aussage auf den Punkt gebracht: Gleich, welchen Hintergrund sie hätten, Mädchen heute sei es wichtiger, „hot" als „smart" zu sein (Durham 2008: 63f.)[30]. Die sexuelle Objektivierung habe durch den Einfluss der Medien eine solche Dimension erreicht, dass die Mädchen sich von der Vorgabe, Schönheit zu ihrer obersten Priorität zu machen, nicht mehr befreien könnten. Möglichst gut auszusehen, werde zum Lebensziel, habe man so doch auch die besten Aussichten auf eine erfolgreiche Zukunft (vgl. Durham 2008). Wie ich gezeigt habe, sind für die Mädchen wichtige Versprechen von Glück und Sicherheit tatsächlich an ein attraktives Äußeres gebunden. Um Erfolg zu haben, führt für die meisten Akteurinnen kein Weg an der weiblich-idealisierten Inszenierung vorbei. Bereits in der frühadoleszenten Lebenswelt hängt offenbar sowohl Existenzielles wie vermeintlich Nebensächliches vom guten, also regelkonformen Aussehen (mädchenhaft, schlank, modisch usw.) ab. Dazu zählt die Verkörperung einer legitimen Identität, der Beweis, ein ernst zu nehmendes Mitglied der Gesellschaft zu sein ebenso wie die Möglichkeit, Spaß zu haben. Ist gutes Aussehen in den Augen der Mädchen also die wichtigste Eigenschaft? Wollen sie wirklich lieber attraktiv als klug sein?

---

30 Einige psychologische Studien erkennen tatsächlich eine Korrelation zwischen dem Wunsch nach Schönheit und mentaler Leistungsfähigkeit. Das Forscherteam um Zurbriggen et al. (2007: 22) zitiert hierfür Untersuchungen, wonach jugendliche Mädchen, die sich stark auf ihr Äußeres konzentrieren, eine geringere kognitive Leistung erbringen als diejenigen, bei denen das nicht der Fall ist. Verglichen wurden hierfür u.a. die Ergebnisse eines Mathematik-Tests einer Gruppe Mädchen. So war eine Hälfte der Probandinnen nur mit einem Badeanzug bekleidet, während die andere, die besser beim Test abschnitt, ein Sweatshirt trug.

Der Diskurs der Mädchen spricht eine andere Sprache. Mit der Argumentation, man müsse sich nur um sein Äußeres kümmern, und alles andere käme von allein, können die Akteurinnen offenbar wenig anfangen. Wie sich an ihren Gesprächsbeiträgen zeigt, werden die Mädchen stattdessen nicht müde zu betonen, dass ohne Leistung alles andere ‚nichts' ist. Denn für was, so fragen einige, ist gutes Aussehen noch zu gebrauchen, wenn man in der Schule nicht zurecht kommt? Die Vorteile des schönen Äußeren sind abseits *gleichzeitiger* Leistung auf dem Feld der Bildung – und von dieser Notwendigkeit scheint auch die Peergroup überzeugt zu sein – in den Augen der Mädchen gering. Zur Bildung gibt es bei ihnen offensichtlich keine Alternative. Sie wird als Voraussetzung begriffen, dass sich die Zukunft erfolgsversprechend entwickelt. Diese Leistungsethik scheint von den Akteurinnen größtenteils verinnerlicht, was angesichts des Mediendiskurses um den Sozialstaat nicht verwundert[31].

Dass die Mädchen derartige Aussagen trotz ihres Alters schon als relevant für ihr eigenes Leben empfinden, zeigt das Zitat einer Interviewpartnerin. Demnach hätten diejenigen, die in geringqualifizierten Jobs arbeiten, auch ein „schlechtes" Leben. Auch bei den weniger realistischen Berufs-Vorstellungen, die nicht primär von der Bildung abhängen, sehen sich die Mädchen bereits in der Verantwortung. An dieser Stelle ist wieder einmal die schon zuvor erwähnte ‚Casting-Show-Rhetorik' prägend: Lebe deinen Traum, entscheide dich, was du willst, und arbeite hart dafür. Hier ist das Erfolgsdenken zentral, jeder muss etwas ‚vorweisen' können. Passend zu diesem Leistungsdiskurs der Akteurinnen ist, dass einige nahezu ‚bürgerliche' Wünsche für die Zukunft äußern, wie ein stabile Familie und Ehe. Schließlich ermöglichen solche Lebensziele den Rückzug aus der Anforderung der beständigen Leistungserbringung. Die Quintessenz vieler Mädchen zum Thema Aussehen ist also tatsächlich, dass Schönheit nicht die oberste Priorität hat. Am wichtigsten scheint vielmehr der Erfolg ‚an sich', erreichbar durch Leistung und Bildung. Attraktivität *allein* ist für die Akteurinnen also nicht entscheidend. Dennoch bleibt Schönheit als zentraler Baustein zur Erlangung von Anerkennung fraglos hochrelevant. In der Perspektive der Interviewpartnerinnen muss man jedoch gebildet sein bzw. Leistung erbringen, und letzeres wird deutlich höher bewertet als das attraktive Äußere.

Aus Sicht der Sexualisierungs-Kritiker kann das zwar als positives Ergebnis gewertet werden. So sehen die Mädchen nicht ihr Aussehen im Zentrum ihres

---

31 Hierzu zähle ich die in der Zeit während meiner Gespräche mit den Mädchen medial geführten Diskussionen um die Ich-AG, Hartz IV und drohenden sozialen Abstieg. Seitdem hat die Problematik bei Adoleszenten offensichtlich kaum an Bedeutung verloren, haben diese doch auch Ausdrücke wie „Hartzer" und „hartzen" geprägt.

Selbst und setzen für ihre Zukunft auch auf andere Kompetenzen. Im Vergleich zu den zuvor thematisierten Umdeutungen - dass Sexyness eher Spaß als Sex bedeutet und optisch-idealisierte Weiblichkeit mit Gleichberechtigung vereinbar ist - hat diese Sinngebung m.E. indes eine kritische Komponente. Denn während der Wunsch nach Sexyness und ästhetischer Geschlechterdifferenz im Kontext des Vergnügens der Mädchen zu bewerten ist, ist ihr Diskurs um Prioritäten auch Ausdruck des Empfindens von (Leistungs-)Druck. Eine Äußerung wie „so eine Chance wirft man nicht einfach weg" zur Bedeutung der Schule würde man, wie ich überzeugt bin, schließlich nicht von einer Elfjährigen erwarten. Viele Mädchen beschäftigen sich offenbar aber bereits in der Frühadoleszenz ernsthaft und häufig mit dem Gedanken an ihre Zukunft nach dem Schulabschluss. Dass sie das selbst nicht als ungewöhnlich empfinden, zeigt sich an der Tatsache, dass die Akteurinnen diese Überlegungen auch versprachlichen. Die unschuldige Kindheit, die von den Anforderungen des erwachsenen Lebens noch nichts weiß, kann hier also nicht beobachtet werden.

Damit einher geht auch der von den Mädchen häufig zitierte Wunsch, eine ‚heile' Familie zu haben und später selbst eine zu gründen. Nicht nur scheint die Hoffnung auf eine eigene Familie in Anbetracht des Alters der Interviewpartnerinnen verwunderlich. Als größte Wünsche der Frühadoleszenz würde man im gängigen Diskurs schließlich eher das persönliche Kennenlernen von Popstars, romantische Hoffnungen oder auch die Lösung ‚globaler Probleme' vermuten. Die Mädchen sehen aber die Existenz der Einheit ‚Familie' offenbar als bedroht an, weshalb ihnen ihr Erhalt sehr wichtig ist. Ohne Zweifel lässt das auf vorhandene Ängste oder negative Erfahrungen schließen. Dass sich ihre Wünsche oft um das Thema Familie drehen, ist wahrscheinlich der Überlegung geschuldet, ob dieses Modell dauerhaft bestehen bleibt. Was ältere Jugendliche unter Umständen ironisch betrachten könnten, ist für die Frühadoleszenten eine durchweg ernste Angelegenheit.

Im Folgenden sollen diese Ergebnisse zusammenfassend anhand der Aussagen der Interviewpartnerinnen dargestellt werden. In Kikkis Verständnis ist der Wert guten Aussehens ohne Erfolg in der Bildung gering. Spätestens, wenn die Schule vorbei ist, sind die ‚Schlechten', ob schön oder nicht, die Leidtragenden und bleiben es auch.

I: Meinst Du denn, wenn man total gut aussieht, dass man da einen Vorteil hat, so allgemein?
KIKKI: Naja, also ich denke, ähm, man hat nen bisschen nen Vorteil, aber ich weiß nicht, ob's einem jetzt wirklich was bringt, weil, wenn ich jetzt super gut aussehe, aber in der Schule total schlecht bin, ja, was bringt mir das dann später noch. (I10: 65-69)

Zur Leistung in der Schule gibt es keine Alternative, findet Jay. Sie versteht die gymnasiale Bildung als einmalige Gelegenheit, die man nutzen muss („wirft man nicht einfach weg"). Die Zeit oder Freiheit, seine Prioritäten erst einmal anders zu setzen, existiert in ihren Augen nicht.

I: *(innerhalb der Frage, wie sie sich ihr Leben mit 16 vorstellt)* Kannst Du denn sagen, wie es dann deiner Meinung nach sein soll, was du machst?
JAY: Naja, ich geh dann wohl noch zur Schule. Ich bin ja auf dem Gymnasium, das will man nicht so einfach wegwerfen. (I9: 242-244)

Wer sich gegen die Gelegenheit guter Schulbildung entscheidet oder möglicherweise nicht früh genug die Tragweite geringer Leistung erkennt, dessen Weg führt nach Ansicht vieler Mädchen unweigerlich in einen ‚minderwertigen' Beruf. Eine Bürotätigkeit symbolisiert bspw. für Chris die Möglichkeit des „guten Lebens":

CHRIS: *(über das Leben mit 16)* Ich glaube, es verändern sich dann viele Dinge, ich such dann auch schon nen Job, und...Es kommt drauf an, welchen Job ich dann gefunden habe, zum Beispiel, wenn ich irgendeinen im Büro gefunden habe und wenn ich irgendeinen beim D.A.L. gefunden habe...Also ich glaub, im Büro, da würde ich schon ein besseres Leben haben, also auch beim D.A.L., mehr als Kassiererin, so.
I: D.A.L, was ist das?
CHRIS: So Post
I: Ah, DHL
CHRIS: Als Kassiererin, da wüsste ich jetzt nicht, ob ich da so, so gut, ob ich, ob ich da immer noch so nen gutes, fröhliches Leben hab, ich finde...die, die Kassiererinnen, die können sich auch immer nur so ne kleine Wohnung leisten, weil die ja nicht so viel verdienen (I6: 438-449)

Eddie wünscht sich eine Karriere im Entertainment-Bereich, was ihrem Wunsch, in der Schule mehr Leistung zu erbringen, aber nicht entgegen steht. Im Zentrum ihrer Erwartungen steht die Hoffnung auf ‚Erfolg', dessen Definition bei Eddie die Anerkennung anderer ist.

I: Hm... Dann stell Dir doch mal vor...Wie wärst Du denn gerne mit 16?
EDDIE: Mit 16...so Jessica Simpson aussehend bloß braunhaarig.
I: Und vom Aussehen abgesehen...

EDDIE: Wäre ich gut in der Schule, weil jetzt bin ich nur so mittelmäßig...Und ich will dann Erfolg haben...Und eben auch Schauspielerin werden, alle raten mir das auch. (I7: 232-236)

Chris wünscht sich, dem Klischee einer Zwölfjährigen entsprechend, zunächst ein Treffen mit ihrer Lieblings-Boy-Group. Dem folgt allerdings bereits die Hoffnung auf eine eigene Familie und eine gesicherte Existenz.

CHRIS: *(über ihre drei größten Wünsche)* Erster wäre, dass ich US5 kennen lerne, zweiter wäre, dass ich später eine gute Wohnung, eine schöne Familie habe […] (I4: 463-464)

Die endgültige Bewertung der Bedeutung des Aussehens fällt wie in Katinkas Äußerung bei den meisten Mädchen gemäßigt aus. So ist das attraktive Äußere anderen ‚Leistungen', wie Bildung oder sozialem Status, untergeordnet („eigentlich nicht so wichtig"). Das Prinzip, gut auszusehen um gut anzukommen, bleibt aufgrund seiner unangreifbaren Selbstverständlichkeit jedoch dennoch relevant („das gehört eben mit dazu").

KATINKA: [Gutes Aussehen ist] Eigentlich nicht so wichtig...Aber ohne das alles zu machen wär's halt komisch, das gehört eben mit dazu, das macht man einfach. (I2: 268-269)

Frida, 10 Jahre, und Katinka, 12 Jahre
Ein sexy Styling gefällt Katinka und Frida. Nach ihrer Meinung zu den knapp bekleideten Frauen in den Musikvideos befragt, sagt Frida „sehen total schön aus. Cool" und Katinka ergänzt „Ich find, das sieht gut aus...müssen die ja selber wissen". Im gesamten Gespräch zeigt sich diese m.E. eher ungewöhnliche Haltung der beiden Schwestern. So stehen sie dem Thema nicht nur weitestgehend positiv, sondern auch gänzlich frei von Zweifeln und Moral gegenüber. Den bekannten Gegendiskursen zum Trotz, wird bei ihnen die hohe Bedeutung der Schönheit verteidigt. Auch die Atmosphäre beim Interview ist entspannt, nicht zuletzt, weil Katinka und Frida währenddessen in ihrer Schlafkleidung frühstücken. Im Zeitraum unseres Treffens haben die Schwestern gerade Ferien. Deshalb bestehen sie darauf, „auf keinen Fall vor zehn" aufzustehen. Katinka und Frida haben beide lange, blonde Haare, sind zierlich und sehen jünger aus, als sie sind. Sie stammen aus einer vermögenden Familie und leben mit ihren Eltern in einem Vorort einer

Großstadt. Katinka besucht hier das internationale Gymnasium, Frida geht auf eine Grundschule mit fremdsprachlichem Schwerpunkt. Beide betonen ungefragt, dass sie selbst auf diese Schulen gewollt hätten. Die beiden Mädchen stellen auch an anderen Stellen immer wieder ihre Souveränität unter Beweis. So schminkt sich Katinka, obwohl ihre Mutter dagegen ist, „wahrscheinlich, weil sie das nämlich selbst nicht macht". Sie trägt auch lange Ohrringe, was ihre Mutter ebenfalls ablehnt. Dass ihre Mutter es außerdem nicht mag, dass Katinka und Frida modische, enge Sachen tragen, stört die Schwestern nicht. Wie sie erzählen, wollen beide sich ihre vermeintlich abstehenden Ohren anlegen lassen, was nicht die Idee ihrer Eltern sei. Warum sie gut aussehen möchten, erklären die Schwestern mir ohne Umschweife: Damit man sich besser fühlt, wegen der Jungs, wegen der Aufmerksamkeit anderer und damit man Spaß hat. Dass die Persönlichkeit dabei erst einmal auf der Strecke bleibt, akzeptieren sie. Jeder sei ja für sein Aussehen – und damit für einen Teil seines Glücks – selbst verantwortlich, argumentieren die beiden. Man müsse einfach immer nur beobachten, wie es die anderen machten. Wenn Personen aufgrund ihrer „komischen, hässlichen Klamotten" in der Hierarchie unten stehen, findet das Katinka in Ordnung. Das Kindheitsideal Unschuld und die Hoffnung auf die Irrelevanz von Ungleichheiten sind Katinka und Frida entsprechend eher fern. So prallen auch die meisten Erziehungsdiskurse über den Umgang von Mädchen mit dem Äußeren an ihnen ab. So nüchtern die Schwerstern in ihren Einschätzungen zur Bedeutung des Aussehens auf der einen Seite sind, so unbefangen sind sie auf der anderen. Ihnen bereitet der sexualisierte Schönheitsdiskurs keine Probleme, da sie sich mit ihm identifizieren und ihn für sich nutzen können. Katinka und Frida kommt es darauf an, selbstbestimmt zu sein, Spaß zu haben und zu den Erfolgreichen und Beliebten zu zählen. Attraktivität ist für sie eines der hierfür notwendigen Instrumente, aber auch nicht mehr. Denn wie die Mädchen deutlich machen, stimmen sie doch in einem wesentlichen Punkt mit den meisten Interviewpartnerinnen überein: Gutes Aussehen ist wichtig, aber immer noch anderen Kategorien, wie Bildung oder sozialer Herkunft, untergeordnet.

6.6 FAZIT: SEXUALISIERTE SCHÖNHEITSPRAKTIKEN ALS INTEGRATION VON ANFORDERUNGEN

Wie ich gezeigt habe, messen die Mädchen ihrem weiblich-idealisierten Aussehen eine hohe Bedeutung bei. Ihre Inszenierungen sind nicht zufällig, sondern gewollt. Anstelle von Eigensinn verdeutlichen ihre Diskurse jedoch, dass sie ihre Schönheitspraktiken als Anpassung an die von ihnen empfundene, soziale Ordnung verstehen. Zusammenfassend lässt sich m.E. also sagen, dass das vermeintlich sexualisierte Aussehen eine Verkörperung der veränderten Anforderungen an Mädchen in der Frühadoleszenz ist. So zeigt die Normalität eines weiblichidealisierten Äußeren in diesem Alter eine Annäherung von Kindheit und Erwachsensein. Auch zwischen zehn und 13 Jahren bedeutet Attraktivität damit bereits Anerkennung in der Peergroup wie in der Gesellschaft. Gut auszusehen, wird von den Mädchen sowohl als Vorteil wie als notwendige Praxis wahrgenommen. Das schöne Äußere fungiert als Projektion bedeutsamer Hoffnungen wie Romantik, gilt bei den Mädchen aber auch schon in Bezug auf ihr künftiges Erwerbsleben, also ihren Erfolg in professionellen Kontexten, als relevant.

V.a. diese Erwartung, die der Anforderung, etwas aus sich zu machen, integral ist, verweist meiner Ansicht nach auf einen spezifischen Diskurs der Eigenverantwortung, der sich in den Schönheitspraktiken fortschreibt. Dem Diskurs der Mädchen liegt entsprechend eine bestimmte Subjektvorstellung zugrunde, in der der eigene Wert und Erfolg eine Frage der Eigenleistung sind. Aufgrund dieser Ideologie bewegen sich die Mädchen m.E. schließlich in Bedeutungszusammenhängen, die im dominanten Diskurs für ihr Alter noch nicht vorgesehen sind (vgl. Kapitel drei). Diese Sinngebungen werden von den Akteurinnen jedoch als ebenso wirkungsmächtig wie die speziell an ihre Altersgruppe gerichteten Erwartungen empfunden. Zwar existieren bei den Mädchen auch Gegenpositionen und Versuche, sich dem Schönheitsdiskurs zu widersetzen. Die Überzeugung, dass es auch in ihrem Alter bereits auf sie selbst ankommt, und also auch darauf, wie sie aussehen, ist dennoch vorherrschend.

Kritiker der neuartigen Inszenierungen der Mädchen konstatieren in diesem Zusammenhang oft, dass die Kindheit heute bereits früh ‚verloren' werde. Der Diskurs der Mädchen widerspricht dieser Annahme. Wie gezeigt, sehen sie sich nicht nur selbst als Kinder, sondern möchten diesen Status auch erhalten. Deshalb kann man aus den Schönheitspraktiken der Mädchen nicht schließen, dass sie auch früher erwachsen werden oder dieses beabsichtigen. Mit der vermeintlich unpassenden, erwachsenen Inszenierung ihres Äußeren schließlich wollen die Akteurinnen beiden Seiten gerecht werden. Ich spreche hier bewusst von „gerecht werden", denn obwohl die Schönheitspraktiken auch Zeichen ihrer

Ermächtigung sind, stehen sie doch gleichzeitig nicht in Konkurrenz zum Diskurs der Erziehenden. Sie bemühen sich vielmehr um Harmonie mit diesem. Indem die Mädchen versuchen, in der von generellen, gesellschaftlichen Anforderungen wie von speziellen, erzieherischen Vorgaben geprägten Realität zu bestehen, streben sie nach Normalität.

Aus diesem Grund verstehe ich ihre Schönheitspraktiken als einen Versuch der Integration von Anforderungen. So stimmen die Akteurinnen zum einen dem Diskurs über die Angemessenheit ihres Aussehens, also den Positionen ihrer Erziehenden zu. Auf diese Weise wollen sie ihre Rolle als Kind, die ihnen Schutz und Orientierung bietet, erhalten. Zum anderen halten die Mädchen aber ein Befolgen des standardisierten, weiblichen Schönheitsideals für notwendig, um soziale Anerkennung zu erzielen und Missachtung zu vermeiden. Sie wollen also nicht ausbrechen, sondern normal sein, die Regeln befolgen und davon profitieren. Beide Aussagen deuten somit auf die Selbst-Regulierung der Mädchen auf einem für beide Seiten akzeptablen Niveau hin. Ihrem Willen zur Normalisierung entsprechend, bedeuten die Schönheitspraktiken der Mädchen auch nicht das, was seitens der Sexualisierungs-Kritiker angenommen wird. Weder ist ihre idealisierte Weiblichkeit ein Hinweis auf eine frühreife Sexualität, noch kann sie als Indiz zur Rückkehr zu einer traditionellen Geschlechterrolle verstanden werden. Und gutes Aussehen ist darüber hinaus keine Eigenschaft, die die Mädchen als allein entscheidend für ihre Erfolgsaussichten betrachten.

An dieser Stelle sollte allerdings angemerkt werden, dass dieses Ergebnis bei anderen Mädchen des gleichen Alters, aber unter anderen Umständen lebend, anders aussehen kann. Wie ich demonstriert habe, ist Normalisierung eine Konstante im Schönheitsdiskurs der Mädchen. Nicht der Ausbruch aus den dominanten Bedeutungen wird angestrebt, sondern das Einfügen in diese bei größtmöglichem Vorteil. Normalitäten sind jedoch dynamisch, und die von mir interviewten Mädchen repräsentieren mehrheitlich das eher bürgerliche Milieu der westlichen Welt. Hier bestehen weitestgehend sozial gesicherte Verhältnisse, auch ist ein eher konservativer Erziehungsdiskurs dominant – ohne diese Einflussfaktoren wären m.E. auch andere Ergebnisse denkbar. In Bezug auf die Situation der Akteurinnen ist meiner Ansicht nach auch ihre Subjektvorstellung prägend. Wer die Anforderung der Eigenverantwortung verinnerlicht hat, wird vermutlich wenig zu Extremen neigen.

Die Mädchen zeigen entsprechend sowohl Kontrolle durch dominante Erziehungsdiskurse als auch kreative Umdeutungen dieser durch ihre Schönheitspraktiken. Damit verkörpern sie m.E. eine neue Form idealisierter Weiblichkeit, die man weder als Zeichen von Devianz noch von Eigensinn betrachten kann. Bewusst wollen die Mädchen in meiner Interpretation keinen Diskurswechsel einläuten. Der Wunsch nach gutem Aussehen in der Frühadoleszenz scheint kein Ausdruck einer bestimmten Gruppe oder Bewegung zu sein, er weist vielmehr auf die Adaption eines elementaren Diskurses hin. Dementgegen steht die Kritik an der visuellen Sexualisierung. Sie repräsentiert die hegemoniale Bewertung und versucht die Mädchen in ihrer vermeintlichen Andersartigkeit zu kontrollieren. Jedoch unterscheiden sich die Diskurse der Akteurinnen und die ihrer Kritiker kaum, und erstere kontrollieren sich folgerichtig damit auch selbst.

Deshalb stimmen die Annahmen der Kritiker der visuellen Sexualisierung auch nicht mit dem überein, was die frühadoleszenten Mädchen selbst ausdrücken wollen. Schon allein weil Sexualität im weitesten Sinn in ihrem Streben nach gutem Aussehen nicht die vermutete Rolle spielt, ist die Bezeichnung „visuelle Sexualisierung" angesichts der Diskurse der Mädchen irreführend. Sex bzw. sexuelle Objektivierung ist nicht der Motor ihrer Schönheitspraktiken. Natürlich ist fragwürdig, ob die gestylten Mädchen tatsächlich so emanzipiert und machtbewusst sind, wie es bspw. weite Teile der Cultural Studies behaupten. Die Warnung vieler Feministinnen, dass sich, wer viel Wert auf sein Aussehen legt, unfrei macht, ist den meisten Heranwachsenden nicht mehr präsent. Sie haben Spaß am Konsum und trotzdem Ehrgeiz und Pflichtgefühl, was ihre berufliche Zukunft betrifft. Bei allem ist die Einsicht vorherrschend, für sich selbst und den eigenen Erfolg verantwortlich zu sein. Die dominanten Diskurse über frühadoleszente Mädchen entsprechen nicht dieser Realität.

7. Zusammenführung und Einordnung

7.1 ANDERE WIRKLICHKEITEN: BRÜCHIGKEIT DER DOMINANTEN DISKURSE

Begonnen hat diese Arbeit mit dem Unbehagen an sexualisierten Mädchen. Angesichts dieses, dominanten Diskurses über die veränderten Inszenierungen Frühadoleszenter ist das Ergebnis meiner Untersuchung überraschend. Der Grund für die neuen, die Weiblichkeit idealisierenden Praktiken liegt nicht im Versuch der Abgrenzung oder einer wie auch immer gearteten Devianz. Den Sinngebungen der Akteurinnen folgend, lässt sich das neuartige Schönheitshandeln vielmehr als Anpassung an die soziale Ordnung interpretieren. So kann das vermeintlich sexualisierte Aussehen als Verkörperung der veränderten Anforderungen in der weiblichen Frühadoleszenz verstanden werden. Ausschlaggebend hierfür ist ein bestimmter Subjekttypus, durch den Eigenverantwortung im Zentrum der Handlungen der Mädchen steht. Die in Kapitel drei dargestellten Diskurse aus der Erziehung und den Wissenschaften stimmen also größtenteils nicht mit der Realität der Akteurinnen überein. Im Anschluss an das bürgerliche Kindheitskonzept sind bewusste und auffällige Inszenierungen hier schließlich nur selten erlaubt. Im Gegensatz dazu weist die heutige Lebenswelt frühadoleszenter Mädchen oft nicht diejenigen Merkmale auf, die ihr seitens der Erwachsenen zugeschrieben werden. Denn anstelle von kindlicher Unschuld machen die Äußerungen der Mädchen deutlich, dass auch sie bereits erwachsene Sinngebungen verinnerlicht haben und Schönheit als Kategorie der Anerkennung begreifen.

Wie ich im zweiten und dritten Kapitel gezeigt habe, entspricht diese Sichtweise jedoch nicht den Wünschen ihrer Erziehenden: Schönheit als Medium der Aufmerksamkeit hat im gängigen Verständnis eine sexuelle Komponente. Trotzdem begreifen die Mädchen ihr weiblich-attraktives Äußeres nicht als Abkehr von der Denkweise Erwachsener, sondern als Zustimmung. Dass sie von denselben Bedeutungen geprägt sind, bedeutet für die Akteurinnen auch keine Distanzierung von den dominanten Diskursen über sie. Sie selbst präsentieren ihre Handlungen als Akt der Normalisierung. So passen sie sich der von ihnen als Weg zu Glück und Erfolg verstandenen Notwendigkeit der Selbstinszenierung an. Lediglich das von außen wahrgenommene Bild scheint ihrem Alter unangemessen. Damit ist belegt, dass die Mädchen mit ihrem Äußeren bewusst keinen ‚Aufstand' gegen die Annahmen über sie beabsichtigen. Dennoch sind die veränderten Schönheitspraktiken fraglos ein Zeichen dafür, dass die Ideologie der richtigen Kindheit und damit auch die Unterscheidung zwischen jung und alt zunehmend an Wirkung verlieren.

Für die Mädchen kann die Abkehr von der Kindheit ohne Zweifel ein Zugewinn an Macht bedeuten. Ihre Haltung hierzu ist jedoch eine ganz andere, versuchen sie doch, einen Diskurswechsel zu vermeiden. So bezeichnen sie sich selbst noch als Kinder und kontrollieren sich entsprechend innerhalb der für sie gültigen Normen. Damit wird jedoch nicht das Problem der gänzlich anderen Interpretation ihrer Inszenierungen durch Außenstehende behoben. Zur Lösung dieses Konflikts bedienen sich die Akteurinnen einer besonderen Strategie, indem sie die Bedeutungen der dominanten Diskurse für sich modifizieren. Verkürzt dargestellt, ist gutes Aussehens damit kein Hinweis auf ein sexuelles Interesse, sondern Zeichen des Versuchs, sich als legitimes und erfolgsorientiertes Mitglied der Gesellschaft zu präsentieren.

Folgerichtig ist das Ziel der Mädchen die Integration der gegensätzlichen Anforderungen an sie. Sie werden sowohl der Gesellschaft als auch ihrer Erziehung gerecht, indem sie sich über ihr attraktives Äußeres einerseits als eigenverantwortliches Subjekt konstruieren, andererseits jedoch von all den Rückschlüssen abgrenzen, die v.a. auf Ebene der Wissenschaften aus ihrem Schönheitshandeln gezogen werden. So verstehen die Akteurinnen ihr Äußeres weder als ausschlaggebenden Faktor ihrer Person noch als Indiz einer frühreifen Sexualität. Auch als Zeichen der Renaissance traditioneller Geschlechterrollen wollen die Mädchen ihr Aussehen nicht missverstanden wissen. Im selben Maß empfinden sie ihre Schönheitspraktiken durch eine, wenngleich dynamische, „Normalitätsgrenze" (Link 2006: 40) markiert[1]. Ihren Äußerungen zufolge vermeiden die

---

1 Das wichtigste Indiz dieser Normalität ist m.E. ein adäquates Verhalten in Bezug auf aktive Sexualität. Diese Grenzziehung gilt vermutlich für die Mehrheit frühadoleszenter Mädchen in der westlichen Welt. In Anbetracht der Tatsache, dass es in anderen Kulturen oder zu anderen Zeiten durchaus auch die Normalität frühreifer Mädchen gab und gibt, ist eine Verschiebung der Grenze jedoch möglich. „Over-Sexyness" ist in weiten Teilen der Popkultur heute bspw. schon Konsens und wird von Mädchen

Mädchen Übertreibungen und orientieren sich hierbei offensichtlich auch an den Grenzen des guten Geschmacks Erwachsener[2]. Allerdings wird dieser ‚vernünftige' Umgang mit dem Aussehen den Mädchen noch nicht zugetraut. Dabei verfügen die Akteurinnen durchaus über Kenntnisse der allgemeinen Regeln zur Gestaltung des Äußeren. Darauf weist nicht zuletzt ihre Handhabung der zentralen Ordnungskategorien Geschlecht und Alter hin. Wie in Kapitel zwei und drei dargestellt, gilt im heteronormativen System die Erfüllung des optischen Geschlechterideals nicht nur generell als das wichtigste Kriterium des ‚richtigen' Aussehens. Es wird auch in der Erziehung oft als erwünschte Praxis vermittelt. Die Mädchen möchten diesen Ansprüchen genügen, befinden sie sich doch in einer Lebensphase, in dem gesellschaftliche Partizipation zunehmend wichtiger wird. Auch die Sinngebung des Schminkens als Initiationsritual ist ein Hinweis darauf. Dennoch wollen die Mädchen trotz ihres zunehmenden Fokus auf die Gesellschaft ihren Status als Kind nicht gefährden. So zeigt sich die gestiegene Relevanz der außerfamiliären Welt zwar in ihren erwachsenen Inszenierungen. Aber es ist die Nähe zur Kindheit die die den Stellenwert des Aussehens relativierenden Diskurse hervorbringt.

Dass die Mädchen nach Normalisierung streben und nicht ausbrechen wollen, korreliert mit ihren in Kapitel drei dargestellten, eher konservativen Werten. Auch der dort geäußerte Zweifel an der Krisenhaftigkeit der Adoleszenz bestätigt sich angesichts des vernunftgeleiteten Denkens der Akteurinnen. So wurde gezeigt, dass die Mehrheit der Mädchen heute in privilegierten und harmonischen Verhältnissen lebt. Statt Widerstand hoffen sie auf den Erhalt des Bestehenden, was als Reaktion auf kulturelle, soziale und ökonomische Unsicherheiten gedeutet werden kann. Zu letzteren zählt bspw. die Anforderung an ein hohes Maß an Flexibilität und Leistung, was auch in der Subjektivierungsweise der Akteurinnen offenbar wird. Das veränderte Schönheitshandeln liegt somit auch in ihrem neuartigen Erleben von Adoleszenz begründet.

Es kann also festgehalten werden, dass die Diskurse der Mädchen in vielerlei Hinsicht den Annahmen über sie widersprechen. Diese Diskrepanz ist v.a. auf das bürgerliche Kindheitskonzept zurückzuführen, das die Abgrenzung gegenüber Erwachsenen beinhaltet. Kinder gelten demnach als grundsätzlich anders und können daher auch nicht die gleichen Bedeutungen teilen. Ist die soziale Funktion von Schönheit als Mittel der Anerkennung, wie im zweiten Kapitel

---

und Frauen zunehmend als Demonstration von Macht verstanden (vgl. McRobbie 2009: 83ff.).

2 Dazu zählen enge Kleidung bei einer eher dicken Figur, übermäßiges Make-up und eine zu offensive Sexyness.

beschrieben, auch sonst akzeptiert, für Heranwachsende gilt dieses Wissen nicht. Begründet wird diese ‚Sonderbehandlung' auf Ebene der Wissenschaften mit dem möglichen Schaden für Kinder. Darüber hinaus steht die Tatsache, dass Adoleszente und Erwachsene viele Bedeutungen teilen, oft im Konflikt mit jugendkultureller Forschung. Aufgrund einer auch hier auffälligen Tendenz zum ‚Othering' ist das Verständnis der Kinder und Jugendlichen als eigensinnig weit verbreitet. So wurde in Kapitel drei gezeigt, dass das Schönheitshandeln von Mädchen oft im Kontext von Widerständigkeit interpretiert wird. Aus den Antworten der Mädchen ergibt sich jedoch, dass sie die Unterscheidung zwischen Kind- und Erwachsenensein tatsächlich nicht angreifen wollen. Sie beabsichtigen auch nicht, früher erwachsen werden.

In der Abkehr vom Kindsein liegt entsprechend nicht der Grund für das neue Schönheitshandeln der Mädchen. Hierfür sind in Anlehnung an die Erkenntnisse aus Kapitel drei und vier andere Erklärungen denkbar. Wie dargestellt, rücken Erziehende in ihrem Selbstverständnis zunehmend in die Nähe ihrer Kinder, wodurch die Einigung auf Regeln für jede Generation erschwert wird. Jugendlichkeit, u.a. in Fragen des Aussehens, gilt zunehmend als hegemoniales Ideal. Im Extrem macht das Beispiel Madonna diese Entwicklung deutlich, die nicht nur zur Legitimation des Anspruchs auf Jugendlichkeit in allen Altersgruppen beiträgt. Madonna zeigt überdies, dass Pop- und Jugendkulturen heute nicht mehr als synonym zu verstehen sind. Derartige Vereinnahmungen verändern auch das Image der Jugendlichkeit. So bedeutet ‚jugendlich' heute nicht mehr allein up-to-date, attraktiv und leistungsfähig zu sein. Der Begriff schließt auch verstärkt ‚erwachsene' Eigenschaften wie Verantwortung, Erfolg und Einsatzbereitschaft mit ein. Naturgemäß beeinflusst der Anspruch auf Jugendlichkeit auch die Lebenswelt Erwachsener, wodurch sich die Erfahrungen und Erwartungen von Eltern und Kindern immer mehr ähneln. Beide nähern sich nicht nur im Stil einander an, sondern sind auch gleichermaßen popkulturell sozialisiert. Es ist also davon auszugehen, dass sich auch Erwachsene nicht mehr an ihre ursprünglichen ‚Richtlinien' halten müssen. Daraus ergibt sich jedoch auch die Frage, warum der Regelbruch und damit die möglichst attraktive Inszenierung nicht auch Jüngeren gestattet sind. Zwar würden sich die Akteurinnen, ihren Äußerungen zufolge, von dem Verdacht der Ähnlichkeit von Eltern und Kindern distanzieren. Unterschwellig begünstigt die Annäherung der Generationen aber vermutlich die Schönheitspraktiken der Frühadoleszenten.

Eine weitere Veränderung in der Welt der Erziehung steht im Zusammenhang mit dem Aussehen der Mädchen. So existieren heute mit der Etablierung des Kindes als Statussymbol auch hohe Ansprüche an Heranwachsende. Das bedeutet zum einen gestiegene Leistungsanforderungen in Schule und Freizeit.

Zum anderen ist jedoch auch ein bestimmter Lebensstil erwünscht, der sich an einer positiven Außenwahrnehmung orientiert. Dieser Lifestyle beinhaltet Stilmittel und Handlungen, die Erfolg bedeuten, wie bspw. bestimmte Körperpraktiken.

Es lässt sich zusammenfassen, dass die Mädchen vglw. früh Bedeutungen adaptieren, die ihnen im bislang bestehenden System der Trennung zwischen Heranwachsenden und Erwachsenen nicht gestattet waren. So überlagern sich heute Kindheit, Adoleszenz/Jugend und Erwachsensein offenbar zunehmend[3]. Es zeigt sich also, dass die Anforderungen an die Mädchen an ihren Umgang mit dem Äußeren widersprüchlich sind, weil die Grenzen zwischen gewollt, erlaubt und verboten fließend erscheinen. Zwar gelten auffällige Inszenierungen, dem bürgerlichen Kindheitskonzept zufolge, nach wie vor als unangemessen. Gleichzeitig befördern aber veränderte Sichtweisen auf Mädchen sowohl in Medien/Ökonomie als auch in der Erziehung oftmals eine verstärkte Sorge um das Äußere. Dieser Gegensatz verhindert die Etablierung eines anerkannten Diskurses für die veränderten Schönheitspraktiken. Trotzdem werden frühadoleszente Mädchen immer mehr dazu gedrängt, sich bestmöglich zu ‚produzieren'.

Dabei ist es vermutlich gerade auf ihr Lebensalter zurückzuführen, dass sie selbst sensibel auf diese Ideologien reagieren. Dass auch die Akteurinnen unter den Widersprüchen leiden, zeigen ihre Äußerungen. So ist zwar kaum das deviante Verhalten erkennbar, das oft als Folge des Konflikts zwischen Familie und Gesellschaft gilt. Aber die Frage nach der Angemessenheit ihrer Handlungen führt bei manchen zu moralischen Problemen, möchten doch die Mädchen sowohl ihrer Kinderrolle als auch ihrer neuen Subjektivität gerecht werden. Dabei scheitern sie nicht nur an der für Kinder geforderten Unschuld und Naivität. Auch die hohen Ansprüche der eigenverantwortlichen Mädchen an sich selbst – sich immer bestmöglich darstellen, alle Chancen wahrnehmen, da Verfehlungen Freundschaften, Beziehungen, Schule und das Erwerbsleben beeinflussen könnten – werden als Belastung empfunden. Umso wichtiger erscheint vielen der Erhalt ihrer Rolle als Kind.

So können die Umdeutungen ihres Schönheitshandelns innerhalb ihrer Peergroup als Teil ihrer symbolischen Arbeit zur Konfliktlösung verstanden werden. Aufgrund ihres Lebensalters versuchen die Mädchen, sich eigene Wege

---

3 Das Ende der Adoleszenz lässt sich m.E. dabei nicht mehr wie bisher definieren, also durch den Erwerb von Kompetenzen, die Übernahme von Verantwortung und die Integration in die Arbeits- und Beziehungswelt. So vollziehen sich diese Entwicklungsschritte bei den Heranwachsenden oft schon früh, was der Diskurs der Eigenverantwortung verdeutlicht.

zu erschließen, die ihren Inszenierungen den erhofften Sinn verleihen. Deshalb verorten sie ihre Stylings nicht nur abseits des Verdachts aktiver Sexualität. Sie widersprechen dem Verdacht der Benachteiligung von Mädchen, distanzieren sich von traditionellen Geschlechterwerten und verweisen stattdessen auf ihre ambitionierten Lebensentwürfe. Die negativen Folgen, die, wie in Kapitel drei dargelegt, mit den weiblich-idealisierten Inszenierungen assoziiert werden, stellen sich meistens also gar nicht ein.

Dennoch lässt sich der Umgang der Mädchen mit ihrem Aussehen auch nicht positiv als Zeichen von Eigenmächtigkeit verklären. Schließlich zeigen die Akteurinnen gerade durch ihre Schönheitspraktiken, dass sie im gleichen Maß wie Ältere in gesellschaftliche Diskurse verstrickt sind. Die Anforderung an eine bestimmte Produktion des Selbst ist von den Mädchen bereits verinnerlicht. Seaton argumentiert in diesem Sinn: „The way in which a child grows into and occupies the world are dependent upon the ways in which the world grows and occupies her." (Seaton 2005: 41) Die veränderte Rolle von Frauen und Mädchen hat dabei offensichtlich einen starken Einfluss auf die Inszenierungen der Frühadoleszenten. Ihr Leben ist mehr als früher von Öffentlichkeit gekennzeichnet, worauf auch die in Kapitel vier thematisierte, verstärkte Sichtbarkeit der weiblichen Adoleszenz hinweist. Mädchen und Frauen müssen und wollen heute, hier der männlichen Bevölkerung gleichgestellt, Leistung in der Bildung und dem Berufsleben erbringen.

Von der neuen Subjektform und den weiblichen Inszenierungen als Teil dieser geht deshalb sowohl die Pflicht als auch der Reiz aus, ‚etwas aus sich zu machen'. Dass die gesamte Lebenswelt der Mädchen von Eigenverantwortung gekennzeichnet ist, bedeutet für sie im positiven Sinn Partizipationsmöglichkeiten und Machtgewinn. Weil die Regeln für das gute Aussehen fest sind, kann hier durch richtiges Handeln Erfolg herbeigeführt werden. Allerdings übt die eigenverantwortliche Subjektivierung auch starken Druck auf Heranwachsende aus und resultiert oft in Ausschlüssen. Der Diskurs der Mädchen um die hohe Bedeutung von Schönheit hat daher auch einen problematischen Charakter. Im folgenden und letzten Abschnitt werde ich deshalb die Aussichten für frühadoleszente Mädchen aus feministischer Perspektive bewerten.

7.2 Bewertung der gegenwärtigen Repräsentation des Mädchen-Seins

An dieser Stelle möchte ich mich noch einmal mit meinen Ergebnissen im Kontext der Mädchenforschung auseinandersetzen. Für diese lassen sich aus den

Schlussfolgerungen m.E. zwar keine praktischen Vorschläge entwickeln[4]. Stattdessen vertrete ich hier eine andere Form der ‚Agency', indem ich die Schönheitspraktiken der Mädchen und ihre eigenen Sinngebungen einer kritischen Bewertung unterziehe.

Dabei bin ich der Ansicht, dass die gesellschaftlichen Anforderungen als problematischer zu betrachten sind, als die Äußerungen der Akteurinnen das nahe legen. Zwar sollte die psychische und physische Versehrtheit der Mädchen, wie ich denke, kein Gegenstand übertriebener Sorge sein. Auch dem Sexualisierungsdiskurs muss weiterhin widersprochen werden, schließlich verhalten die Frühadoleszenten sich ja ‚normal' und kontrollieren sich. Bedenklich ist das, was sie von sich selbst und was die Gesellschaft von ihnen fordert, m.E. aber dennoch. So spielt in den Äußerungen der Akteurinnen erkennbar die Angst vor sozialem Ausschluss und die Hoffnung auf Sicherheit eine Rolle. Wenn man sich Mädchen wünscht, deren Aufwachsen von Selbstbewusstsein und Optimismus gekennzeichnet ist, sind die Forschungsergebnisse daher nicht durchweg positiv zu bewerten. Die Akteurinnen selbst erwecken zwar den Eindruck, als seien sie in der Lage, viele der sie bedrängenden Botschaften zu dekonstruieren. Davon abgesehen wäre es auch falsch, ihren Wahrheiten im Ganzen zu widersprechen oder sie zu verurteilen. Schließlich möchten die Mädchen aufgrund ihres Alters zunächst lediglich gesellschaftlich bestehen. Dennoch sollten sie nach meiner Auffassung aber auch über Möglichkeiten verfügen, um mit dem daraus resultierenden Druck umzugehen. Im Folgenden werde ich deshalb Ursachen und Auswirkungen des hohen Stellenwerts guten Aussehens bei Frühadoleszenten aus feministischer Sicht einordnen. Dabei wird es um zwei Probleme gehen: das Geschlecht und besonders die Subjektivierung der Mädchen.

Was die Bedeutung des Geschlechts und die Notwendigkeit des attraktiven Äußeren betrifft, ist von Interesse, ob ersteres an Wichtigkeit verloren hat. Die von den Akteurinnen geäußerte Norm der optischen Zurschaustellung der weiblichen Geschlechtsidentität lässt hier keine Rückschlüsse zu. Schließlich scheint die kulturelle Abgrenzung der Geschlechter voneinander umso wichtiger, je mehr das soziale Geschlecht verschwindet. Indes macht die gestiegene Bedeu-

---

4   Was die Möglichkeiten des Widerstands gegen dominante Darstellungen von Mädchen angeht, wird in der Regel auf kulturelle Praktiken verwiesen. So hebt Harris (2004) alternative Websites und „Zines" als Mittel der Subversion hervor. Auch in neue, pädagogische Konzepte wird oft viel Hoffnung gesteckt. In Bezug auf dieses Thema bin ich hinsichtlich des Erfolgs solcher Versuche jedoch skeptisch. So ist die hohe Bedeutung des attraktiven Äußeren m.E. gerade durch seine Gebundenheit an einen dominierenden Subjektstatus eine zu mächtige Ideologie.

tung des Aussehens deutlich, dass Unterdrückungslinien gerade bei Heranwachsenden nicht mehr nur entlang der Kategorie Geschlecht verlaufen. Auch Attraktivität sowie Sinn und Geld für bestimmte Inszenierungen entscheiden über Ungleichheiten (vgl. Schmidt 2004: 53). So kann zwar auf der einen Seite von einem neuen, offeneren Verhältnis zum Geschlecht gesprochen werden. Allerdings stellt sich die Frage, inwiefern diese Veränderung den Mädchen in ihrer Unabhängigkeit nützt.

Die Entwicklung hin zu einem anderen Umgang mit dem weiblichen Geschlecht wird auch in der Popkultur sichtbar. In TV-Serien bspw. existieren immer mehr weibliche Charaktere, die Männern in ihren (beruflichen) Erfolgen gleichgestellt sind. Das ist meiner Ansicht nach jedoch nur bedingt als Fortschritt zu betrachten. So unterscheiden sich die weiblichen von den männlichen Protagonisten insofern, als ihnen selten eine Abweichung vom Schönheitsideal erlaubt wird. Entsprechend sind die Frauen hier zwar einerseits auf Augenhöhe mit den Männern. Andererseits werden sie aber immer noch durch die größere Notwendigkeit zum guten Aussehen in ihrem Wirkungsspektrum und Einfluss begrenzt. Schönheit ist bei Frauen und Mädchen in meiner Interpretation zu einer eigenen Ungleichheitskategorie geworden. Das kann kaum als Gewinn bezeichnet werden. Wie sich aus den Äußerungen der Mädchen ergibt, bleiben darüber hinaus auch andere Ordnungseinheiten von der gestiegenen Relevanz des Aussehens unangetastet[5]. Insgesamt resultiert der Bedeutungsverlust der engen, weiblichen Geschlechtsidentität m.E. also kaum in einem Zuwachs an Selbstwert und Gestaltungsmacht für Mädchen und Frauen. Vielmehr lässt sich sagen, dass die Verschiebung der Grenzen nur angesichts eines attraktiv-weiblichen Äußeren erlaubt ist.

Als nächstes möchte ich mich mit den Konsequenzen des neuen Subjekttypus für Mädchen beschäftigen. Der gegenwärtigen Subjektivierung als Unternehmer seiner selbst sind zunächst auch unabhängig vom Geschlecht negative Seiten immanent. So argumentiert Diederichsen (2008), dass Flexibilität und Verfall von Hierarchien nicht nur Selbstbestimmtheit zur Folge hätten: Heute existiere nicht länger der Druck, etwas nicht zu dürfen, sondern vielmehr der Zwang, Erlaubtes zu müssen. Auch in der Perspektive von Sennett (1998) gehört die Unterdrückung widerständiger Subjekte weitestgehend der Vergangenheit an. An die Stelle von Restriktionen sei die Produktion von Zuverlässigkeit getre-

---

5   Das gilt besonders für die soziale Herkunft. Die Hoffnung des Aufstiegs über Attraktivität ist zwar ein populärer Mythos. Allerdings lässt sich das erfolgreiche weibliche Subjekt der Akteurinnen nicht auf die Erfüllung der Kategorie Schönheit reduzieren. Das Milieu spielt also weiterhin eine entscheidende Rolle.

ten und das Leitbild des den politischen und ökonomischen Zielen dienenden Subjekts.

Einen ähnlichen Gedankengang in Bezug auf die Situation von Frauen und Mädchen verfolgt McRobbie (2009) in „The aftermath of feminism", den ich hier etwas ausführlicher darstellen möchte. So zeige die Euphorie über den neuen, affirmativen Feminismus, dass nicht etwa eine Abkehr von den ursprünglichen feministischen Zielen stattgefunden habe. Vielmehr seien diese, so McRobbie, politisch und institutionell instrumentalisiert worden, während sich Gleichberechtigung lediglich in der Betonung der Wahlmöglichkeiten äußere. Nach McRobbie werden Frauen als machtvolle Subjekte gezeigt, indem sie nicht mehr kontrolliert, sondern positiv ‚in Szene gesetzt' werden würden[6]. Bei Verfehlungen des Subjekt-Ideals werde dann die Schuld der Mädchen und Frauen beschworen. Da Gleichheit vermeintlich bereits erreicht ist, wird laut McRobbie außerdem versucht, das durch die alte Frauenbewegung verlorene Recht auf Weiblichkeit gerade des Äußeren wieder zurückzuerobern.

Im gestiegenen Stellenwert weiblicher Schönheit erkennt sie eine neue Strategie des Patriarchats zur Erhaltung seiner Macht. Der Umstand, dass Frauen heute mit Männern auf dem Arbeitsmarkt konkurrieren, wird laut McRobbie (ebenda: 66) daher durch das Delegieren von Macht an den „Fashion-Beauty-Komplex" bekämpft. Diese Strategie sei durchaus erfolgreich, nehme die Autorität der Schönheit bei Frauen doch beständig zu. Gleichzeitig werde ihnen suggeriert, dass die Beschäftigung mit ihrem Äußeren eine freie Entscheidung sei. Ein weiterer Grund für die Notwendigkeit guten Aussehens ist laut McRobbie die Forderung an Frauen, am Arbeitsplatz möglichst lange ‚vorzeigbar' zu bleiben. Da Erfolg im Beruf ein wesentlicher Teil ihres weiblichen Subjektstatus sei, müssten Frauen sich demnach um Selbstoptimierung in einer von Wettbewerb gekennzeichneten Gesellschaft bemühen. „Visibility", so McRobbie, sei heute die Pflicht *aller* Mädchen und Frauen. Auch von Angehörigen der sozial schwächeren Schichten würde inzwischen erwartet, dass sie eine glamouröse Individualität anstrebten (vgl. ebenda: 124ff.).

Den heutigen legitimen Subjektstatus von Mädchen und Frauen führt McRobbie (ebenda: 57) dabei auf einen „new sexual contract" zurück. Im Be-

---

6 Über den Zugewinn an Macht äußert sich Harris (2004) mit ähnlichen Argumenten kritisch. So würden Mädchen heute als Leistungsträger, flexibel und verantwortungsbewusst präsentiert (das „can-do-girl", ebenda: 14). Gleichzeitig werde aber das Schicksal „anderer" Mädchen, ihre schlechten Aussichten auf dem Arbeitsmarkt, ihre devianten Verhaltensweisen und ihre schwierigen Familienverhältnisse (das „at-risk-girl", ebenda: 38) zunehmend zum Schweigen gebracht.

sonderen konservative Politik habe schließlich ein Interesse daran, Frauen zwar wieder zurück in alte Werte zu drängen. Gleichzeitig fördere das Patriarchat aber ihre Berufstätigkeit, ihre ökonomische Unabhängigkeit und ihre Fähigkeit zum Konsum. So soll laut McRobbie in der neuen Leistungsgesellschaft, in der jeder für sich selbst sorgen muss, die Karriere auch für Frauen eines der größten Lebensziele sein. Darüber hinaus würde von ihnen mehr denn je erwartet, dass sie sowohl ihren Status als Berufstätige wie als Hauptverantwortliche für Kinder und Haushalt mit Bravour meisterten (vgl. ebenda: 80). Eine solche Benachteiligung zu erkennen, schreibt McRobbie, wird jedoch zunehmend erschwert, erscheine Lebenserfolg doch nur noch als Frage des Willens und der Diszipiln. Für ihre neuen Möglichkeiten sollen Frauen überdies dankbar sein. Genau dieser affirmative Diskurs prägt in der Sicht McRobbies maßgeblich die neue weibliche Subjektivierungsweise. Angesichts der Zunahme liberaler Wahlmöglichkeiten einerseits und der Renaissance neokonservativer Werte andererseits, v.a. in Bezug auf Sexualität und Familie, konstatiert sie eine neue Lebenssituation für Mädchen und Frauen (vgl. ebenda: 12).

Soweit zu der kritischen Bewertung gegenwärtiger Repräsentationen von Mädchen. Aber wie lassen sich nun diese Einsichten zur Geschlechterrolle und zur Subjektform mit ihren eigenen Sinngebungen verbinden? Wenn diese neue Form des Mädchen-Seins in ihren auffälligen Inszenierungen sichtbar wird, welches Fazit lässt das dann für die Akteurinnen zu? Dass bei der Beurteilung der veränderten Schönheitspraktiken eine komplexe Situation berücksichtigt werden muss, machen auch die Aussagen der Mädchen selbst deutlich. Die Akteurinnen sind ohne Zweifel ‚gender-aware', weil sie selbst auf ihren Anspruch auf Gleichheit verweisen. Auch die von McRobbie beschriebene Pflicht des legitimen weiblichen Subjekts, beruflich erfolgreich zu sein, ist von ihnen verinnerlicht. Die Mädchen haben auch in ihrem Alter bereits hohe Ambitionen ihre Karriere und persönliche Unabhängigkeit betreffend. Als Feministinnen möchten die Frühadoleszenten aber dennoch nicht gelten, sind für sie doch die kulturelle Unterscheidung der beiden Geschlechter und die Zurschaustellung ihrer weiblichen Identität hochgradig relevant. Beides verdeutlichen sie auch durch ihre sexualisierten Inszenierungen. Dass angesichts solcher Sinngebungen die Überzeugung besteht, dass Geschlechtergerechtigkeit für die Frühadoleszenten schon erreicht ist, ist anzunehmen. Hinsichtlich der Machtoptionen der Mädchen kann diese Tatsache m.E. aber auch als Problem gewertet werden.

So wird ohne Frage auch das Denken und Handeln junger Mädchen reguliert. Dass sie sich die neuartigen Subjektivierungen einverleiben, ist, wie McRobbie zeigt, auf positive Repräsentationen zurückzuführen. Zudem glauben die Akteurinnen, ihre Sichtweisen und Handlungen seien sowohl vernünftig als auch normal. Im Sinn Foucaults sind diese Überzeugungen auch nötig, damit die Mädchen sich selbst als ‚sophisticated girls' und als eigenmächtig wahrnehmen. Um nicht den eigenen Status zu gefährden, ist ein zweifelnder Blick auf ihre Praktiken daher auch nur bedingt möglich. Allerdings berichten die Frühadoleszenten auch selbst über Konflikte und Widersprüche, die sie offenbar jedoch beständig ignorieren müssen, um anerkannt zu werden. Gleichwohl sind sie sich bewusst, dass sie für ihren Subjektstatus ‚einen Preis zu zahlen haben'. Das betrifft nicht nur die Erfüllung der zukünftigen, möglichen Rollen als Berufstätige, Mutter, Hausfrau und Partnerin. Die Mädchen sind auch verpflichtet, diesen verschiedenen Anforderungen durch einen angemessenen Lebensstil gerecht zu werden. Gutes Aussehen ist hier von zentraler Bedeutung. Diese, ja durchaus schwierigen Erwartungen an sie werden von den Mädchen allerdings mehrheitlich bejaht. Sie begrüßen ihre Individualisierung, haben aber gleichzeitig traditionelle Vorstellungen von Glück und Erfüllung. Die Frühadoleszenten verdeutlichen außerdem, dass sie an ihrem Mädchen-Sein Spaß haben wollen. Auch darauf sind ihre Schönheitspraktiken schließlich ein Hinweis.

Trotz dieser affirmativen Einstellung der Akteurinnen dürfen m.E. aber keinesfalls die Konsequenzen ihrer Subjektivierung außer Acht gelassen werden. So steht der Vielfalt an neuen Wirkungsmöglichkeiten nicht nur die Ungleichheitskategorie Schönheit gegenüber. Das richtige Leben für das eigenverantwortliche, weibliche Subjekt wird auch durch neue, zum Teil schwer erfüllbare Kriterien festgelegt. Keinen oder nicht den richtigen Partner oder Job zu finden oder aufgrund der Karriere zu alt für die Mutterschaft zu sein, kann schnell als eigenes Versagen gelten: ein lebenswertes Leben muss für eigenverantwortliche Mädchen schließlich anders aussehen. Auch die vermeintliche Gleichheit von Männern und Frauen ist noch nicht hergestellt, leiden letztere doch häufiger unter beruflichen Nachteilen und Armut. Entsprechend ist meiner Ansicht nach also auch hinsichtlich der Aussichten junger Mädchen die Arbeit des Feminismus noch nicht getan.

„Having a well-planned life emerges as a social norm of contemporary feminity." (McRobbie 2009: 77) Hier liegt in meiner Überzeugung das zentrale Problem der neuen Subjektform, die in den veränderten Schönheitspraktiken der Mädchen sichtbar wird. Ganz anders stellt sich jedoch die hegemoniale Wahrnehmung dar, deren Sexualisierungsdiskurs genau dieses Problem nicht erkennt. Das tatsächlich Auffällige an den Schönheitspraktiken Frühadoleszenter, ihre Anpassungsleistung an gesellschaftliche Anforderungen, wird dort nicht diskutiert. So lässt sich m.E. abschließend auf Basis dieser Untersuchung sagen, dass unbedingt Bedenken hinsichtlich der Subjektivierung junger Mädchen bestehen sollten – nicht aber ihrer Sexualisierung.

Dennoch bin ich im Gegensatz zu McRobbie nicht der Ansicht, dass Mädchen grundsätzlich negative Aussichten bescheinigt werden müssen. Das ist nicht zuletzt deshalb der Fall, weil mein Eindruck meiner Gesprächspartnerinnen ein anderer war, und ich ihnen zutraue, dass sie viele der Schwierigkeiten bewältigen können. Die Mädchen selbst, ihre Potentiale, Ansichten und Subjekt-Positionen sollten schließlich nicht relativiert und unterschätzt werden. In anderen Kontexten und bei ‚Älteren' ist es häufiger anerkannt, sich den eigenen Vorlieben entsprechend zu kleiden, zu schminken, zum Friseur oder in Fitnessstudio zu gehen, was gleichermaßen problematisch und ‚unnatürlich' ist. Aber gerade bei frühadoleszenten Mädchen wird hier immer noch schnell eine Grenze gezogen. Heranwachsenden wird nur bedingt das Recht auf eigene Reaktionen auf die sie umgebende Welt – ihre eigenen Bedeutungen – erteilt. Ihre visuelle Sexualisierung ist letztendlich eine Entscheidung für gesellschaftliche Teilhabe. Kleine Mädchen in High Heels verdeutlichen das Prinzip der Eigenverantwortung, in einer Kultur, die das auch von Kindern schon erwartet.

Literatur

Abramovitz, Beth A./Birch, Leann L. (2000): „Five-year-old girls' ideas about dieting are predicted by their mothers' dieting", in: Journal of the American Dietetic Association 100, S. 1157-1163.

Agamben, Giorgio (2008): Was ist ein Dispositiv?, Zürich: Diaphanes.

Alexander, Gerianne M. (2003): „An evolutionary perspective of sex-typed toy preferences: pink, blue, and the brain", in: Archives of Sexual Behavior 32, S. 7-14.

Androutsopoulos, Jannis K./Georgakopoulou, Alexandra (2003): „Discourse constructions of youth identities: introduction", in: dieselben (Hg.), Discourse constructions of youth identities, Amsterdam: Benjamins, S. 1-28.

Ariés, Philippe (1998): Geschichte der Kindheit, München: DTV.

Baacke, Dieter (1988): Jugend und Mode: Kleidung als Selbstinszenierung, Opladen: Leske und Budrich.

Baldauf, Anette/Weingartner, Katharina (1998): Lips, tits, hits, power? Popkultur und Feminismus, Wien: Folio.

Balkishori Team of VACHA Women's Resource Center und Jackie Kirk (2005): „Reclaiming girlhood: understanding the lives of Balkishori in Mumbai", in: Mitchell, Claudia/Reid-Walsh, Jacqueline (Hg.), Seven going on seventeen, New York: Lang, S. 131-144.

Barthes, Roland (1990): Kritische Essays 3/Der entgegenkommende und der stumpfe Sinn, Frankfurt am Main: Suhrkamp.

Bauman, Zygmunt (2008): Consuming life, Cambridge: Polity Press.

Bauman, Zygmunt (1998): „Über den postmodernen Gebrauch der Sexualität", in: Schmidt, Gunter/Angerer, Marie-Luise (Hg.), Sexualität und Spätmoderne, Stuttgart: Enke, S. 17-36.

Baumgartner, Jennifer/Richards, Amy (2004): „Feminism and feminity: or how we learned to stop worrying and love the thong", in: Harris, Anita (Hg.), All about the girl, New York: Routledge, S. 59-68.

Beauvoir, Simone de (2006): Das andere Geschlecht: Sitte und Sexus der Frau, Reinbek bei Hamburg: Rowohlt.

Behnke, Cornelia/Meuser, Michael (1999): Geschlechterforschung und qualitative Methoden, Opladen: Leske und Budrich.

Behnken, Imbke/Baumann, Katja (Hg.) (2008): Geld: Aufwachsen in der Konsumgesellschaft, Seelze: Friedrich.

Benthien, Claudia/Velten, Hans Rudolf (2005): „Cultural Studies", in: von Braun, Christina/Stephan, Inge (Hg.), Gender@Wissen: ein Handbuch der Gender-Theorien, Köln: Böhlau, S. 345-366.

Bentley, Mary (1999): „The body of evidence: dangerous intersections between development and culture in the lives of adolescent girls", in: Mazzarella, Sharon R./Pecora, Norma O. (Hg.), Growing up girls: popular culture and the construction of identity, New York: Lang, S. 209-224.

Bette, Karl-Heinrich (1989): Körperspuren: zur Semantik und Paradoxie moderner Körperlichkeit, Berlin: de Gruyter.

Bettis, Pamela J/Adams, Natalie G. (2005): „Landscapes of girlhood", in: dieselben (Hg.), Geographies of girlhood: identities in-between, Mahwah, N.J.: Lawrence Erlbaum Associates, S. 1-18.

Bloustien, Gerry (2003): Girl making: a cross-cultural ethnography on the processes of growing up female, New York: Berghahn.

Bordo, Susan (1993): „Feminism, Foucault, and the politics of the body", in: Ramazanğlu, Caroline (Hg.), Up against Foucault: explorations of some tensions between Foucault and feminism, London: Routledge, S. 179-202.

Bordo, Susan (2003): Unbearable weight. Feminism, western culture, and the body, Berkeley: University of California Press.

Borzekowski, Dina L./Robinson, Thomas N./Killen, Joel D. (2000): „Does the camera add 10 pounds? Media use, perceived importance of appearance, and weight concerns among teenage girls", in: Journal of Adolescent Health 26, S. 36-41.

Bourdieu, Pierre (1987): Die feinen Unterschiede: Kritik der gesellschaftlichen Urteilskraft, Frankfurt am Main: Suhrkamp.

Bourdieu, Pierre (1997): „Verstehen", in: derselbe (Hg.), Das Elend der Welt: Zeugnisse und Diagnosen alltäglichen Leidens an der Gesellschaft, Konstanz: UVK, S. 779-822.

Breger, Claudia (2005): „Identität", in: von Braun, Christina/Stephan, Inge (Hg.), Gender@Wissen: ein Handbuch der Gender-Theorien, Köln: Böhlau, S. 47-65.

Breitenbach, Eva (2000): Mädchenfreundschaften in der Adoleszenz, Opladen: Leske und Budrich.

Bronfen, Elisabeth/Marius, Benjamin/Steffen, Therese (Hg.) (1997): Hybride Kulturen: Beiträge zur anglo-amerikanischen Multikulturalismusdebatte, Tübingen: Stauffenburg.
Brumberg, Joan Jacobs (1997): The body project: An intimate history of American girls, New York: Vintage.
Bruyn, E.H. de/Cillessen, A.H.N. (2008): „Leisure activity preferences and perceived popularity in early adolescence", in: Journal of Leisure Research 40, S. 442-457.
Bublitz, Hannelore (2003): „Diskurs und Habitus. Zentrale Kategorien zur Herstellung gesellschaftlicher Normalität", in: Link, Jürgen/Loer, Thomas/Neuendorf, Hartmut (Hg.), „Normalität" im Diskursnetz soziologischer Begriffe, Heidelberg: Synchron, S. 151-162.
Budde, Jürgen (2003): „Die Geschlechterkonstruktion in der Moderne. Einführende Betrachtungen zu einem sozialwissenschaftlichen Problem", in: Luca, Renate (Hg.), Medien, Sozialisation, Geschlecht: Fallstudien aus der sozialwissenschaftlichen Forschungspraxis, München: Kopaed, S. 11-26.
Bührmann, Andrea (2006): „Das Individuum: eine Leerstelle in der aktuellen Individualisierungsdebatte?", in dieselbe et al. (Hg.), Gesellschaftstheorie und die Heterogenität empirischer Sozialforschung: Festschrift für Hanns Wienold, Münster: Verlag Westfälisches Dampfboot, S. 110-122.
Bührmann, Andrea D./Schneider, Werner (2007): „Mehr als nur diskursive Praxis? – Konzeptionelle Grundlagen und methodische Aspekte der Dispositivanalyse", in: Forum Qualitative Social Research 8, siehe http://www.qualitative-research.net/index.php/fqs/article/view/237/525.
Bührmann, Andrea D./Schneider, Werner (2008): Vom Diskurs zum Dispositiv: eine Einführung in die Dispositivanalyse, Bielefeld: Transcript.
Bütow, Birgit. (2006): Mädchen in Cliquen, Weinheim: Juventa.
Butler, Judith (1993): Das Unbehagen der Geschlechter, Frankfurt am Main: Suhrkamp.
Butler, Judith (1995): Körper von Gewicht: die diskursiven Grenzen des Geschlechts, Berlin: Berlin-Verlag.
Champion, Helen/Furnham, Adrian N. (1999): „The effect of the media on body satisfaction in adolescent girls", in: European Eating Disorders Review 7, S. 213-228.
Chodorow, Nancy (1994): Das Erbe der Mütter, München: Frauenoffensive.
Chow, Jean (2004): „Adolescents' perceptions of popular teen magazines", in: Journal of Advanced Nursing 48, S. 132-139.
Coates, Jennifer (1998): Language and gender, Oxford: Blackwell.

Degele, Nina (2004): Sich schön machen: zur Soziologie von Geschlecht und Schönheitshandeln, Wiesbaden: VS.

Degele, Nina/Schirmer, Dominique (2004): „Selbstverständlich heteronormativ: Zum Problem der Reifizierung in der Geschlechterforschung", in Buchen, Sylvia/Helfferich, Cornelia/Maier, Maja S. (Hg.), Gender methodologisch. Empirische Forschung in der Informationsgesellschaft vor neuen Herausforderungen, Wiesbaden: VS, S. 107-122.

Diederichsen, Diedrich (2008): Eigenblutdoping: Selbstverwertung, Künstlerromantik, Partizipation, Köln: Kiepenheuer und Witsch.

Diederichsen, Diedrich (1996): „ ‚Kultur' ist eine Metapher für: ‚Das ist deren Problem!' ", in: Dracklé, Dorle (Hg.), Jung und wild: zur kulturellen Konstruktion von Kindheit und Jugend, Berlin: Reimer, S. 225-239.

Dracklé, Dorle (1996a): „Kulturelle Konstruktionen von Jugend in der Ethnologie", in: dieselbe (Hg.), Jung und wild: zur kulturellen Konstruktion von Kindheit und Jugend, Berlin: Reimer, S. 14-53.

Dracklé, Dorle (1996b): „Discourse Theory in Anthropology", in: van Bremen, Jan/Godina, Vesna/Platenkamp, Jos (Hg.), Horizons of understanding. An anthology of theoretical anthropology in Europe, Leiden: Research School CNWS, S. 24-42.

Driscoll, Catherine (2002): Girls. Feminine adolescence in popular culture and cultural theory, New York: Columbia University Press.

Duke, Lisa L./Kreshel, Peggy J. (1998): „Negotiating femininity: Girls in early adolescence read teen magazines", in: Journal of Communication Inquiry 22, S. 48-71.

Durham, Gigi M. (2008): The Lolita effect. The media sexualization of young girls and what we can do about it, Woodstock/N.Y.: Overlook Press.

During, Simon (Hg.) (2007): The cultural studies reader, London: Routledge.

Eckert, Penelope (2005): „Stylistic practice and the adolescent social order", in Williams, Angie/Thurlow, Crispin (Hg.), Talking adolescence: perspectives on communication in the teenage years, New York: Lang, S. 93-110.

Edut, Ophira (Hg.) (1998): Adiós, Barbie: Young women write about body image and identity, Seattle: Seal Press.

Elias, Norbert (1998): Über den Prozeß der Zivilisation: soziogenetische und psychogenetische Untersuchungen, Frankfurt am Main: Suhrkamp.

Erdheim, Mario (1996): „Die Symbolisierungsfähigkeit in der Adoleszenz", in: Dracklé, Dorle (Hg.), Jung und wild: zur kulturellen Konstruktion von Kindheit und Jugend, Berlin: Reimer, S. 202-224.

Etcoff, Nancy L. (1999): Survival of the prettiest, New York: Doubleday.

Feil, Christine (2008): „Milliarden in Kinderhand? Hintergründe zur Kaufkraft", in: Behnken, Imbke/Baumann, Katja (Hg.), Geld: Aufwachsen in der Konsumgesellschaft, Seelze: Friedrich, S. 24-27.

Fend, Helmut (2000): Entwicklungspsychologie des Jugendalters, Opladen: Leske und Budrich.

Fenstermaker, Sarah/West, Candace (1995): „Doing Difference", in: Gender and Society 9, S. 8-37.

Flaake, Karin (2001): Körper, Sexualität und Geschlecht: Studien zur Adoleszenz junger Frauen, Gießen: Psychosozial-Verlag.

Flaake, Karin/John, Claudia (1992): „Räume zur Aneignung des Körpers. Zur Bedeutung von Mädchenfreundschaften in der Adoleszenz", in: Flaake, Karin/King, Vera (Hg.), Weibliche Adoleszenz: zur Sozialisation junger Frauen, Frankfurt am Main: Campus, S. 199-212.

Flick, Uwe/von Kardorff, Ernst/Steinke, Iris (Hg.) (2003): Qualitative Forschung, Reinbek bei Hamburg: Rowohlt.

Foucault, Michel (1976): Mikrophysik der Macht: Über Strafjustiz, Psychiatrie und Medizin, Berlin: Merve-Verlag.

Foucault, Michel (1986): Sexualität und Wahrheit/Band 1, Frankfurt am Main: Suhrkamp.

Freud, Sigmund (1994): Das Unbehagen in der Kultur und andere kulturtheoretische Schriften, Frankfurt am Main: Fischer.

Friedrichs, Jürgen (1990): Methoden empirischer Sozialforschung, Opladen: Westdeutscher Verlag.

Garfinkel, Harold (1967): Studies in ethnomethodology, Englewood Cliffs, NJ: Prentice-Hall.

Garner, Ana/Sterk, Helen M./Adams, Shawn (1998): „Narrative analysis of sexual etiquette in teenage magazines", in: Journal of Communication 48, S. 59-78.

Gaugele, Elke/Reiss, Kristina (2003): „She-Mades: Korporealitäten, Homogenisierung und kulturelle Differenz", in: dieselben (Hg.), Jugend, Mode, Geschlecht: Die Inszenierung des Körpers in der Konsumkultur, Frankfurt am Main: Campus, S. 9-15.

Gebhardt, Miriam (2009): Die Angst vor dem kindlichen Tyrannen: eine Geschichte der Erziehung im 20. Jahrhundert, München: DTV.

Gennep, Arnold van (2005): Übergangsriten, Frankfurt am Main: Campus.

Giddens, Anthony (1993): Wandel der Intimität, Frankfurt am Main: Fischer.

Gilbert, Keith (1998): „The body, young children and popular culture", in: Yelland, Nicola (Hg.), Gender in early childhood, London: Routledge, S. 55-71.

Gille, Martina et al. (2006): Jugendliche und junge Erwachsene in Deutschland: Lebensverhältnisse, Werte und gesellschaftliche Beteiligung 12- bis 29-Jähriger, Wiesbaden: VS.

Gilligan, Carol (1993): Die andere Stimme, München: Piper.

Gilligan, Carol (1998): „Themen der weiblichen und der männlichen Entwicklung in der Adoleszenz", in: Winterhager-Schmid, Luise (Hg.), Konstruktionen des Weiblichen: ein Reader, Weinheim: Dt. Studien- Verlag, S. 197-216.

Glaser, Barney G./Strauss, Anselm L. (2005): Grounded Theory: Strategien qualitativer Forschung, Bern: Huber.

Gleeson, Kate/Frith, Hannah (2004): „Pretty in pink. Young women presenting mature sexual identities", in Harris, Anita (Hg.), All about the girl, New York: Routledge, S. 103-113.

Goffman, Erving (1994): Interaktion und Geschlecht, Frankfurt am Main: Campus.

Goffman, Erving (1988): Wir alle spielen Theater: die Selbstdarstellung im Alltag, München: Piper.

Götz, Maya (2003): „Was suchen und finden Mädchen in Daily Soaps?", in: Luca, Renate (Hg.), Medien, Sozialisation, Geschlecht: Fallstudien aus der sozialwissenschaftlichen Forschungspraxis, München: Kopaed, S. 99-110.

Grammer, Karl (2002): Signale der Liebe: die biologischen Gesetze der Partnerschaft, München: DTV.

Graupner, Helmut (2005): „Das 17-jährige Kind. Jüngste europarechtliche Rahmenbedingungen für Sexualität in den Neuen Medien", in: Seikowski, Kurt, Sexualität und Neue Medien, Lengerich: Pabst Science Publications.

Grossberg, Lawrence (1996): „Identity and cultural studies: is that all there is?", in: Hall, Stuart/du Gay, Paul (Hg.), Questions of cultural identity, London: Sage.

Gugutzer, Robert (2004): Soziologie des Körpers, Bielefeld: Transcript.

Hackmann, Kristina (2003): Adoleszenz, Geschlecht und sexuelle Orientierungen: eine empirische Studie mit Schülerinnen, Opladen: Leske und Budrich.

Hagemann-White, Carol (1992): „Berufsfindung und Lebensperspektive in der weiblichen Adoleszenz", in: Flaake, Karin/King,Vera (Hg.), Weibliche Adoleszenz: Zur Sozialisation junger Frauen, Frankfurt am Main: Campus, S. 64-83.

Hagemann-White, Carol (1984): Sozialisation: weiblich - männlich?, Opladen: Leske und Budrich.

Hall, Stuart (1996): „Who needs identity?", in: derselbe/du Gay, Paul (Hg.), Questions of cultural identity, London: Sage, S. 1-17.

Hargreaves, Duane (2002): „Idealized women in TV ads make girls feel bad", in: Journal of Social and Clinical Psychology 21, S. 287-308.

Hark, Sabine (2001): „Feministische Theorie - Diskurs - Dekonstruktion. Produktive Verknüpfungen", in: Keller, Reiner et al. (Hg.), Handbuch sozialwissenschaftliche Diskursanalyse (Band 1), Theorien und Methoden, Opladen: Leske und Budrich, S. 353-372.

Harris, Anita (2004): Future girl. Young women in the twenty-first century, New York: Routledge.

Harris, Anita (2005): „In a girlie world. Tweenies in Australia", in: Mitchell, Claudia/Reid-Walsh, Jacqueline (Hg.), Seven going on seventeen, New York: Lang, S. 209-223.

Hebdige, Dick (1979): Subculture, London: Methuen.

Hengst, Heinz/Zeiher, Helga (Hg.) (2005): Kindheit soziologisch, Wiesbaden: VS.

Hepp, Andreas (2004): Cultural Studies und Medienanalyse, Wiesbaden: VS.

Hill, Andrew J./Pallin, Victoria (1998): „Dieting awareness and low self-worth: Related issues in 8-year-old girls", in: International Journal of Eating Disorders 24, S. 405-413.

Hofschire, L.J./Greenberg, Bradley S. (2002): „Media's impact on adolescents' body dissatisfaction", in: Steele, Jeanne R./Walsh-Childers, Kim/Brown, Jane D. (Hg.), Sexual teens, sexual media: investigating media's influence on adolescent sexuality, Mahwah, N.J: Lawrence Erlbaum.

Holert, Tom/Terkessidis, Mark (Hg.) (1997): Mainstream der Minderheiten, Berlin: Edition ID-Archiv.

Hübner-Funk, Sibylle (2004): „Body Check und Beauty Contest: Teenager auf der Suche nach ihrem neuen Körperbild", in: Aktion Jugendschutz/ajs-informationen 40, S. 4-11.

Illouz, Eva (2003): Der Konsum der Romantik: Liebe und die kulturellen Widersprüche des Kapitalismus, Frankfurt am Main: Campus.

Impett, Emily A./Schooler, Deborah/Tolman, Deborah L. (2006): „To be seen and not heard: femininity, ideology and adolescent girls' sexual health", in: Archives of Sexual Behavior 35, S. 129-142.

Jäger, Siegfried (1999): Kritische Diskursanalyse, Duisburg: DISS.

Jäger, Siegfried (2001): „Diskurs und Wissen. Theoretische und methodische Aspekte einer Kritischen Diskurs- und Dispositivanalyse", in: Keller, Reiner et al. (Hg.), Handbuch sozialwissenschaftliche Diskursanalyse (Band 1), Theorien und Methoden, Opladen: Leske und Budrich, S. 81-112.

Jensen, Heike (2005): „Sexualität", in: von Braun, Christina/Stephan, Inge (Hg.), Gender@Wissen: ein Handbuch der Gender-Theorien, Köln: Böhlau, S. 100-116.

Johnston, Victor S. et al. (2001): „Male facial attractiveness: evidence for hormone-mediated adaptive design", in: Evolution and Human Behavior 22, S. 251-267.

Kelle, Udo/Erzberger, Christian (2003): „Qualitative und quantitative Methoden: kein Gegensatz", in: Flick, Uwe/von Kardorff, Ernst/Steinke, Ines (Hg.), Qualitative Forschung: Ein Handbuch, Reinbek bei Hamburg: Rowohlt, S. 299-308.

Keller, Reiner (2004): Diskursforschung: eine Einführung für SozialwissenschaftlerInnen, Wiesbaden: VS.

Keller, Reiner (2005): Wissenssoziologische Diskursanalyse: Grundlegung eines Forschungsprogramms, Wiesbaden: VS.

Keller, Reiner (2007): „Diskurse und Dispositive analysieren. Die Wissenssoziologische Diskursanalyse als Beitrag zu einer wissensanalytischen Profilierung der Diskursforschung", in: Forum Qualitative Social Research 8, siehe http://www.qualitative-research.net/index.php/fqs/article/view/243/537.

King, Vera (2002): Die Entstehung des Neuen in der Adoleszenz: Individuation, Generativität und Geschlecht in modernisierten Gesellschaften, Opladen: Leske und Budrich.

Kipnis, Laura (1995): „Die kulturellen Implikationen des Dickseins", in: Angerer, Marie-Luise (Hg.), The body of gender: Körper, Geschlechter, Identitäten, Wien: Passagen, S. 111-130.

König, Alexandra (2007): Kleider schaffen Ordnung: Regeln und Mythen jugendlicher Selbst-Repräsentation, Konstanz: UVK.

Koppetsch, Cornelia (2000): „Die Verkörperung des schönen Selbst. Zur Statusrelevanz von Attraktivität", in: dieselbe (Hg.), Körper und Status. Zur Soziologie der Attraktivität, Konstanz: UVK, S. 99-124.

Körner, Swen (2008): Dicke Kinder - revisited: zur Kommunikation juveniler Körperkrisen, Bielefeld: Transcript.

Kreikebaum, Susanne P. (1999): Körperbild, Körperzufriedenheit, Diätverhalten und Selbstwert bei Mädchen und Jungen im Alter von sieben bis dreizehn Jahren, siehe http://webdoc.gwdg.de/ebook/d/2003/uni-koeln/11w1031.pdf

Krüger-Fürhoff, Irmela (2005): „Körper", in: von Braun, Christina/Stephan, Inge (Hg.), Gender@Wissen: ein Handbuch der Gender-Theorien, Köln: Böhlau, S. 66-80.

Labre, Magdala Peixoto/Walsh-Childers, Kim (2003): „Friendly advice? Beauty messages in web sites of teen magazines", in: Mass Communication and Society 6, S. 379-396.
Lalik, Rosary/Oliver, Kimberly (2001): „The body as curriculum: learning with adolescent girls", in: Journal of Curriculum Studies 33, S. 303-333.
Lautmann, Rüdiger (2002): Soziologie der Sexualität, Weinheim: Juventa.
Lenzhofer, Karin (2006): Chicks Rule! Die schönen neuen Heldinnen in US-amerikanischen Fernsehserien, Bielefeld: Transcript.
Levin, Diane E./Kilbourne, Jean (2008): So sexy, so soon. The new sexualized childhood and what parents can do to protect their kids, New York: Ballantine Books.
Link, Jürgen (2006): Versuch über den Normalismus: wie Normalität produziert wird, Göttingen: Vandenhoeck und Ruprecht.
Linn, Susan (2004): Consuming kids: the hostile takeover of childhood, New York: New Press.
Lintzen, Brigitte (1998): Die Frau in ihrem Körper: körperorientierte Selbsterfahrung für Mädchen während der Pubertät. Ein Forschungsprojekt der Laborschule Bielefeld, Baltmannsweiler: Schneider-Verlag Hohengehren.
Luca, Renate (2003): „Mediensozialisation. Weiblichkeits- und Männlichkeitsentwürfe in der Adoleszenz", in: dieselbe (Hg.), Medien, Sozialisation, Geschlecht: Fallstudien aus der sozialwissenschaftlichen Forschungspraxis, München: Kopaed, S. 39-54.
Malik, Farah (2005): „Mediated consumption and fashionable selves: tween girls, fashion magazines, and shopping", in: Mitchell, Claudia/Reid-Walsh, Jacqueline (Hg.), Seven going on seventeen, New York: Lang, S. 249-268.
Martin, Mary C./Peters, Cara O. (2005): „Exploring adolescent girls' identification of beauty types through consumer collages", in: Journal of Fashion Marketing and Management 9, S. 391-406.
Mauss, Marcel (1975): Soziologie und Anthropologie (Band 2). Gabentausch, Soziologie und Psychologie, Todesvorstellung, Körpertechniken, Begriff der Person, München: Hanser.
Mazzarella, Sharon R./Pecora, Norma O. (Hg.) (1999): Growing up girls: popular culture and the construction of identity, New York: Lang.
McRobbie, Angela/Nava, Mica (1984): Gender and generation, Basingstoke: Macmillan.
McRobbie, Angela (1991): Feminism and youth culture: From „Jackie" to „Just Seventeen", Boston: Unwin Hyman.
McRobbie, Angela (1999): In the culture society. Art, fashion and popular music, London: Routledge.

McRobbie, Angela (2009): The aftermath of feminism: gender, culture and social change, Los Angeles: Sage.

McRobbie, Angela (2004): „Notes on postfeminism and popular culture: Bridget Jones and the new gender regime", in: Harris, Anita (Hg.), All about the girl, New York: Routledge, S. 3-14.

McRobbie, Angela/Garber, Jenny (2004): „Girls and Subcultures: An Exploration", in: Hall, Stuart/Jefferson, Tony (Hg.), Resistance through rituals: youth subcultures in post-war Britain, London: Routledge, S. 209-222.

Meier, Stefan (2008): „Von der Sichtbarkeit im Diskurs – Zur Methode diskursanalytischer Untersuchung multimodaler Kommunikation", in: Warnke, Ingo/Spitzmüller, Jürgen (Hg.), Diskurslinguistik nach Foucault - Methoden, Berlin: De Gruyter, S. 263-286.

Merskin, Debra (2004): „Reviving Lolita? A media literacy examination of sexual portrayals of girls in fashion advertising", in: American Behavioral Scientist 48, S. 119-129.

Meuser, Michael (2000): „Dekonstruierte Männlichkeit und die körperliche (Wieder) Aneignung des Geschlechts", in: Körper und Status. Zur Soziologie der Attraktivität, Konstanz: UVK, S. 211-236.

Milhoffer, Petra (2000): Wie sie sich fühlen, was sie sich wünschen: eine empirische Studie über Mädchen und Jungen auf dem Weg in die Pubertät, Weinheim: Juventa.

Miller, Daniel (Hg.) (1996): Acknowledging consumption: a review of new studies, London: Routledge.

Miller, Daniel (2000): „The birth of value", in: Jackson, Peter/Lowe, Michelle/Miller, Daniel/Mort, Frank (Hg.), Commercial cultures: economies, practices, spaces, Oxford: Berg, S. 77-84.

Mitchell, Claudia/Reid-Walsh, Jacqueline (Hg.) (2005): Seven going on seventeen: tween studies in the culture of girlhood, New York: Lang

Moje, Elisabeth/van Helden, Caspar (2005): „Doing popular culture: troubling discourses about youth", in: Vadeboncoeur, Jennifer und Lisa Patel-Stevens (Hg.), Re/constructing „the adolescent": sign, symbol, and body, New York: Lang, S. 211-248.

Morgan, Kathryn Pauly (2008): „Foucault, hässliche Entlein und Techno-Schwäne - Fett-Hass, Schlankheitsoperationen und biomedikalisierte Schönheitsideale in Amerika", in: Villa, Paula-Irene (Hg.), Schön normal. Manipulationen am Körper als Technologien des Selbst, Bielefeld: Transcript, S. 143-172.

Müller, Annette (2006): Die sexuelle Sozialisation in der weiblichen Adoleszenz, Münster: Waxmann.

Müller-Doohm, Stefan (1997): „Bildinterpretation als struktural-hermeneutische Symbolanalyse", in: Hitzler, Ronald/Honer, Anne (Hg.), Sozialwissenschaftliche Hermeneutik, Opladen: Leske und Budrich, S. 81-108.

Muggleton, David (2006): Inside subculture: the postmodern meaning of style, Oxford: Berg.

Nichter, Mimi (2000): Fat talk: what girls and their parents say about dieting, Cambridge, Mass.: Harvard University Press.

Nickel, Petra (2000): Mädchenzeitschriften - Marketing für Medien, Münster: Waxmann.

Oppliger, Patrice (2008): Girls gone skank: the sexualization of girls in American culture, Jefferson, N.C.: McFarland and Co Inc.

Paoletti, Jo B. (1997): „The gendering of infants' and toddlers' clothes in America", in: Martinez, Katherine/Ames, Kenneth L. (Hg.), Material culture of gender – the gender of material culture, Hanover: University Press of New England, S. 27-35.

Parsons, Talcott (1997): „Die Schulklasse als soziales System", in: Theorien der Sozialisation, Bad Heilbrunn: Klinkhardt, S. 99-116.

Patel Stevens, Lisa (2005): „ReNaming adolescence: subjectivities in complex settings", in: dieselbe/Vadeboncoeur, Jennifer (Hg.), Re/constructing „the adolescent": sign, symbol, and body, New York: Lang, S. 271-282.

Paxton, Susan J. et al. (2005): „Body dissatisfaction, dating, and importance of thinness to attractiveness in adolescent girls", in: Sex Roles 53, S. 663-675.

Penz, Otto (2001): Metamorphosen der Schönheit: eine Kulturgeschichte moderner Körperlichkeit, Wien: Turia und Kant.

Postman, Neil (1983): Das Verschwinden der Kindheit, Frankfurt am Main: Fischer.

Probyn, Elspeth (2000): Carnal appetites: food, sex, identities, London: Routledge.

Qvortrup, Jens (1995): „Childhood in Europe: a new field of research" in: Chisholm, Lynne et al. (Hg.), Growing up in Europe. Contemporary horizons in childhood and youth studies, Berlin: de Gruyter.

Rajchman, John (2000): „Foucaults Kunst des Sehens", in Holert, Tom (Hg.), Imagineering: visuelle Kultur und Politik der Sichtbarkeit, Köln: Oktagon, S. 40-63.

Reckwitz, Andreas (2006): Das hybride Subjekt: eine Theorie der Subjektkulturen von der bürgerlichen Moderne zur Postmoderne, Weilerswist: Velbrück.

Reckwitz, Andreas (2008a): Subjekt, Bielefeld: Transcript.

Reckwitz, Andreas (2004): „Die Kontingenzperspektive der ‚Kultur'. Kulturbegriffe, Kulturtheorien und das kulturwissenschaftliche Forschungsprogramm", in: Rüsen, Jörn et al. (Hg.), Handbuch der Kulturwissenschaften (Band 3), Themen und Tendenzen, Stuttgart: Metzler, S. 1-20.

Reckwitz, Andreas (2008b): „Praktiken und Diskurse. Eine sozialtheoretische und methodologische Relation", in Kalthoff, Herbert/Hirschauer, Stefan/Lindemann, Gesa (Hg.), Theoretische Empirie: zur Relevanz qualitativer Forschung, Frankfurt am Main: Suhrkamp, S.188-209.

Redmond, Sean/Holmes, Su (Hg.) (2006): Framing celebrity: New directions in celebrity culture, London: Routledge.

Reemtsema, Reemt. (2003): „Vom Waschbrettbauch zum Online-Broker. Das Ästhetik-Dispositiv am Beispiel der Zeitschrift ‚fit for fun'.", in Luca, Renate (Hg.), Medien, Sozialisation, Geschlecht: Fallstudien aus der sozialwissenschaftlichen Forschungspraxis, München: Kopaed, S. 85-98.

Richard, Birgit (2004): Sheroes: Genderspiele im virtuellen Raum, Bielefeld: Transcript.

Richard, Birgit/Mentges, Gabriele (2005): Schönheit der Uniformität, Frankfurt am Main: Campus.

Riegler, Johanna (2003): „Aktuelle Debatten zum Kulturbegriff", in Working Papers der Kommission für Sozialanthropologie, Vol. 2, Lokale Identitäten und überlokale Einflüsse, Wien: Kommission für Sozialanthropologie, Österreichische Akademie der Wissenschaften.

Rosenblum, Gianine D./Lewis, Michael (1999): „The relations among body image, physical attractiveness, and body mass in adolescence", in: Child Development 70, S. 50-64.

Russell, Rachel/Tyler, Melissa (2002): „Thank heaven for little girls: ‚Girl Heaven' and the commercial context of feminine childhood", in: Sociology 36, S. 619-637.

Savage, Jon (2008): Teenage: die Erfindung der Jugend (1875-1945), Frankfurt am Main: Campus.

Schemer, Christian (2006): „Die Medien als heimliche Verführer? Der Einfluss attraktiver Medienpersonen auf das Körperbild von Rezipientinnen und Rezipienten", in: Bundeszentrale für gesundheitliche Aufklärung/Forum Sexualaufklärung und Familienplanung 1, S. 12-15.

Schmidt, Gunter (2004): Das neue Der Die Das: über die Modernisierung des Sexuellen, Gießen: Psychosozial-Verlag.

Schulz, Martin (2005): Ordnungen der Bilder: eine Einführung in die Bildwissenschaft, München: Fink.

Scodari, Christine (2005): „You're sixteen, you're dutiful, you're online: ‚fangirls' and the negotiation of age and/or gender subjectivities in TV newsgroups", in: Mazzarella, Sharon R. (Hg.), Girl wide web: girls, the internet, and the negotiation of identity, New York: Lang, S. 105-120.

Seaton, Elizabeth (2005): „Tween social and biological reproduction: early puberty in girls", in: Mitchell, Claudia/Reid-Walsh, Jacqueline (Hg.), Seven going on seventeen, New York: Lang, S. 23-42.

Sennett, Richard (1998): Der flexible Mensch: Die Kultur des neuen Kapitalismus, Berlin: Berlin-Verlag.

Sigusch, Volkmar (2008): Geschichte der Sexualwissenschaft, Frankfurt am Main: Campus.

Strauss, Anselm L./Corbin, Juliet M. (1996): Grounded Theory: Grundlagen qualitativer Sozialforschung, Weinheim: Beltz, Psychologie Verl.-Union.

Tervooren, Anja (2004): „ ‚Na, und wie sie sich benehmen…': Selbstorganisierte Initiationen in der weiblichen Adoleszenz" in: Wulf, Christoph (Hg.), Innovation und Ritual: Jugend, Geschlecht und Schule, Wiesbaden: VS, S. 129-142.

Thiel, Ansgar et al. (2008): „Stereotypisierung von adipösen Kindern und Jugendlichen durch ihre Altersgenossen", in: Psychotherapie Psychosomatik Medizinische Psychologie 58, S. 462-470.

Thiel, Shayla Marie (2005): „ ‚IM me'. Identity construction and gender negotiation in den world of adolescent girls and instant messaging", in: Mazzarella, Sharon R. (Hg.), Girl wide web: girls, the internet, and the negotiation of identity, New York: Lang, S. 179-202.

Thomas, Tanja (2004): „ ‚Mensch, burnen musst Du!' – Castingshows als Werkstatt des neoliberalen Subjekts", in: Zeitschrift für Politische Psychologie 12, S. 191-208.

Thompson, Teresa L./Zerbinos, Eugenia (1997): „Television cartoons: do children notice it's a boy's world?", in: Sex Roles 37, S. 415-432.

Thorne, Barrie (1994): Gender play: girls and boys in school, New Brunswick, NJ: Rutgers University Press.

Thornton, Sarah (1996): Club cultures: music, media and subcultural capital, Hanover: Wesleyan University Press.

Tiggemann, Marika/Clark, Levina (2007): „Sociocultural influences and body image in 9- to 12-year-old girls: the role of appearance schemas", in: Journal of Clinical Child and Adolescent Psychology 36, S. 76-86.

Tiggemann, Marika/Gardiner, Maria/Slater, Amy (2000): „I would rather be a size 10 than have straight A's: A focus group study of adolescent girls' wish to be thinner", in: Journal of Adolescence 23, S. 645-659.

Tiggemann, Marika/Pickering, Amanda S. (1996): „Role of television in adolescent women's body dissatisfaction and drive for thinness", in: International Journal of Eating Disorders 20, S. 199-203.

Tolman, Deborah L. (1991): „Adolescent girls, women and sexuality. Discerning dilemmas of desire", in: Gilligan, Carol/Rogers, Annie G./Tolman, Deborah L. (Hg.), Women, girls and psychotherapy: reframing resistance, New York: Haworth Press, S. 55-70.

Tseëlon, Efrat (1995): The Masque of femininity: the presentation of woman in everyday life, London: Sage.

Turner, Victor (2000): Das Ritual: Struktur und Anti-Struktur, Frankfurt am Main: Campus.

Ullrich, Wolfgang (2008): Habenwollen: wie funktioniert die Konsumkultur?, Frankfurt am Main: Fischer.

Vadeboncoeur, Jennifer (2005): „Naturalized, restricted, packaged and sold: reifying fictions of ‚adolescent' and ‚adolescence' ", in: dieselbe/Patel-Stevens, Lisa (Hg.), Re/constructing „the adolescent": sign, symbol, and body, New York: Lang, S. 1-24.

Villa, Paula-Irene (Hg.) (2008): Schön normal. Manipulationen am Körper als Technologien des Selbst, Bielefeld: Transcript.

Waldschmidt, Anne (2004): „Der Humangenetik-Diskurs der Experten: Erfahrungen mit dem Werkzeugkasten der Diskursanalyse", in: Keller, Reiner et al. (Hg.), Handbuch sozialwissenschaftliche Diskursanalyse (Band 2), Forschungspraxis, Wiesbaden: VS, S. 147-168.

Walkerdine, Valerie (1997): Daddy's girl. Young girls and popular culture, Cambridge, Mass.: Harvard University Press.

Walsh, Shannon (2005): „ ‚Losers, lolitas, and lesbos': visualizing girlhood", in: Mitchell, Claudia/Reid-Walsh, Jacqueline (Hg.), Seven going on seventeen, New York: Lang, S. 187-200.

Walsh, Susan F. (2005): „Gender, power and social interaction: how Blue Jean Online constructs adolescent girlhood", in: Mazzarella, Sharon R. (Hg.), Girl wide web: girls, the internet, and the negotiation of identity, New York: Lang, S. 69-84.

Walters, Suzanna D. (1995): Material girls: making sense of feminist cultural theory, Berkeley: University of California Press.

Welsch, Wolfgang (1999): „Transculturality - the puzzling form of cultures today", in: Featherstone, Mike/Lash, Scott (1999): Spaces of culture: city, nation, world, London: Sage, S. 194-213.

West, Candace/Zimmerman, Don H. (1987): „Doing gender", in: Gender and Society 1, S. 125-151.

Willett, Rebekah (2005): „Constructing the digital tween: market discourse and girls' interests", in: Mitchell, Claudia/Reid-Walsh, Jacqueline (Hg.), Seven going on seventeen, New York: Lang, S. 269-284.
Willis, Paul (1991): Jugend-Stile, Hamburg: Argument.
Willis, Paul (1979): Spaß am Widerstand: Gegenkultur in der Arbeiterschule, Frankfurt am Main: Syndikat.
Wolf, Naomi (1991): The beauty myth, London: Vintage.
Wulf, Christoph/Zirfas, Jörg (2004): „Performative Welten. Einführung in die historischen, systematischen und methodischen Dimensionen des Rituals", in: dieselben (Hg.), Die Kultur des Rituals: Inszenierungen, Praktiken, Symbole, München: Fink, S. 7-48.
Wyn, Johanna/White, Rob (1997): Rethinking youth, London: Sage
Wyn, Johanna (2005a): „What is happening to adolescence? Growing up in changing times", in: Vadeboncoeur, Jennifer/Patel-Stevens, Lisa (Hg.), Re/constructing „the adolescent": sign, symbol, and body, New York: Lang, S. 25-49.
Wyn, Johanna (2005b): „Youth in the media. Adult stereotypes of young people", in: Williams, Angie/Thurlow, Crispin (Hg.), Talking adolescence: perspectives on communication in the teenage years, New York: Lang, S. 23-34.
Zimmermann, Peter (2006): Grundwissen Sozialisation: Einführung zur Sozialisation im Kindes- und Jugendalter, Wiesbaden: VS.
Zurbriggen, Eileen et al. (2007): Report of the APA Task Force on the sexualization of girls, siehe http://www.apa.org/pi/women/programs/girls/report-full.pdf

Gender Studies

DORETT FUNCKE, PETRA THORN (HG.)
Die gleichgeschlechtliche Familie mit Kindern
Interdisziplinäre Beiträge
zu einer neuen Lebensform

2010, 498 Seiten, kart., 32,80 €,
ISBN 978-3-8376-1073-4

UDO GERHEIM
Die Produktion des Freiers
Macht im Feld der Prostitution.
Eine soziologische Studie

Januar 2012, 332 Seiten, kart., 29,80 €,
ISBN 978-3-8376-1758-0

STEFAN PAULUS
Das Geschlechterregime
Eine intersektionale Dispositivanalyse
von Work-Life-Balance-Maßnahmen

September 2012, 472 Seiten, kart., 36,80 €,
ISBN 978-3-8376-2208-9

Leseproben, weitere Informationen und Bestellmöglichkeiten
finden Sie unter www.transcript-verlag.de

Gender Studies

RALPH J. POOLE
Gefährliche Maskulinitäten
Männlichkeit und Subversion
am Rande der Kulturen

Januar 2012, 308 Seiten, kart., zahlr. Abb., 29,80 €,
ISBN 978-3-8376-1767-2

JULIA REUTER
Geschlecht und Körper
Studien zur Materialität und Inszenierung
gesellschaftlicher Wirklichkeit

2011, 252 Seiten, kart., 25,80 €,
ISBN 978-3-8376-1526-5

ELLI SCAMBOR, FRÄNK ZIMMER (HG.)
Die intersektionelle Stadt
Geschlechterforschung und Medienkunst
an den Achsen der Ungleichheit

Februar 2012, 210 Seiten, kart., zahlr. z.T. farb. Abb., 24,80 €,
ISBN 978-3-8376-1415-2

Leseproben, weitere Informationen und Bestellmöglichkeiten
finden Sie unter www.transcript-verlag.de

Gender Studies

Mart Busche,
Laura Maikowski,
Ines Pohlkamp,
Ellen Wesemüller (Hg.)
Feministische Mädchenarbeit weiterdenken
Zur Aktualität einer bildungspolitischen Praxis
2010, 330 Seiten, kart., 29,80 €,
ISBN 978-3-8376-1383-4

Andreas Heilmann
Normalität auf Bewährung
Outings in der Politik und die Konstruktion homosexueller Männlichkeit
2011, 354 Seiten, kart., 29,80 €,
ISBN 978-3-8376-1606-4

Ute Kalender
Körper von Wert
Eine kritische Analyse der bioethischen Diskurse über die Stammzellforschung
2011, 446 Seiten, kart., 35,80 €,
ISBN 978-3-8376-1825-9

Katharina Knüttel,
Martin Seeliger (Hg.)
Intersektionalität und Kulturindustrie
Zum Verhältnis sozialer Kategorien und kultureller Repräsentationen
2011, 288 Seiten, kart., 29,80 €,
ISBN 978-3-8376-1494-7

Stefan Krammer, Marion Löffler,
Martin Weidinger (Hg.)
Staat in Unordnung?
Geschlechterperspektiven auf Deutschland und Österreich zwischen den Weltkriegen
2011, 260 Seiten, kart., zahlr. Abb., 28,80 €,
ISBN 978-3-8376-1802-0

Martina Läubli,
Sabrina Sahli (Hg.)
Männlichkeiten denken
Aktuelle Perspektiven der kulturwissenschaftlichen Masculinity Studies
2011, 310 Seiten, kart., 29,80 €,
ISBN 978-3-8376-1720-7

Gerlinde Mauerer (Hg.)
Frauengesundheit in Theorie und Praxis
Feministische Perspektiven in den Gesundheitswissenschaften
2010, 240 Seiten, kart., 24,80 €,
ISBN 978-3-8376-1461-9

Hanna Meißner
Jenseits des autonomen Subjekts
Zur gesellschaftlichen Konstitution von Handlungsfähigkeit im Anschluss an Butler, Foucault und Marx
2010, 306 Seiten, kart., 29,80 €,
ISBN 978-3-8376-1381-0

Uta Schirmer
Geschlecht anders gestalten
Drag Kinging, geschlechtliche Selbstverhältnisse und Wirklichkeiten
2010, 438 Seiten, kart., 29,80 €,
ISBN 978-3-8376-1345-2

Barbara Schütze
Neo-Essentialismus in der Gender-Debatte
Transsexualismus als Schattendiskurs pädagogischer Geschlechterforschung
2010, 272 Seiten, kart., 27,80 €,
ISBN 978-3-8376-1276-9

Nadine Teuber
Das Geschlecht der Depression
»Weiblichkeit« und »Männlichkeit« in der Konzeptualisierung depressiver Störungen
2011, 324 Seiten, kart., 32,80 €,
ISBN 978-3-8376-1753-5

Leseproben, weitere Informationen und Bestellmöglichkeiten
finden Sie unter www.transcript-verlag.de